KB033534

내가 사랑한 민족,
나를 외면한 나라

내가 사랑한 민족, 나를 외면한 나라

초판 1쇄 발행 2016년 5월 20일
초판 2쇄 발행 2016년 10월 20일

지은이 | 이 기 홍
펴낸이 | 윤 관 백
펴낸곳 | 도서출판 선인

편집주간| 김명기
편 집 | 박애리, 이경남, 김지현, 심상보, 임현지

등 록 | 제5-77호(1998.11.4)
주 소 | 서울시 마포구 마포대로 4다길 4 곳마루 B/D 1층
전 화 | 02)718-6252/6257   팩스 | 02)718-6253
E-mail | sunin72@chol.com
홈페이지| suninbook.com

ISBN 978-89-5933-974-7 93900

정가 35,000원

내가 사랑한 민족
나를 외면한 나라

이기홍

도서
출판 선인

▌이 책이 나오기까지

1980년 광주항쟁이 신군부에 의해 처참하게 진압된 후 광주시민 뿐만 아니라 대한민국 국민들은 깊은 시름에 빠져들었다. 박정희의 사망으로 유신정권의 사슬에서 벗어나자마자 또 다른 군부정권이 국민의 인권을 유린하고 자유를 억압하는 시대를 맞이하게 된 것이다. 대학생들 사이에 우리의 왜곡된 사회구조를 이해하자는 분위기가 퍼지면서 해방전후사의 인식 등 한국 현대사를 올바로 이해하기 위한 노력들이 진행되었다.

광주항쟁의 아픔을 겪은 8년 후, 송기숙 교수 등이 광주항쟁의 진실을 기록하기 위해 한국현대사사료연구소를 설립한 것도 이러한 역사적 맥락이었다.

1988년 광주광역시 월산동 한국현대사사료연구소에 백발이 성성한 노인 두 분이 방문하셨다. 그분은 이기홍 선생과 김세원 선생이었다. 두 분 다 한국현대사의 격동기를 관통하면서 살아오신 분들이었고 한국현대사사료연구소가 5·18 광주민중항쟁의 생생한 이야기를 채록하고 있다는 소식을 듣고 오셨다고 하면서 역사의 진면목을 정확하게 기록해줄 것을 주문하셨다. 내가 처음으로 이기홍 선생을 만난 순간이었다.

그 이후 광주·전남 지방의 해방공간에 대한 정치 상황을 박사학위 논문으로 정리하면서 궁금한 점이 있으면 시도 때도 없이 찾아가서 여쭙는 관계로 발전하게 되었다. 해방공간의 지방 상황을 기록해놓은 자료들이 빈곤했기 때문에 당시 활동했던 인사들의 구술이 중요한 근간이 될 수밖에 없었다. 해방 직후 광주·전남 지역에서 발간된 광주민보, 동광신문, 호남신문 등에 보도되었던 상황들을 체크하고 거기에 활동했던 주요 인사들의 성향이나 활동들을 알기 위해 당시 활동가들의 구술은 대단히 중요했다. 이기홍 선생과 김세원 선생의 구술은 이렇게 해서 본인의 박사학위 논문 작성에 결정적 공헌을 한 셈이다.

이후 이기홍 선생과 나의 관계는 본격화되었다. 이기홍 선생은 75세부터 시력이 약화되기 시작하다가 80세가 되면서 시력을 완전히 상실하여 문자를 볼 수도 쓸 수도 없는 상황이 되었다. 이에 따라 1990년대 초부터 이기홍 선생의 구술 작업은 본격적으로 진행되었다. 대학을 졸업한 이경미 씨 등 여러 명의 여학생들이 이기홍 선생의 구술을 받아 적는 방식의 작업을 수년간 계속하였다. 지금 생각하면 녹음을 해두지 않았던 것이 너무 아쉬운 점이다. 이러한 작업에는 수고비가 드는 일이라서 이기홍 선생은 주변 사람들에게 많은 도움을 받았다. 이기홍 선생의 막내딸인 전남대 영문과 이경순 교수, 광주안과 원장이었던 윤장현 원장, 의사 전홍준 박사, 국산부인과 국원영 원장, 하심의료기 김상윤 사장, 문수당 한약방 봉필복 원장, 일신당 한약방 제강모 원장, 이기홍 선생의 조카인 이심일, 화순 이서 우체국장인 이영복, 문빈정사 지선 스님, CBS 방송기자인 김영태 기자, 남풍출판사 남평오 등의 물적 지원이 있었기 때문에 구술, 채록 작업이 가능했다.

이 작업은 선생의 시력이 상실된 상태에서 진행된 것이었기 때문에 기억을 더듬어야 했고 이 때문에 논리가 정연하고 체계적인 완전한 문장은 애초에 생각할 수 없었다. 이렇게 구술된 내용을 이정미 씨가 워드로 친 파일이 본인에게 넘겨진 상황에서 이기홍 선생은 1996년 12월 작고하고 말았다.

이 파일을 받아 열어본 본인은 엄청난 양의 구술에 깜짝 놀랐지만, 전체의 내용을 꿰뚫고 있는 나로서는 내용을 체계화해야 하고 일반인들이 쉽게 읽을 수 있는, 정리된 체계의 문어체로 바꿔 나가는 것이 급선무였다. 그러나 아쉽게도 당시 나는 광주광역시청 전문직으로 채용되면서 5·18 관련 업무에 매진할 수밖에 없었다. 이렇게 해서 국가인권위원회에서 퇴직할 때까지 그 파일은 내 컴퓨터에서 18년 동안 잠자고 있을 수밖에 없었다. 그 후 내가 2015년 모든 공직에서 퇴직하고 한가한 시간을 이용하여 전남대에서 현대사를 공부하고 있던 사학과 대학원생 류경남과 같이 원고를 검토하기 시작하였다. 큰 틀에서는 어느 정도 정리가 되었지만 4,000여 매의 원고를 질서 있게 정리하는 것은 무리였다.

본격적으로 유고집 간행에 박차를 가하기 시작한 것은 2015년 초 이홍길 교수님과 전홍준 원장 그리고 본인이 여러 차례 만나 유고집 간행에 대한 논의를 하면서부터였다. 이어 2015년 11월 이홍길, 전홍준, 안종철과 이기홍 선생의 유족인 이경순 교수가 함께 만나서 논의하고 이후 수차례의 만남을 통해 20년 동안 미뤄둔 이기홍 선생의 유고집 간행을 마무리하기로 합의하였다. 이러한 결정을 바탕으로 간행위원회에 많은 분들이 동참토록 하기 위해 11월 25일 전남대에서 개최된 전남대학교 민주화운동 심포지움 행사 후 참여한 다수의 인사들을 포함하여 간행위원회를 출범시켰다.

간행위원회가 본격적으로 가동되면서 저와 오래 전부터 관계를 유지해오던 한국 근현대사 전문 출판사인 선인출판사 윤관백 사장에게 출판을 의뢰하기로 결정하였다. 실무 과정은 선인출판사 편집실에서 원고 검토 및 최종 정리를 진행하기로 하고 안종철이 광주 간행위원회와 출판사의 중간 점검을 책임지도록 하는 체계를 갖추었다. 문제는 구술을 예정대로 꿰어낼 수 있는가 하는 점이었다.

방대한 원고 중 이기홍 선생 스스로 목차를 정한 내용의 상당 부분에서 목차의 설명만 있을 뿐 실제 내용은 담겨있지 않고, 기존 원고에 있던 내용들도 일반인이 이해할 수 있는 체계를 갖추고 있지 않을 뿐만 아니라 기억에 의한 구술인 관계로 많은 부분에서 중복은 물론 상이한 부분이 많고, 사실 관계에 대한 확인들이 적잖게 필요했다. 구술 원고인 만큼 어법에 맞는 전면적인 재정리는 말할 필요도 없는 것이었다. 상당한 시간들이 필요했기에 당초 예정된 출간일을 맞추는 건 불가능하게 여겨졌다.

솔직히 이기홍 선생의 원고를 가장 많이 보았던 나 역시 그분의 사상에 공감하며 이 책의 발간을 간절히 원했지만 누구라도 읽어볼 수 있는, 정리된 책자로 탄생할 수 있을 것인지 극도의 회의감이 들었다. 다행히 선인출판사 김명기 편집주간의 작업실에서 주야 불문하고 여러 차례 만남을 거치면서, 20년이나 미뤄온 숙제를 반드시 끝내야 한다는 각오와 이번 기회가 아니면 영영 묻혀버릴 수 있는 우리 역사 복원의 작은 역할을 한다는 데 서로 간에 깊은 공감을 나누며 총력을 다하기로 함으로써 이 작업이 가능했던 게 아닌가 생각한다. 그렇게 약 6개월 동안 주제별로 내용을 재분류하고 목차를 전면 재조정하고 문장을 다듬는 과정을 거쳐, 선생의 숨결이 그대로 담겨 있는 유고집으로 『내가 사랑한 민족, 나를 외면한 나라』, 『역사의 교훈, 우리 민족의 미래』 두 권이 완성되었다.

한일합방 2년 후에 태어난 이기홍 선생은 고달픈 우리 민족 역사의 한가운데서 오로지 민족 본위의 바른 길을 걷고 행동했던 분이셨다. 그는 일제 강점기는 물론 해방과 그 이후 미군정, 이승만 정권, 인민 정권, 박정희 독재정권을 거치면서 매번 투옥과 탄압의 어두운 시간을 보냈다. 단 한 번도 양지의 생활을 누린 적이 없었다. 선생이 음지를 유독 좋아해서 택한 인생 경로가 아니라 우리 역사 자체가 드리웠던 음영이었고, 선생이 활동하던 때에 진즉 해결됐어야 할 민족적 과제가 백 년의 세월이 경과되어가는 동안에도 여전히 해소되지 않고 남아있었기 때문이었다. 어떤 권력, 어떤 정권하에서도 늘 박해받는 자의 입장에 있던 선생의 삶은 우리 민족이 온전한 자주적 독립국가를 여전히 이루지 못하고 있다는 현실의 반영일 뿐이었다. 그래서 선생이 염원하던 자주 민주 조국 건설의 과제는 후대의 몫이 되어버렸다.

그런 의미에서 선생이 남긴 회한의 삶 자체에 대한 기록과 사상은 후대들에게 들려주는 중요한 지침이자 교훈이다. 선생의 삶은 선생 개인이나 가족의 수난사에 그치지 않고 우리 현대사의 모순과 폭력성을 여실히 보여주는 민족수난사의 축소판이다. 민족사를 바로잡기 위한 민족운동의 과정에서 역사에 변변한 이름도 남기지 못하고 평가도 받지 못한 채 사라져간 수많은 동지들의 이름 하나라도 빠짐없이 기록에 남기는 것을 선생은 당신이 해야 할 마지막 의무라고 생각하셨던 것 같다.

특히 합방 망국 이후 친일 반역세력의 득세와 해방 후는 물론 군사정권으로까지 이어지는 친일세력에 의한 부와 권력의 독점 구조는 반드시 해소, 극복해야 할 민족적 숙제가 되고 있다는 점이 선생이 가장 가슴 아파하던 우리 역사의 현주소였다. 선생은 일평생을 이러한 모순을 극복하기 위해 한결같이 일선 대중과의 생활 관계를 통한 교감과 실천을 했을 뿐만 아니라, 고정적인 관념론에 머물지 않고 객관세계에 대한 부단한 탐구와 사색을 통해 역사발전 법칙에 상응하는 민족운동의 방향을 유연한 시각으로 고민하며 정립했다.

때문에 3·1운동 이후 현대사의 각 사건에 대한 해석 및 역사와 민족 문제를 보는 선생의 관점은 주의와 주장만 요란한 일부 시민단체 사회운동가나 정치인의 공허한 외침과도 다르고, 주어진 책과 자료를 통해 도달하는 강단 학자들의 이론적 경지와도 다르다. 아주 객관적이고 실질적이고 구체적이다. 또한, 이 유고집을 통해 확인할 수 있는 선생의 관심사는 우리 현대사에 머물지 않고, 베트남을 비롯한 세계 각국의 민족 문제, 종교 문제에 대한 깊은 분석은 물론 민족의식에 관한 탁월한 분석까지 광범위한 영역에 달한다.

정보 습득 경로에 있어 오늘날과 비교할 수 없는 열악한 조건과 개인적 고난 속에서도 최신의 세계정세를 파악하기 위해 친지를 통해 부탁하여 일본 서적과 정기간행물을 끊임없이 습득했음은 물론, 단파방송을 청취하며 세계 각국의 국제정세를 파악하고 이를 기록하여 우리 실정에 맞게 재해석했던 선생의 지적 호기심과 노력은 말로 설명하기 어려운 경외심까지 느끼게 한다. 이 유고집에 담긴 기록들은 누구보다도 치열하고 성실한 삶을 살며 실천가와 이론가의 모습을 겸비했던 탁월한 인물이 몸소 한국의 현대사를 체험하며 우리에게 남긴 소중한 유산이라 말해도 과언이 아니다.

이 유고집이 나오면서 한국 현대사는 물론 광주·전남 지역의 현대사 중 상당 부분은 새로 쓰여야 할 대목이 많다는 점에서 한국 근현대사 연구자들에게는 매우 귀중하고 반가운 자료가 될 것이다. 뿐만 아니라 민족의 올바른 미래를 위한 교육적 차원에서 일반인들에게도 가치 있는 가르침이 되리라고 감히 생각해본다.

　책이 나오기까지 오랜 세월 동안 물심양면으로 지원하며 격려를 아끼지 않은 간행위원회 관련 선생님들, 그리고 선인출판사 관계자들 모두에게 감사의 말씀을 드리며, 저 또한 이기홍 선생에 대한 마음의 짐과 제 인생의 큰 숙제 하나를 내려놓는다는 안도감이 든다. 부디 이 책이 연구자들뿐만 아니라 일반인들에게 많이 읽혀 오늘의 한국현대사를 다시 재조명하는 계기가 되었으면 하는 바람이다.

2016년 5월
간행위원회 집행위원장 안종철

▌간행사

이기홍 선생의 유고를 정리하여 『광주 학생독립운동은 전국 학생 독립운동이었다』는 책을 1997년 출판한 안종철 박사는 이 선생에 대해 설명하면서 "1929년의 광주 학생독립운동에 중추적 역할을 하였으며 1930년대 일제의 사상탄압이 극치에 이를 때는 대중 속에서 조직운동, 교육운동을 통해 나라를 되찾기 위한 일에 앞장섰다. 해방이 된 후에는 분단되어 가는 조국을 바로 세우기 위해 온갖 탄압과 질시 속에서도 꿋꿋한 자세를 굽히지 않았다"고 말했다.

필자는 선생이 타계한 다음 해에 1997년 월간 『사회문화』에 「좌파 민족 이론가 이기홍 선생」이라는 제목으로 선생님을 추모하는 글을 쓴 적이 있었다. 당시 필자 또한 선생의 유고를 일별할 기회를 가져 선생의 시대인식에 대한 탁견을 접할 수 있어 외람되게도 좌파 민족이론가로 선생을 소개하였다. 필자는 말년의 그가 특히 소련을 주축으로 한 공산권의 사회주의 폐기를 합법칙적인 역사적 현상으로 받아들여 평생 그를 지탱해 온 과거의 인식을 과감하게 청산하려는 것이 역사과학적 태도임을 피력함으로써, 일부 미숙한 후배들의 감상적 비판을 받기도 했다고 당시 운동권의 일부에 대해 부정적인 평가를 내비치기도 했다.

그는 소련권 붕괴로 "지진을 당한 것과 같은, 말로 표현할 수 없는 일대 충격을 받았음"을 말하고 "1988년까지 털끝만치의 결함도 없는, 추호도 비판의 대상이 될 수 없는 절대 진리로 맹신해 왔던 마르크스 레닌주의를 객관화하여 연구할 것을 다짐"하면서 그 결과물로 유고를 남겼던 것이다.

선생은 유고집에서 사회주의 붕괴에 따른 그의 인식의 전환을 말하였다. "나는 75세가 되던 1986년까지 어느 누구보다도 ML사상을 진리로 확신하면서 심도 있는 이론을 탐구하고 진리성에 의심을 두지 않는 사람이었다. 대중과의 실천운동에서 주로 ML사상을 교양의 주제로 하여 의식화에 역점을 두며 평생을 살아왔다. 나는 ML사상만이 인류를 해방시키고 미래지향의 공평한 복지생활을 담보해 주는 유일하게 과학적이고 객관적인 진리라 믿고 이해와 각성의 차원을 넘어 절대 진리로 맹신하였다"고 저간의 심사를 피력하였다.

이어서 그는 "생산력의 발전을 가로막는 기본모순에서 파생된 숨막히는 독재와 여기에 따른 국민의 불만, 불평, 부자유가 억제된 상태에서 축적되어 양의 증대는 질의 변화를 가져온다는 유물변증법의 발전법칙에 따라 필연적으로 폭발한 결과가 사회주의 폐기라는 결론으로 귀결됨"을 말하였다. 아울러 소비에트연방이 폐기되고 나서 각 종교가 비약적으로 부활한 점에 착목하여, 종교가 통일된 민족역량 형성의 원천임을 밝히면서 이왕의 유물론자와는 다른 견해를 보여주고 있었다. 그러면서도 종교가 민족성의 기반에서 멀어지면 자기중심, 자기본위의 신앙생활로 되돌아가 그 역량이 축소될 것을 염려하였다.

우리들은 폴란드 민주화의 주요 동력이 종교였던 점과 독일 통일을 이룩하는 데 있어 기독교가 조성한 결정적 역할을 상기할 때, 유물론자였던 이기홍 선생의 종교에 대한 새로운 탁식에 경의를 표하게 된다. 그는 민족과 종교는 서로 모순되기는커녕 상승의 효과를 거두게 됨을 말하였다.

필자는 이기홍 선생이 ML주의를 절대 진리로 맹신하게 된 내력을 유추하여 항일운동에 정진하였던 좌파 민족운동가들에 대한 세간의 범속한 인사들의 섣부른 폄훼를 조금이나마 불식하고자 한다.

본디 조선은 독서인, 곧 선비들이 엘리트인 나라였다. 선비들은 그 의식과 정서에 있어서 공동체에 대한 책임감을 부과 받아 충과 효가 그 기본 덕목이 되고 있다. 그런데 그들이 책임을 갖고 담보해야 할 나라가, 그것도 쪽발이라고 하시했던 일본에 의해서 망했다는 사실은 시쳇말로 멘붕을 넘는 자아소멸의 지경에 이르지 않았을까? 망국의 현실에서 새로운 주인들에게 투항하는 것은 생존을 보장받고 활로를 얻어 잘하면 과거의 그냥 독서인들이 소망했던 입신양명의 기회를 얻기도 하지만, 독서인의 가치적 삶에서는 금수로의 추락이 된다.

미국 대통령 윌슨의 14개조에 고무되어 전국을 진동하는 3·1 운동을 일으켰지만 참담한 학살을 당한 거 외에 미국을 물론 자본주의 열강 어느 나라의 후원도 얻을 수 없는 조건에서, 식민지 국가의 독립을 정책적으로 돕겠다고 나선 반제, 반자본주의 신흥 소련의 접근은 당시 복음이었고, 이것은 모든 식민지에 일관되게 나타난 현상이었다. 싸워야 하는 독립투쟁에서, 더구나 동학혁명, 의병투쟁, 민중항쟁의 투쟁 전통만을 가진 당시의 조건에서 노동자·농민을 역사발전의 주류 동력으로 제고하는 볼셰비키의 주장이 복음일 수 있음을 충분히 인정할 수 있을 것이다.

망국의 트라우마를 앓을 수밖에 없던 이 땅의 민족운동가들에게 훗날 볼셰비키가 인간을 열린사회가 아니라 닫힌 사회로 가두는 교조임이 폭로되기 전까지, 그 이후를 성찰하는 예지까지를 기대하는 것은 과욕이 아니었을까? 이기홍 선생의 객관을 중시하는 과학적 태도와 실질을 수용하는 정직한 자세에 경의를 표한다.

2016년 5월
간행위원회 공동위원장 이홍길

▌머리말

이 선집의 목적은 우리 민족사에서 발생한 여러 역사적 사건 중에서 일제 식민지로부터 해방을 목적으로 전개되었던 항일 독립운동에 결정적인 역할을 했던 주요 사건들을 객관적으로 조명해보는데 있다. 이는 현대사를 역사 발전 법칙에 따라 분석, 검토, 평가하여 앞으로 발전해 나갈 우리 민족의 새 역사 창조에 합법칙적인 방향과 방법의 지침을 역사 속에서 찾아내고 도움을 주려는 데에 근본목적이 있다.

고대로부터 오늘에 이르기까지 기록으로 남은 사건이 있고, 없는 사건도 있지만 역사 진행 과정에서 인과적인 연관성을 가진 모든 사건은 민족의 전통과 연결되고 밀착되며, 그럼으로써 역사는 이루어진다. 이 책에서 내가 다루려는 내용은 역사적 발전에 직접적으로 연결되어 영향을 주고 있는 일제 식민지사와 8 · 15 해방 후의 크고 작은 사건들이고, 이들에 대해 객관적인 분석과 검토를 통해 비판하였다. 사건 하나하나에 담긴 합법칙적인 내용을 근거로 결론을 내려 그 사건이 남긴 경험과 지침을 찾아 합법칙적인 우리의 자주독립을 지향한 역사 발전의 원동력이 되는 민족 역량을 창조적으로 창출하는 데에 그 목적이 있다.

오늘날 세계 각 민족의 국가들은 제2차 세계대전 전 식민지 상태에서 전후에 불완전한 독립을 이루어 출발하였던 만큼, 완전한 자주

독립을 지향한 운동들을 치열하게 진행하고 있다. 남한의 우리 민족도 이 범주에 속하고 있다. 그러나 그 자주독립의 내용과 진행 과정은 동일하지 않았다. 우리 민족이 바라고 달성하려는 바는 전 민족이 어떠한 다른 나라에 의해 군사적, 정치적, 경제적, 외교적, 문화적으로 직접 지배를 당하거나, 또는 간접적인 영향을 주어 우리 민족을 예속시키려는 일체의 외세와 그 영향력을 깨끗이 배제하고, 우리 민족 스스로의 자주적인 의사에 따라 민족 역량을 형성하여 완전하게 자주독립하는 것이다.

자주독립은 강력한 민족역량의 뒷받침이 있어야 한다. 민족역량의 존재 형태는 권력기관인 국가를 설립하여 그 민족국가의 강력한 통치하에 정치, 경제, 군사, 외교, 언론, 문화, 예술, 종교 등 모든 민족 문제를 민족 본위로 민족의 이익을 위해 민족이 바라는 방향으로 발전시켜 나가는 것이다. 민족 복지국가를 조성함과 동시에 민족 자주독립의 필수적 기본 요건인 주권과 국경 수호를 모든 것에 우선하는 것이다. 혹자는 민족주의를 강조하면 배타적 고립주의적이고 국수적인 것으로 평가한다. 그러한 민족주의는 타 민족을 침략함으로써 자기 민족세력의 확대, 발전, 강화를 지향하는 침략적인 민족 패권주의이기 때문이다.

오늘날 전 세계의 각 민족이 추구하고 지향하고 있는 민족 자주독립 노선은 자기 나라의 주권과 국경을 존중하는 평화적인 세계주의적 민족 자주독립 의식을 말한다. 세계주의적 민족주의는 국가의 대소 강약을 막론하고 모든 민족국가가 동등한 자격과 대등한 위치에서 모든 나라와 우호 수교하면서 그 민족의 장점을 타민족에 전해줌과 동시에 타민족의 장점을 예속적이 아닌 자주적인 입장에서 받아들여 자기 민족의 것으로 동화하는 것을 말한다. 하나의 민족이 앞에서 말한 바와 같이 어떤 형태로든 강대국의 지배적 영향력 밑에 있다면 그 민족의 모든 문제는 자주적이고 주권적인 발전을 하지 못하고 강대국의 이익을 위한 희생물로 예속된다. 그러므로 이와 같은 민족수난사 속에 있는 민족이 제일 먼저 모든 것에 우선하여 해결해야 할 문제는 자주독립이다. 민족의 내부는 평원이 아니고 기복이 심하며 모든 난제가 중첩된 것으로 다양한 양상을 내포하고 있기 때문이다.

다시 말해 민족 내부에는 각종 이해관계의 대립, 사상과 정견, 종교의 차이, 기타 다양한 차이에서 파생된 대립이 중첩, 내재하고 있다. 이러한 모순 대립과 차이가 제약 없이 존재한다면 민족의 자주성을 빼앗긴 수난사 속에서 자주독립 달성은 결코 불가능하다. 여기에서 외세에 예속된 민족의 기본 모순은 외세와 그 앞잡이인 민족 내부의 반민족세력과의 대립이며, 가장 우선해야 할 사명과 임무는 자주 독립국가의 수립이다. 이 근본 목적의 완전한 달성까지는 민족 내부의 여러 가지 모순과 대립은 부차적인 것이므로 일단 후퇴시키고 초월하여 빈틈없는 한 덩어리의 바위와 같이 굳게 단결해야만 비로소 민족의 자주독립 달성이 가능하게 된다.

어느 학자가 민족의 주된 목적인 완전 자주독립과 민족 내부의 다양한 모순과 대립과의 변증법적인 통일관계를, 대양을 항해하다 조난당한 난파선과 적군에 포위된 요새의 군대와 주민의 관계로 비유하여 다음과 같이 설명한 것을 읽었던 경험이 있다. 여객선이 수천 명의 승객을 싣고 대양을 항해하던 중 폭풍우를 만나 조난을 당하여 난파의 위기에 직면했을 때 승객 모두는 선장의 지시에 따라 일치단결한 행동 통일로 선체의 안전과 항해의 안전에 최선을 다해야 한다. 수천 명의 승객 중에는 사회적 신분과 이해관계도 다양할 수 있다. 사장도 있고, 노동자도 있고, 적대적인 관계자도 있고, 신앙도 다양하며 소속 정당도 단체도 다르다. 만일에 이러한 각자의 대립된 이해관계를 내세워 각자 자기 주관대로 행동한다면 선장의 명령이 제대로 받아들여지지 않을 것이고 선박은 난파하여 침몰됨과 동시에 선실에서 싸우고 대립하여 불복종하던 선객들도 하나 남지 않고 다 침몰될 것은 명약관화한 사실이다.

그러므로 승객과 선원의 공동운명이 좌우되는 해난에 직면했을 때는 선체의 안전과 항해의 안전을 모든 것에 우선하여 선장의 지휘 하에 일치단결하여 힘을 합쳐야 선체도 승객들도 침몰되지 않고 목표한 항구에 도달할 수 있다. 이 항구에 도달하고 난 후에 비로소 각자 나름대로 따로따로 갈 수 있고 행동할 수 있는 자유가 보장된다. 그리고 한 군사 요새지가 적군에 포위되었을 때도 마찬가지로 사령관의 지휘에 따라 전 시민이 일치단결하여 따름으로써 안전하게 탈출하든지, 한걸음 더 나아가 적을 격퇴하여야 군대도 시민도 살아남을 수가 있다. 만일 시민들이 여러 가지 대립과 모순과 이해관계를 내세워 사령관의 명령에 따르지 않고 각자 나름대로 행동한다면 군대와 함께 전멸하게 된다. 이것은 앞에서 말한 바와 같은 자주독립을 하지 못한 민족의 자주독립 운동과 민족 내부의 다양한 모순 관계 중 어느 것을 우선해야 하는가의 문제를 분명하게 가르쳐주는 비유이다.

나는 이 글에서 일제 식민지 치하에서 오늘에 이르기까지 역사적으로 기록된 여러 사건들을 통찰함에 있어서 이 원칙에 따라 완전히 객관적으로 역사를 보고 그 속에 담겨진 내부의 모순과 민족통일 문제를 말하려 한다. 나는 일찍이 19세부터 당시 단일 지도체제로 강력하게 조직된 당의 외곽단체의 말단인 학생 독서회에 가입하여 맨 처음 해야 할 과업인 교양을 조직적이고 체계적으로 받았었다. 책만 읽는 것으로는 정확히 객관성 있는 교양을 습득할 수 없다. 세계 각국이 다 그렇듯이 교양은 집단적 토론과 분석, 비판을 통해 교재에 담겨져 있는 개념적인 이론을 구체적인 현실과 결부시켜 객관적으로 인식해야 한다. 따라서 조직에서 제공하는 교재 중 지도자가 지시한 구절을 각자가 읽고 연구하고 와서 회합 석상에서 현실과 결부하여 발표한다. 즉 식민지 치하에 있는 우리나라의 정세와 일본 제국주의의 실태, 세계 각국과의 연관관계를 구체적으로 설명하는 등 다양한 문제를 지도자의 지도하에 토론했다. 통일된 결론이 나오지 않을 때 지도자는 우리가 지적하지 못한 점을 알려주면서 다시 연구하기를 되풀이 했다. 또 조직에서 추천한 책자도 반드시 요점을 기록하면서 읽고 토론을 통해 내용의 이해를 통일했다. 그 뒤로 고차원의 교양강좌에서는 더욱 철저하게 이해를 통일시켰다.

이상과 같이 이론 교양을 받았으므로 당시 우리나라의 모든 조직의 상하부, 또는 각 조직 간의 완전한 사상통일을 할 수 있었고, 어떤 문제에서도 다른 주장이나 이론이 나와 대립 분열한 적이 없었다. 그 필연적인 결과로 당시 모든 민족적인 조직은 하나의 중앙을 가진 민주 중앙 집권 조직의 지도하에 완전한 민족통일전선이 결성되었다. 조직적인 분석과 검토 평가를 거치지 않은 채 여기에서 떠나 교양을 위한 개인적 독서에서는 각자의 주관에 따라 그 내용을 받아들이게 되므로 객관적인 현실과 유리된 주관적 관념론에 빠지게 된다. 사상통일이란 조직의 상부와 하부 및 각 조직이, 한 사람이 생각하는 것과 똑같이 생각하는 의식 상태에 이른 것을 말한다. 그리고 조직은 분열이나 분파를 반민족적인 좌익으로 규정하고 불허하는 견고한 조직을 말한다.

자주독립의 기본 조건인 사상과 조직의 통일에 대한 합법칙적인 원칙을 우리 민족에게 제시하는 것이 이 선집을 발간하는 기본 목적이다. 또 하나의 목적은 이 선집의 각 호에서 논술한 바와 같이 내가 일제 때부터 8·15 이후까지 45년간 조직 활동을 하면서 수많은 동지들, 선배들과 손을 잡고 함께 투쟁한 기록을 남기고자 함이다. 이제 와서 그 동지들이 신문기사나 판결문에 기록되어 남아있는 명단 외에는 거의 망각되어진 것을 안타깝게 생각한다. 이 동지들은 직접, 간접적으로 또는 지지자로 민족 사명에 충실했으나, 오늘은 이름도 없이 민족사의 뒷전에 쌓여진 역사의 늪 속에 무명의 독립투사로 매몰되어 마치 진흙 속에 빠져 들어간 바늘과 같이 망각되어 그 이름조차 망실되고 있다. 그래서 아직 기억에 남아있는 몇몇 동지들을 여기에 기록하여 이름과 과업만이라도 남기려 한다.

　그중에도 기록에는 없으나 후세에 알려져야 할 훌륭한 투쟁을 한 동지도 있다. 그 중 내가 직접 관여하진 않았으나 직접 본인에게서 듣고, 또는 전해들은 투쟁도 밝히려 한다. 이 투쟁들은 오늘에도 하나의 교훈적인 영향을 주는 가치가 있기 때문이다. 이것은 나의 사명이기도 하다.

　이 글에서 특별히 말해 둘 것은 나는 처음부터 사회과학의 이론을 인용했다. 이것은 사회주의 건설을 목적으로 한 이론의 인용이 아니고, 대중조직의 방법과 운영, 유지에 대한 효과적인 수단 방법으로 인용한 것이다. 세계 사회주의 국가 대부분이 붕괴되었지만 대중조직 운영의 이론과 방법은 오늘의 합법적인 모든 민주조직의 운영에 표본적인 지침이 된다.

　민주화된 오늘의 사회에서 민주운동은 양적인 민주역량 조성이 절대조건이다. 소규모의 비합법 지하운동은 비능률의 결과를 가져와 광범한 대중운동에 도움이 될 수 없으므로 내가 여기에서 인용한 사회주의 운동의 조직이론과 운영의 방법은 오늘 이 국가 질서하에서 합법적으로, 공개적으로 대중을 바탕으로 하여 양적인 조직의 확대와 강화에 적응하기 위해 참고로 기록했다.

이 점을 흔히 용공, 또는 좌경으로 일부러 왜곡 해석해서는 안 되며 편견과 오해 없기를 바란다. 이상에서 말한 내용을 이 선집의 각 호에서 논술한 구체적인 사례에 맞추어 나의 실천과 결부하여 구체화하려 한다. 이 선집의 논리는 처음부터 끝까지 구체적인 사실을 근거로 하여 역사법칙에 따라 정리하고 필자의 주관적인 논리와 판단은 철저하게 배제했음을 밝혀둔다.

* * *

반만년 동안 계속된 민족사에서 우리는 수많은 외침과 국난을 겪었으나, 그것은 우리의 주권과 통치권이 엄연히 존재하고 있는 상태에서의 수난이었다. 그러나 일제 침략에 의한 국토의 강점은 8·15 해방까지 36년의 단기간이었으나 다른 시대와 완전히 구별되는 민족 말살의 암흑기와 같은 역사였다.

합방 망국의 과정과 3·1 운동의 역사는 그동안 우리 민족사에서 상세히 연구 검토한 바 있다. 3·1 운동이 우리 민족에 남겨준 교훈을 찾아내어 앞으로 우리 민족의 자주독립을 지향하는 민족사의 발전에 창조적으로 적용해야 한다. 인류의 역사는 과거의 경험이 축적된 바탕 위에서 그 경험이 남겨준 교훈을 지침으로 하여 전형적인 발전을 해온 것이다.

한 민족의 역사는 오늘과 내일을 비춰주는 거울이다. 우리가 역사를 배우고 연구하는 목적은 과거사에 대한 지식을 넓히고 인식하여 동시에 과거를 감상적으로 회상하며 서정적으로 추모하는 측면도 있지만 앞으로 발전시킬 역사를 만들기 위한 것이다. 합방 망국과 3·1 독립만세운동이 남긴 교훈 중에는 우리 민족의 역사 창조에 긍정적인 측면과 부정적인 측면이 동시에 있다. 따라서 긍정적인 면은 우리 역사 발전에 받아들여 창조적으로 적용하고 부정적인 면은 단호하게 배격해야 한다.

세계 모든 민족과 특히 제2차 세계대전 후 식민지에서 독립한 민족들은 식민지 비운사가 남긴 경험을 교훈으로 정리하여 독립에 창조적으로 적용하여 발전하고 있다. 과거 역사를 회고하고 인식하는 것은 과거 역사에만 머무르는 것이 아니며 앞으로의 역사 발전에 지침의 무기로 삼아 창조적으로 발전시켜 나가는 것이 역사를 연구하고 인식하는 보편 가치관이다.

역사적 교훈을 민족 발전의 교훈으로 받아들여 현실화하는 것은 식민지에서 독립한 역사단계에서만 가능하다. 제2차 세계대전 후 식민지에서 독립은 했으나 아직도 종주국의 입김이 강하게 작용하는 민족에게 있어, 침략세력에 영합한 민족 반역세력이 종주국을 등에 업고 그 주권을 장악하여 그 민족의 각 분야를 주름잡고 있다면 그것은 명목상의 독립일 뿐이다. 이것을 신식민지라고 한다. 즉, 민족사가 거꾸로 흐르는 식민지 지배의 연장이다.

우리 민족은 다른 식민지 민족보다 이 시대를 길게 겪어왔다. 식민지 시대에 침략국에 병합한 매국 세력의 제1차적인 적은 독립 지향의 민족세력이다. 민족이 자주독립하면 그들의 입장은 부정되어 설 자리가 없기 때문에 민족세력을 철저하게 말살하려는 것이 그들의 본질적인 속성이다. 때문에 식민지 시대와 신식민지 시대의 경험과 교훈을 민족정기를 바탕으로 정리하여 독립의 수호와 발전에 교과서적인 교훈으로 받아들여야 한다. 1945년 8월 15일 연합국의 승리로 일제가 패망하여 물러감에 따라 해방되었지만, 그마저도 우리 민족의 의사가 아닌 연합국의 의사에 따라 분단되었다. 38선 이남에서 군정을 실시한 미국은 통치의 체계와 조직을 완전히 조선총독부의 원형을 그대로 받아들인 식민지 복사판으로 운영하였다.

미군정은 3년간의 군정 통치로 우리 민족의 민족자주 세력을 극도로 탄압 말살하였으며 친일세력이 주축이 되는 자유당에 정권을 넘겨주어 우리 민족 앞에 통치 세력으로 군림하게 했다. 식민지 시대에 형성된 민족반역 세력은 조국과 민족을 그들이 잘 살기 위한 희생물로 삼고 그들의 생활과 처세를 여기에 맞춤으로서 식민지 종주국에 영합하여 민족에 등을 돌리는 것이 다반사였다. 그러므로 합방 당시 국세가 기울어지자 눈치 빠른 그들은 일제에 영합하여 망국에 합세하였다. 일제가 군사 침략을 하자 친일세력은 여기에 영합하여 바다 위에 민족을 싣고 방황하는 조국 무선의 내부에 구멍을 뚫어 침몰을 촉진시켰다. 이 침몰이 일제와 반역 세력의 합작품인 한일합방이다. 그들의 매국 행위는 본인뿐만 아니라 대를 이어가면서 반역 행위를 조금도 뉘우치지 않고 끝까지 정당화시키고 합리화시켜 나갔다. 우리 민족도 여기에서 예외가 될 수 없었다. 이는 우리 민족 전체가 뼈저리게 느껴온 민족사의 대모순이다.

친일세력의 정권인 자유당이 군사독재 정권으로 이어지면서, 친일 인사들이 매국의 대가로 받은 권력과 사회적 지위 및 토지를 비롯한 재산이 정당한 기득권으로 인정되고 있다. 이 기득권은 오늘에까지 이어지면서 관직 진출과 출세의 가장 유리한 이력으로 인정되어 빛나는 후광이 되고 있음은 일반화된 사실이다. 뜻 있는 민족이라면 참으로 통탄할 일이다. 이는 우리와 마찬가지로 식민지에서 독립한 수많은 국가에서 찾아볼 수 없는 우리 민족만의 부끄러운 현실임을 알아야 한다. 이 사실이 대규모 불법과 부정과 부조리의 원인이 되고 있고, 반독재 민주세력을 분열, 약화시킨 결정적인 원인이 되고 있다. 여기에 대해 우리 민족 대중뿐만 아니라 민족 지도자를 자처한 정치인, 민주단체 지도자와 종교인, 학자, 교육자, 언론인 등 기타 지도자들은 심한 건망증에 걸렸는지 아니면 신경마비에 걸렸는지 이러한 가장 큰 민족의 모순에 대해 단 한 번도 문제 삼지 않는 것은 개탄스럽다.

민족사를 역전시키고 있는 이상의 사실들은 민족의 울분과 통탄의 대상에 그치지 않고 변조, 날조, 왜곡은 물론이고 중요한 역사를 은폐시키는 역할을 한다. 민족사를 바로 보고 바로잡으려면 역사적 사실을 바로 인식해야 한다. 아무리 바꾸려고 해도 구체적인 역사적 사실은 정확하고 객관적으로 존재한다. 그러므로 나는 이 글에서 역사 사실을 원형 그대로 밝힘으로써 정확한 역사에 대한 과학적인 근거로 제시하고 일찍부터 실제로 존재했던 역사를 발굴하기 위해 노력하였고, 이를 우리 민족사의 전통과 법칙에 따라 정리하고자 하였다.

정확한 역사 사실의 기술은 지나간 역사를 그대로 전하기 위한 것만이 그 목적이 아니다. 모든 역사 사실은 민족사 앞에 긍정적인 또는 부정적인 실천 경험을 바탕으로 한 것으로서, 새로운 민족사 창조의 지향이라는 교훈을 주는 것이다. 역사를 연구하고 배우는 것은 궁극적으로 역사를 만들기 위한 것이다. 그러려면 역사는 정확해야 한다. 이 원칙에 따라 구체적인 역사 사실을 체계적으로 정리하여 미래사 창조 지향의 교훈과 방향을 찾아내고자 하는 것이 이 글의 목적이다. 이 글에서 제시한 역사 사실들은 무엇으로도 부인할 수 없는 분명한 사실임을 자신 있게 말한다. 나는 그러한 역사 사실들을 알게 된 구체적인 방법과 경로를 일일이 제시하여 확실성을 뒷받침하고자 했다.

필자는 이 글을 통해 일생을 조국의 자주독립을 위해 고스란히 바치고 흔적도 없이 역사의 뒷전에 무명 애국자로 매몰되어 가고 있는 사람들 가운데 가능하면 한 사람도 빠짐없이 기록에 남기고자 했다. 그들의 기록을 우리 민족의 발전에 참고로 하는 것은 필자가 반드시 해야 할 일이라 생각했고, 이는 필자뿐만 아니라, 그 동지들의 유가족과 애국 국민들의 공통된 소망이라 믿고 있다.

오늘날 기록으로 남아있는 독립투사와 반독재투사 외에, 어떤 기록도 흔적도 남기지 않고 사라진 애국자들이 적게 잡아도 100배 이상 된다고 본다. 나는 학자도, 유명 인사도, 문장가도 아니다. 그동안의 계속된 옥고와 사회 저변에 깔려 빛을 보지 못하고 85세가 되었다. 문장과 표현이 세련되지 못함은 나 자신도 인식한다. 그러나 역사 사실 자체는 철저하고 충실하게 기술했음을 자신 있게 말할 수 있다. 이 글 중에는 내가 전하지 않으면 영원히 망실될 사실도 많다. 반민족적인 부정부패가 판을 치는 우리나라의 현실을 직시하고 민족의 장래를 걱정하는 사람들이 역사를 바라보는 데 도움을 주기 위해 이 글을 썼다는 점을 이해해 주면 좋겠다.

1996년
이기홍

▌차례

▌이 책이 나오기까지·· 4

▌간행사··· 11

▌머리말··· 15

제1장 내가 겪은 3·1 운동··· 35

  1. 8세 때 경험한 고금면의 만세운동····························· 35

    1) 식민지 민족으로 태어난다는 것································· 35

    2) 처음 본 태극기··· 37

    3) 덕암산에서 벌어진 만세운동·································· 39

    4) 치밀하게 진행된 만세운동 준비······························ 41

  2. 주동자들의 검거와 후폭풍····································· 43

    1) 주동자들의 검거··· 43

    2) 만세운동이 면민들에게 남긴 영향····························· 45

    3) 만세운동의 후폭풍··· 47

제2장 광주학생독립운동··· 51

  1. 섬소년들의 불발된 6·10 만세운동····························· 51

  2. 광주고보에서의 독서회 활동·································· 54

  3. 광주학생독립운동··· 59

    1) 축적되던 항일 정신··· 59

    2) 1929년 11월 3일 1차 시위··································· 63

　　　3) 11월 12일 2차 시위 ····················· 67

　　　4) 백지동맹으로 퇴학 처분, 낙향 ··············· 70

　2. 광주학생독립운동에 대한 바른 인식 ············· 72

제3장 고금면 농민운동과 이현열 선생 ················· 81

　1. 이현열 선생 귀국과 농민운동 착수 ··············· 81

　　　1) 항일 독립운동의 기본 이론 확립 ·············· 81

　　　2) 민족 간부 후보생의 양성 ··················· 82

　　　3) 농민에 대한 교양과 조직 ··················· 83

　2. 용지포 간석지 투쟁 ······················· 85

　　　1) 용지포 간석지의 유래와 이권 싸움의 시작 ········· 85

　　　2) 면민들의 용지포 이권옹호동맹 결성 ············ 88

　　　3) 별동대 조직과 간석지 측량 저지 투쟁 ··········· 90

　　　4) 차라리 제방을 무너뜨려 버리겠다! ············· 92

　　　5) 단결과 협상력으로 쟁취한 대중운동의 귀감 ········ 97

　3. 지주와의 교섭과 작은 승리 ·················· 99

　　　1) 검거 위기를 넘어 협상 테이블로 ·············· 99

　　　2) 단결하여 이루어낸 값진 승리 ··············· 105

　4. 용지포 투쟁의 결과와 교훈 ·················· 109

　　　1) 고금 도민 대표단 귀환 환영 ··············· 109

　　　2) 농민운동의 조직 확대 강화에 결정적 영향 ········ 111

　　　3) 민족통일전선 구축의 본보기 ··············· 112

　5. 이현열 선생의 이론과 생의 마지막 날들 ·········· 117

　　　1) 계급의식 우선은 민족세력 분열의 길 ·········· 118

　　　2) ML사상의 계급해방과 민족해방 ············· 119

　　　3) 식민지 민족해방운동의 전위 세력은 농민 ········ 121

　　　4) 당시 농민들에게 유행했던 민요 한 가지 ········· 125

　　　5) 양도받은 4정보 처리에 대한 후일담 ··········· 127

　　　6) 이현열 선생의 옥중 구원운동과 옥사 ··········· 129

제4장 아버지 이사열의 삶과 독립운동 노선·················· 133

　1. 무명 애국자들의 삶을 기리며·························· 133

　2. 아버지의 낙향과 독립의식 교양······················ 135

　　1) 망국의 분노와 절망, 낙향························ 135

　　2) 고향에서 청년들에게 민족의식 교양············ 139

　　3) 아버지와 그 동지들의 독립운동 노선············ 143

　3. 유림세력에 대한 냉정한 평가························ 157

　　1) 아버지가 향교 출입을 거부한 배경·············· 157

　　2) 유림세력과 일제의 민족 분열 정책·············· 159

　4. 의병 투쟁과 좌절의 배경···························· 161

　　1) 의병 탄압에 앞장선 유림세력···················· 162

　　2) 의병이 대중들로부터 외면당한 배경············ 166

　5. 총살될 처지의 일가족 8명을 통역으로 구출·········· 169

　　1) 의병 은닉 혐의로 총살을 언도받은 가족········ 170

　　2) 구출운동에 앞장선 아버지······················ 172

　　3) 누명이 벗겨져 석방된 최명삼 씨 가족·········· 178

　6. 통역 강요를 피해 거주지 전전(轉轉)·················· 180

　　1) 헌병대의 통역 요청과 아버지의 고민············ 180

　　2) 해남 대흥사 계곡에서 참패한 의병세력의 후일담·········· 181

　　3) 이주한 완도 영풍리의 몇 가지 얘기들 ············ 184

　　4) 귀향과 3·1 운동 전후의 활동···················· 186

제5장 전남운동협의회 결성과 와해······················ 191

　1. 전남운동협의회 결성································ 191

　　1) 새로운 동지의 만남과 협의회 결성·············· 191

　　2) 협의회의 기본 테제와 조직···················· 195

　　3) 소인극과 야학 등을 통한 계몽 활동·············· 199

　　4) 강진 주재소 방화 사건························ 205

2. 민족의식 생활지침 제정과 실행·······························207

  1) 제정의 계기··207

  2) 농민대중의 의식 조사를 실시·······························209

  3) 구체적인 지침 작성에 착수··································211

  4) 제정된 민족의식 6칙과 실천방안·························214

  5) 농민 민족의식 6칙 보급의 결과·····························223

3. 조직 발각과 긴 수감 생활····································225

  1) 망년회에서 방심으로 발각된 조직·························225

  2) 바뀐 수사방향과 목포형무소 수감·························229

  3) 형무소 내 단식 투쟁···232

  4) 공판 투쟁─강도가 자신의 재판을 맡는 것·················235

  5) 최종 판결에 이르기까지·····································237

  6) 갑계 모임과 또 한 번의 검거·······························240

제6장 해방 직전의 어두운 날들·······························243

1. 보호관찰 조치하의 광주 생활·······························243

  1) 거주제한 명령을 받고··243

  2) 기력을 회복시켜 순 야학 활동·····························245

  3) 기개 꺾인 옛 동지들의 근황·································247

2. 비전향자에 대한 대화숙(大和塾)의 세뇌교육·················250

  1) 대화숙(大和塾)의 세뇌교육에 강제 참석·····················250

  2) 신사불참배 기독교인의 민족의식·························252

  3) 실행되지 못한 비전향자 말살 계획·······················256

3. 전시체제 일제의 민족 말살정책·····························259

  1) 민족 말살에 앞장선 것은 조선인 관공리들·················259

  2) 악명 높은 국민총력연맹·····································260

4. 일제 말엽 아버지의 논리와 전쟁 전망·······················266

  1) 수탈의 최소화와 징용 회피가 최저선의 항일운동·············266

  2) 국제정세 판단을 위한 노력·································268

　　　3) 일본의 과욕이 불러올 패전을 예견························ 269

　　　4) 일본의 패망을 1945년 10월로 전망····················· 272

제7장 해방공간의 혼란과 탄압································· 275

　1. 해방의 짧은 기쁨과 우려····························· 275

　　　1) 해방 직후 전남 광주 건준의 구성······················ 275

　　　2) 해방정국에 대한 아버지 동지들의 노선과 지침·············· 278

　　　3) 미 극동군 사령부가 뿌린 삐라의 의미··················· 280

　　　4) 궁지에 몰린 일본 헌병들의 헛된 행패··················· 283

　　　5) 건준 조직은 인민위원회로 개편······················· 286

　2. 친일 우익세력 주도로 조직된 완도 건준················· 286

　　　1) 우익세력의 발 빠른 완도 건준 선점···················· 286

　　　2) 인민위원장 추대를 거절한 아버지····················· 288

　3. 미군정 시기 민주세력에 대한 탄압···················· 290

　　　1) 미군정으로 기사회생한 친일세력······················ 290

　　　2) 찬탁과 반탁의 소용돌이에 휩싸인 국민들················· 293

　　　3) 조선정판사 사건을 계기로 민전세력 본격 탄압············· 296

　4. 조선공산당 전남 도당 결성과 활동···················· 298

　　　1) 전남도당 결성································· 298

　　　2) 당의 분파주의와 체포 위기························· 299

　5. 5·10선거를 전후한 이승만 정권의 극렬한 탄압·········· 304

　　　1) 아버지에게 가한 천인공노할 모욕과 만행················· 304

　　　2) 고향을 떠나기로 결심한 아버지······················ 307

　　　3) 아버지 동지들이 결정한 절박한 지침··················· 309

　　　4) 돌연 사라진 뒤 살해당한 동생과 매제·················· 314

제8장 6·25와 계속된 시련······························· 319

　1. 광주 이사 후 아버지의 경계심······················· 319

　2. 보도연맹원 대학살 사건··························· 321

1) 이승만의 민주세력 말살 계획······························ 321

2) 보도연맹 가입은 강제적 강요···························· 323

3) 보도연맹 가입자에 대한 전원 총살 기도··············· 324

4) 구사일생으로 처형을 면하고······························ 327

5) 완도에서의 무차별 학살································· 331

6) 6·25 대학살의 민족사적 교훈························· 334

제9장 인민 정권의 그림자····························· 339

1. 달라진 세상에서도 계속된 시련······················ 339

1) 인민군 진주와 인민위원회 수립······················ 339

2) 또 달라진 세상, 자살하고 싶었다···················· 341

3) 생사의 고비를 지나······························· 346

4) 갑자기 달라진 분위기와 석방························· 348

5) 아무도 믿을 수 없는 세상···························· 350

2. 서울 수복과 인민군 퇴각··························· 352

1) 인민군 철수 직후의 딜레마·························· 352

2) 내 서점을 빼앗으려 혈안이 된 사람들················· 356

3. 인민 정권에 대한 냉성한 평가······················ 359

1) 민족운동의 맥락이 무시된 급조된 신진 조직·············· 359

2) 관료제적 인민 정권 수립은 위험한 처사··············· 361

3) 미국은 절대 한국을 포기하지 않을 것················· 364

4. 아버지가 받은 김일성 주석에 대한 교양················· 366

1) 교양을 받게 된 경위······························· 366

2) 교양의 내용···································· 370

3) 우자를 지도자로 받드는 국민의 슬픔·················· 385

제10장 이승만 정권 이후 투쟁과 투옥····················· 389

1. 구국투쟁동맹 사건 연루로 투옥······················ 389

1) 휴식은 과오다·································· 389

2) 국가보안법 위반 혐의로 수감······························· 392

3) 여전히 의문인 이 사건································· 393

4) 민주운동의 지도부 결성에 대한 이견························ 396

2. 내가 경험한 광주의 4 · 19························· 397

1) 광주에서 4 · 19 시위로 수감····················· 397

2) 희생자 중심의 4 · 19 평가는 재고돼야················ 401

3. 사회대중당 사건으로 다시 구속······················ 404

제11장 민족의식 교육과 지도자의 덕목···················· 411

1. 어린 시절 네 분의 스승들이 끼친 영향·················· 411

2. 지도자의 덕목······························· 417

3. 민족의식 교육의 중요성························· 418

1) 전인교육을 넘어 민족의식 교육으로················· 418

2) 일선 교사에게 바라는 점····················· 421

제12장 청산해야 할 친일세력의 문제···················· 425

1. 친일세력이 주장하는 공통된 논리···················· 425

2. 면면히 이어오는 친일세력······················· 429

1) 대를 이어오는 친일세력의 부와 권력················ 429

2) 친일세력의 후예도 예외 없이 반민족적··············· 431

3) 반민족세력 제거는 자주독립의 선결과제·············· 435

3. 반민족세력에 면죄부를 준 대한민국·················· 436

1) 반민특위 활동의 와해······················ 436

2) 반민족 행위자 처벌 특별법의 폐기················· 439

3) 총독부 근무 경력까지도 퇴직금에 산정··············· 441

4) 반역자 척결 대신 애국자로 둔갑시키는 나라············ 442

5) 반민족 행위는 준엄한 응징을 받아야··············· 444

6) 프랑스의 철저한 친독세력 응징··················· 446

　4. 이완용 재산에 대한 대법원 판결 ························· 448

　　1) 이완용이 일제에서 받은 돈은 민족을 강탈한 장물 ············ 450

　　2) 이완용의 토지에 관한 대법원의 판결 ···················· 451

　　3) 대법원 판결에 대한 민족사적 고찰 ······················ 454

　　4) 과거 청산의 핵심은 친일세력 청산 ······················ 455

제13장 망각되고 있는 항일 독립운동 ························· 461

　1. 외면되고 있는 항일 독립투사 ····························· 461

　2. 독립유공자 포상 절차의 모순 ···························· 467

　　1) 국가유공자 공적 사실 발굴과 조사는 국가가 해야 ·········· 467

　　2) 공적서 변조가 초래할 민족사의 왜곡 ···················· 468

　　3) 누락된 독립유공 사례들도 반드시 국가에서 찾아야 ·········· 471

　3. 축소된 독립운동사는 반쪽짜리 역사 ······················ 475

　4. 반독재 투쟁은 항일 독립운동의 연장선 ···················· 477

제14장 종교의 사명과 민족의 미래 ························· 485

　1. 사회주의 붕괴와 내 인식의 전환 ························· 485

　2. 민족역량 결집의 최대 잠재력은 종교세력 ··················· 493

　3. 우리 종교계에 바라는 민족적 요망 ······················· 496

제15장 5 · 18 광주민주항쟁에 대한 평가 ······················ 507

　1. 제자리를 찾아가는 5 · 18의 의의 ························· 507

　　1) 시민의 단결은 항쟁의 최대 성과이자 꽃 ················· 507

　　2) 망월동 묘지 성역화의 의의 ·························· 508

　　3) 5 · 18은 본능적 애국의식의 자발적 발현 ················· 510

　2. 광주민주항쟁에 대한 바른 평가를 위해 ···················· 511

　　1) 면면히 이어온 민족운동의 발현 ······················· 511

2) 희생자 위주가 아니라 민족사적 맥락에서 평가돼야··········· 513

3) 시민의 단결로 이룬 완벽한 치안과 질서유지··················· 514

4) 항쟁 단체에 대한 시민들의 자발적 지원의 의미··············· 515

5) 민족민주운동의 지침으로 삼아야····························· 517

제16장 민족자주 민주운동의 방향과 사명····················· 521

1. 반민족세력 극복을 위한 통일역량 구축····················· 521

1) 반민족세력의 막강한 힘을 인식해야······················· 521

2) 분파 분열을 넘어 하나로····························· 524

2. 민중운동의 현실과 지도자의 과제····························· 526

1) 대중과 유리된 민주단체····························· 526

2) 대중운동에서 지도자들의 자세····························· 530

3) 대중운동 지도자들이 명심할 점····························· 534

▌유족 후기-역사의 피가 마르지 않는 상처의 기록·············· 540

▌저자 이기홍································· 550

▌간행위원회 명단······························· 551

제1장 내가 겪은 3·1 운동

1. 8세 때 경험한 고금면의 만세운동

1) 식민지 민족으로 태어난다는 것

나는 1912년 8월 31일(음력 7월 18일) 국토의 최남단인 전남 완도 군 군외면 영풍리에서 아버지 경주 이씨 사열, 어머니 원주 이씨 대금 사이의 4남3녀 중 장남으로 태어났다. 일본 제국주의의 무력 침탈로 국권이 유린되어 나라를 잃은 지 이 년이 지난 때였다. 조선총독부에 의한 식민 통치가 시행되면서 삼천리강산에는 일본군의 군홧발 소리가 지축을 흔들고 일장기가 방방곡곡에 나부끼는 비운의 망국사가 시작된 시기였다.

국권을 상실했다는 의미가 무엇인지는 세월이 많이 흐른 뒤에야 알게 되었다. 그러나 조국이 외세에 의해 빼앗긴 직후에 내가 이 세상에 태어났다는 것은 그 후 내 인생에 의무가 되기도 하고 족쇄가 되었다. 그것이 내 운명이었다. 조선 민족의 한 사람으로 태어난 이상 일본 식민지에서 벗어나는 일에 참여하는 것이 나의 의무가 되었다. 그것을 나는 주위의 분위기와 어른들의 행동을 보면서 조금씩 체득해갔다.

내 아버지는 한일합방이 감행되기 직전 서울의 한성외국어학교에 입학하여 1910년 합방이 되던 해 일어과를 졸업했다. 당시 일어과를 나온 조선인은 최고의 조건으로 우대받을 수 있었지만, 일제의 주구가 되어 매국을 일삼는 관료들의 작태를 보며 환멸을 느꼈다. 낙향 후에도 의뢰받은 대구복심법원의 서기 직책을 외면하고 고향인 완도군 고금면에서 은자의 생활을 하셨다.

낙향 후 아버지는 선친으로부터 물려받은 전답 등이 적지 않아 15마지기 정도의 농사를 지었다. 농사를 짓던 아버지에게 일제 관리들은 당신의 능력이 우수하니 일본어 통역을 맡아달라고 강권했지만 아버지는 이를 끝내 거절했다. 일본 놈들 밑에서 일하는 것도 용납되지 않았지만 무엇보다도 일본 헌병들이 조선의 의병들을 잡아 악랄하게 심문하는 과정에 참여하는 일은 도저히 할 수 없었기 때문이었다.

계속되던 강요에 견디다 못한 아버지는 가족들과 함께 해남군 북평면 봉촌리의 해변가로 피해 가셨지만 거기에서도 오래 있지 못하였다. 해남 대흥사에서 의병들 이천여 명이 학살당하는 대참사를 보고는 다시 완도군 군외면 영풍리로 옮겨왔다. 내가 태어난 곳이 바로 이곳이었다.

나는 어머니의 뱃속에서부터 아버지의 탄식과 고뇌를 태교 삼아 반일 기질을 물려받고 태어났을 것이다. 일제의 방해가 없는 곳으로 찾아 떠났던 우리 가족은 얼마 지나지 않아 본적지인 완도군 고금면 신장리의 산중으로 들어가 살았고 그 후에 고금면 청룡리로 이사했다. 청룡리는 내가 어린 시절을 보낸 곳이다. 아버지는 육친을 떠나 민족운동의 모범을 보여주신 스승이셨다. 아버지에 관한 내용은 뒤에서 좀 더 자세히 다루겠다.

2) 처음 본 태극기

나는 8세 때 동리의 한문 서당에서 천자문을 처음 배웠다. 농사가 시작되면 휴학을 하고 겨울 농번기에 다시 개학하는 서당에서 문맹을 벗어나는 첫 교육을 받은 셈이다. 11살 되던 때인 1922년 고향에 있는 고금 공립보통학교에 입학했다. 내 얘기는 내가 보통학교에 들어가기도 전에 만난 어떤 사람과의 만남으로부터 시작된다.

당시 고향인 청룡리에는 경주 이씨가 여러 집 살고 있었고 그 중 종갓집 할아버지의 5남 3녀 중 5남인 스무 살의 이현열 씨가 있었다. 그 분은 아버지 형제의 자제이므로 나와는 오촌지간인 나의 당숙이었다. 열 살도 안 되었던 나에게 집안의 어른이자 동네 청년이었던 그 분과의 만남이 그 후 내 인생의 많은 것을 바꿔놓았다.

지금 기억하면 3·1 독립만세운동이 벌어지던 직후였다. 그 분은 당시 열두 살이었던 종형 이동운과 나를 따로따로 상점에 보내어 창호지 10매씩을 여러 번에 걸쳐 사오라고 했다. 붉은 색과 파란 색 물감도 조금씩 나누어 여러 곳에서 사오라고 했다. 당시 고금면에는 면사무소 소재지와 장터거리 그리고 학교 소재지에 상점이 각각 하나씩 있었다. 나는 신나게 심부름을 했고 그때 내가 사온 창호지는 50매 정도 되었을 것이다. 그렇게 나는 무슨 용도인지도 모르면서 시키는 대로 종이와 물감을 사왔다. 내가 한 일은 그것이 전부였다. 그 밖의 준비는 이현열 씨 스스로 종갓집에서 은밀히 진행했던 것 같다.

당시 우리 종갓집에는 본채와 사랑채가 있었는데 사랑채에는 큰 방이 둘 있었다. 그때가 5월이었는데 해가 지지 않고 있었으니 오후 6시가 채 되지 않은 시간이었을 것이다. 이현열 당숙이 나와 종형

이동운, 육촌 동생인 이정재 그리고 당시 13살이었던 육촌 누님을 불렀다. 어린 우리들은 어른들의 호출에 부리나케 사랑방으로 갔다. 사랑방에는 이미 어른들이 여러 분 와 계셨다.

그 분들은 종이와 물감으로 무엇인가를 만들고 있었다. 자세히 보니 두터운 장판지에 태극 문양의 아랫부분을 오려내고 태극 윗부분에는 상부의 바깥 선에 드문드문 구멍을 뚫어놓고 장판지 사방에는 팔괘를 오려놓았다. 그렇게 구멍 뚫린 장판지 밑에 종이를 대고 청색과 홍색 물감을 접시에 풀어 흐르지 않도록 구둣솔에 묻혀 태극 아랫부분에 청색을 칠한 뒤 거꾸로 돌려 아래 청색 부분이 가려지면 태극의 윗부분에 홍색 물감을 칠하고 사방의 팔괘에는 먹물을 칠했다. 그렇게 만들고 있던 것이 태극기인 줄은 나중에 알았다.

이현열 씨와 홍철수 씨는 창호지를 잘라서 이처럼 물감을 칠하고 그 곁에서 이수열 씨와 김천영 씨는 붓으로 선을 깨끗이 교정하는 마무리 작업을 했다. 다 완성된 태극기는 나와 누이동생이 뒤뜰로 가져가 멍석 위에 널어 건조시켰다. 뒷마루에는 나의 고모님인 이정열 씨와 누이 한 분 그리고 종형 이기동이 미리 준비해온 여죽의 깃대에 풀로 한쪽을 붙인 뒤 다시 멍석에 널었다. 이 작업은 신속하게 진행되었다. 그렇게 순식간에 수백 개의 태극기가 만들어졌다. 내가 태극기의 실제 모습을 본 것은 이때가 처음이었다.

날이 어두워지자 이현열 씨는 종형인 이동수를 출입문 앞에 내보내 밖에 다니는 사람들이 있는지 보고 오라고 시켰다. 아무도 보이는 사람이 없다고 하자 이현열 씨와 어른들은 완성되어 잘 건조된 태극기 서른 개 가량을 백지(한지)에 말아 각각 포장하였다. 당시에는 적당한 노끈이 없었으므로 왕골자리 만들 때 쓰는 왕골속으로 묶어 각자 나누어가지고 어딘가로 가지고 갔다. 나는 이 장면을 신기하게 생각하면서 떨리는 마음으로 지켜보았다. 그분들이 조심스럽게 주위를 둘러보며 어둠속으로 사라져가던 모습이 지금도 기억에 남아있다.

3) 덕암산에서 벌어진 만세운동

다음날이었다. 고모님이 나를 부르더니 보통학교에 놀러가자면서 내 손을 붙잡았다. 학교는 집에서 3킬로미터 정도 떨어진 곳에 있었다. 고모의 손을 잡고 가는 길에 주변으로 푸른 보리이삭이 완전히 나있었던 것으로 보아 5월 말경이었을 것으로 생각된다. 보통학교 근처에 도달하니 거리에 퍼져있는 심상치 않은 기운이 어린 내 눈에도 느껴졌다.

당시는 서울에서 일어났던 3·1 독립만세운동이 전국 각지로 퍼져나가던 때라 일본 경찰이 초비상 상황에서 경계를 하던 때였다. 학교에 도착하자 주재소의 일본인 순사부장과 조선인 순사 2명, 주재소와 친근한 의용소방대원 등 두세 명이 학교 앞을 지나는 사람들에게 "어디 가냐, 가지고 온 물건들을 풀어 보이라"며 검문을 하고 있었다. 고모는 여자였으므로 소지품에 대한 검문검색 없이 그대로 학교 앞까지 갈 수 있었다. 고모는 학교 뒤편의 조금 높은 지대에 있던 보리밭으로 내 손을 이끌고 걸어갔다. 사방이 잘 보이는 트인 곳이었다. 오전 11시 무렵이었을 것이다.

보통학교 뒤에는 고금면에서 가장 높은 해발 400미터 가량의 덕암산이 멀리 있었다. 정상에서 학교까지는 꽤 먼 거리였다. 당시 도서 지방에는 어디든 숲이 우거져 있었으므로 산 속에서 사람들의 왕래는 웬만큼 많지 않아서는 멀리서도 눈에 띄지 않을 정도였다. 그런데 그때 갑자기 덕암산 꼭대기에서 사람들이 나타나 "대한독립만세!"를 외치는 소리가 들렸다. 그 외침은 끊이지 않고 들렸다. 아주 멀리서도 생생히 들릴 만큼 작지 않은 소리였다. 산속이므로 여기저기 몇 명씩의 사람이 보였으므로 전체가 얼마인지는 알 수 없었지만 적어도 수백 명이 만세 합창을 하고 있는 것은 분명했다.

고모와 나는 산 정상으로 향한 눈을 떼지 못하고 거기에서 들려오는 소리에 귀를 기울였다. 얼마 후 학교 앞 네거리에서 잠시 소란스러운 분위기가 감돌았다. 상황을 직감한 경찰은 두터운 메가폰으로 이들에게 내려오라고 외쳤다. 그럼에도 여기서 번쩍, 저기서 번쩍, 만세 소리가 계속 이어지자 경찰 두 명, 그리고 그들과 가까웠던 민간인 두 명이 빨리 내려오라고 고함을 질러대며 산의 정상을 향해 달려갔다. 이들이 정상에 가까이 다가가자 사람들은 보이지 않았고 만세 소리도 그쳤다.

돌연 벌어진 이 상황에 당시 읍내에 나와 있던 사람들은 하나같이 발길을 떼지 못하고 서로 이야기를 나누며 이 사태를 주시하고 있었다. 그 사이 산 위에서 만세를 불렀던 사람들은 경찰들이 올라오던 길과 다른 길로 내려와 사람들이 있는 읍내로 돌아왔다. 만세 시위를 주동한 인물 중의 하나인 정학균 선생이 사람들 앞에 나와 2,3분간 연설을 하고 이어 이현열 선생이 2,3분간 목소리를 높였다. 그러고는 태극기를 높이 들고 천지를 진동시키듯 대한민국만세를 선창하였다. 모인 사람들 모두가 선창자의 만세소리에 맞추어 대한독립만세를 목이 터져라 외쳤다.

산 위에서 나던 만세소리가 이번에는 읍내 쪽에서 나자 경찰들은 산으로 올라가던 길을 돌이켜 허둥지둥 아래로 달음질쳐 내려왔다.

끊이지 않던 만세소리는 그 사이 조용해졌다. 경찰이 산 밑으로 내려오자 만세를 부르던 군중들은 어디론가 다 사라지고 한 사람도 남지 않았다. 그 자리에는 종이로 만든 태극기 하나 떨어져 있지 않았다.

이것이 여덟 살이었던 내가 목격한 만세운동의 현장이었다. 나는 훗날 어린 시절의 기억을 떠올려 일련의 그 광경을 생각할 때마다, 그 외진 곳에서라도 대한독립만세를 목 놓아 외치고 싶었던 그 분들의 마음을 생각하면 가슴을 저미는 뜨거운 슬픔을 느끼곤 한다.

4) 치밀하게 진행된 만세운동 준비

내가 성장한 후에 알게 된 일이지만 정학균 선생과 이현열 선생은 만세운동을 계획하기 한 달 전부터 각 부락에서 가장 믿을 수 있는 책임자 한 사람씩을 선정해 놓았다. 책임자 밑에는 친척 관계 및 친분 관계를 중심으로 각각 10명 내외를 한 사람씩 설득하여 그날 만세운동에 나오도록 했다고 한다.

그들은 책임자 단위로 모여 신문에 보도된 서울의 3·1 독립만세운동 사건을 화두로 삼아 우리도 그냥 있을 수 없으니 우리 면에서도 만세를 불러야 하지 않겠느냐는 의견을 모아갔다. 다만 날짜에 대해서는 최후까지도 말해주지 않았다. 이렇게 사전에 은밀하게 무형의 조직화 작업을 했던 것이다.

이 작업은 정학균 선생과 이현열 선생이 주도하였고, 이현열 선생의 동리인 청룡리에 살던 홍철수, 김천영 그리고 나의 숙부인 이수열과 농상리에 살던 배금순 씨가 각각 주동자 역할을 했다고 한다.

만세 시위의 날짜가 정해지자 그 전날 밤 앞에서 말한 주동자들은 각 부락 책임자들에게 태극기를 나누어준 뒤 당부하기를, 각자 책임진 동원 인원들에게는 현장에서 태극기를 나누어주고 만세를 부르고 난 뒤에는 반드시 그 부락 책임자에게 태극기를 반환하도록 단단히 일러두었다고 한다. 그런 사전 조치가 있었기 때문에 경찰이 현장에서 내려왔을 때 한 사람도 남지 않고 사라져버렸음은 물론 태극기 한 장 찾아내지 못했던 것이다.

그 날 만세운동에 사용한 태극기는 배금순 씨가 모두 일괄적으로 수거하여 보따리에 넣어 놓았다가 동산의 후면에 있는 멀리 떨어져 있는 보리밭에서 태워버렸다. 시골 섬마을에서 벌어진 만세운동에 경찰은 발칵 뒤집혀 주동자를 색출하고 증거물을 찾으려 혈안이 되었다. 주동자들로 추정되는 인물들의 가택수색을 하며 증거를 찾으려 했지만 태극기 한 장도 나오지 않았던 것은 이런 치밀한 사전 준비와 약속이 있었기 때문이었다.

이와 같이 치밀하고 조직적인 대중 동원은 오늘날의 대중의 합법적인 동원에도 큰 교훈을 남겨주는 사례가 된다. 생활권 내의 대중에 대해 도매금식의 무작위적 동원이 아니라 통제가능한 단위로 세밀한 실사 끝에 적절한 인물들을 선택했다는 점은 오늘날에도 반드시 배워야 할 교훈이다. 조직적인 동원은 그 생활권 내에 조직화가 이루어졌을 때만 가능한 계획이다. 오늘날처럼 자기 생활권 내의 대중 조직에는 무관심하면서 구호나 선전만을 요란하게 내세워서는 대중 동원이 되지도 않고, 되더라도 일사불란한 행동으로 이어지지 못하는 것은 당연한 귀결이다.

고금면의 만세운동에 동원된 사람들은 부락 책임자를 통해 만세운동이 있다는 것을 그날 아침에야 알았다고 한다. 각각에 대한 설득과 동원 그리고 태극기 제작과 분배 및 회수에 이르는 사후조치까지 조직을 통해 철저히 이루어졌고 무엇보다 철저한 보안이 지켜졌다. 이러한 일련의 과정은 오늘날에도 따르고 본받아야 마땅한 교훈적 경험이다.

3·1 운동에 대해서는 당시의 언론 보도는 물론이고 오늘에 이르기까지 3·1 운동 기념일만 되면 어디 어디서 몇 명이 만세를 불렀고 희생당했다는 줄거리와 결과만이 뉴스거리로 전해진다. 그런데 그렇게 요약된 현상과 결과만으로는 3·1 운동이 보여준 구체적인 진실과 교훈을 얻을 수 없다. 각지에서 일어난 사건마다 그 지방의 특수한 사정과 역량이 있는 법이고 여기에 맞추어 최선의 결과치를 내기 위한 조직적 준비와 동원의 경험을 두루 살펴보아야 실체의 진실에 다가설 수 있다.

그래서 어렸을 때 고향에서 벌어진 독립만세운동에 대해 내가 보고 경험했던 것과 후일 성장해서 알게 된 내용들에 입각하여 만세운동의 준비 과정 및 동원 과정과 사후의 대처에 대한 내용들을 여기에서 기록하는 것이다. 당시 만세운동은 완도군의 8개 면 중 고금면과 소안면, 군외면, 군내면 일부에서만 일어났다. 그 중에서도 가장 규모가 크고 조직적으로 벌어진 운동은 고금면의 만세운동이었다.

2. 주동자들의 검거와 후폭풍

1) 주동자들의 검거

예기치 못한 시골 동네의 만세운동에 뒤통수를 맞은 경찰은 고금면 주재소에 수사본부를 설치하고 주동자 검거에 본격 착수했다. 당시에는 부락마다 경찰 주재소가 통제하는 유급 정보원이 한 명씩 배치되어 있었다. 각각의 부락 규모들이 몇 십 호에 불과했기 때문에 아무리 비밀리에 움직인다 해도 이런 일들을 저지를만한 주동자급이나 가담자의 범위를 좁혀 파악하는 일은 그다지 어렵지 않았을 것이다. 하지만 정보원들도 대중의 눈과 대중의 위력이 주는 압박감에 압도되었던 면도 있고, 또한 앞으로 자신들의 생활에 지장을 받을지 모른다는 두려움들이 있었는지 속속들이 모든 것을 불지는 못했다.

경찰이 발본색원하려 총력을 다했지만 당시 고금면 만세운동에 동원된 300~400명 중 최종 검거된 인원은 80명 남짓이었다고 한다. 당시 경찰은 현장에서 수백 명이 참여한 만세운동 상황을 목격했기 때문에 각 부락을 샅샅이 뒤져 참가자들을 모조리 찾아내려 했으나 결국 그 이상은 검속하지 못했다. 일부는 발각되었으나 대부분의 참가자들은 살아남을 수 있었던 것이다. 이 점에 대해 나는 성장한 후 자랑으로 여기고 있고 훗날까지도 뿌듯하게 얘기하는 내용이다.

검거 열풍이 불면서 결국 지도자급인 정학균, 이현열, 홍철수, 김천영, 이수열, 배금순은 곧 검거되었다. 그 중 이현열 선생만은 처음부터 도피를 하지 않고 자택에 버티고 있다가 경찰에 붙잡혔다. 경찰이 그를 검거하러 600~700미터 거리에 오자 상황을 직감한 부락 사람들은 몰려가 피하라고 했지만 이현열 선생은 "내가 무엇을 잘못했느냐. 무슨 죄가 있기에 피한단 말이냐. 나는 가장 옳고 정의로운 일을 했기 때문에 죄가 없다"고 말하여 꼿꼿이 버텼다고 한다.

마침내 경찰이 들이닥치고 담 밖으로는 수십 명의 부락민들이 걱정스런 눈으로 넘겨보고 있는 가운데 경찰이 순순히 나오라고 하자 버티다가 결국 경찰은 구둣발로 방에 들어가 그의 멱살을 잡고 끌고 나와 마루 끝에서 선생을 차버렸다. 선생은 굴러 떨어져 돌에 부딪쳐 다쳤고 귀 뒤에서는 선혈이 낭자하게 흐르는 것을 많은 주민들이 그대로 똑똑히 목격하였다. 그래도 선생은 일어나지 않고 마당에 누워있었고 이윽고 경찰이 내지른 구둣발에 코피가 흘러내렸다.

그는 종갓집 큰할머니의 막둥이 아들이었다. 큰할머니가 울면서 코피를 막아주고 귀 뒤에 흐르던 피를 씻어주자 경찰은 할머니도 발길질로 차버렸다. 큰할머니는 어이쿠 소리를 내며 고꾸라졌다. 피투성이가 된 선생에게 다그쳐 일어나라고 해도 일어나지 않자 경찰 두 놈이 끌어올려 양팔에 끼고 선생을 질질 끌고 갔다. 동네 부락민들은 울면서 그 뒤를 따랐다. 사람들이 계속 따라가자 경찰들은 부락민들을 대나무로 후려갈겨 쫓아냈다. 나는 그렇게 질질 끌려가는 선생의 뒷모습을 울먹이며 보았다.

2) 만세운동이 면민들에게 남긴 영향

이현열 선생이 개처럼 끌려가는 모습을 보면서 울분을 느꼈던 것은 나이 어린 나뿐만이 아니었다. 전 부락민과 이 소식을 전해들은 면민들은 일본 경찰과 친일 인사들에 대해 이가 갈리는 증오심이 치밀어올랐다고 한다. 어쨌든 이렇게 고금면의 만세운동은 주동자급 인사들이 체포되면서 막을 내렸다.

그때 그 만세운동이 우리에게 남긴 것들을 돌아봐야겠다. 이현열 선생의 차분하면서도 용감한 만세운동이 수많은 면민들이 지켜보는 가운데 감행된 것은 당시 3·1 독립만세운동으로 고조되어 타올랐던 면민들의 애국심에 기름을 부었다. 또 한편으로는 앞에서 말한 고금면의 만세운동에 불참한 사람이나 이를 거부했던 사람, 그리고 부락마다 있던 주재소의 정보원들에게 민족적 양심의 가책을 느끼게 하고 깊이 반성하라는 엄한 질책을 남겼다.

직간접으로 만세운동의 전후를 체험한 사람들에게 그 영향은 무척이나 컸다. 이 사건에 대한 이야기는 날이 갈수록 면민들 사이에 퍼져 알게 모르게 각자의 의식과 생활에 반영되었다. 작은 규모의 단위지만 그런 식으로 고향민들의 민족의식이 한층 강화되었다고 할 것이다.

당시 청룡리는 160여 호가 있는 큰 부락으로 부락민이 천 명에 가까웠고 이 중 성인 남자들 거의가 이 광경을 가깝게 또는 멀리서 직접 보았고 그 외침을 들었다. 우리 독립운동이 얼마나 정당하고 정의로운 것이며 조선민족이라면 누구든 여기에 직접이든 간접이든 참여하고 따라야 한다는 민족사적 본보기를 남겨준 것이다.

또 우리가 알 수 있는 것은 한 지역에서 열성적이고 민족의식이 투철한 지도자가 나오면 반드시 그 지역은 독립운동의 중심지가 되고, 그 지도자가 타개한 후에도 사람들 사이에 내려오는 당시 사실에 대한 전승과 더불어 그 전통이 이어져 확대 강화된다는 교훈적인 사실이다. 이것은 일제강점기에 우리나라 전국 방방곡곡에서 있었던 일이고 증명된 사실이다. 지도자의 투철한 민족의식과 생활화된 독립운동은 모범적인 민족 지도자상을 만들어내기 마련이며, 이 교훈적인 원칙은 앞으로 우리 민족이 완전한 민족독립을 달성할 때까지 하나의 지침적인 교훈이 될 것이다.

1919년 당시 서울을 필두로 하여 전국 각지에서 궐기한 3·1 독립운동에 대해서는 외형적으로 나타난 상태와 결과만이 보도되었고 그러한 상황은 오늘날도 마찬가지다. 이와 같이 뉴스거리로 다뤄지는 정도로는 일시적이고 감성적인 공감은 있을지언정 다음의 투쟁으로 이어지는 교훈도 지침도 찾아낼 수 없다.

민족해방운동을 비롯한 대중의 모든 해방 투쟁은 외형적인 시작과 결말뿐만 아니라 그 운동에 대한 구체적인 준비와 진행 과정, 그리고 이를 함께 만들어간 지도자와 투사들의 구체적인 활동을 정확히 파악하고 이해해야 다음 투쟁으로 이어지는 교과서적인 경험과 교훈이 된다. 한 번의 투쟁에서 보여준 교훈과 지침이 기계적인 답습이 아니라 창조적인 발전 형태로 이어질 때 독립운동은 조직의 강화와 아울러 민족세력의 저변 확대와 최후의 승리에 대한 확신을 심어주며 서로가 자신 있게 투쟁할 수 있기 때문이다.

고금면의 만세투쟁도 지도자 몇몇의 지도하에 400~500명이 동원되어 만세를 부르고 그 중 몇 명이 검거, 투옥되었다는 식의 단순한 보도에 그친다면 거기에서 얻을 수 있는 것은 단편적인 지식에 그치고 만다. 역사는 구체적인 과정과 진행 상태 및 지도자들의 심리상태까지를 공감적으로 파악하고 감정이입이 되어 다음을 향한 새로운 발판이 되어야 비로소 역사 창조의 교훈이 된다는 점을 말해두고 싶다.

3) 만세운동의 후폭풍

만세운동이 남긴 타격은 적지 않았다. 독립만세운동에 우리 면도 가만히 있어서는 안 되겠다는 공감에서 시작된 일이고 철저한 준비와 사후 대처까지 치밀하게 계획되었다 하더라도 그것으로 아무 일도 없었던 것처럼 되돌릴 수는 없었다. 처음 기획한 분들도 이러한 결말을 예상하지 못한 것은 당연히 아니었다. 이현열 선생이 마지막 잡혀갈 때 꿋꿋이 집안에 남아있었던 사실도 그러한 운명을 미리 예감하며 각오하고 있었기 때문이었다.

계속된 검거로 지도자와 각 부락 단위의 책임자들까지 속속 검거되어 그 인원은 80여 명에 달했다고 한다. 작은 면 단위에서 벌어진 사건치고는 유사 이래 벌어지기 힘든 일이었다. 고금면 주재소에 수사본부를 설치한 경찰은 이 80여 명 중 일반인 참가자 약 65명은 당일 밤에 석방하고 주동자 6명을 포함해 15~16명을 완도경찰서로 연행해갔다.

그 중에는 내 가족과 친척 중 아버지 이사열, 고모님 이정열, 종형 이기동, 이동운, 그리고 주동자인 당숙 이현열, 숙부님 이수열 등 6명이 포함되어 있었다. 집안의 대들보인 남자들이 집집마다 온통 끌려가게 되었으니 집안 전체가 쑥대밭이 되었다. 당시 고금면 내 사람들 사이에는 청룡리 경주 이씨들이 완도경찰서 유치장에서 문중회의를 하고 있다는 농담도 떠돌았다고 한다.

검거 10여 일 후 주동자 6인을 제외한 나의 아버지, 고모님, 종형과 각 부락 주동자들은 모두 석방되어 나오고 정학균, 이현열, 김천영, 배금순, 이수열 등 6인은 광주 지방법원 장흥지청 검사국으로 송치되었다.

다음해인 1920년 2월 공판에서 보안법 위반의 죄명으로 정학균 징역 4개월, 이현열 징역 3개월을 각각 언도받았다. 나머지 4명은 징역 1개월을 언도받았으나 정상이 참작되어 태형으로 바꾸어 곤장 100대씩을 맞고 석방되었다. 정학균 선생과 이현열 선생은 목포형무소로 보내져 복역을 마치고 나왔다. 당시 나는 곤장을 맞고 나온 이수열, 김천영, 배명순, 홍철수 등 4인이 발에 심한 동상을 입어 심하게 붓고 검붉게 변한 상태를 직접 보기도 했다.

목포형무소에서 출옥한 후 이현열 선생의 집에는 거의 매일 면내에 살고 있던 청년들이 서너 명씩 찾아왔다. 좁은 지역이라 이미 온 소문이 다 퍼져있었고 그들 중 의기 있는 청년들이 앞으로의 갈 길을 고민하며 자문을 구하려 했기 때문이었으리라. 주목받던 인물의 주변에서 이런 일이 이어지자 주재소 경찰과 완도경찰서 고등계 형사가 이현열 선생의 집을 매일 교대로 감시했다. 이현열 선생은 이와 같은 빈틈없는 감시 속에서는 아무 것도 할 수 없고 도저히 살아갈 수 없겠다고 판단하여 그 해 가을 일본으로 밀항했다.

훗날 내가 나이 들어 들은 바에 의하면 이현열 선생은 일본에 밀항한 뒤 낮에는 노동판에서 일하고 야간에는 야간중학교에 다니면서 주경야독하여 5년 만에 학교를 졸업했다고 한다. 그 후 그는 동경에 있는 일본대학 경제학과에 입학하여 졸업하였고 일본에서 활동 중이던 독립운동 조직과 손을 잡고 활동하셨다. 당시 각 민족의 당원들은 자신들이 살고 있는 그 나라의 당에 입당해야 한다는 국제공산당, 즉 코민테른의 테제에 따라 일본공산당에 입당하셨다. 이현열 선생은 지방당인 동경부 성서지구당에 가입하여 귀국 전까지 줄곧 거기에서 활동했고, 해박한 이론과 열렬한 실천 활동을 벌임으로써 '구축함'이라는 별명까지도 얻게 되었다고 한다.

일본에서의 생활도 오래 가지는 못했다. 이현열 선생의 열렬한 사회운동을 지켜 본 일본 동경경시청은 일본 내에 그대로 놔둬서는 안 될 문제 인물로 보고, 1929년 11월 초에 그를 강제로 부산으로 송환하여 완도 경찰에 인계했다. 이현열 선생은 결국 고향인 고금면으로 돌아오게 되었다.

제2장 광주학생독립운동

1. 섬소년들의 불발된 6 · 10 만세운동

고금면 만세운동을 어린 시절에 목격한 7년 후인 1926년, 보통학교 5학년이던 나는 또 하나의 만세운동을 체험하게 되었다. 후일 우리 역사에서 6 · 10 만세운동으로 불리는 그 즈음의 일이었다. 1919년의 3 · 1 운동이 진압된 후 일제의 감시는 더욱 삼엄해졌고 일제의 강점 기간이 길어지면서 국내외의 독립운동도 무기력한 침체의 늪을 겪던 시기였다. 1926년 대한제국의 마지막 황제인 순종의 죽음을 계기로 그 장례식에 맞추어 전국 각지에서 은밀하게 3 · 1 운동을 다시 재현하기 위한 각계의 움직임이 일었다.

어린 나이인 나는 바깥의 상황에 대해서는 당연히 알고 있지 못했지만 우리 고향에는 고금면 만세운동의 정신을 여전히 잊지 않고 의식을 또렷이 세우고 있었던 분들이 있었다. 1919년의 고금면 만세운동의 주동자 중의 하나였던 도남리의 정학균 씨와 이한열 씨의 매부 황동연이 나서서 보통학교 학생들에게 만세운동을 일으킬 계획을 세웠던 것이다.

나는 다른 6학년생들로부터 연락을 받고 비밀리에 결집지로 모였다. 10여 명이 모이자 정학균 씨와 황동연 씨가 미리 만들어놓은 태극기와 죽봉(竹棒)을 우리 앞에 내놓았다. 두 분은 우리에게 신신당부하기를 다음 날 새벽에 잊지 말고 학교 근처로 태극기를 옮겨두고, 5,6학년 학생들에게 태극기를 나누어준 뒤 정오를 기하여 독립만세를 부르라고 지시하셨다.

다음날이 되었다. 6학년 학생들이 전날의 지시에 따라 5,6학년 학생들에게 막 태극기를 나누어주던 순간이었다. 아침 10시 30분쯤이었는데 누군가 일본 순사들이 배를 타고 오고 있다고 소리쳤다. 일상적으로 들어오는 배에 검은 제복의 순사들이 10여 명이나 타고 있는 모습이 보였으니 당연히 범상치 않은 일이었다. 어린 우리들 사이에는 소동이 일었다. 그 배에 타고 있던 순사들은 우리들의 만세운동을 막기 위해 완도경찰서에서 온 순사들이었다.

사건의 전말은 간단했다. 전날 밤 모인 6학년 생 10여 명 중에 주재소 부근에 살던 한 학생이 내일 아침의 계획에 대해 무심코 얘기한 것을 들은 어떤 밀고자가 그 내용을 일본 경찰에 알렸던 것이다.

순사들이 배에 타고 오는 것을 알게 된 우리는 재빨리 태극기를 회수했다. 태극기를 들고 준비하던 나도 머뭇거리며 순간 어찌할 바를 몰랐다. 순사들이 오고 있다는 말에 나는 얼른 태극기를 바지 안으로 숨겼다. 이것을 본 6학년생 누군가가 바지에 숨기면 안 된다고 소리치길래 나는 어쩔 줄 몰라 망설이다가 근처의 보리밭 멀리에 태극기를 던져버렸다. 다른 친구들도 자기 몸에는 태극기를 두지 않고 후미진 곳에 묻어버리거나 눈에 띄지 않을 곳에 멀찌감치 던졌다.

마침내 순사들이 도착하자 학생들을 교실로 데리고 가 간단한 훈시를 한 다음 전 학년 학생들을 운동장에 모이게 하여 다시 각 학년별로 샅샅이 소지품 검사를 했다. 태극기는 하나도 나오지 않았지만 그 중에 15명의 학생들을 임의로 골라 잡아갔다. 겁을 주겠다는 의도였을 것이다. 잡혀간 아이들에게서도 별다른 혐의가 나오지 않자 그들은 모두 풀려났다. 오히려 처음 고발의 빌미를 주었던 학생만 순사들에게 거짓말을 했다며 실컷 두들겨 맞았다고 한다.

후일 생각해보면 보통학교 학생들이 만세운동을 준비하고 있다는 첩보가 일본 경찰이 생각하기에는 상식 밖의 일이라고 생각했을 것 같다. 다만 이러한 첩보를 들었으니 행동을 취하기 위해 출동을 하되 요식적인 절차를 다하고 위압적인 모습을 한 번 보여주는 것으로 끝내려 했던 것 같다. 더구나 물증이 될 만한 것이 나오지 않았으니 굳이 사건을 깊이 파고들어야 할 이유도 없었을 것이다.

고금보통학교 시절의 친구들과 이기홍 (위에서 셋째 줄 좌에서 세 번째)

그렇게 고금면 보통학교의 만세운동은 미수에 그치고 불발되었다. 그렇지만 그 과정에 참여하려던 학생들이 느꼈던 긴장감과 공포는 오래 남게 마련이다. 그리고 왜 자신들이 이런 일을 하고 있느냐에 대한 생각은 각자가 성장하여 세상이 돌아가는 상황에 대한 인식을 하게 되면서 다시 반추하게 된다. 나 역시 그런 경험들이 누적되면서 광주학생운동이 벌어질 당시 좀 더 뚜렷한 나만의 의식을 갖고 행동하게 된 요인이 되었다고 할 것이다.

덧붙여 말하면, 1926년 당시 각계에서 벌어졌던 6·10 만세운동은 3·1 운동 이후 침체된 민족운동에 새로운 활기를 불어넣었을 뿐만 아니라, 그 후 1929년의 광주학생독립운동으로 이어지는 교량적인 역할을 하며 민족독립운동사에 있어 중요한 사건으로 남게 되었다. 시골 섬마을에서 벌어진 불발된 만세운동이지만, 이런 작은 저항의 움직임들이 서로 연계를 갖지 않더라도 조선반도 곳곳에서 자발적으로 전개된 것이 당시 민중들이 갖고 있던 강력한 염원의 표출이었음은 말할 필요가 없다.

2. 광주고보에서의 독서회 활동

그 사건이 벌어진 2년 후 나는 보통학교를 졸업하고 1928년 4월 광주고보(오늘날 광주일고)에 입학했다. 상급학교 진학률이 미미했던 당시의 상황에서 광주고보에 들어갈 수 있었던 것은 나로서도 다행스럽고 기쁜 일이었다. 뿐만 아니라 광주고보 진학은 항일 정신 실천을 위한 새로운 계기가 되었다.

나는 고보 1학년 때부터 황남옥, 김홍남, 정석규 등 고향 동년배들 뿐만 아니라 동급생인 이형우, 오문현, 김만섭 등과 자주 어울렸다. 특히 동급생들과는 독서를 통해 서로의 의견을 주고받았다. 김만섭의 형 김보섭 씨로부터는 독립에 대해 대화를 많이 나누었다. 이 때 형성된 교우들과의 만남을 통해 나는 학생 조직에 가담하게 되는데 특히 김보섭과의 지속적인 만남이 독서회 회원으로 발탁되는 결정적인 계기가 되었다.

내가 2학년이 되던 해인 1929년 6
월 광주 시내에 각 학교별, 학년별로
독서회가 조직적으로 구성되기 시작
했다. 광주고보와 광주사범학교, 광
주농업학교에 독서회가 조직되었고
각 학교별 대표 중심으로 독서회 중
앙지도부가 결성되었다.

광주고보 1년 독서회 활동 시절

독서회 중앙지도부가 결성되기까지 핵심적인 역할을 한 조직은
성진회(醒進會)였다. 성진회는 1926년 11월 3일 불로정(不老町, 현
불노동)에 있는 최규창의 하숙집에서 왕재일, 장재성 등의 열성적인
노력으로 16명의 동지들을 규합하여 조직되었다. 이 모임이 후일 독
서회의 모체가 되었다. 1926년 11월 3일 결성된 성진회는 제3차 조
선공산당 즉, ML당 Y부(학생지도부)의 강해석 씨로부터 지도를 받
고 있었다. 성진회의 각 학교 대표로는 광주고보의 장재성, 광주농
업학교의 문승수, 광주사범학교의 임종근이 각각 맡아 활동했다. 물
론 이러한 구체적 내용을 내가 알게 된 것은 훗날의 일이었다.

성진회의 활동은 오래 가지 못하고 두세 달 남짓이 지난 1927년 2
월에 해체되었다. 성진회 회원 중 한 사람의 매부가 일제 고등계 형
사인 사실이 확인되면서 위험을 피하기 위해 조직을 해체한 것이었
다. 사실 워낙 짧은 기간이었기에 성진회 자체에서 큰 활동을 한 것
은 아니지만 각 독서회의 모체가 되었다는 점에서 의미가 있었다.
1927년에는 상급생이었던 회원들 대부분이 졸업을 했으니 학내에서
활동하는 학생들은 거의 없었다고 보아야 했다. 광주고보 학생이었
던 장재성도 고보를 졸업하고 일본으로 유학을 간 상태였다. 1927년

의 새 학기가 시작될 무렵에 성진회라는 학생조직은 실질적으로 와해된 상태였다.

이후 4월경부터 학교별 조직이 만들어져 새로운 활동이 재개되었다. 이 모임은 성진회 해체 이후 재학생들 중심으로 학교별로 조직되어 독서 토론을 하는 정도였다가 훗날 독서회로 발전되었다. 이렇게 확장된 독서회 조직은 1929년 5월까지 강해석이 지도하다가 Y부(학생지도부)에 지용수가 보강되었다. 지용수의 증언에 의하면 제1차 조공(조선공산당)이 해체되고 1926년에 재조직된 제2차 조공은 6·10 만세운동을 배후 조종하다가 학생들 110여 명이 검거되어 이들 중 11 명이 형을 받았고, 2차 조공 당원들 167명과 천도교 관련자들 30여 명이 함께 형을 받았다. 그것으로 제2차 조공은 해체되고 그 해 11월경 제3차 조공인 ML당, 즉 제3차 조공이 조직되었다.

그러나 직후인 1928년 2월 제3차 조선공산당이 발각, 검거됨으로써 학생조직의 지도부가 와해되었다. 다행히 비밀 유지에 힘쓴 결과 후보당원들인 장석천, 박오봉 등은 드러나지 않았다. 이들은 당이 와해되었음에도 불구하고 적극적으로 나서 학생조직을 재정비하고 지도하기로 의견을 모았다. 이들은 여러 차례 역에서 벌어진 일본인 학생들과의 충돌과 싸움이 그 자체로만 끝나버리던 것에 대해 학생조직이 학교별 분산 조직에 불과하다는 한계를 지적하고 학생 조직의 재정비 필요성을 역설했다. 즉 이들은 개별적으로 분산된 학생조직을 통일시켜 투쟁조직으로 개편시켜야 한다는 생각이었다.

그리하여 1928년 3월경 곧바로 학생지도부 Y부를 조직하고 책임자 장석천을 중심으로 박오봉, 국채진, 강석원, 나승규 등이 조직을 재정비했고 일본으로 유학갔던 장재성을 소환하여 학생운동을 지도하도록 했다. 그동안 규율이나 모든 면에서 엄밀한 심사를 거쳐 학생들을 끌어들였는데 이를 더욱 발전시켜 개별 조직을 통일 조직으로 강화시키자는 합의 아래 독서회를 조직하게 되었다. 마침내 1929년 6월 독서회에 중앙지도부를 두고 각 학교별 모임을 직접적으로 지도하자는 방침을 세워졌고 일은 순조롭게 진행되었다.

1929년 6월 어느 날이었다. 나는 이형우과 강문영이 오라고 해 무등산에 갔다. 장재성 씨가 이미 와 있었다. 상급생인 김상환, 그리고 동급생인 이형우와 강문영을 포함하여 조계현, 최규문, 김홍남, 황남옥, 김만섭, 정석규, 그리고 나까지 포함하여 모두 11명이었다. 그러니까 고보 2학년 독서회 멤버는 9명인 셈이었다. 이곳에서 장재성 씨로부터 모임의 취지에 대해 간단한 설명을 듣고 강연 연습과 선동 연습을 마친 다음 무등산에서 내려왔다.

이렇게 해서 광주고보 2학년생 독서회의 정예 멤버가 조직되었다. 광주고보 2학년 독서회의 지도자는 4학년생 김상환이었다. 김상환 선배는 토론할 교재를 선정해 절 단위로 분량을 나눈 다음 매월 두 차례의 모임에서 각자가 맡은 부분을 발표하도록 했다.

우리는 장재성 씨가 운영하던 빵집 등에서 주로 모임을 가졌다. 신혼부부의 방이나 상가에 딸린 골방을 전전하기도 했다. 멤버 각자가 맡은 부분에 대한 발표가 있은 후에는 반드시 지금의 현실과 결부시켜 비판과 토론을 이어갔다. 결론이 나지 않던 내용에 대해서는 다음에 철저히 연구하고 다시 공부해올 것을 지시받았다. 그런 내용들은 대개 다음 모임의 토론에서 결론이 나곤 했다. 우리는 일정 시간 동안 비판과 토론을 벌이며 공부했기 때문에 사상적인 견해차가 거의 없었고 우리가 알게 된 모든 것은 함께 공유했다. 지금처럼 분파가 많아 조직이 분열되는 등의 일은 전혀 발생하지 않았다.

우리의 지정 교재는 『자본주의 기교』라는 책이었다. 책은 김상환으로부터 소개받고 각자가 직접 구입했다. 이 책은 유물사관에 입각한 사회주의 입문 서적과 같은 것으로 내용은 유물론을 평이하게 핵심적으로 정리한 책이었다. 그 밖에도 일본의 사카이 도시히코(堺利彥), 야마카와 히토시(山川均), 오스기 사카에(大杉榮) 등이 쓴 마르크스주의 관련 서적들이 교재였다. 이들은 그 무렵 일본에서 무정부주의적 사조에 맞서 마르크시즘의 입장에서 사회주의 운동을 전개한 대표적 이론가이자 지도자들이었다.

독서회의 가장 중요한 목적은 민족 간부 후보생을 양성하고 항일 투사를 길러내는 데 있었다. 이를 위해 회원 자격도 엄격하게 지켜야 했다. 우리는 회원들을 끌어들이기 위해 평소 주목하고 있던 학생들에게 접근했다. 9명의 회원들이 교실의 책상 한 줄에 한 명꼴로 학생을 선별하여 보고하면 선배들이 다시 선별된 학생들을 만나보고 회원으로 결정했다. 특별히 누가 지명하여 선별한 것이 아니라 평소의 언행을 보고 추천했다. 이렇게 독서회 조직 구성원이 충원되면서 점차 통일적인 학생 조직 형태가 갖춰지기 시작했다.

한편 1929년 9월에는 독서회 중앙지도부의 방침에 따라 학생소비조합이 결성되었다. 당시만 해도 광주에는 일본인 가게가 많았으므로 되도록 조선인 상점에서 상품을 애용하게 한다는 것이 최초의 취지였다. 작은 일에서부터 민족운동을 실천적으로 담보하자는 결의 사항에 의한 것이기도 했다. 이에 따라 학생들도 적게나마 참여하라는 지시에 따라 회원당 각 2원씩 2학년 8명이 16원을 모았다. 영암의 2천석 되는 지주의 아들이 30원을 냈고 김기권 씨가 500원을 출자하여 운영권을 갖도록 했다. 그밖에도 다른 이들의 출자금이 있었는데 규모나 금액에 대해 각각의 기억이 다르고 내가 아는 것은 그 정도다. 김기권 씨는 당시 퇴학당한 상태였고 출자금의 대부분을 충당했기 때문에 소비조합을 운영하도록 한 것이다.

독서회 사건 예심종결서 기록을 보면 김상환, 김보섭, 윤창하, 송동식, 이신행, 조길용, 강달모, 김순복, 장재성이 1929년 6월부터 9월까지 독서회원의 친목과 단결을 도모하는 한편 경제적인 도움을 받을 수 있도록 '학생소비조합'을 만들기로 하였다고 적혀있다.

이렇게 만들어진 학생소비조합은 현 한국은행 본점 자리에 있는 이층 건물 독채를 빌려 1층의 한쪽에는 이전부터 빵집을 운영하고 있던 장재성 빵집이 들어섰고, 다른 한쪽에는 김기권 문방구점을 차렸으며 2층은 주로 회합 장소로 이용되었다.

내 기억으로는 여기에서 나오는 이익금을 활동자금으로 쓰자는 등의 구체적 이야기는 나오지 않았다. 조선인이 운영하는 상점을 이용하고 독서회의 활동 공간으로 활용하는 것으로 충분히 의의가 있었다. 이 소비조합은 오래 유지되지 못하고 11월 3일 이후 일제가 학생독립운동을 탄압하기 시작하면서 그 활동도 중지하게 된다.

3. 광주학생독립운동

1) 축적되던 항일 정신

광주고보를 비롯하여 광주 지역의 고등보통학교 학생들은 1929년 이전에도 몇 차례나 민족차별에 항거하여 동맹휴학을 일으키며 일제에 대한 확고한 저항의 행동을 표출해왔다. 그러한 전통의 바탕이 있었기에 어떤 계기만 주어지면 폭발적으로 터질 분노가 쌓일 대로 쌓여있었다고 할 것이다. 따라서 11월 3일의 광주학생운동은 어느 한 사건에 의해 우발적인 계기로 발생한 것이 아니다. 다만 돌발적인 사건으로 인한 충돌이 지속적인 투쟁으로 발전하지 못했던 것은 학생 조직이 통일된 조직으로 연결되지 않았기 때문이었다.

나는 1928년 4월 광주고보에 입학했는데 어린 시절의 경험으로 항일정신이 뿌리 깊이 박혀 있는 상태였다. 입학하자마자 서로 뜻이 맞을 친구들을 물색하다가 같은 고향 출신인 황남옥, 김홍남, 정석규, 이형우, 조계현, 김만섭 등과 사귀며 비록 조직의 형태는 갖추고 있지 않았지만 서클식의 형태로 활동했다. 2학년이 되었을 때 이 모임이 그대로 독서회의 멤버로 개편되었다. 앞서 말한 독서회 멤버들의 대부분이 이들이다.

고보 1학년 때 나는 대맹휴사건(大盟休事件)에 가담하였다가 무기정학 처분을 받은 일이 있었다. 여기에서 그 사건은 매우 주요한 사건이므로 언급하고 넘어가야겠다. 광주고보 학생들에게 있어 대맹휴사건은 민족혼을 불러일으킨 커다란 사건이라 할 수 있는데 그 직접적인 원인은 이경채(李景采) 사건이었다. 1928년 6월 당시 5학년에 재학 중이던 이경채는 조선독립선언서를 학생들에게는 물론 도내 각 기관장 앞으로 발송하였다. 이로 인해 이경채가 검거되고 퇴학 처분을 당하자 1학년을 제외한 전교생이 6월 23일부터 이경채의 석방과 복교를 요구하며 동맹휴학에 돌입했다. 그리고 학생 대표들은 중앙본부를 설치하여 다음과 같은 요지의 격문을 작성하여 걱정하고 있던 학부형들을 대상으로 발표하였다.

"학부형 여러분, 우리들의 맹휴는 일제의 식민지 노예교육 밑에 유린 기만당하고 있는 4백 명 학도의 최후의 비명인 것입니다. 학교 당국의 처사는 우리의 참다운 정신을 박탈하고 우리로 하여금 얼빠진 한낱 고깃덩어리로 만들려는 가공할 정책인 것입니다. 우리는 목숨과 명예를 걸고 최후의 일각까지 투쟁할 것을 맹세하는 바입니다.

학교의 배후에는 도 당국과 경찰 등 절대적인 권력이 도사리고 있지만 우리에게는 학부형 여러분이 있을 뿐이니 학부형 여러분은 그들의 어떠한 말에도 속지 마시기를 바랍니다.

목전의 내 자식 하나보다 이 민족 이 강산이 더 소중하지 않습니까? 학부형 여러분께서는 끝까지 우리 편에 서서 신조선 건설의 역사적 사명을 수행하려는 미약한 우리를 지도 후원하여 용기를 분돋워주고 일치협력하여 문제 해결에 힘써줄 것을 절망하는 바입니다."

이어서 맹휴학생 대표자들은 그들의 굳은 결의를 거듭 천명하기 위해 광주고보맹휴단이라는 서명으로 학생 및 학생들에게 다음과 같은 격문을 배포하였다.

"한일합방 이래 18년, 우리 미족은 일제의 말발굽(馬蹄) 아래 극도로 유린되고 가혹한 경제적 착취와 악독한 정치적 폭압을 당해왔으며, 그들은 이를 은폐하고 미화포장(美粧)하기 위해 문화적 기반을 농(弄)하고 있다. 現下 조선 교육은 그들의 기만적 정책의 노골적인 표본이며 광주고보 白井 교장은 그 실천가로서 우리들의 원수가 되는 적(讐敵)이라 아니할 수 없다. 우리들의 혈관에 뜨거운 피가 흐르고 있는 이상 그와 같은 자를 교장으로 받들고 배울 수 있는가? 학부형 제위여! 우리는 노예교육에서 벗어나려 하고 있으며 요구가 관철되지 않는 이상 우리는 노예양성소에는 입장할 수 없는 것이다."

이렇게 사태가 확산되자 도 학무 당국과 학교 측에서는 학부형들에게 학생들을 설득하여 등교하도록 통보하는 동시에 서약서를 제출하도록 하였다. 그러나 학부형들마저 여기에 대해 이렇다 할 반응을 보이지 않자 거의 전교생이라 할 수 있는 300명에 대해 무기정학 처분을 내렸다.

이 동맹휴교 투쟁은 16명의 수형자(受刑者)와 40명의 퇴학생 그리고 300명에 이르는 무기정학자를 내고 5개월 만에 일단 종식되었다. 그러나 그것은 표면상의 종식에 불과했고 실제로는 결코 꺼질 수 없는 불씨가 여전히 남아있었으며 그 불씨가 다음해인 1929년 11월의 거대한 운동으로 이어진 것이었다.

이 사건 이후에도 학교 밖에서 크고 작은 충돌들이 벌어졌다. 1929년 6월 26일에는 광주고보생들과 광주일본인중학교 학생 사이의 첫 충돌인 운암역 사건이 발생했다. 통학생들이 탄 열차가 운암역을 지나고 있을 때 부근에서 개를 잡아 불에 그슬리던 조선인을 보고 일본인 학생이 "조센징은 야만인이다"라고 조롱했다. 이에 광주고보생들은 민족 전체에 대한 모욕이라고 보고 분노하여 일본인 학생들과 충돌했다. 그 사건 이후 광주에서 나주로 통학하던 학생들 사이에는 극도의 긴장감이 고조되어 있었다.

그러다가 1929년 10월 30일 광주를 떠난 열차가 나주역에 도착했을 때, 광주중학교 3학년인 일본인 학생들이 광주여고보 박기옥을 비롯한 여학생을 희롱하는 장면을 목격한 박기옥의 사촌 남동생인 광주고보 2학년 박준채가 항의했고, 곧 50여 명의 일본인 학생과 30여 명의 한국인 학생 사이에 집단 패싸움이 벌어졌다. 해산에 나선 일본 경찰이 일방적으로 한국 학생들을 진압했다. 그 후 며칠 동안 학생들 사이의 충돌이 산발적으로 벌어지며 광주에는 불안한 기운이 높아졌다. 결국 이 사건이 도화선이 되어 며칠 동안 부글부글 끓던 학생들의 분노는 11월 3일의 대폭발로 이어졌다.

2) 1929년 11월 3일 1차 시위

도화선이 된 사건과 11월 3일의 시위에 대해서는 이미 많은 기록들을 통해 세상에 알려진 교과서적인 사실이기 때문에 여기에서 다루지는 않고 다만 내가 겪었던 내용들만 간략히 다루려고 한다. 당시 광주고보 5학년 중 나는 겨우 2학년에 불과했기 때문에 전반적 내용을 알고 행동할 위치는 아니었다는 점도 미리 말해둔다.

다만 훗날의 기록들을 참조하여 내가 말하고 싶은 것은 대부분의 사람들이 민족감정에서 비롯된 학생들 간의 우발적인 충돌이 광주학생독립운동이라는 커다란 사건으로 확대되었다고 그 외형적 전개를 말하지만, 사실 그 내면에는 그동안 학생들이 독립투쟁의 목적 아래 내면에서 잠재력을 키우고 일정 정도의 조직화를 이루며 기회를 엿보고 있었다는 측면을 간과해서는 안 된다는 점이다.

11월 3일이 되었다. 이 날은 일요일이었지만 일본 명치국왕의 생일로 일본 4대 명절 중의 하나인 명치절(明治節)을 축하하도록 명을 받은 전교생이 모두 등교했다. 일본 국왕의 생일 축하를 위해 동원되었다는 사실에 학생들은 속으로 부글부글 끓었다. 일본 국가 제창 순서에서도 대부분의 학생들이 침묵을 지켜 묵언의 불만을 표시했다. 그렇게 내키지 않았던 행사가 끝나자 다들 각자의 집으로 돌아가기 위해 학교를 나섰다.

나는 행사를 마치고 기숙사로 돌아와 방에서 옷을 갈아입고 있었는데 누군가 자전거를 타고 가면서 "광주고보생이 역전에서 광주중학생에게 다 맞아죽는다"고 외쳐대는 소리가 들렸다. 그 소리를 듣고 재빨리 역전으로 달려갔다. 학생들은 하나도 보이지 않았다. 주변 사람들에게 물어보니 광주고보생들이 수적으로 많아 일본 학생들이 동문다리 쪽으로 옮겨갔다고 했다. 내가 동문다리에 갔을 때는 양쪽 학생들이 다리를 사이에 두고 대치중이었다. 이때 양쪽 학교의 선생님들도 나와 이 장면을 지켜보고 있었고 우마차들이 지나다니도록 학생들을 통제하기도 했다. 소방대원들과 경찰들도 이미 출동해 있었다. 그 때 광주고보의 지리 선생이었던 후쿠나카(福中) 선생이 대치하고 있던 양쪽 학생들을 향해 해산하라고 소리쳤다.

"광주중학교 우향 우!" "광주고보생 좌향 좌!"

지리 선생님이 구령을 붙이자 일본 학생들이었던 광주중학생들은 곧 발길을 돌려 귀가하고 광주고보생들도 해산을 하려고 하였다. 이때 장재성 씨가 학생들에게 광주고보로 모이라고 했다. 우리 독서회 멤버들을 무등산에 모이게 했던 바로 그 대 선배였다. 장재성 씨는 그냥 여기서 해산하면 이번의 충돌도 하나의 해프닝으로 끝나버리고 말 것이라는 것을 직감하고 있었다.

학생들은 즉시 광주고보로 돌아가 모였다. 학생들의 거의 70% 가까이가 강당에 모였다. 광주고보생 학생총회가 열린 것은 역시 Y부의 지시에 의해 이루어진 것이었다. 이날 오전의 충돌 소식이 전해짐과 동시에 홍학관의 Y부는 긴급 비상소집을 가졌고, 이들은 그 자리에서 이번 충돌을 계기로 삼아 지속적으로 시위를 전개하여 항일투쟁으로 이어가자는 결의를 하였다. 이에 따라 광주고보 학생총회지도를 장석천 씨가 맡고 오쾌일 씨를 연락책으로 삼아 장재성 씨에게 지시한 것이었다.

장석천은 고보 정문으로 들어가려 했으나 수위가 막아섰다. 장석천은 1903년 생으로 학생들에 비해 연배가 한참 높은데다 험악한 분위기 탓인지 그를 수상쩍게 생각했기 때문이었다. 할 수 없이 장석천은 오쾌일을 통해 연락사항을 전달하겠다며 장재성을 불러오게 하였다. 그 후 장석천은 고보의 직원용 화장실에 들어가 장재성을 기다렸다. 장재성이 곧 나타났다. 장석천은 장재성에게 '광주고보생 학생총회'를 개최하도록 지시하고, 조직이 드러나는 것을 막기 위해 의장은 5학년 급장을, 부의장은 4학년 급장을 내세우도록 했다. 급장들을 내세운 것은 그들이 평소 친일적인 인상을 주었기 때문이었다.

지시를 받은 장재성은 많은 학생들이 모인 자리에서 광주고보생 학생총회를 연다고 선언했다. 그러자 학생들은 일제히 광주중학교를 습격하자고 주장했고 흥분한 학생들은 농기구 등으로 무장까지 하고 있었다. 광주중학교를 습격하자는 학생들을 향해 장재성은 "우리의 적은 일본인 중학생이 아니라, 일제의 식민지 정책과 노예교육"이라고 설득하여 학생들의 흥분을 가라앉혔다. 결국 학생들이 이러한 사실에 공감하며 차분하게 다음 행동을 기다렸다.

그 사이 이를 지켜보던 와다나베 교감은 "너희들이 먼저 일본인 학생들에게 손을 대서는 절대 안 된다. 흥분하지 말고 한 대라도 먼저 맞고 싸워야 정당방위가 된다"면서 학생들에게 염려하듯 충고했다. 그러나 이미 들고 일어선 학생들을 막는다는 것은 불가능했다.

교문을 통과하여 가두로 나온 학생들은 "조선 식민지 통치 반대" "노예교육 반대" 등의 구호를 외치며 도청 앞으로 갔다. 당시 도청 앞에는 사범학교 기숙사가 있어서 사범학교 학생들을 대열에 동참시키기 위해서였다. 우리는 광주여고(당시 대화여고)를 지나 광주사범학교를 거쳐 현재의 서석초등학교 쪽으로 나와 도립병원(현 전대병원) 앞으로 나아갔다.

이 때 말을 탄 일본 경찰 간부들이 나타나 학생들에게 "해산!" "해산!"을 외쳤고 경찰들이 투입되었다. 경찰들과의 혼전 중에 학생들은 잠시 천변 쪽으로 밀려났다. 이 상황에서 검거된 학생들은 하나도 없었다. 그때 누군가가 우리에게 등을 보라고 소리쳤다. 학생들은 대부분 검은색 교복 차림이었는데 경찰들이 우리 등에 쉽게 눈에 띄도록 백묵으로 하얀 칠을 해놓은 것이었다. 나중에라도 시위자들을 잡아들이기 위한 증거였다. 우리는 백묵을 깨끗이 털어냈다. 나는 구호를 외치느라 목이 다 쉴 정도였다. 천변으로 밀려난 학생들은 광주고보 쪽으로 돌아온 뒤 내일을 위해 해산하기로 했다. 이미 날이 저물고 있었다.

이날의 시위 상황과 과정을 지켜본 Y부의 지도부는 단발적인 충돌에 그치지 않고 종일 이어진 지속적인 투쟁 열기를 평가하여 광주 지역의 학생 시위를 전국 단위로 확대하자는 결의를 하고 2차 시위를 계획하기 시작했다. 이날의 시위가 조선 학생들과 일본 학생들의 패싸움 정도로 그친 과거와 달리 지속성 있게 진행되는 것을 본 일본 경찰 역시 여기에서 사태를 차단하기 위한 조치를 취했다. 학교에서는 학생들이 모이는 상황을 막기 위해 일주일간의 휴교 조치를 취했다. 경찰에서는 11월 3일의 시위 이후 20여 명을 검거하여 폭행범으로 몰아 구치시켰다. 일본인 학생들에 대해서는 형식적으로 일단 잡아간 뒤 곧 석방시켰고 조선인 학생들에 대해서는 취조 끝에 일부 주도적 혐의가 없다고 판단되는 학생들만 풀어주었다. 독서회 회원들은 이번 사건을 계기로 조직의 실체가 드러날까 우려했으나 잡혀간 조직원 중에서도 철저히 비밀을 엄수했기 때문에 독서회 조직은 발각되지 않았다.

3) 11월 12일 2차 시위

Y부는 그날 밤 향후의 2차 시위 계획을 위한 비상회의를 갖고 부서를 개편함과 동시에 각자의 역할들도 나누어 분담시켰다. 이에 따라 총 책임자 장석천, 전국 연락책 겸 재정 담당 강석원, 도내 연락책 국채진, 노동자 책임자 박오봉, 학생 책임자 장재성 등을 각각 정했다. 나승규는 조직 발각 시 사후 수습을 위한 책임자로 지정해 정식 직책은 주어지지 않았다.

이렇게 각 영역별 책임자가 정해지자 장석천은 곧 광주고보 김향남을 비롯하여 광주농업학교와 광주사범학교 학생 1명씩을 동원 책임자로 지정했다. 책임자가 정해지고 2차 시위 계획에 대해 구체적으로 언급하던 무렵 Y부의 한 명이 추가 시위에 대한 반대 의사를 계속 표명했다. 그 한 명을 제외하고는 대부분이 제2차 시위는 물론 시위의 전국적인 확산에 동의했다. 지금의 기회를 최대한 활용하는 것이 최선이라 생각했기 때문이었다. 언론이 이 사건을 보도하고 국민들이 흥분하고 있으니 이 열기를 전국적으로 확대시킬 절호의 기회라는 것이었다. 결국 2차 시위를 끝내 반대했던 조직원들은 조직에서 빠져나갔다고 한다. 일제의 감시가 점점 심해지면서 더 이상 흥학관에서 모임을 갖기 어려워졌다. 대신 비상 모임을 수기옥정에 있는 조진남(曺珍萬)의 집에서 가졌다. 1차 시위 때와는 달리 2차 시위에서는 미리 격문을 작성해야 한다는 의견이 대두되어 Y부에서는 비밀리에 격문의 원문을 미리 작성해 두었다. 이런 내용들은 내가 훗날 전해 듣게 된 얘기라는 점을 밝혀둔다.

며칠 후 삐라문을 작성해 오라는 지시가 내려왔다. 우리들은 머리를 맞대고 고민하며 각자 문안을 작성했다. Y부에서는 그런 몇몇 회원들이 작성해 온 것 중의 하나를 채택했다고 했다. 나중에 안 바로는 장석천 씨와 장재성 씨가 쓴 원문을 미리 정해 놓은 뒤 그것을 마치 다른 회원들이 써온 것처럼 가장한 것이었다. 2차 시위의 격문에 있어야 할 핵심 내용은 담아야 하고 독서회 조직은 드러나지 않게 하기 위한 고육지책이었다. 매사가 그렇게 치밀하게 준비되었다.

삐라는 오쾌일의 주도로 금동에서 등사되었다. 독서회 중앙지도부의 한 사람이었던 광주고보의 김홍남과 광주사범학교의 황상남, 광주농업학교의 강달모 등이 이 작업을 함께 했다. 2차 시위는 당초 첫 시위의 일주일 후인 11월 10일에 벌이기로 계획했으나 준비가 뜻대로 되지 않아 강행하지 못하고 이틀 뒤인 11월 12일로 미루어졌다고 했다.

마침내 11월 12일이 되었다. 광주고보생들은 가방을 메고 일제히 교문을 나왔다. 나는 학교 부근의 농방에 일찌감치 가방을 맡겨두었다. 오늘이 어떤 날인지 알기에 미리 거추장스러운 물건은 제거해 둔 것이다. 나는 고보에서 나와 독서회 회원들과 함께 가두로 뛰다시피 하면서 전달받은 삐라를 뿌렸다. 뒤에서는 시위 학생들이 구호를 외치면서 나아갔다. 시위 학생들은 욱여자고등학교(旭女子高等學校, 전남여고 전신)까지 나아갔다. 우리가 이렇게 시위를 하고 있는 동안 학교에서는 각 교실의 문에 못을 박아 학생들이 교실로 들어오는 것을 차단했다고 한다. 밖으로 나온 학생들이 다시 교실로 들어가 함께 모이는 상황을 미리 막기 위해서였다.

시위대는 개울을 지나 사범학교(현 과학고등학교) 앞으로 진출했다. 그곳에는 과수원이 있었고 과수원 울타리에는 탱자나무가 심겨 있었다. 더 이상 나아갈 수 없었다. 200여 명의 학생들은 과수원 앞에서 경찰들에게 포위되고 말았다. 광주농업학교 학생들도 현재의

광주일고 교정에 세워져 있는 광주학생독립운동 기념탑의 부조

누문동 파출소 앞까지 왔다가 모두 잡히고 말았다.

뒷날 생각해 보니 이러한 상황은 예상하지 못할 결과는 아니었다. 11월 3일의 첫 시위가 끝난 후 일경에서는 학생들의 시위가 그냥 이대로 끝나지는 않을 것으로 예상하고 있었다. 이미 그 이전에 크고 작은 충돌이 이어진 터라 11월 3일 이후에도 또 다른 폭발이 있을 것임을 예상하고 있었기 때문이었다. 이에 따라 다른 지역의 경찰들까지 광주로 불러들여 증원해 놓고 만반의 대비를 하고 있었다.

결국 이 날 광주고보생 250여 명, 광주농업학교생 150여 명이 무덕전(武德殿-현재에는 없음)으로 모조리 잡혀 들어갔다. 이들을 경찰서(현 삼양백화점)에 모두 가두고 그것으로 부족해 나머지는 형무소(현 동명동)에 가두었다. 나도 형무소로 함께 붙잡혀갔다. 이틀이 지나자 2학년 이하의 저학년생 30명 정도 되는 학생들은 따로 분리시켜 경찰서로 데리고 갔다. 경찰이 미리 준비한 시말서를 가져와 각자의 이름에 지장을 찍게 한 후 석방시켰다.

내가 경찰서에서 풀려나와 보니 학교는 이미 무기한 휴교 조치가 내려진 상태였다. 학교에서는 이런 학생들을 각자의 고향으로 내려 가도록 종용했다. 나도 고향으로 내려가지 않을 수 없었다.

11월 12일 이후부터는 신문의 보도금지령이 떨어졌다. 붙잡혀 있던 학생들에 대해 경찰 고등과의 수사와 취조가 진행되면서 제1,2차 시위에 모두 배후가 있다는 그림이 그려졌다. 경찰은 처음에 석방시켰던 사람들을 다시 불러들여 검거했다. 결과적으로 독서회를 지도했던 강해석과 지용수가 일경에 의해 붙잡혀 들어갔고 독서회와 관련된 회원 중 상당수가 이때 잡혀 들어갔다. 하지만 학생 조직의 구체적인 내용은 끝까지 드러나지 않았다. 잡혀 들어간 이들이 함구로 일관했기 때문이었다. 결국 사건은 관련자 개인들의 문제라는 정도로 마무리 되었고, 강해석과 지용수는 각각 2년 형을 언도받았다. 훗날 독서회를 지도했다는 사실이 드러나 검사의 추가 기소로 1년의 형량이 더 추가되기도 했다.

광주에서 벌어진 학생독립운동 소식은 일제의 철저한 보도 금지에도 불구하고 시간이 흐르면서 전국에 알려지게 되고 고보생과 대학생은 물론 일반인에게까지 확산되어 이듬해 봄까지 전국 각지에서 일제에 저항하는 운동이 벌어졌다. 광주학생독립운동은 광주라는 지역적 한계를 넘어 전국 학생독립운동으로 확대되었고 3·1 운동 이후 최대의 민족 독립운동으로 발전하였다.

4) 백지동맹으로 퇴학 처분, 낙향

나는 1929년 말인 고보 2학년 겨울방학을 고향인 시골에서 지내다가 이듬해인 1930년 1월 4일경 광주로 올라왔다. 개학일이 1월 7일이었는데 학교에서는 전년도의 휴학 조치로 인해 치르지 못한 2학기 시험을 치르려 했다. 1월 8일 날 시험을 보겠다는 것이었다. 당시는 1년이 3학기였는데 2학기 시험을 치르지 않고는 3학기로 들어갈 수 없게 되어 있었다.

1월 7일 개학과 함께 등교한 학생들은 개학식만 마치고 바로 하교했다. 나는 시험 예정일인 다음날 1월 8일 30분 정도 일찍 학교에 등교했다. 당시 나는 57명이 있던 을조의 반장이었으므로 서둘러 나온 것이었다. 그날은 무척 추운 날이었다. 내가 막 학교로 들어가려던 찰나 모자를 눌러쓰고 마스크를 한 청년이 불러 나를 오라고 했다. 내가 가까이 다가서자 "자네가 급장이지?"하면서 묻는 것이었다. 그렇다고 대답하자 "200명에 가까운 학생들이 잡혀있으니 시험을 거부하고 그들이 석방될 때까지 투쟁을 벌이라"는 지시였다. 나는 낙향 후의 상황에 대해 정확한 정황은 몰랐지만 이런 상황에서 상급 학년으로 넘어가기 위해 서둘러 시험부터 치른다는 사실에 당연히 불편한 느낌을 갖고 있었다.

나는 그런 요지를 급우들에게 알리며 오늘 시험을 거부하자고 귀띔을 했다. 당시 을조의 담임인 오가모트(岡本) 선생님이 시험지를 나눠주고 있을 때였다. 나는 벌떡 일어서서 급우들에게 말했다. "함께 공부하던 우리 애국학생 200여 명이 잡혀갔는데 우리는 자신만의 출세를 위해 구속된 학생들을 외면한 채 시험을 치를 수는 없다. 구속된 학생들이 석방될 때까지 모두 시험에 불응하고 교실에서 나가자!"라고 외쳤다. 시험지를 백지로 내고 나가자는 것이었다.

이에 사전에 내 얘기를 공감했던 30여 명의 친구들이 와~ 하는 아우성을 질러대며 교실에서 나왔다. 그렇게 대부분의 학생들이 교실에서 나왔지만 그중 8명의 학생들은 받아든 답안지를 여전히 쓰고 있었다. 그들은 급우들이 욕설을 퍼붓고 발길질을 하며 나가자고 외쳐도 여전히 모른 채 하고 끝까지 시험지만을 고수하고 있었다. 이들은 나중에 다 잘 되어 사회의 고위직에 앉아있다.

그 날의 백지동맹 3일 후 나는 하숙집에서 퇴학처분 통지서를 받았다. 나는 당시 성진회의 멤버 중의 하나였던 유치오(俞致五) 선배의 집에서 하숙을 하고 있던 때였다. 그곳에 경찰이 찾아와 3일 안에 낙향하지 않으면 검속하겠다고 협박했다. 내가 선택할 아무 것도 없었다. 울분과 걱정을 함께 안은 채 나는 할 수 없이 완도의 집으로 돌아가는 짐을 챙겼다. 그렇게 나는 광주고보 2학년의 학교생활을 끝으로 완도군 고금면의 집으로 돌아갔다.

4. 광주학생독립운동에 대한 바른 인식

오늘에 와서 당시를 회상해보니 광주학생독립운동에 대한 표면적인 투쟁과 주동자에 대한 내용에 대해서는 세상이 다 알 정도로 여러 번 반복되어 소개되었다. 따라서 이를 되풀이할 생각은 없고, 다만 그 운동의 역사적 배경과 의의를 민족사적 측면에서 고찰해보고자 한다. 아울러 이 운동에 대해 왜곡되어 잘못 알려진 점에 대해서도 알아보고자 한다.

우리가 역사를 배우는 것은 앞으로의 역사를 올바르게 창조하기 위함이고 무엇보다 부끄럼 없는 현재를 살아가기 위함이다. 따라서 역사는 역사적 사실을 근거로 하여 정확하게 다루어야 하며 주관적인 견해나 편견은 금물이다. 그런데 이 나라의 역사 기술은 그렇지 않았다는 게 내 생각이다.

우리 민족의 2대 항일 독립운동인 3·1 운동과 광주학생독립운동은 그 역사적 배경과 양상이 많이 달랐다. 3·1 독립만세운동 당시에는 미국 윌슨 대통령이 제창한 민족자결주의가 전 세계에 선풍적인 파문을 일으켜 식민지 약소민족의 해방운동에 고무적이고 희망적인 국제정세를 조성하고 있었고, 일본 제국주의는 아직 자본주의 발전의 초창기에 있으면서 한반도를 강점한 것도 10년 미만에 지나지 않아 식민지 지배 체제를 완비하지 못한 때였다. 그때 우리 민족의 독립에 대한 열망과 항일 감정이 일시에 폭발하여 민족이 궐기한 민족독립운동이 3·1 운동이었다. 이후 일제는 3·1 운동을 거울삼아 문화통치를 운운하면서 표면적으로는 유화책을 내세우면서도 안으로는 물샐 틈 없는 식민지 통치체제의 강화를 진행시켜 조선 민중에 대한 착취와 압박을 날로 강화시켜 나갔다.

그 후 1920년대 후반에 들어선 국제정세는 전 세계를 휩쓸고 있던 사상 최악의 경제공황으로 인해 식민지를 보유하고 있던 열강들은 이 경제공황의 피해를 식민지 민족의 착취를 통해 보충하기 위해 식민지에 대한 탄압과 수탈을 유례가 없이 강화하였고, 열강 각국은 서로 협조하면서 식민지 해방운동을 무자비하게 탄압하고 있을 때였다. 광주학생독립운동이 일어날 즈음의 일본은 비약적인 발전을 이루어 세계 5대 강국이자 3대 해운대국의 대열에 올라가 있었고 한반도를 발판으로 하여 만주대륙 침략을 준비하고 있었다. 일제의 대륙 침략을 위한 병참기지로서 조선반도는 이중의 탄압이 강화되고 있어 대규모의 항일투쟁은 표면화되기 어려운 시기였다.

간악한 일본은 세계를 향해 그들은 조선에서 식민지 통치가 아니라 민족융합 정책으로 내선일체(內鮮一體), 일시동인(一視同仁)의 선정(善政)을 펼쳐 조선 민족은 불평 없이 잘 살며 감사하고 있다는 허위선전을 늘어놓고 있었다. 따라서 세계 각 국민의 머릿속에 우리 민족의 존재마저 점점 사라지고 있었으며 이러한 가혹한 현실에서 우리 민족의 대부분, 특히 서민층은 독립에 대한 희망과 의욕을 상실하고 실의와 절망 상태에 놓여 우리 민족 수난사상 가장 간고하고 숨 막히는 최악의 시기를 보내고 있었던 것이다.

이 때 일제의 폭압을 더 이상 참을 수 없었던 학생들이 분연히 일어선 광주학생독립운동에서 청년 학도들은 애국의 피로 일제히 독립 구호를 외치며 일어났고, 그 후 1930년 4월까지 반 년 간에 걸쳐 전국적인 투쟁이 이어졌다. 세계의 언론들이 이를 보도하게 되자 일제의 허위는 벗겨졌고 식민지 통치에 자신만만했던 일본 제국주의의 콧대가 꺾여버리고 말았다.

동시에 이 운동은 우리 민족에 대한 세계 각 국민의 인식을 새롭게 해 주었고 세계 식민지 약소민족의 해방운동에도 일대 충격과 고무적인 영향을 준 세계사적 의의를 가진 운동이었다. 조선에서 학생운동이 거세게 계속되자 당시 중국의 상해에 있는 임시정부에 대한 중국인들의 인식은 놀랄 만큼 변화되었고 임시정부에 대한 이들의 협조도 전과는 다른 협조의 계기가 마련되었다고 한다. 이 위대한 독립운동이 박정희 정권에 들어서 그 기념일 행사마저 없애버렸지만 우리 민족이 존속하는 한 3·1 운동과 더불어 영원히 기념해야 할 역사적 운동이라는 점은 절대 잊어서는 안 된다.

아울러 광주학생독립운동에 대한 인식이 여러 가지 점에서 잘못 인식되고 왜곡되고 있다는 사실을 지적하지 않을 수 없다. 나는 내가 알고 있는 사실과 그 후의 조사를 거쳐 알게 된 사료를 근거로 이 대목을 설명하려고 한다.

우선 이 운동의 원인과 투쟁 대상에 대해 알아야 한다. 세간에서는 이 운동의 원인이 광주-나주 간 통학열차 안에서 일본 학생의 한국여학생에 대한 희롱을 그의 사촌 동생이 항의 제지하자 열차 내의 한일 통학생 간의 집단 충돌로 번졌고, 그 후 광주 역전과 나주 역전 등의 시내에서 광주고보과 광주일본일중학교 학생간의 일대 유혈 충돌로 확대되어 시위운동으로 비화된 것으로 알려져 있다.

그러나 이러한 해석은 부분적인 진실을 담고 있는 것은 사실이지만, 사건의 본질을 청년들의 의협심 차원으로 격하시켜 버림으로써 오히려 본질을 왜곡하고 축소할 소지가 많다. 통학열차 내의 희롱과 충돌은 우발적인 계기는 될 수 있다. 우발적 사건이라면 며칠 내에 마무리되는 사건으로 끝나고 말지, 일제가 보도통제를 하면서까지 조선인들에게 사건을 알리지 않기 위해 갖은 노력을 했음에도 결국은 전국의 학생들에게 알려져 6개월 넘는 항일투쟁의 동력이 되지는 못했을 것이다. 즉, 광주학생독립운동의 원인은 일제의 지배와 압력에서 해방, 독립하려는 열망에 가득 차 있던 우리 민족, 우리 학생들의 애국 독립 의지에서 찾아야 한다.

열차 안의 충돌이 없었더라도 다른 동기에 의해 필연적으로 일어날 수밖에 없는 운동이며 당시 충돌의 대상은 일본인 중학생이었지만 그 후의 전국적 시위 양상으로 볼 때 광주학생독립운동은 조선총독부의 식민지 정책에 반대한 조직적인 항일운동으로 보아야 마땅하다. 일개 몇몇 일본인 중학생들을 대상으로 한 응징 정도로 사건을 좁혀서 보려 하는 일부 역사학자나 언론의 시각에 숨어있는 고도의 계산들이 과연 누구를 위한 것인지 드러내는 것도 우리 민족사의 진실을 위해 반드시 필요한 일이다. 이것은 매우 중요한 점이라는 것을 지적해 둔다.

다음으로는 이 운동의 범위에 대한 내용이다. 흔히 '광주'라는 지역적 제한성 때문에 오로지 광주 지방만의 운동으로 인식시키려는 사람들의 의도 역시 앞에서 얘기한 그 연장선상에서 보아야 한다. 감출 수 없는 역사적 사실을 버리지는 않는 대신 그 사실의 연관성 있는 의미를 축소시키려는 의도이기 때문이다. 이 운동은 광주의 학생들이 먼저 투쟁의 봉화를 올렸지만 항일투쟁의 돌파구를 찾고 있던 서울, 평양 등 전국 각지의 학생들이 이에 호응하여 일제히 궐기한 전국적 범위의 학생독립운동이다. 여기에 겁을 먹은 총독부는 헌병, 재향군인, 소방대, 심지어는 순사 교습생까지 동원하여 진압에 나섰고 용산의 20사단 병력도 비상태세에 들어갔다.

이 소식이 전해지자 해외에서는 일본의 동경과 경도, 만주 각지와 간도, 북경, 상해, 남경에 있는 조선 학생과 청년들도 집회와 시위로 호응하여 국내외의 학생과 청년이 참여하는 그야말로 거족적인 항일운동이 되었다. 국내외 각지의 학생들이 궐기한 것은 광주 학생들의 투쟁에 대한 동정에서 나온 후원의 마음이 아니라, 각자가 대한 독립의 염원을 담은 민족 본연의 사명감에서 일어났다는 사실을 분명히 알아야 한다.

그 다음으로 지적하고 싶은 것은, 이 운동의 조직 체계에 대해 흔히 독립운동의 지도력과 연관성이 없는 학생들만의 독자적이고 일시적인 운동으로 알려지고 있으나 이 점은 지금까지 가장 잘못 알려져 있는 대목이라 할 수 있다. 3·1운동 이후 일제의 탄압이 강화되면서 우리의 항일운동은 표면화되는 형태보다는 지하로 들어가 은밀히 조직적인 체계를 갖추어나갔다.

당시 사회주의 사상은 조직적 운동의 이론을 제공해주는 효과적

광주학생독립운동 여학도 기념비에서 옛 동지들과 함께(선남여고 소재)

인 사상 체계였고 독립운동가들의 상당수는 민족해방운동의 방편으로서 사회주의 사상을 택했다. 해방 이후 친일세력, 반공세력이 득세하면서 사회주의 사상을 갖고 독립운동을 한 유공자들에 대해서 무조건 배제하는 세태는 잘못된 것이자, 민족독립운동사를 반쪽짜리로 만드는 부당한 행위라 할 것이다. 따라서 일제하 독립운동의 전반적인 맥락에서 사회주의적 활동을 보아야만 한다.

1925년, 26년경에는 항일운동의 차원에서 전국적으로 노동자, 농민, 학생 조직 등이 결성되기 시작했다. 1928년에는 원산 부두 노조의 총파업과 인천의 정미직공, 부산고무공업 직공들의 총파업, 함남 단천의 어마어마한 농민운동 등이 대표적인 항일투쟁으로서 해외에까지 그 내용들이 알려졌다.

그러한 과정에서 전국적인 단위의 조직화가 가능한 집단이 학생조직이었다. 1928년에는 중등 이상의 각급 학교에 거의 빠짐없이 학생 비밀결사가 조직되었고, 동맹휴학 등의 학생운동이 매년 증가일로에 있었다. 1928, 29년경이 되면 전국적으로 맹휴 투쟁을 하는 학교가 적지 않았다.

전남 지방에서는 1926년경에 전국 지하조직의 전남지부가 조직되어 각 분야의 항일운동을 지도하고 있었다. 학생 및 청년 운동의 책임자인 지용수, 강해석의 지도하에 1926년에는 광주의 각 학교 애국학생을 망라한 성진회가 조직되었다가 1927년부터 각 학교별 비밀결사로 확대 강화되어 학생운동을 지도하고 있었다. 그러던 중 전남의 지하 지도조직이 발각, 검거되어 파괴되자 하부 조직이 후속 지하조직을 재건하였고 각 부서별로 운동을 전개하였다. 학생운동의 지도는 장재성이 맡았다. 이러한 조직 체계와 지도는 전국 어느 지방에서도 동일했다. 이와 같은 조직 체계와 지도가 있었기 때문에 광주에서 시발된 학생독립운동이 이듬해인 1930년 4월까지 장기간에 걸쳐 전국적으로 계속될 수 있었던 것이다.

광주학생독립운동으로 촉발된 전국학생독립운동은 전체 독립운동과 조직적으로 연결되어 있었다. 따라서 단발적으로 벌어진 일시적인 운동이 아니라 일관성 있는 계속 투쟁의 한 고리를 이룬 독립운동의 일환이었지, 학생들만의 고립된 독립운동은 결코 아니었다는 점을 간과하면 안 된다.

다시 정리해 보면 광주학생독립운동은 우발적 사건 또는 몇몇 사람의 주동에 의해 발생된 것으로 보는 것은 잘못이라는 게 필자의 생각이다. 당시 그 운동에 가담했던 사람들 중에는 자신이 가담했던 투쟁과 가입했던 조직만을 내세워 그것만이 광주학생독립운동의 전부이고, 그 이상도 이하도 아닌 학생들만의 독자적 운동이라고 주장하는 사람들이 많이 있다. 심지어 배후 조직의 지도 같은 것은 없었다고 말하기도 한다.

하지만 당시와 같이 경찰의 어마어마한 감시와 숨 막히는 탄압이 벌어지는 정세하에서, 투쟁에 가담한 개별 학생이나 하부 또는 외곽 조직원의 입장에서는 핵심 조직이나 상부 조직에 대해 알 수 없었고 또 알더라도 알려서는 안 된다는 것이 상식적인 조직 원칙이었다. 그러므로 그러한 주장들은 마치 장님들이 각자의 위치에서 코끼리를 만져보고 제 나름대로 느낀 것을 이야기하는 것과 다를 바 없다. 이는 나의 주관적인 견해나 편견이 아니라 분명한 근거를 갖고 하는 이야기다.

제3장 고금면 농민운동과 이현열 선생

1. 이현열 선생 귀국과 농민운동 착수

1) 항일 독립운동의 기본 이론 확립

　내가 고보 2학년의 어린 나이에 퇴학을 당하고 낙향했을 때 고향에는 당숙인 이현열 선생이 일제로부터 강제 귀국당하여 돌아와 계시던 때였다. 고향에 온 이현열 선생은 우리 민족독립운동의 기본 세력인 농민 중심의 운동에 착수하여 차원 높은 이론과 해박한 학식, 풍부한 대중조직 투쟁의 경험을 현실에 적용하고 효과적인 운동에 필요한 창조적인 지도 방침을 세워 진행했다. 내가 선생을 보면서 가장 놀랍게 생각하며 지금까지도 가장 기억에 남아있는 내용은 우리나라 독립운동의 기본 세력에 대한 판단이었다. 이 점은 운동의 주력, 즉 전위세력이 누구냐를 판단하는 것이기 때문에 매우 중요한 부분이 아닐 수 없었다.

　당시 전 세계 각국의 민족해방운동과 혁명운동은 노동계급이 전위가 되어 앞장서고, 농민계급은 동맹세력으로서 노동계급과 손을 잡고 합세해야 한다는 것이 불변의 원칙으로 되어 있었다. 농민운동은 노동운동의 종속적인 요소로 여겼던 것이다. 하지만 이현열 선생은 그것은 일반적인 원칙일 뿐이므로 계급혁명과 민족해방에 대해 각각 구체적으로 독자적인 이론을 정립해야 한다고 보았다. 아울러 그 원칙의 적용은 각 민족의 특수성에 따라야 한다고 본 것이다.

자본주의 국가에서 사회제도 개혁의 주된 세력은 노동계급이지만, 우리나라와 같은 식민지 국가에서 식민지 체제를 벗어나려는 주된 세력은 제국주의 착취와 동시에 민족 내부 봉건지주의 착취 및 사회 신분의 차별로 인해 이중, 삼중으로 억압을 받고 있는 소작민과 빈농세력이었다. 따라서 우리나라의 독립운동은 소작민과 빈농 세력을 기본으로 해야 하며, 꾸준한 투쟁과 함께 농민에 대해 민족 의식과 피해의식을 교양, 훈련시키면서 민족통일전선을 지향하는 조직을 강화해 나가야 한다는 것이었다.

이현열 선생은 일본 사회운동의 하부 전선에서 활동했고, 귀국한 이후에는 고향에서 활동을 개시하여 급속도로 조직을 확대하던 중 일찍 옥사했으므로 그 분의 이론과 활동에 대해서는 세상에 널리 알려지지 않았다. 나는 이현열 선생이 남긴 훌륭한 이론과 지도 방식이 오늘의 현실에서도 매우 중요한 지침이 된다고 보기 때문에 여기에 요약해서 기록하는 것이다. 이현열 선생이 주도한 운동의 사례를 몇 가지 간추려 설명하면 다음과 같다.

2) 민족 간부 후보생의 양성

이현열 선생은 당시 광주학생독립운동에 가담하여 광주와 서울의 학교에서 퇴학당하고 돌아온 광주사범 최창규, 경성 제1고보 황인철, 경성고학당 박노호, 보성고보 김진호, 그리고 광주고보의 나를 불러 기본 이론을 교양시켰다. 그밖에 지방 청년인 박병률, 이홍쇄,

최복순, 김채윤 등이 있었다. 그 중 5명은 재학 중에 이미 해당 학교의 독서회에 가입하여 초보적인 교양을 마쳤기 때문에, 선생은 한 차원 높은 이론 교양을 위해 당시 소련 공산당의 이론부 책임자인 미친의 저술 '유물사관'을 교재로 하여 3개월에 걸쳐 집중적이고 조직적인 토론과 비판을 통해 교양을 시켰다.

그 책 외에도 이현열 선생이 일본에서 강제 귀국할 때 가져온 책자와 신문 등이 학습 자료였다. 그 중에는 일본공산당 기관지인 '제2 무산자 신문'도 있었다. 귀국 도중 들킬까봐 일본의 조일신문에 붙여서 가져왔다고 하는데, 그 내용은 철학과 유물론에 대한 것이었다. 또 일본 공산당의 이론을 다루는 월간 '전기(戰其)'라는 잡지도 있었다. 여기에는 세계 각 당의 활동 내용과 당의 기본원칙을 담은 내용들에 대해 상세히 기록되어 있었다. 나로서는 어디서도 볼 수 없는 공부였다. 우리는 이런 류의 책을 통해 사상적 의식에 많은 도움을 받았다.

이러한 교양 학습을 받으면서 일본 제국주의와 서구 제국주의 간의 모순 대립 및 우리 민족의 독립 전망에 대해 확신을 가질 수 있는 이론적 토대를 공유한 것인데, 특히 젊은 청년들을 우선 대상으로 삼았던 것은 이들이 앞으로 민족 독립운동에 있어 주요한 역할을 담당할 민족 간부 후보생이라는 기대가 있었기 때문이었다. 이렇게 선생을 통해 이론 교육을 받고 양성된 위의 5인은 모두 그 후 자기 분야에서 지도자로 성장하여 독립 투쟁을 진행했다.

3) 농민에 대한 교양과 조직

11월에 고향에 내려온 이현열 선생은 농한기를 이용하여 각 부락의 사랑방을 방문하고 하루도 쉬지 않고 좌담식으로 조직의 기초인 농민 교양을 계속했다. 우리 5인에게도 농민 교양을 위한 자료를 주어 사랑방 교양을 하도록 했다. 아울러 우리에게 말하길 교양을 받은 사람들은 각 부락에서 심부름꾼이 되어야 한다고 강조했다.

각 부락에서 부농가의 모내기와 풀매기 때에는 20~30명의 일꾼들이 동원되곤 했는데, 이 작업 중 오전, 오후에 새참으로 한 시간씩 휴식을 취한다. 우리에게는 이 시간을 미리 알아두고 반드시 새참시간에 나가 교양을 하라고 지시했다. 교양은 딱딱한 것은 피하고 먼저 재미있는 이야기를 한 다음 농민의 생활고의 원인이 무엇인가를 교양시키라 했다. 이솝우화와 포우(E.A.Poe)의 탐정소설을 구해다 돌려가며 읽게 하여 이야기와 결부한 교양을 하게 하였다. 반면 일정한 지식이 있고 조금 각성된 사람들은 이들과 구분하여 강연 형식의 내용으로 이야기를 이끌어나갔다.

이현열 선생은 각 부락민 중에서 면사무소나 군청에 용무가 있는 사람을 미리 알아내어 심부름을 대행해주도록 했고, 부락민 중 와병으로 농사일을 하지 못한 집에 대해서는 뜻있는 사람들이 모여 함께 작업을 도와 농사를 짓게 해주었다. 또 부락민들의 선조 제삿날을 세밀히 조사하여 일람표를 만들어 놓고 지도받고 있는 청년 중 한두 사람을 방문하게 하였다. 제사 때에는 제주에게 청년을 보내어 명태 다섯 마리와 계란 한 줄(대금 쌀 두되 값)을 가져다주었고, 이들과 가족 같은 깊은 정을 느끼게 했다. 설날이면 풍년초(담배) 한 갑씩을 사 60세 남녀 노인에게 세배를 다니게 했다.

이러한 과정을 통해 동지들은 부락에 꼭 있어야 할 사람들, 가장 믿을 수 있는 사람들로 인정받았고, 다각적인 활동으로 부락민 대부분을 조직화시킬 수 있었다. 이것이 바로 밑으로부터 형성된 조직 기반이다. 이현열 선생은 이를 일컬어 밑으로부터의 전선통일이라

고 말했다. 생활권의 대중과 밀착된 강력한 항일운동의 조직 기반이
형성되기 시작한 것이다. 이는 대중 조직 운용에 있어 불변의 원칙
이라 할 수 있다.

2. 용지포 간석지 투쟁

용지포 이권옹호동맹 사건은 당시 전국으로도 그 예를 찾아 볼
수 없는 면 단위의 민족통일전선에 의한 투쟁 사건이었다. 이 사건
은 당시 지상에 보도가 금지됐으나 고금면 단위로 진 면민이 민족통
일전선을 결성하여 일본인 지주와 경찰과 맞서 투쟁하여 일부 승리
를 거둔 항일투쟁의 본보기였다. 이현열 선생이 주도한 이 운동은
당시 참가자들이 검거되었으나 보도가 금지되었고 재판도 받지 않
았기 때문에 우리 항일 독립운동사에서 완전히 배제되어 역사 속에
서 망각되어 버렸다. 이 기회에 이 운동을 세상에 알리고 역사의 기
록에 남기려 한다.

1) 용지포 간석지의 유래와 이권 싸움의 시작

고금면 청룡리 앞의 용지포 방조제에 대한 이야기는 고려 때로
거슬러 올라간다. 용지포는 면적 200정보에 달하는 바다였는데 외해
로 통하는 좁은 통로에 약 600여 미터의 방조제를 쌓아 만들려던 간
석지였다. 내려오는 이야기에 따르면 원나라의 강압적 지배를 피하

여 농사를 짓기 위해 승려에 의해 방조제 공사가 시작되었다고 한다. 용지포 중심으로 주변의 5개 리가 연결되어 있었다. 방조제 축조는 조선말까지 수십 차례에 걸쳐 시도되었으나 조류가 강해 막을 때마다 터져버려 끝내 완공을 보지 못하던 상태였다.

당시 공사의 흔적을 보여주는 석주와 소나무 말뚝이 그대로 남아 있는데, 옛날의 토목 기술로는 좁은 물목으로 흐르는 거센 조류를 막는 물막이 공사가 불가능했다. 수십 번의 실패가 거듭되자 인명을 제물로 바쳤다는 전설도 전해오고 있다.

조선 말엽에는 고금면으로 유배당해 내려온 경무사 이모 씨가 버려진 방조제를 보고 욕심이 나서 면민들을 무임으로 동원시켜 공사에 착수했으나 역시 완성하지 못했다. 전해오는 바에 따르면 경무사는 면민들에게 가혹한 강제 노역을 자행함으로써 원한의 표적이 되었다고 한다. 면민들은 불만이 많았지만 신분적 차이 때문에 그가 시키는 대로 할 수밖에 없었다. 면민들은 기회만 닿으면 그를 장작더미에 올려 태워죽일 계획이었다. 한일합방이 되자 면민들은 그를 죽이려 작심했는데 그의 심복이 이 사실을 알고 몰래 배를 태워 서울로 피신시켜 목숨을 건질 수 있었다.

한일합방에 이른 시점에서 방조제의 90% 이상이 완성되었지만 수심이 깊고 물살이 거센 20미터 가량은 미완으로 남아있었다. 합방이 되자 간석지의 소유권은 자연히 조선총독부로 넘어갔다. 그러자 이곳 토지를 회수하려는 욕심이 동한 이 경무사는 용지포에 대한 공유수면 매립 허가를 총독부로부터 얻은 뒤 이 권리를 스즈끼라는 일본인에게 팔아버렸다.

그 후 스즈끼는 현대적 토목 기술을 동원하여 나머지 방조제를 완성시킬 수 있었다. 공유수면 매립 허가는 준공 기간이 규정되어

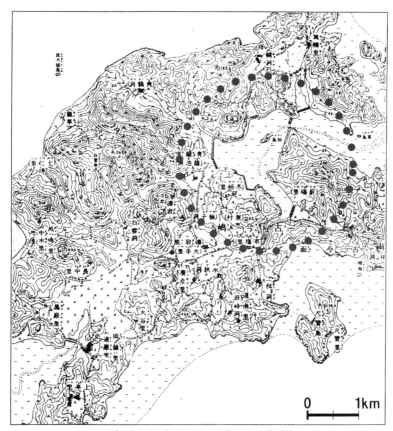

1910년대 고금도의 지형도. 점선 원 내부가 용지포와 방조제다

있었는데, 스즈끼는 자금 부족으로 저수지, 농로, 수로 등의 일부 내부 공사를 기한 내에 마무리하지 못해 매립 허가가 취소되었다. 이 내용은 관보에 보도되었고 시점은 1926년경이었다.

한편 용지포는 주위의 3개 하천이 흘러들어 오고 있어 가뭄이 들어도 전체의 3분의 2 정도는 수확을 거둘 수 있는 수리안전답이었다. 때문에 농민들에게는 더없이 좋은 농사의 터전이 될 수 있었고, 일본인들 역시 별 고생 없이 소득을 올릴 수 있는 곳이어서 더욱 포기할 수 없는 땅이었다.

스즈끼는 허가 신청이 취소된 뒤 다시 재허가 신청을 냈다. 면민들은 이런 사실을 뒤늦게야 알게 되었고, 면의 유지들을 중심으로 연고권을 주장하며 면민 전체 명의로 매립허가서를 총독부에 제출했다. 본격적인 대립이 시작된 것이다. 그 후 총독부의 토지개량과 기술진들이 현지 조사를 한 결과, 스즈끼가 시행한 공사는 전체 방조제의 5%라고 감정했다. 면민들은 상황이 유리하게 진행되고 있음을 알고 기뻐했다. 허가신청 진행은 전라남도청과 총독부를 자주 찾아가야 하는 등 많은 비용이 소요되므로 부유한 면민인 이승호, 김상홍, 황권우, 황권팔 등 6명을 대표로 선임하여 모든 것을 위임하여 진행했다. 이 대표 유지들을 면민들은 주주라고 불렀다.

모든 서류는 완도군청과 전남도청을 경유하여 총독부에 전달되었다. 군은 단순한 경유기관이고 도 산업부장의 의견서가 첨부되어 총독부에 올라갔다. 당시 전남도 산업부장은 전국적으로 유명한 친일 관리인 책임관 김모 씨였다. 후에 알고 보니 산업부장은 사사건건 일본인 스즈끼에게 유리하고 고금도민에게는 불리한 소견서를 첨부하여 총독부에 올려보냈다. 1932년 10월말 스즈끼에게 매립의 재허가가 났음이 관보(官報)를 통해 보도되었다. 이를 안 고금면민은 크게 흥분하였다. 용지포 간석지에 대해 95%의 권리는 있다고 믿었던 면민들은 크게 실망하여 흥분했지만 흥분에 그칠 뿐 구체적인 대응방안은 없었다.

2) 면민들의 용지포 이권옹호동맹 결성

매립허가권이 일본인에게 재허가되자 고금면의 면민들은 면민 전체가 투쟁하지 않으면 아무런 권리도 되찾을 수 없음을 실감했다. 그리하여 고금면민들은 간석지에 모여 부당한 처사에 항의하는 전도민대회(島民大會)를 개최하고, '용지포 이권옹호동맹'을 결성하게 된다. 이 과정에서 결정적인 역할을 한 것이 이현열 선생이었다.

이현열 선생이 자주 강조하신 것은 투쟁은 조직의 뒷받침 없이는 불가능하므로 먼저 고금면민을 하나로 조직해야 한다는 것, 그리고 용지포 공유수면 매립 허가 문제는 면민 전체의 이해가 걸린 문제이므로 면민 전체를 포괄하는 일치단결한 조직을 만들어야 한다는 것이었다. 이러한 방침 아래 동네 사람들을 설득하면서 동맹 결성에 이르게 되었다. 여러 차례의 준비 과정 후 각 부락 대표를 모아 정식으로 고금면민 대표대회를 개최하여 이 조직의 명칭을 '8천 고금도민 용지포 이권옹호동맹'이라 결정하였다. 이어 열성적인 청년들의 불철주야 활동으로 면민 18세 이상의 남자 중 70%에 해당하는 2천여 명이 서약서에 날인하여 공공성 있는 거대 통일 조직을 결성했다. 위원장은 유지들 6인이 맡기로 하였다. 대다수의 면민들이 서명한 서약서의 내용은 아래와 같다.

1. 간석지 개발 공사에 일체 협력하지 않는다.
2. 경작지의 소작료를 절대로 납부하지 않는다.
3. 배반하고 이탈한 자는 전도민(全島民)의 이름으로 응징한다.

대단한 일이었다. 이러한 일련의 과정은 이현열 선생이 귀국한 뒤 부락별로 농민들을 규합하고 청년들을 양성하여 미리 조직을 만들어 놓았기에 가능한 일이었다.

3) 별동대 조직과 간석지 측량 저지 투쟁

이현열 선생은 열성적인 청년들을 따로 모이게 하여 곧 총독부에서 공사 착공을 위한 측량을 할 것이고 면민의 일부를 동원할 것이 틀림없으니, 이 동원 요청에 단 한 사람도 협조하지 말도록 해야 한다는 것을 신신당부했다. 특히 간석지 주변 부락 주민들에게는 동원에 응하지 않는다는 각서를 받아두도록 했다. 나는 이 과정에서 누구보다도 헌신적으로 앞장섰다.

당시 섬 주민들이 일치단결하여 서약서에 날인을 하는 등 무서운 단결력을 보이자 일본인 지주와 그 추종자들은 경찰의 지원하에 섬 주민들을 감언이설과 함께 소작 농지 몰수 등으로 협박하며 분열과 이간질의 음모를 꾸미고 있었다. 이 사실을 듣고 나는 농민들의 분열과 이탈을 방지하고 지주들의 음모를 막을 수 있는 행동대로서 핵심 청년 8명을 규합하여 2인 1조로 4조의 별동대를 비밀리에 조직하고, 별동대의 내가 대장을 맡았다.

대장 : 이기홍
대원 : 박노호, 최복순, 김채윤, 이동윤, 이쌍봉, 박병률, 황인화

1932년 12월 초가 되자 총독부 토지계량과에서 측량 기술진 6명이 내려와 측량에 착수했다. 미처 다하지 못한 수로와 농로에 대한 작업을 하기 위한 사전 작업이었다. 그런데 잠시 후 현장을 떠나있던 스즈끼의 사음(舍音, 마름)인 정 모씨가 돌아와 면민들 17명을 동원하여 작업에 협조토록 하는 것이었다. 이들의 임무는 번호가 써 있는 말뚝을 운반하여 지정 장소에 박아주고 측량기사의 지시에 따라

폴(pole)대와 측량줄을 잡아
주는 일이었다.

별동대는 이 장면을 그대로
두고 볼 수 없어 저지에 나섰
다. 측량 인부로 나온 섬사람
들을 설득하여 귀가시키려 했
으나 이들은 지주인 스즈끼와
그 뒤에 경찰이 있음을 잘 알
고 있었기에 너희들이 무엇이
냐고 반박하며 말을 듣지 않
았다. 이들이 완강히 거부하
자 완력으로 제지시킬 수밖에
없어 결국 난투극이 벌어졌다.

농민운동을 하던 1932년 무렵의 이기홍(좌측)

별동대원들은 측량할 때 사용하는 빨간 측량판을 들고 인부들을 쫓
아냈다.

나는 당시 별동대장으로 충돌을 지휘하고 있었는데 측량 인부의
우두머리 격인 배건이란 사람이 나에게 달려들었다. 배씨는 나의 아
버지와 동년배로 50세가 넘은 사람이었다. 이 사람은 "너의 아버지
와도 잘 아는데 무엇을 믿고 덤비는냐. 뜨거운 맛을 보아야 알겠느
냐"고 하기에 내가 들고 있던 대(竹)몽둥이를 들고 후려치려 하니 겁
을 먹은 배 씨는 초겨울 물이 고인 논으로 도망쳤다. 내가 쫓아가자
그는 물 위에 넘어졌다. 많이 흥분했던 나는 그의 머리와 몸뚱이를
닥치는 대로 내리쳤다. 단단한 대나무 밑동이 산산조각 깨어졌다.
깨진 대나무의 모서리는 칼날같이 예리하여 얼굴과 피부에 상처를
내어 유혈이 낭자하게 되자 나는 침을 뱉고 와버렸다. 이것은 내 일

생에 폭력으로 사람을 부상시킨 처음이자 마지막 일이었다.

한편 용지포에서 마침내 측량이 시작되었다는 소식이 각 부락의 조직을 통해 전달되자 청장년 500여 명이 현지에 나와 스즈끼의 허가를 취소하라는 시위를 벌였다. 사태가 험악하게 돌아가자 총독부에서 나온 측량기사들은 혼비백산하여 산으로 도망쳤고 군중들은 측량기계를 산산이 부숴버렸다.

면민들 중 20여 명은 별동대의 지시에 따라 농장 사무소로 사용 중이던 사음 정모 씨의 주택에 난입하여 가구와 장독대까지도 박살 내 버렸다. 창고도 산산조각을 내버렸다. 그리고 군중들은 여기저기 모여서 스즈끼의 매립허가를 취소하고 도민에게 돌려주라는 구호를 외치면서 흥분이 고조된 살벌한 분위기가 되어 있었다. 측량기술자들과 지주, 사음은 산으로 도망쳐 4킬로미터 거리에 있는 주재소로 대피했다. 이들은 때마침 부산과 목포를 연락하는 조선기선 주식회사 소속 카모마루가 목포로 가는 중 덕동에 기항하자 이 배를 타고 완도읍으로 가서 벌어진 사건을 경찰에 알렸다.

4) 차라리 제방을 무너뜨려 버리겠다!

완도경찰은 전남 도경에 전화로 상황을 보고하였다. 이튿날 전남도 경찰부 보안과 경부 인솔하에 10명의 무장경관과 완도경찰서 무장경관 10명이 고금면 주재소에 수사본부를 두고 관련자 검거에 착수했다.

한편 충돌이 끝난 다음, 이현열 선생은 조직을 통해 각 부락 지도자에게 "경찰은 고조된 도민의 항일의식과 사기를 꺾기 위해 대대적인 검거를 시작할 것이니, 경찰이 각 부락에 나와 어제의 폭동에 가담했느냐고 물으면 가담했든지 안 했든지, 모두가 가담했다고 말하면서 자진 검거당하라"고 지시했다. 이와 같은 일치된 행동만이 검거를 막는 유일한 방법이라고 하셨다. 이에 모두가 검거 투옥도 불사하겠다는 당당한 태도로 나서기로 했다.

검거가 시작되었다. 어제 폭동에 가담했느냐고 경찰이 물으면 지시받은 대로 가담했다고 말함에 따라 가담자들은 검거되어 갔다. 나와 함께 다른 동지들도 모조리 붙들려 들어갔다. 그날의 폭행과 농장 사무소 습격 장면을 측량 인부들과 사음 가족들이 보았기 때문에 그들이 고발한 사람부터 찾아내어 검거했다. 그 외 폭동에 가담한 수십 명의 청년들을 찾아내기 위해 경찰이 부락마다 탐문조사를 시작했다.

정오경이 되었을 때 검거되어 온 사람이 50여 명이었고 계속 잡아들이면서 숫자는 늘고 있었다. 수사는 피해자 조사를 먼저 하는 것이 순서이므로 스즈끼의 사음인 정 아무개의 가족부터 조사했다. 모든 사건의 피해자는 피해 사실을 과장 진술하는 것이 관례라는 것은 잘 알려진 사실이다. 그때 사음 가족은 농장사무소 습격에 가담한 인원을 30명이라고 진술했다. 20명을 30명으로 과장한 것이다. 경찰은 30명 미만일 것이라 짐작했을 것이다. 그러나 오후 2시경에 이미 70여 명이 검거되어 왔다. 주재소의 유치장은 3명 정도를 수용할 수 있는 시설 하나뿐이었으므로 무장경찰 감시하에 주재소 마당에 앉혀놓고 면사무소에서 책상을 빌려와 경찰 10명이 분담하여 조서를 꾸몄다. 부인한 사람이 없었으므로 일은 간단히 진행되었다.

곧이어 전남 도경찰부 경비선 무도마루(無等丸) 호가 덕동항에 도착하여 검거자들을 싣기 시작했다. 무도마루는 120톤급의 대형 선박이므로 직접 부두에 접안하지 못하고 작은 종선으로 10여 명씩을 실어 날랐다.

이현열 선생은 그 전날 밤 박노호와 김채윤에게 검거당하지 말고 비밀리에 미리 알려준 덕동의 잘 알고 있는 동지의 집에 숨어 있으라고 지시했다. 이현열 선생은 그 전날 밤에 도착하여 그 동지의 집에 머무르며 지시를 내렸다. 검거가 시작되어 가담자들을 경비선에 싣기 시작하자 박노호 동지는 경찰이 보이지 않는 다른 쪽에서 경비선에 실려 있던 나와 수신호로 연락하기로 하고 김채윤은 이현열 선생의 지시를 박노호에 전달하고 현장의 상태를 보고하도록 했다.

경비선 무도마루호에는 앞뒤에 소형 대포와 기관총이 장착되어 있었다. 선장은 경부이고 그 외 선원 전부는 경찰이었다. 당시 무도마루호는 덕동항의 동쪽에 정박하고 있었다. 이현열 선생은 김채윤을 시켜 나에게 경비선에 실려간 사람들은 전부 바람 부는 방향의 반대편에 올라타라고 했다. 선원들이 나와서 다른 편으로 분산하여 앉으라고 발로 차고 강요했으나 나와 다른 동지들은 "우리는 작은 섬에 살고 있어 적은 배만 타보았기 때문에 이런 큰 배를 처음 타니 어지러워 조금도 움직일 수 없다"고 거절하자, 선장까지 나와서 배가 기우니 반대편으로 나누어 타라고 발길로 차고 곤봉으로 때렸다. 그럴수록 배는 바람의 힘과 45도 각도로 기울어질 수밖에 없었다.

한편 주재소의 검거 현장에서는 검거가 계속되면서 주재소 마당도 좁아 경찰 감시하에 검거자들을 도로에 세워놓고 심문이 계속되었다. 당시 완도는 수산업과 농업으로 비교적 수입이 좋아 생활이 안정되어 있었으므로 국민학교 취학률이 100%에 가까웠다. 육지 지역의 취학률은 20% 정도에 불과하던 시절이었다. 그러므로 30대 이상의 청년들은 일본말에도 능숙했다. 그때 검거와 심문의 지휘는 완도 경찰서장과 도 경찰부에서 나온 경부가 했다.

　그 곁에 있는 동지들이 번갈아 가며 "용지포 간척지는 우리 선조들이 고려 때부터 대를 이어오면서 둑을 쌓아 와서 한 뼘 정도 남겨 놓은 것을 스즈끼가 막았다"고 하며 "우리 선조들의 공적과 도민의 연고권을 무시하고 총독부에서 스즈끼에게 허가해준 것은 너무 억울하여 참을 수가 없다"고 외쳐댔다. "스즈끼의 것도 도민의 것도 안 되게 폭풍우가 몰아치는 만조 때 곡괭이로 둑의 돌 몇 개만 무너뜨려버리면 둑이 무너져 간척지는 바다로 변하게 되니, 우리는 농사 대신에 고기나 잡아먹고 살겠다. 징역 3년이나 5년을 각오하고 내가 둑을 파괴해 버리겠다"고 고함치자 옆에서 서로 내가 하겠다고 나섰고 무등마루호 선상에서는 검거자와 경찰관의 마찰이 갈수록 더해 갔다.

　한편 같은 시각, 섬의 내각 부락에서는 지시에 따라 청년들이 주재소 근처에 모여 덕동 부락 사람들과 함께 200여 명이 시위 분위기를 조성하면서 계속 모여들고 있었다. 이것을 본 경찰서장과 도 경부는 전 섬 주민들의 일치단결한 항거로 판단하고 더 큰 사태로 발전할 것을 우려했던지 주재소 수석을 시켜 경비선을 향해 검거된 자들을 내려놓으라고 지시했다. 주재소 수석은 당시 바람이 덕동항 쪽으로 불어오므로 두터운 보루지 메가폰으로 선상에 있는 검거자들을 내려 상륙시키라고 지시했다.

　이때 박노호와 나는 수신호로 연락했는데 절대 내리지 말라는 지시를 받았다. 선장까지 나와서 강제로 내리라고 하자 "여보시오 선장님 우리들은 큰 죄를 짓고 검거되어 재판을 받고 징역 살러 가는 사람들이고 당신들은 죄인을 검거하는 것이 임무가 아니오? 우리는 내리지 못하오"라고 거부했고 다른 동지들도 소리 높여 못 내린다고 거부했다. 경비선에서 하는 큰 소리의 대화는 바람을 타고 덕동항 검거 현장에까지 잘 들렸다.

그래도 내리지 않으니까 경찰은 자식들의 검거를 걱정하여 현장에 나와 있는 노인들을 시켜 메가폰을 주면서 내리라고 외쳤다. 그리고 서로 둑을 기어이 무너뜨려 버리고 말겠다는 외침이 여기저기서 터져 나왔다. 이것은 비밀장소에 있는 이현열 선생이 연락원 김채윤을 통해 내린 지시에 따른 것이었다.

그러던 중 나와 박노호는 내리지 말라는 지금까지의 신호를 바꾸어 내리라고 했다. 그때 선상의 동지들은 기어이 내리지 않으려고 각오했으나 경찰의 체면을 생각해서 내린다고 인심을 써주는 듯이 동지들에게 내리자고 했다. 지금도 기억에 생생한 장면 중의 하나는 당시 고금면 주재소 조선인 순사인 장재순 씨가 우리의 하선 거부에 서장으로부터 끌어내리지 않고 무엇을 꾸물거리느냐고 호통을 당하자 "기홍아! 나 좀 살려 달라"고 애타게 말하던 사실이 아직도 생생이 기억난다. 전원이 하선하자 그때 이현열 선생이 현장에 나타났다.

이상의 일련의 사태와 진행은 일사불란한 지시에 따른 행동이 조직화된 것이다. 참으로 이현열 선생은 앞을 똑바로 내다보는 탁월한 지도자였다. 검거자 80여 명과 현장에 동원된 도민들 150여 명 가량이 집합한 가운데서 도에서 온 경무가 자신들이 온 것은 절대로 고금도민들을 불리하게하기 위해 온 것이 아니고 섬 주민에게 유리하도록 해결하러 온 것이니 완도읍으로 가서 지주와 타협을 하자고 제안했다. 다만 전원이 갈 수 없으니 청년과 장년, 노인층에서 각 4명씩의 대표를 뽑아 완도로 가서 타협하자고 했다.

그러나 여기저기서 "대표가 어디에 있느냐 우리의 어제 일과 오늘의 일은 누구의 지시나 권유에 따른 것이 아니고 고금도민이라면 누구나 참을 수 없는 원통한 분노를 이기지 못해 자발적으로 이루어진 것이니 대표는 있을 수 없다. 대표라면 우리 전부가 대표"라고 외쳐 대자 경찰은 주로 노인을 시켜 우리들에게 경찰의 지시대로 4명씩만 가자고 간곡하게 설득하기 시작했다.

문제는 이현열 선생의 지시가 있어야 이 상황에 대한 정리가 이루어진다는 점이었다. 때마침 이현열 선생이 나서서 경찰의 권유대로 4명씩 대표를 지명하겠으니 지주와의 협상에 가도록 하고 이 대표들은 도민의 의사와 요망을 정확하게 대표하여 주장할 것이니 믿어 달라 하면서 자신도 장년 대표 한 사람으로 가겠다고 했다. 그리고 이현열 선생이 청년 대표 4명과 장년 대표 4명, 노인 대표 4명을 지명하면서 경찰서장과 도 경부에 이 대표를 받아들이겠냐고 묻자 그들은 받아들이겠다고 했다.

그리고 나머지는 이제 해산하라고 했다. 이 12명과 경찰은 경비선에 타지 않고 2시간 후에 도착할 목포-부산 간을 운행하는 선박이 올 것이므로 그 배를 타고 완도읍으로 가기로 하고 다른 사람들은 해산하라고 했으나 가지 않고 대표단이 승선할 때까지 기다렸다.

5) 단결과 협상력으로 쟁취한 대중운동의 귀감

8천여 명에 달하는 고금도민들의 용지포 이권옹호동맹 투쟁에 전 도민(島民) 중 18세 이상의 남자 70% 이상이 가입하고 그 중 다수가 투쟁에 동원되어 단일 지도체계하에서 조직적인 행동을 한 것은 의미가 매우 큰 조직운동이었다. 이것은 일시적인 분노나 흥분만으로는 결코 이룰 수 없는 일이었다. 자연부락 단위로 부락민에 대해 치밀한 조직 구축이 되어 있었고 이를 지도하는 지도부와 열성적인 하부의 실행 단위 지도자들이 있었기에 가능한 일이었다.

이현열 선생의 기본적인 조직 노선에 따른 하부 지도자들은 대중의 모든 생활과 밀착하여 그 생활권 내에서 부락민의 이익을 위하여 어떠한 노고도 싫어하지 않고 앞장서 행동하는 가장 믿을 수 있는 사람들이었다. 이들은 서로 긴밀한 관계가 형성되어 그 생활권 내에서는 반드시 필요한 인물이었고 부락민이 진심으로 믿고 따랐다. 즉, 전 부락민에 대한 조직과 지도자의 영향력이 생활과 밀착되어 생활화되었던 것이다.

여기에서 우리가 배우고 오늘의 대중조직과 운영에도 반드시 적용되어야 할 기본 원칙은 모든 형태의 대중조직은 반드시 그 계열의 하부 생활권 대중과 밀착되어 대중을 위해 자기 생활에 우선하여 실천하는 것을 생활화할 때 비로소 공고한 기초 조직이 된다는 것이다. 그리고 일선 생활권에서 군 단위, 도 단위, 전국 단위의 각급 지도자들은 모든 것에 우선하여 자기 생활권 내의 대중들로부터 생활을 통해 믿고 존경받으며 필요한 사람이 될 때 상부조직은 하부로부터 튼튼한 피라미드와 같이 강력하게 조성될 수 잇다는 사실이다.

일선 생활권의 대중과 유리된 지도자와 조직은 아무리 진보적이고 혁명적인 간판을 내걸어도 그들의 주장과 구호 선전은 자신들의 테두리를 넘지 못하고 일선 대중에까지 메아리쳐 가지 못한다. 이러한 사실은 오늘날 일선 대중과 조직적으로 밀착되지 못하고 있는 남한의 수많은 민주단체들의 운동과 그 결과가 웅변적으로 증명해 주고 있다. 민주 조직의 모든 활동의 궁극의 목적은 국민 생활 각 분야의 일선 대중을 바탕으로 한 조직의 확대, 강화에 있다. 투쟁과 모든 운동의 결과가 일선 대중조직의 확대와 강화에 구체적으로 도움을 주지 못하면 마치 빈 드럼통이 굴러가면서 내는 것과 같은 요란한 소리만 낼 수 있을 뿐이다. 정치적 목적을 달성하기 위한 기본적 원동력이 되는 민주주의 운동은 일선 대중조직으로부터 민주적 결의에 의해 수렴된 일사불란한 민주주의적 중앙집권 조직을 바탕으로 전개되어야 한다.

위에서 설명한 고금면 도민의 이권옹호동맹 조직 과정과 운영 및 대중 동원은 이러한 기본 원칙이 그대로 반영된 단일지도체제의 지시로 이루어졌다. 1932년 고금도에서 벌어진 이 운동은 항일 독립운동사에서 완전히 매몰되고 망실되어 왔다. 그러나 이 운동이 남긴 경험과 교훈은 오늘날의 민주운동에도 창조적으로 적용되어야 할 교과서적인 기본 원칙임은 당시 그 운동에 직접 참여한 하부 지도자의 한 사람인 내가 자신 있게 말할 수 있다. 그 운동을 지도했던 이현열 선생은 옥사했고 그 지도 아래 움직였던 전위 동지 20여 명도 지금은 전부 세상을 떠났다. 어쩌다 필자 나 한 사람만이 살아 있어 우리 민족의 뒷전에 영원히 묻혀버릴 이 운동을 민족 앞에 알리게 된 것을 그나마 참으로 다행스럽고 영광스럽게 생각한다.

3. 지주와의 교섭과 작은 승리

1) 검거 위기를 넘어 협상 테이블로

대표단은 부산에서 목포로 가는 정기 운항선을 타고 약 1시간이 지난 밤 9시쯤 완도읍에 도착했다. 당시 우리는 경찰이 지주와의 교섭을 주선하며 타협안을 내놓기는 했지만 일시적인 무마책일 뿐이지, 막상 완도읍에 도착하면 경찰에 의해 연행될 가능성이 많다고 생각했다. 왜냐하면 고금면 주재소에 설치된 수사본부에서 심문할 때 적용된 범죄 사실이 측량법 위반, 공무집행 방해, 기물 파괴, 주거 침입, 폭행 치상 등 7개 항목에 달했기 때문이다. 그러나 우리가 완도읍에 도착하자 경찰은 완도읍의 장춘여관에 대표단 12인과 지역 유지 6인을 투숙시키고 성대한 저녁식사를 제공하여 우리를 안심시켰다.

다음날 오전 10시경 경찰에서 연락이 와서 경찰서 구내에 있는 공회당으로 일행이 갔다. 거기에 가 보니 좌측에는 완도 경찰서장, 도 경찰부에서 나온 경부, 완도 군수, 도 평의원인 심동래 선생, 완도 유지인 박인선 선생이 앉아 있었고 중앙의 한편에는 지주인 일본인 스즈끼와 오가다가 앉아있고 그 반대편에는 고금면민 대표 12인의 자리가 마련되어 있었다. 우측에는 이 회합의 내용을 기록하는 군청 직원이 앉아 있었다.

우리가 들어서자 경찰서장은 기록석의 직원에게 오늘 이 회의에 참석한 사람들의 주소와 성명 및 연령과 직업을 기록하라고 지시했다. 경찰서장이 오늘 고금면 용지포 농장 지주와 고금도민 대표의 협상회의를 시작한다고 개회 선언을 하자 도 경찰부에서 나온 경부가 일어나 발언을 시작했다.

"용지포 간석지는 고금도민이 선조 때부터 방조제 공사에 착수하여 90% 이상을 완공한 것으로 알고 있다. 그러나 90% 제방을 구축했다 하더라도 나머지를 완성하지 못하면 간석지는 바닷물이 들고 나서 둑의 존재가치가 없다. 적은 길이지만 지주 스즈끼 씨가 현대 토목 기술로 방조제를 단시일에 완성시켜 절수(絕水)했으므로 비로소 바다에 뜬 간석지가 비옥한 농토로 된 것은 분명한 사실이다. 그러므로 선조 때부터 이어져온 고금도민의 공로도 인정하지만 방조제를 완성한 지주의 공로도 여기에 못지않게 큰 것이며 오히려 결정적인 공로라고 할 수 있다.

이 간석지를 경작하는 사람은 고금도민이 아니냐. 일부 소작료를 납부하지만 고금도민의 생활에 큰 도움이 된다는 것은 누구도 부인하지 못할 것이다. 또 지주도 고금 면민이 성실하게 논을 만들고 경작해야 생산이 증가되고 소작료도 증가될 것이므로 서로가 공통된 이해관계에 있다는 점을 깊이 생각하고 자기 입장만 고집하지 말고 상대방 입장도 고려하여 성실한 태도로 타협하여 좋은 결과를 가져오기 바란다.

고금 면민들은 경찰이 신문에서 밝혀진 바와 같이 여러 가지 법을 위반한 폭행을 했음을 여러분이 더 잘 알 것이다. 여러분의 불법 행위는 오늘의 법에 의해 절대로 용서받을 수 없는 죄를 범한 것이다. 그러나 이 간석지의 개척은 지주와 도민의 이익뿐만 아니라 국가에도 큰 도움이 되므로 지주와 도민이 타협하여 좋은 결과를 가져와 간석지 개척에 협력하게 된다면 본인은 여기에 있는 완도군수와 경찰서장 및 도 평의원과 유지의 명의로 이 사건을 불문에 붙이도록 상부에 청원하려고 한다. 그러나 만일에 서로가 고집을 꺾지 않고 결렬되어 대립, 투쟁하게 된다면 여기에 대해 우리들은 이 사건에서 손을 뗄 수밖에 없고 모든 문제는 법대로 처리될 것임은 분명히 말해둔다. 그러므로 서로가 상대방의 입장을 고려하면서 성의 있는 타협을 해주기 바란다."

그렇게 말하고는 그는 자리에 앉았다.

경찰서장이 고금 면민 대표의 의견부터 먼저 말하라고 했다. 우리는 여관에서 대표자로 이현열 선생을 선임했으므로 이현열 선생이 일어나서 대표로 의견을 말했다.

"고금면 용지포는 앞에서 자세히 설명한 바와 같이 고려조의 역대 선조 때부터 대를 이어오며 이 공사에 피땀 어린 노력을 제공했다는 것은 더 이상의 설명이 필요 없다는 것은 다 알려진 사실이다. 그리고 지주가 방조제를 준공하여 경작지로 만들어 놓은 공도 인정한다. 이 용지포가 200정보이므로 3천 부락의 농토가 된 공로를 반반으로 평가하는 것이 가장 합리적이고 타당하므로 200정보를 각각 100정보씩 나누자."

그런 발언이 나오자 도에서 온 경부가 반박했다.

"그것은 억지 요구이므로 실현성이 없음을 알아야 한다. 조선총독부에서 스즈끼 씨에게 공유수면 매립 허가를 발급한 이상 법적으로는 완전히 스즈끼 씨의 소유다. 그러므로 법률상으로는 단 한 평도 고금 면민이 요구할 권리가 없고 지주는 줄 의무도 없음을 대표단은 냉철하게 이해해야 할 것이다. 이 자리에 앉아 있는 지주와 고금 면민 대표 및 여기에 임석한 우리들은 이 간석지를 개발해 상호 협력하는 것이 서로의 이익이 되고 국가에도 도움이 된다고 생각해서 인간성에 입각하여 서로를 이해하며 이 문제를 해결하려 하는 것이다. 이 자리에서는 법적 또는 권리적인 문제를 제기하지 말고 상호의 입장을 충분히 고려하면서 가능한 문제를 타협해 주기 바란다."

이렇게 완강한 자세로 나오자 도민 대표들은 다시 협의한 끝에 중재안을 제시했다.

"1/4을 내놓으라. 이것이 받아들여지지 않으면 우리는 이 회의를 더 이상 계속할 수 없으며, 고금 도민의 이익에도 배반되고 선조들에 대해서도 면목이 없으므로 더 이상 이 회의를 계속할 필요가 없으므로 여기서 끝내고 우리는 돌아가 처벌을 받더라도 끝까지 투쟁을 계속하여 이 간석지 개발에 힘닿는 데까지 협력하지 않겠다."

그런 의견에 대해 상대편의 긍정적인 반응이 없자 이현열 선생은 대표단에게 퇴장을 명하였고 우리는 여관으로 돌아왔다. 협상은 결렬된 것이다. 우리의 뒤를 쫓아 완도 경찰서 고등계 주임과 군청의 산업계장 및 도 평의원 지형래 씨 등의 유지가 여관으로 찾아와서 다시 가서 회의를 계속하자고 했으나, 우리는 절대 거절하고 집으로 돌아간다고 말했다. 유지 박인선 선생의 강력한 제지로 오늘은 쉬고 기분을 가라앉히면서 내일 다시 회의를 하자고 간곡히 권유하여 그 날은 여관에서 쉬고 그 다음날 회의에 참가하기로 했다.

이 교섭 과정에서 우리가 주장한 내용을 낱낱이 기록하자면 많은 지면이 소요되므로 아래에서 요점만 기록하도록 한다.

여관으로 돌아온 우리 대표들 사이에서도 의견의 일치를 보지 못했다. 노인 대표 4인은 "타협이 원만히 이루어지면 이번 사건에 가담한 사람들에 대한 입건과 처벌을 하지 않겠다고 하니 그것만으로도 승리가 아니냐. 그러니 너무 지나친 요구를 하지 말자"고 설득하였고 장년층 일부도 여기에 동조했다. 그러자 청년들은 펄펄뛰며 반대하면서 그러면 "당연히 우리 도민이 차지해야 할 이권을 총독부에서 발급한 허가증 한 장에 따라 승복하라는 것이다. 이것은 고금도민의 이익에 반대될 뿐만 아니라 총독부의 민족 차별적인 편파적 정책에 굴복하는 것이다. 지금 우리는 우리 도민의 이해관계를 넘어 전 민족의 이해관계를 대변하여 싸우고 있음을 알아야 한다. 우리는 지금까지 간석지가 없었어도 살아오지 않았느냐. 우리는 이번 운동이 대표적인 항일운동으로 알고 끝까지 굽히지 않고 싸워야 한다"고 주장했다.

그런 의견 대립은 그 이튿날 오전 중까지 계속되었고 끝내 의견 통일을 보지 못했다. 경찰에는 아직 의견이 통일되지 못했으니 오늘 회의는 오후부터 하자고 통보했다. 그래서 25정보 요구를 다시 10정보로 후퇴시키기로 하고 오후 2시경부터 다시 회의를 시작했다.

우리가 요구조건을 10정보까지 후퇴한 데에는 이유가 있었다. 이 간석지의 전 해안선 8킬로미터 중 여러 곳에 나름의 작은 둑을 쌓아 논을 만들어 경작해온 것을 합하면 5~6정보가 되는데 이것에 대해 우리가 허가를 받지 않았으므로 지적부 상에는 공유수면으로 되어 있을 것이고 따라서 지주는 이 부분을 거저 가져갔다는 사실에 근거한 것이었다. 그러므로 우리가 요구하는 10정보는 실제로는 3~4정보밖에는 되지 않는다는 점이었다. 우리는 이것이 마지막 요구임을 강력히 주장했다.

우리의 주장을 들은 서장이 지주의 의견을 묻자 스즈끼는 "우리의 정치와 행정 및 국민생활에는 법이 최우선한다. 이 간석지는 법이 인정한 내 권리이므로 10정보는 말도 되지 않는다"고 단호히 거부하여 "이러한 조건이라면 나도 이 회의에 더 이상 참석할 필요가 없다"고 주장했다. 우리 역시 이제 남은 것은 극한적 투쟁으로 간석지 개척을 방해하는 것뿐이라고 응수했다. 이 과정이 오후 6시경까지 계속되었고 우리는 여관으로 돌아왔다. 협상 테이블에서 나오면서 우리는 스즈끼에게 현장에 가서 투쟁으로 맞설 것이라고 했다. 둘째 날의 협상역시 또 이렇게 결렬되었다.

우리와 지주가 퇴장하자 지형래 선생과 박인선 선생, 고등계 주임, 군 산업계장이 와서 오늘밤에 돌아가지 말고 내일 다시 협상을 속개하자고 권유했다. 우리는 그러기로 하고 여관으로 돌아왔다.

경찰이 법을 위반한 고금도민을 이와 같이 관대하게 대하며 집요하게 지주와의 타협을 성사시키려고 했던 것은 상식적으로 납득하기 어려울 것이다. 이 과정이 표면상 경찰의 굴욕적인 태도로도 볼 수 있기 때문이다. 그런데 그 근본적인 이유는 폭행 과정에서 검거된 청년들의 일치단결된 행동과 아무 두려움 없이 반드시 결행하고야 만다는 굳은 의지는, 고금면민에게 양보가 없을 경우 후일 방조제는 반드시 파괴되고 말 것이라는 확실한 경고가 되었고, 이에 대해 경찰 측에서는 상부와 연락하여 원만한 타협을 이끌어내라는 지시를 받은 것으로 이현열 선생은 판단했다. 그렇기 때문에 우리 도민 대표도 중단하지 않고 끝까지 타협에 참가하기로 했던 것이다.

2) 단결하여 이루어낸 값진 승리

3일째 되는 날 양측은 다시 모였으나 우리는 어제의 주장만을 강력히 되풀이했다. 도에서 온 경부는 일의 진척이 없자 난감해하면서 지주에게 최종적으로 어느 정도까지 고금도민들에게 양보할 수 있느냐고 의사를 표시해달라고 했다. 지주 스즈끼는 어떤 일이 있어도 2정보(30두락) 이상은 양보하지 못하겠다고 대답했다. 이 얘기를 듣고 우리는 "고금도민을 완전히 모멸 무시하여 짓밟는 것 같은 모욕감을 느낀다. 우리는 간석지로 가서 투쟁으로 맞서자!"며 자리에서 일어서자 경찰서장은 잠깐만 참고 앉으라며 달랬다.

그 때 도에서 온 경부가 지주에게 말했다. "지주는 2정보를 양보하겠다고 했는데 좀 더 양보해 달라. 이 협상 때문에 완도군수는 3일간 끝까지 임석하여 서류 결재도 여기서 했고 경찰서장도 끝까지 임석하여 서류 결재를 이 자리에서 할 정도였다. 이 두 분은 도민과 지주가 원만히 타협하여 간석지 개척이 잘 이루어지게 하기 위해 3일간 이 회의에 함께한 것이다. 그러므로 군수 체면을 보아 1정보를 더 내놓고 또 완도 경찰서장의 체면을 살려 1정보 더 내놓으시라." 이에 대해 더 이상의 거절은 곤란했다고 판단한 지주는 잠시 고민하더니 그렇게 4정보를 내놓기로 승낙했다. 이렇게 지주의 최종 양보안이 나오자 경부는 우리에게 받아들이겠냐고 물었다.

우리는 의견을 통일하기 위해 좀 시간을 달라고 하여 12명이 공회당 바닥에 둘러앉아 의견을 나누었다. 역시 여관에서와 마찬가지로 의견이 대립되었으나 노인과 장년대표 8인은 검거 처벌을 받지 않은 것만으로도 큰 성공이니 이것을 받아들이자고 강력히 말했다. 얘기를 듣고 있던 이현열 선생이 마침내 입을 열었다.

"우리는 조선총독부의 통치를 받고 그 법과 질서에 따라야만 하는 운명에 처해 있음을 냉정히 인식해야 한다. 조선총독부의 편파적인 정책으로 우리 민족의 수많은 정당한 권리가 일본인 수중으로 넘어간 사례는 지금까지 헤아릴 수 없이 많았다. 지금도 예외 없이 탄압받고 처벌받으면서도 눈물을 머금고 참고 살아야만 하는 것이 오늘 우리 민족의 현실이 아니냐. 일개 면민이 빼앗긴 이권을 찾기 위해 이번과 같이 조직적으로 동원되어 궐기 투쟁한 것은 전국에서 찾아볼 수 없는 놀라운 투쟁이었다. 그럼에도 당국은 우리를 법대로 처벌하지 않고, 우리에게는 비록 만족스럽지는 못하지만 4정보를 얻을 수 있게 되었으니 이것은 그 면적의 수량보다도 우리 민족이 단결하면 승리한다는 것을 상징하는 대표적인 사례다. 우리는 이것을 승리로 알고 이 제안을 받아들입시다!"

또한, "모든 권리를 빼앗기고 맨주먹뿐인 우리에게는 저돌적인 전진만이 능사가 아니다. 우리의 역량과 정세에 따라 다음날의 투쟁을 확대, 강화하기 위해 후퇴도 할 줄 알아야 한다. 이것이 전체적으로 볼 때 저돌적인 투쟁보다 더 효과적인 투쟁임을 알아야 하므로 이것을 받아들이자"고 했다. 이현열 선생은 이어 "모든 투쟁은 상대방과의 투쟁이므로 상대방의 역량과 우리 역량을 객관적으로 대비하여 한정된 조건하에서 최대한의 승리를 거두면서 계속하는 것이 우리 모두의 운동이다. 이번 투쟁은 오늘 우리나라의 객관적 현실 정세와 역량 관계에서 큰 승리의 성과를 올렸다고 본다. 이번 투쟁에서 희생자 한 사람도 없음은 우리의 단결된 역량에서 이루어진 것이자 무엇보다 가장 큰 승리로 보아야 할 것이다. 우리는 승리를 한 것이다. 그러므로 지주가 제시하는 4정보는 받아들이기로 하자"고 제안했다. 이에 대해 노인과 장년층은 찬성하고 청년 중 나와 박노호가 찬성함으로써 전원이 받아들이기로 합의했다.

그리고 이현열 선생은 "우리는 그 이상 강경한 요구를 할 수단도 방법도 없지 않느냐. 이 결과를 얻어낸 것도 우리가 면 단위이지만 완전한 민족통일전선인 고금면 8000도민 용지포 이권옹호동맹으로 강력하게 결성되었기 때문이다. 도민 내부의 사소한 이해관계를 초월하여 결속했던 것이 이번 승리의 근본 원인이다. 우리는 최소한의 승리를 했지만 이번 투쟁의 경험과 교훈을 앞으로 투쟁의 지침으로 그리고 발판으로 삼아야 할 것이다"고 말했다. 이현열 선생이 논리정연하게 말하자 이것을 받아들이기로 의견일치를 보았다.

그 사이 경찰과 군수와 유지들도 이야기를 나누고 있었다. 이현열 선생이 도 경부의 제안을 받아들이겠다고 말하자 그쪽에서는 박수가 터져나왔다. 그리고 우리가 지주에게 4정보의 위치는 도민이 지정한 장소를 양도할 것을 제안하자 지주는 여기에 따르기로 승낙했다.

이렇게 양측의 합의가 이루어지자 도에서 온 경부가 앞으로 간석지 개발에 적극 협력하여 일체 방해하는 행동을 하지 않을 것, 소작료를 납부할 것, 간석지 개간은 자기 논과 같이 정성껏 충실히 개발하여 생산량을 올릴 것, 그리고 고금면 8000도민 용지포 이권옹호동맹을 해산할 것을 제안하며 각서를 쓰라고 했다. 이현열 선생은 이왕 받아들이기로 승낙했으니 여기에 따르자고 하고 고금도민 각자가 서명한 각서를 제출했다. 지주도 4정보의 땅을 도민이 지정한 장소로 양도한다는 각서를 제출했다. 사흘간의 긴 싸움과 협상이 최종 마무리되는 순간이었다.

오후 2시경이었다. 도 평의원 지형래 선생과 박인선 선생이 이번 협상의 성공을 축하하기 위해 점심을 사겠다고 하자 서장이 조선인 경찰관을 불러 유명한 음식점에 점심을 주문하라고 시켰다. 그동안 서장이 차와 생과자를 내놓았다. 3시경에 성찬으로 점심이 차려져 왔고 술도 마시며 건배했다. 서장과 도경부와 유지들은 우리들과 일일이 악수를 나누었다. 그리고 지주에게는 "고금면민이 원하는 농토를 양도할 때는 반드시 경찰서장이 보낸 경찰 대표와 군수가 보낸 군 대표의 참석하에 그분들의 서명을 받은 양도증서를 작성하여 고금면민에게 주라"고 말했다. 그리고 이 타협이 원만히 해결된 이상 자기는 상부에 가서 이번 사건을 불문에 붙이도록 노력하겠다고 말했다. 이것은 경부 한 사람이 좌우할 수 없는 문제다. 앞서 말한 바와 같이 이현열 선생은 경부가 그때그때 상부와 연락하면서 그 지시에 따라 회의가 진행되고 있음을 간파하고 있었다.

우리가 모든 것을 마치고 나온 것은 오후 4시경이었다. 그때는 완도읍에서 고금면으로 가는 일체의 선편이 없던 시간이었다. 그것을 걱정하자 군수가 군내 각 면을 순항하는 순항선이 있으므로 그 순항선에 명령하여 여러분을 고금면 연동항까지 실어다 주겠다고 부두로 모이라고 했다.

이상이 지주와 면 대표와의 협상 내용과 진행 과정 및 결과의 요점이다. 이 타협의 외형적인 과정을 보면 마치 경찰과 지주의 회의에 굴복한 것 같이 보일 것이다. 그러나 이 평화적 협상의 밑바닥에는 우리의 일치단결된 조직 역량이 뒷받침되어 있었고 이를 바탕으로 한 승리의 표본임을 분명히 말해 둔다. 참고로 3일째 협상 과정에서 우리 대표들은 돌아앉아 소곤소곤하는 목소리로 의견교환을 했으므로 상대 쪽에 이야기가 흘러나가지 않았고, 그러므로 원칙적이고 전술적인 의견을 충분히 나누어 결론을 내릴 수 있었다.

4. 용지포 투쟁의 결과와 교훈

1) 고금 도민 대표단 귀환 환영

우리가 완도읍 순항선을 타고 고금면 연동항에 돌아 온 것은 오후 5시경이었다. 협상에서 합의를 본 결과에 대해서는 완도읍에 파견된 연락원이 즉각 범선을 타고 가서 면민들에게 미리 알렸다. 우리가 도착하자 100여 명이 연동항에 나와서 만세를 부르며 마치 개선장군을 맞는 것처럼 환영해 주었다.

당시 사흘째 걱정스럽게 기다리고 있던 면민들은 사실 협상의 결과보다도 경찰이 사태가 더 커지는 것을 모면하기 위해 일시적으로 주동자들을 불구속 상태로 두었지만 결국 이현열 선생은 반드시 구속 처벌될 것이고 나머지 주도적인 역할을 한 청년들도 무사하지 못할 것이니 구속 인원이 적기만을 바라고 있었다. 그런데 전원 입건되지 않았을 뿐만 아니라 꿈에도 생각하지 못했던 4정보를 받아냈다고 하니 고금도 내는 그야말로 축제 분위기였다.

연동항에 도착하자 미리 준비된 막걸리와 안주로 축배를 들자고 하여 한잔씩 마셨다. 그런데 사람들이 어디에서 데려왔는지 황소 한 마리를 끌고 와서 이현열 선생에게 소 등에 타라고 일제히 떠밀었다. 이현열 선생은 질겁하여 거부하면서 "작으나마 이번에 승리한 것은 나 혼자 한 것이 아니라 여기에 모인 여러분과 전 도민이 한마음 한뜻으로 행동을 통일하여 투쟁한 대가이므로 소를 타려면 전 도민이 다 같이 타야지 내가 무슨 특별한 일을 했다고 나 혼자만 소를 타고 환영을 받는 것은 절대로 있을 수 없는 일"이라고 단호히 거절했다. 그러자 젊은 장정 몇 사람이 기어이 이현열 선생을 들어 올려 소등에 태우고 아리랑을 부르며 행진했다.

아리랑 가사는 당시 유행했던 만주로 쫓겨난 우리 유랑 이민의 애환을 담고 있던 내용이었다. 곡은 애조를 띠고 있었다. 여기에서 그 가사 3절을 내가 기억하고 있으므로 소개하며 남기려고 한다.

1절 압록강 건널 때 뿌리던 눈물 아직도 그칠 줄 모른다네
　　　(후렴) 아리랑 아리랑 아라리요. 아리랑 고개를 넘어간다
2절 언제나 언제나 돌아를 가나. 내나라 내고향 돌아를 가나
　　　(후렴) 아리랑 아리랑 아라리요. 아리랑 고개를 넘어간다
3절 회오리 바람결 같은 이 내 신세 이 바닥 먼지가 되나 보다
　　　(후렴) 아리랑 아리랑 아라리요. 아리랑 고개를 넘어간다

이 아리랑을 부르면서 행진하는 도중 이현열 선생은 계속 내리려

고 했으나 장정 2명씩이 양편에서 붙들고 있으므로 내리지도 못하고 약 200미터 가량을 꼼짝 없이 소 등에 타고 이끌려 갔다. 나중에야 간신히 내려 소만 끌고 가며 행진을 계속했다. 연동항에서 학교가 있는 고금도 중심지인 독백리까지는 3킬로 가량 되는 거리인데 청년들은 거기까지 소에 태우고 가서 학교 운동장에서 해산을 하자고 주장했으나 이현열 선생은 펄펄뛰며 내려 버렸다.

2) 농민운동의 조직 확대 강화에 결정적 영향

모든 항일 운동의 가치는 결과로 평가된다. 앞에서 설명한 바와 같이 용지포 이권옹호동맹의 조직과 운영 관리 및 동원과 투쟁, 경찰의 검거를 배제시킨 협상 과정, 그리고 지주와의 협상에서 얻어낸 작은 승리 등의 모든 과정에는 처음부터 끝까지 강력하고 철저한 단일 지도 체제하에서 조직과 그 영향하의 섬 주민이 수족과 같이 조직적으로 움직였다. 즉, 면 단위에 불과했지만 민주적 중앙집권제의 지도체제가 강력하게 확립되었고 조직원과 부락민에게는 지도부의 지시는 무조건 따르고 난 뒤 비판한다는 조직의 행동원칙을 교과서적으로 제시해준 것이 이 운동이었다.

이 운동은 일제하 민족독립운동, 농민운동의 측면에서 매우 큰 의미가 있었지만, 당시 우리나라 전역에서 우리 민족의 이권을 일본인에게 수탈한 사례가 많은 데다 이에 대한 투쟁이 계속되고 있었으므로 여기에 영향을 줄 것을 두려워한 총독부 당국은 이 사건의 신문지상 보도를 철저하게 금지했고 또 사건의 관련자들이 경찰에 입건되지 않아 재판을 받지 않았으므로 재판기록도 없어 그동안 고금도민들의 입을 통해서만 전해져 왔다.

이 사건이 65년 전의 일이므로 당시의 관계자는 전부가 타계하고 필자인 나 혼자만 살아 있음은 앞에서 말한 바와 같다. 그러나 지금도 현장에 가면 이 사건에 직접 참가하지는 않았으나 보고 들었던 노인들 10여 명이 생존해 있으므로 찾아가 물어보면 분명하게 증언할 것이다. 다행히 그 운동에 직접 참가자인 필자가 살아서 이 운동의 내용을 생생히 우리 민족 앞에 전하는 것은 민족의 한 사람으로서 다행이라 생각한다.

이 운동의 결과는 이현열 선생이 추진해온 농민운동 조직의 확대, 강화에 결정적인 영향을 주어 조직이 질적으로 공고해지는 계기가 되었다. 이 운동은 고금면에만 국한되지 않고 완도 각 면과 가까운 강진 및 해남 일부의 농민운동에도 영향을 주었다.

원칙에 충실하며 대중과 밀착된 항일 독립운동은 그 영향력이 공간적으로 무한대로 확대되며 시간적으로도 앞으로의 투쟁에 교훈과 지침을 제시해 준다는 구체적 사례를 남겼다는 의미가 있다. 뿐만 아니라 이 운동은 대중의 민족의식 함양과 실천의 원동력이 되어 주었고, 현실과 유리된 이론은 공염불에 지나지 않음을 분명히 가르쳐 주었다.

3) 민족통일전선 구축의 본보기

완도를 비롯한 도서 지방은 농업과 수산업을 겸하고 있으므로 주민 생활이 비교적 안정되어 여유가 있다. 일제시대 완도군 내 각 면민 중에 걸인이 한 사람도 나온 적이 없고, 남의 집 머슴을 사는 사람도 없었다. 걸인과 머슴들은 주로 육지에서 들어왔다. 국민학교 취학률과 중등학교 진학률이 높아 문화수준이 높았음은 당시 제주도와 완도의 현실이 증명해 주고 있다. 거의가 중농 부농의 자작농이고 소작인은 소수였다. 완도에는 대지주가 없고 50~60두락에서 100두락 미만의 소지주가 몇 사람 있었다.

당시 고금도에도 소지주가 3명가량 있었다. 흉년이 드는 해에는 반드시 소작쟁의가 일어나기 마련이었다. 특히 고금면에는 농민조합이 결성되어 있었기 때문에 소수지만 소작농을 중심으로 한 소작쟁의가 강력하게 발생했다. 흉년이 들면 그 피해 정도가 농토의 위치에 따라 다양하게 나타난다. 그 중에는 수확이 전혀 없는 논도 있고 20~30% 수확밖에 안 되는 논도 있어 피해 정도가 각각 달랐다. 그러나 지주는 전년도의 소작료를 기준으로 평균 몇 % 감해 준다고 했다. 당시 고금면 내에 가장 큰 100두락 가량의 지주인 서모 씨는 30% 감면을 해주었으나 소작인들은 50% 감면을 주장했고, 몇 사람은 생산량이 전년의 30~40%에 불과하므로 소작료를 납부할 수 없다고 주장하여 대립이 격심했다.

앞에서 말한 고금면 용지포 이권옹호동맹을 결성하던 1932년경에도 부분적인 흉년이 들었고 앞에서 말한 서모 지주의 농지 피해가 컸다. 옹호동맹에 가입한 소작인과 대립하던 지주가 동맹 가입을 거부할 것은 뻔한 일이었다. 지주들은 동시에 면의 유지이며 그 친척과 친구들 사이에 재산을 배경으로 한 영향력이 상상 이상으로 컸다. 그러므로 이 지주가 동맹에 가입하느냐, 안 하느냐가 주민들에게 큰 영향을 주는 것이다. 지주가 가입하지 않으면 그 친척과 영향을 받은 친구들은 가입하지 않는다. 이러한 상황에서 지주가 제시한 30% 감면안과 소작인들이 제시한 50% 감면 또는 일부 불납의 방침은 서로 타협점 없이 팽팽히 마주쳤다.

이것을 본 이현열 선생은 소작인들을 모아 놓고 이권 옹호 동맹 투쟁과 소작투쟁을 조화시키는 원칙을 제시했다.

"우리가 추진하고 있는 이권옹호동맹은 우리 민족 독립운동의 한 분야를 이루고 있다. 우리 민족이 주권을 잡고 조국을 건설해야만 전국 각지에서 벌어지는 무법적인 수탈에서 벗어날 수 있으므로 우리의 민족문제인 여러 형태의 독립운동을 최우선으로 하고 이것을 최우선으로 받들며 민족 내부에서 민족 간의 이해 대립과 견해 차이, 사상, 신앙의 차이는 부차적인 문제이므로 조국과 민족 앞에 종속시켜야 한다. 만일 사회 계층 간, 개인 간, 지역 간 이해관계와 대립 모순을 앞세워 이를 민족문제에 우선시 한다면 민족통일전선을 밑으로부터 완전히 분열, 파괴시키는 반민족적인 결과로 이어진다.

이것이 바로 일제가 바라는 바이다. 일제는 민족 내부의 모순과 대립 차이를 고무 조장하여 민족통일전선을 분열시키기 위해 혈안이 되어있다. 가장 대표적인 것이 향교를 중심으로 한 유림 양반들과 서민을 중심으로 한 상민계급과의 사회신분적인 분열이다. 총독부는 이것을 위해 유림의 본산인 성균관과 향교를 경제적, 제도적으로 적극적으로 지원하고 있다. 이러한 일제의 지원이 자신들의 사회적 고위 신분이 보장되는 출세라 여기고 여기에 놀아나고 있는 유림 계급의 행태는 민족에 대한 반역 중의 반역 행위다.

식민지 지배에 성공하려면 식민지 민족을 모든 수단과 방법을 다하여 먼저 분열시켜야 한다는 것이 식민지 강점을 시작한 16세기에서부터 오늘에 이르기까지 제국주의 국가들의 식민지 지배와 착취 압박의 기본 법칙으로 되어 있다. 그러므로 민족 내부의 모든 문제는 민족통일전선 앞에 후퇴시켜야 하는 부차적인 문제일 뿐이다.

우리가 추진하고 있는 용지포 이권옹호동맹과 여러분과 투쟁하고 있는 지주와의 소작쟁의도 이 원칙에 따라 해결해야 한다. 지주인 서 씨의 옹호동맹에 대한 태도 여하는 주위에 상당히 큰 영향을 줄 수 있다. 그러므로 서 씨가 옹호동맹에 등을 돌리도록 영향을 주는 일체의 일은 뒤로 후퇴시켜야 한다. 또한 서 씨가 옹호동맹에 가입하면 옹호동맹의 강압뿐만 아니라 당국에 주는 옹호동맹의 영향력이 상상 이상으로 커지고 위상이 높아지게 된다.

지주인 서 씨가 소작민 여러분과 소작쟁의로 맞서고 있는 조건하에서는 서 씨는 물론이고 그 일가친척과 측근자들은 옹호동맹에 가입하지 않는다. 그러므로 지주가 동맹에 가입하는 것을 막고 있는 소작쟁의는 잠시 후퇴하여 여기에 종속해야 한다. 그러려면 현재 지주가 내세운 30% 감면안을 받아들이고 소작인이 요구하는 50%는 철회해야 한다. 이렇게 할 경우 소작인들에게 일방적인 희생이 돌아가므로 이에 대한 손실은 면민들의 도움으로 보상되어야 한다."

당시 그 자리에는 고금도 내 자연부락 대표 한사람씩이 참석하여 모두 15~16명이 모였다. 이들에게 이현열 선생은 소작료 50%와 30%의 차이에서 생기는 소작인의 손해는 여러분들이 각 부락의 비교적 여유가 있고 뜻있는 농민들을 개별적으로 설득하여 벼 한두 섬 씩을 거두어 보상해 주는 것이 어떠냐고 의견을 묻자 이들은 반드시 그리하겠다고 찬성하며 조응했다.

아울러 이현열 선생은 다른 농민들이 십시일반으로 거두어서 소작인들에게 보상한다는 말은 절대 비밀에 부치고 개별적으로 추진하라고 했다. 즉 "이 말이 지주의 귀에 들어가면 지주는 자신이 인정사정없는 잔인한 구두쇠로 평가되었다 생각되어 화를 낼 것이다. 그러므로 소작인들이 지주에게 가서, 사실과는 다르지만 이현열 선생의 이야기를 들으니 지주께서 옹호동맹에 가입한다는 말을 들었으므로 우리의 요구를 포기하고 지주가 제시한 30% 감면을 받아들여 소작료를 납부하겠다고 하라"고 했다.

그 뒷날 모임에서 이 말을 들은 지주는 감탄하면서 "옹호동맹의 일은 전 도민의 일인데 소작인들만 희생하면 되겠는가. 나도 30% 감면을 40%로 내려 줄 것이니 그렇게 납부하라"고 하면서 소작인들의 손을 잡고 막걸리를 사다 주어 선생도 함께 마시고 왔다고 한다. 지금까지 방관적인 태도를 일관했던 지주가 동맹에 가입하는 데 앞장섰다는 소문이 전해지자 이권옹호동맹 가입자들은 굉장히 고무되어 열기가 더 한층 높아졌다.

이 사실은 고금면의 범위 내에서 일어난 소지역의 운동이지만 조금이라도 애국심이 있는 민족 구성원이면 누구나 사회신분과 빈부의 차, 권력의 유무와 지위고하를 막론하고 참여하는 통일 조직이 결성될 때 인원의 증가에 따른 산술적인 증가가 아니라 총화 이상의 역량을 창출한다는 것을 보여준다. 즉, 당시 이권옹호동맹에 가담하여 조직적인 활동을 한 수많은 청장년들은 이현열 선생의 지도에 따라 실천을 통해 수적인 증가가 아닌 질적인 세력 강화와 발전적인 변화를 보였다.

당시 하부 지도자의 한 사람이었던 나는 그때까지 교양을 통해 이론으로만 알았던 것이 현실에서 실현되어 입증되는 것을 보면서 이론 이상의 것을 파악할 수 있었고, 각 부락의 농민과 청소년 부녀의 조직이 갈수록 강화되어 가는 사실을 확인하며 목적의식적으로 분명하게 현실을 분석, 검토하면서 실천을 통해 내 의식을 더욱 깊게 할 수 있었다.

이상의 설명을 통해 도달한 결론은 고금도 8000도민 용지포 이권옹호동맹의 조직과 그 운영 및 투쟁은 민족통일전선의 확대, 강화와 질적인 공고화에 큰 도움을 주어 앞으로 이어지는 재투쟁과 확대 투쟁의 공고한 기반을 형성했다는 점에서 높이 평가해야 할 운동이라는 것이다. 그리고 한 지역 내의 범위에서 일어난 운동이지만 식민지에서 해방을 목적으로 한 우리 민족의 항일 독립운동에 영구불변한 교과서적인 교훈과 투쟁의 방향과 방법을 과학적으로 제시해주었다. 이 원칙은 앞으로 우리 민족이 완전 자주독립을 달성할 때까지 창조적으로 적용해야 할 민족해방운동에 있어 영구불변의 기본 원칙을 제시해 주는 본보기이다.

5. 이현열 선생의 이론과 생의 마지막 날들

1931년 6월경으로 추측된다. 당시는 이현열 선생이 고금면 농민운동을 확대하면서 인근 타면과 군에도 영향을 주고 있는 때였다. 그때 전라북도 김제에 살면서 조선일보 지국장을 하고 있는 정을 선생이 이현열 선생을 찾아왔다. 이 분이 서울에 가서 우연히 일본 동경에서 이현열 선생과 함께 투쟁한 사람을 만나 이현열 선생의 탁월한 이론과 조직생활과 실천에 대한 이야기를 들었다고 한다. 다행히 이현열 선생과 이 사람과는 1년에 몇 번씩 서신 교환이 있어서 고금면 주소를 알고 찾아왔다고 했다.

그 분은 2박 3일간 머무르면서 선생으로부터 지도를 받았다. 그 자리에는 이현열 선생의 지도를 받고 있던 나를 비롯하여 고금면 출신으로 서울과 광주에 있는 중등학교에 다니다가 광주학생 독립운동에 가담하여 퇴학당한 뒤 귀향한 5인의 동지도 함께 참석하라고 해서 교양을 받았다. 그 이론을 전부 소개하려면 하나의 책이 되고도 남을 것이므로 요점만 간추려 설명한다.

1) 계급의식 우선은 민족세력 분열의 길

오늘 조선민족이 최우선하여 달성해야 할 사명과 과업은 사회주의 사회의 건설이 아니고 우리 민족의 완전 자주독립의 달성이다. 우리 민족이 자주독립의 승리를 보장받기 위해 모든 것에 우선해야 하는 역량은 사상의 통일과 조직의 통일이다. 즉, 한 덩어리로 뭉친 민족통일전선이다.

민족통일전선 강화를 위해 각계 각 분야에서 벌어지는 여러 형태의 운동은 여기에 초점을 맞추어야 하고, 여기에 목적과 중심을 두고 종속해야 하므로 민족통일전선에서 이탈하여 다른 것을 앞세우는 어떠한 형태의 개별적인 운동도 민족통일전선을 분열, 약화시켜 우리 민족의 독립을 멀리 미루게 한다. 일본 제국주의도 우리 민족의 통일전선 분열에 식민지 정책의 초점을 맞추고 있음을 결코 잊어서는 안 된다.

지금 사회주의 사회 건설을 내세우면 사회주의의 기본 이론인 계급의식을 내세워야 한다. 이 세력이 일본 제국주의 세력을 능가하고 우리 민족 내부의 여러 세력에 우선할 때만 사회주의 사회의 건설이 가능하다. 계급세력은 필연적으로 우리 민족 중 빈부의 차별과 여러 형태의 사회적 지위와 신분 및 여러 형태의 사상과 의식, 신앙 및 문화, 예술에 이르기까지 계급의식을 중심으로 하여 여기에 반대 대립하는 모든 것과 분열, 대립한다. 이 대립은 이론이나 의식상의 대립이 아니고 서로 타협도 화해도 허용되지 않는 적대적인 대립이다. 그러므로 이러한 대립은 우리 민족의 독립을 위해 최우선적으로 민족 내부의 모든 차별과 모순과 이해관계를 초월하여 달성해야 할 민족통일전선의 바탕이 되는 민족세력을 완전히 적대적으로 분열시키고 약화시킨다.

식민지 민족은 그 민족 내부에 있는 여러 가지 형태의 대립된 사회 계층과 이해관계, 사상과 정치관, 신앙, 예술에 이르기까지 모든 차별을 초월하여 조금이라도 민족의식이 있는 세력을 하나로 묶어 민족통일전선을 결성하여 강화, 발전시켜 저변을 확대해 가면서 세력을 강화하고 제국주의 세력을 능가할 때에만 비로소 자주독립이 가능해진다. 완전 자주독립이 되어 안전이 보장될 때 그때 가서 그 민족의 사회 제도와 국가 형태를 어떻게 가져갈 것인지의 결정을 그 민족의 민주주의적 자유의사에 따라 정해야만 튼튼한 민족 독립국가가 형성될 수 있다.

식민지 민족이 계급의식을 내세워 민족세력을 분열시키면 이것은 제국주의가 바라고 원하는 것이다. 식민지 민족을 지배하기 위해서는 제일 먼저 그 민족을 분열시키는 정책을 택하는 그들의 식민지 지배 원칙에 충실한 보약을 먹여 주는 결과를 가져온다는 것을 한시도 잊어서는 안 된다. 이것은 우리 민족의 독립운동에도 반드시 적용해야 할 원칙이다.

2) ML사상의 계급해방과 민족해방

현재 세계 각 식민지의 독립운동은 거의가 공산당이 중심이 되어 이끌어가고 있다. 이 점을 우리는 현실에 맞추어 과학적으로 객관적 입장에서 이해해야 한다. ML(마르크스-레닌주의) 사상은 계급해방의 이론적 무기인 동시에 식민지 민족 독립운동의 이론적 무기라는 측면을 갖고 있다. 우리나라에서 그 예를 제시해 본다.

한일합방 이후 3·1 운동까지 국내의 항일투쟁 세력은 비조직적인 개인적 또는 서클적인 분풀이의 투쟁 형태로 독립만세를 제창하고 방화, 파괴, 살해 등의 형식을 고집하다가 모조리 검거 말살되었다. 고려공산당 노선이 바로 이 노선이었다. 이 노선은 조직화되어 사회주의 노선을 제시하였으나 민족통일전선은 이룰 수 없었다. 반면 코민테른의 지시에 따른 조선공산당 운동은 계급해방 노선이 아닌 민족해방 노선을 제시했다.

따라서 그 후 제2,3차 조선공산당의 계속되는 재건 운동의 강령과 규약에는 조선에서 사유재산을 부인하고 사회주의 사회 건설을 목적으로 한다는 내용은 없고 일본 제국주의로부터 독립을 하겠다는 목적이 명시되어 있었다. 즉, 식민지 민족의 사회주의 건설 운동은 제국주의에서 완전 자주독립이 된 후에만 가능한 만큼 제국주의에서 해방될 때까지는 계급을 초월한 민족통일전선의 결성 및 강화가 절대적인 조건이 되어야 하는 것이다.

노선과 정책의 모든 부분에 있어 민족적인 표현을 한다 해도 기본 목적이 계급해방인 사회주의 사회 건설을 목적으로 하는 공산당 운동은 필연적으로 민족통일전선을 분열시킨다. 그 결과 현재 우리 민족이 수행해야 할 최고의 사명이자 과업인 제국주의 지배와 간섭 및 영향을 받지 않는 우리 민족의 자주적 민주적 의사에 따른 독립을 저해하게 되므로, 민족 독립을 최우선으로 내세우는 민족통일전선에 모든 역량을 총집중해야 한다. 우리가 독립을 이루어낸 후의 사회제도 및 국가 형태는 그때에 가서 우리 민족 각자의 제약 없는 민주주의적 자유의사로 결정되면 민족세력을 바탕으로 하는 강력한 조국이 건설되어 영원히 이어갈 수 있을 것이다.

민족이 분열되면 일시 독립을 했다 하더라도 제2차 제국주의 세력이 침략할 수 있는 문을 열어놓는 격이 되므로 현 단계에서 우리 민족은 애국 민족을 중심으로 이 민족을 본위로 하여 지지를 받아야만 어떠한 세력의 침략도 불허하는 명실상부한 자주독립이 달성되고 이를 수호하고 유지해갈 수 있다. 그러므로 현 단계에서는 민족통일노선 외에 기타 어떠한 형태의 노선 제시도 민족세력의 분열만 가져올 것이다. 이러한 내용이 이현열 선생이 강조했던 민족통일전선의 이론이자 당면한 사명이었다.

3) 식민지 민족해방운동의 전위 세력은 농민

ML주의에 따르면 모든 나라의 사회혁명과 식민지 민족의 혁명인 독립운동은 노동자가 전위가 되고 농민은 종속적인 동맹군으로 결합하여 볼셰비키당이 지도할 때에만 이루어진다고 했다. 하지만 이현열 선생은 이 이론은 식민지 독립운동에는 적용될 수 없는 형식논리라고 지적했다.

우리 민족의 실례를 살펴보자. 한일합방으로 우리 민족이 식민지에 예속되자 여러 사회 세력 중 가장 가혹한 희생의 제물로 제공된 것이 농민이다. 그 중에서도 농민의 70%를 차지한 소작인은 살인적인 학대와 착취를 당하고 있었다. 이들은 제국주의의 압박과 착취는 물론 국내에서 사회 신분으로 나누어진 유림 양반세력의 학대와 멸시, 착취를 가중하여 받고 있었다. 유림세력은 거의가 지주이므로 소작 농민들은 소작료의 수탈과 함께 경제외적인 사회 신분적 학대와 수탈을 동시에 받고 있었던 것이 현실이었다.

그러므로 식민지에서 벗어나 해방되길 갈망하며 견디기 어려운 현실의 고통에서 벗어나려는 가장 강력한 의식을 갖고 있던 사회세력은 소작인을 비롯한 빈농이며 또 소농의 일부도 여기에 속한다. 식민지 민족의 독립은 해방 혁명이며, 독립운동의 의식은 식민지 민족의 혁명의식과 불가분의 관계에 있다. 우리 민족의 50% 이상을 차지하고 있던 소작농민은 어느 계층보다도 현실을 뒤엎고 벗어나려는 강력한 혁명의식을 가지고 있었다.

공업노동자도 동일한 압박과 착취를 받고 있지만 식민지하의 공업노동자는 최소한 연중 직장이 보장되어 있어 소작농과 빈농만큼의 강력한 착취를 당하고 있지는 않았다. 그러므로 식민지 민족의 혁명인 민족 독립운동의 전위는 노동계급이 아니라 빈농과 소작농이다. 그 증거로 매년 소작쟁의와 공장쟁의가 일어나고 있지만, 그 세력 및 투쟁의 양상에 있어 정치투쟁화하고 있는 것은 소작쟁의가 단연 우선하고 있고, 그러한 양상은 갈수록 확대 강화되고 있었다.

이현열 선생은 소작료를 놓고 벌어지는 지주와 소작인 간의 대립을 당시 경제적 대립의 가장 중요한 양상으로 보았고, 유림세력인 지주들은 극소수의 특수한 예를 제외하고는 거의가 친일세력화하여 성균관과 향교를 중심 근거지로 일제 식민지의 영구 안정을 위해 봉사하는 세력으로 보았다. 즉 지주인 유림세력은 우리 민족의 절대다수의 서민인 소작농과 상인, 노복, 서자까지를 모두 자신들과 대립적 위치에 두던 제1차적인 친일세력이므로 지주에 대해 친일세력으로 규정하는 의식 교양을 해야 하고 민족통일전선의 저변 세력이 되는 빈농과 소작인의 역할을 중시하여 지도자는 여기에 초점을 맞추어 교양하고 조직하고 투쟁에 동원시켜야 한다고 보았다.

이현열 선생의 이러한 이론이 얼마나 합법칙인 정당성을 갖고 있는지 필자는 역사적으로 쿠바의 예를 들어 설명해 보려 한다.

쿠바 혁명의 전위세력은 노동자 계급이 아니었다. 카스트로는 농민 세력을 기반으로 혁명전쟁을 일으켜 승리했다. 당시 쿠바에는 혁명지도당인 사회혁명당이 있었다. 대부분의 사회혁명당 지도자들은 카스트로가 소부르주아지 의식층인 농민을 바탕으로 혁명운동을 하는 것은 혁명세력의 중심을 거꾸로 보고 있는 것이므로 반드시 실패할 것이라고 했다. 혁명은 반드시 노동계급이 전위가 되고 소부르주아지인 농민은 노동자의 전위당인 볼셰비키당의 지도하에 동맹군으로 결합할 때에만 승리가 가능한데 카스트로는 이것을 거꾸로 하고 있다는 비판이었다.

당시 쿠바 국민의 80% 이상을 차지하고 있던 농민은 사탕수수밭 지주들의 수확 기간에만 일자리를 얻을 수 있었고 나머지 기간에는 수입이 없었다. 그들의 총 재산은 사탕수수를 수확하기 위해 허리에 차는 낫 한 자루뿐이었다. 그들은 맨발을 벗고 다니며 기어 들어가야 하는 오막살이집에 살면서 사탕수수 수확이 없는 기간에는 불도 켜지 못했고, 자녀들도 거의 학교를 보내지 못했다고 한다.

이 사실은 불란서의 유명한 문학가로 노벨 문학상을 거부한 사르트르 선생의 중남미 기행문에 기록되었다. 나는 미국 타임지에서 발행한 현대 쿠바의 책자와 쿠바당의 4차 전당대회 일반보고서를 읽었기 때문에 그 내용을 기억하고 있다.

농민의 생활이 이러했던 데 반해 사탕수수를 이용해 설탕을 만드는 공장 노동자들은 연중 일자리가 보장되었을 뿐만 아니라 그 나름으로 생활은 상대적으로는 안정되어 있었다. 이러한 현실은 쿠바의 당시 사회제도 교체에 대한 혁명의식에 있어 노동자는 농민에 비해 뒤떨어져 있을 수밖에 없음을 얘기해주는 사실이다.

카스트로는 ML사상의 일반적인 혁명 법칙에 구애받지 않고 쿠바의 현실 속에서 가장 혁명의식이 강력한 농민세력을 바탕으로 쿠바 민족해방 혁명전쟁을 일으켜 2년 만에 성공을 거두었다. 그때 가서 쿠바혁명의 지도당인 사회혁명당은 쿠바의 현실과 유리된 ML이론을 기계적으로 적용함으로써 쿠바혁명의 본질과 세력을 잘못 보았다고 자기반성하며 당의 지도권을 카스트로에게 넘겨주고 해산했다.

이러한 역사적 사실로 알 수 있는 것은 쿠바혁명 30년 전에 제시한 이현열 선생의 식민지 민족의 해방세력과 민족통일전선에 대한 이론이 합법칙적이고 정당한 것임을 쿠바 농민세력을 앞세운 쿠바혁명의 성공이 객관적으로 정확하게 증명해 주고 있다는 점이다.

유사한 사례가 베트남의 경우다. 베트남의 민족지도자 호지명 역시 ML사상을 교조적으로 받아들여 계급투쟁을 하는 대신 민족해방을 우선에 둔 민족통일전선을 구축하여 프랑스와 미국의 제국주의 세력을 몰아내고 민족통일을 이뤄냈다. 베트남의 사례는 우리 민족이 귀감으로 삼아야 할 중요한 역사이므로 긴 이야기가 필요하여 별도의 책에서 다루고자 한다.

이현열 선생은 현실과 유리된 이론에 대해서는 그것이 아무리 바깥세상에서 권위 있는 것으로 인정된다 하더라도 채택하지 않았고 우리 현실에 맞는 새로운 이론을 정립하려고 했다. 아울러 농민운동을 비롯한 모든 대중운동에 있어 일선 대중의 생활권 내에서 대중의 생활과 밀착하여 믿음과 존경을 받도록 생활해야 한다는 점을 몸소 실천하였다. 또한 특별한 일이 없는 한 대중에 대한 교양과 조직운영에 대한 교양을 매일 오전부터 밤까지 10시간 이상 거르지 않고 계속하셨다.

이현열 선생의 이론은 오늘날 우리 민족이 외세는 물론 내부의 반민족세력이 주권을 장악하고 있는 조건하에서 명실상부한 우리 민족 본위의 자주독립 운동에 그대로 적용하여 창조적으로 발전시켜 나가야 할 수학방정식과 같은 철저한 객관법칙 이론임을 분명히 제시해 주었다고 나는 생각한다.

이상이 이현열 선생과 함께 한 3일간의 교양 내용에 대한 요약 설명이다. 앞서 언급했듯이 이현열 선생을 찾아와 이 교양을 들은 정을 선생은 자신도 서울을 비롯한 여러 지방을 다니며 여러 선배들의 교양을 받은 경험이 있지만 이현열 선생처럼 누구도 부인할 수 없는 현실을 설명하면서 그 속에 담긴 법칙을 현실과 창조적으로 결부시키면서 정확한 이론과 노선을 제시한 경우는 처음이라고 말했다. 정을 선생은 3일간의 교양 요점을 기록한 노트를 가지고 가면서 다른 동지들과 함께 다시 오겠다고 했다. 그해 연말에 청년 2인을 데리고 와서 다시 2박 3일간의 교양을 받고 간 적이 있다.

4) 당시 농민들에게 유행했던 민요 한 가지

지나간 기억을 더듬으면서 이 글을 쓰다 보니 당시 전남과 전북의 조직화된 농민과 야학생, 부녀자 간에 널리 보급되어 애창되던 농민 민요 하나가 기억에 떠올라 여기에 소개해 두려 한다. 아마도 이 민요는 현재의 생존자 중 85세인 내가 마지막으로 기억하고 있는 게 아닌가 한다.

내가 이 노래를 접한 것은 정을 선생이 이현열 선생에게 교양차 왔을 때 전북의 농민들 사이에 보급되고 있는 농민 민요의 하나라며 가르쳐 준 때가 처음이었다. 그 뒤 얼마 지나지 않아 광주사범학교 독서회에 가담했다가 퇴학당한 뒤 고향에 돌아와 이현열 선생의 지도를 받고 있던 최창규 동지가 자기 부락에서 음악에 소질이 있는 청년하나를 전북 김제의 정을 선생에게 보내 2~3일간 노래를 충분히 익혀가지고 와서 우리들에게도 보급시켰다.

이 가요는 앞에서 말한 용지포 투쟁의 성과를 자축하며 이현열 선생을 소 등에 태우고 사람들이 불렀던 아리랑과 더불어 우리 조직을 통해 고금면을 비롯한 완도군 내 각 면과 고금면에서 가까운 강진군과 해남, 장흥, 영암 등지까지 보급되었다. 주로 농민들과 야학생들 사이에 즐겨 불리던 노래가 되었다. 이 가요의 제목은 "밤낮 땅 파도 나올 게 없네요"다.

1절　밤낮 땅 파면 금이 나오냐
　　　밤낮 땅 파면 옥이 나오냐
　　　밤낮 땅 파도 나올 것 없네
　　　(후렴) 앵 앵 앵에야 앵앵 애에야
　　　밤낮 땅 파고 밤낮 땅 판다
2절　고대광실은 누가 지었나
　　　지어준 이는 떨고 있구나
　　　(후렴) 앵 앵 앵에야 앵앵 애에야
3절　십리의 큰 밭은 누가 갈았나.
　　　갈아준 이는 굶고 있구나
　　　(후렴) 앵 앵 앵에야 앵앵 애에야

이 가요의 곡조는 투쟁적이고 사납다. 수십 명이 합창하면 투쟁적인 분위기가 조성되어 주먹이 불끈 쥐어질 정도다. 1932년경이었을 것으로 추측되는 한 사례를 들어보자.

강진군 군동면에서 소작쟁의가 일어나 소작인들이 소작료 감면을 요구하며 불납하자 지주 일행이 나와 소작인 200명을 모아 놓고 소작료를 지정한 날짜까지 납부하지 않으면 소작 답을 이작(移作)하겠다고 협박했다. 즉 빼앗아 남에게 주어버린다는 말이다. 그 자리에 있던 200여 명의 소작인들이 열을 지어 선창자의 선창에 맞추어 이 노래를 소리 높여 부르면서 한걸음 한걸음씩 지주 쪽으로 다가가 갈수록 소리를 높여 부르며 그들을 에워싸려 하자 겁에 질린 그들은 걸음아 나 살려라 하고 도망쳐 갔다고 한다.

앞에서 말한 아리랑과 함께 이 노래가 문득 기억이 나서 여기에 기록하게 되었다. 당시 전남북의 농민들이 즐겨 부르며 투쟁의식을 높였던 이 가요를 전하게 된 것을 다행으로 생각한다.

이상에서 언급한 용지포 이권옹호동맹에 관한 기록과 이현열 선생이 지도려, 그리고 그 방침 및 이론에 대한 기록은 추초도 과장 또는 허위가 없는 사실 그대로이다. 기억을 더듬어 깊이 들어가면 더 많은 것을 기록할 것이나 여기에 대해서는 기회가 되면 다른 저술에서 상세히 기록하기로 하고 이 글에서는 줄거리만 요약하여 기록한 것이다. 그러므로 이 기록은 사실 그대로 묘사한 것이다. 오히려 누락된 부분이 많다고 생각한다.

5) 양도받은 4정보 처리에 대한 후일담

용지포 이권옹호투쟁의 결과물로 일본인 지주로부터 약속받은 4

정보에 대한 이야기도 간단히 해야 하겠다.

4정보는 용지포 내에서도 수리 형편이 좋은 옥답을 면민들이 골라 정했고 지주는 이것을 승낙했다. 양도하기 전에 완도 경찰과 군청에 통지하여 군수를 대리한 산업계장이 왔고, 경찰서장을 대리한 경우 주임이 왔으며, 면장과 주재소 수석도 참석하여 정식으로 양도증서를 작성했다. 군과 경찰에서 온 사람과 면장 등도 보증인으로 서명날인하여 면민에게 넘겨주었다.

이 4정보의 처분을 위해 이권옹호동맹 각 부락 대표들과 앞에서 말한 공유수면 매립 허가 신청과 추진을 담당했던 주주 대표 3인이 모여 협의한 결과, 4정보 중 2정보는 주주에게 그 동안의 비용과 노고에 대한 보상으로 넘겨주고 나머지 2정보는 행정민이 아닌 면민답으로 하여 관리자를 선정, 가까이 사는 청룡리 농민들이 소작으로 경작하기로 했다.

나는 그 후 일제 말기에는 광주에서 거주제한을 당하고 살아 왔기 때문에 그 건에 대해서는 무심하게 있다가 1948년 대한민국 수립과 함께 지가증권 발행으로 토지개혁을 할 때 그 토지를 경작하던 소작인 소유로 되어 버린 줄 알았다. 이현열 선생이 1933년 옥사로 타개했으나 독신으로 후손이 없어 친조카인 이동훈이 양자로 들어섰다. 토지개혁 이후 알아보니 2정보인 6,000평 중 면민의 합의에 따라 1,500평을 이현열 선생의 양자인 이동훈 앞으로 이전해 주었다고 한다. 이것은 참으로 훌륭한 일이었다.

이 토지는 이현열 선생이 아니었다면 꿈에도 생각할 수 없는 것이었으나 선생의 지도하에 면민이 일치단결하여 얻은 것이므로 1,500평을 양자에게 주기로 만장일치로 가결하여 이전해 주었다고 한다. 이현열 선생이 타계한 뒤 광복이 되어 항일 독립운동의 투사들에 대해 거의 망각되고 있는 때에 면민들이 참으로 훌륭한 일을 한 것이라고 생각한다.

6) 이현열 선생의 옥중 구원운동과 옥사

경찰은 눈엣가시 같은 존재인 이현열 선생을 어떻게 해서든 구속 시키려고 기회를 노렸다. 1932년 말경 소작쟁의 중 일본인 지주가 소작인 일부에 대해 소작지를 박탈하는 이작 처분을 하자 소작인의 힘으로는 투쟁할 수 없었다. 이현열 선생이 일본인 지주를 찾아가 이작 취소를 요구하는 담판을 하던 중 지주가 단호히 거부하자 자연히 큰소리가 나왔다. 경찰과 짜고 있던 일본인 지주는 이 사실을 경찰에 고발하였고 경찰은 주거 침입과 폭언죄로 이현열 선생을 검거 구속하였다.

큰 죄가 아니었음에도 선생은 3·1 운동 당시의 구속 전과가 있었다는 점 때문에 1년 징역형을 언도받고 목포형무소에서 복역하였다. 복역 중 폐렴에 걸렸는데 현대의학으로는 치료가 가능했지만 그 당시는 사망률이 높은 난치병이었다. 선생이 폐렴으로 형무소 병사에 누웠다는 소식이 전해왔다. 당시 형무소의 의무실은 형식적인 것으로 감기나 상처 치료를 하는 것이 고작이었다. 이 소식을 듣고 동지들이 긴급 회합하여 약대를 차입하기로 하고 25원을 목표로 모금운동을 시작했다. 교사나 공무원들은 수입이 많으면서도 후환이 두려워 단 돈 10전을 낸 사람이 한사람도 없었다. 대단히 괘씸하였다.

여기에서 특별히 기억나는 것으로 당시 완도읍에 상호가 '전주집'이라는 비교적 큰 음식점이 있었는데, 그 집의 인기 접대부인 30대가량의 여인이 우리가 독립운동을 하는 사람임을 눈치 채고 간간히 우리에게 감사의 표시를 했던 사실이다. 그 여인은 우리가 이현열 선생의 옥중 치료비 모금운동에 대해 그 집에서 의논하는 것을 짐작하고 있었다.

한번은 우리 동지 4인이 점심을 먹고 나오자 그 여인이 나를 부르며 "이선생 악수 한번 합시다"하고 손을 내밀어 잡으니 거기에 지폐 2원이 있었다. 그 당시 그 여인의 월급이 2원임을 알고 나는 눈물을 흘릴 정도로 감격하여 타 동지들에게도 이를 알렸다. 그 여인의 성이 김 씨인 것만 알고 이름을 알지 못한 것에 지금도 양심의 가책을 받고 있다. 이 여인의 한 달 월급을 흔쾌히 쾌척한 뜨거운 마음을 잊지 않는다.

또 당시 농민이 먹지 않고 일하는 하루 노임이 50전이었는데 50전을 내는 농민도 더러 있었고 나머지는 10전, 20전 정도를 냈다. 25원의 모금이 어려워 20원이 되자 먼저 차입했다. 다 고마운 일들이었다. 위의 내용들은 전주집 접대부 김 여인과 50전씩 하루 품삯을 털어낸 농민들의 독립운동에 대한 자기희생적인 지원의 한 사례로 알리기 위해서 기록해 두는 것이다.

갈수록 선생의 병세가 악화되었고 결국 1933년 6월경에는 치료가 불가능한 중태로 빠지자 귀가 조치하여 집에서 치료하던 중 선생은 7월 초순경에 세상을 떠났다. 옥사라 함은 이와 같이 형무소에서 치료 불가능하여 소생할 수 없는 중환자를 집으로 돌려보내 죽게 하는 것을 말한다. 선생의 건강을 기원했던 면민들은 선생의 허망한 죽음에 희망을 잃어버렸다며 모두 애통해했다.

선생이 별세하자 완도군 내 여러 면의 동지들에게 연락하여 애국장 또는 고금면민장으로 영결식과 함께 장의를 치르기로 결정하고 고향인 청룡리 농민들을 중심으로 장례식을 준비하면서 장지를 이씨 문중 선산으로 정하여 묘를 굴착해 놓았었다. 출상하던 날, 완도경찰서 고등계 형사와 고금면 주재소 일본인 수석과 순사가 나와서 장지를 공동묘지로 하고 그곳에 매장하라고 강요하였다. 부락의 영결식도 금지시키고 공동묘지까지는 상여꾼과 일꾼 및 가족 외에 조문객들은 절대 따라와서는 안 된다고 금지했다. 나는 친척이므로 참가하였고, 박노호 외 4~5명의 동지가 억지를 쓰고 장지까지 가서 경찰의 저지에도 추모사를 하였다. 이현열 선생은 눈을 감은 뒤에도 경찰과의 투쟁 속에서 묻히게 되었다.

이현열 선생은 투철한 민족의식과 풍부한 경험과 수준 높은 이론을 겸비한 보기 드문 지도자였다. 3·1 운동 후 일본에 가서 일선에서 투쟁하다 고향에 돌아온 뒤에는 농민운동을 지도 발전시켰다. 전국적으로 알려지지는 않았으나 이 분의 교양과 지도 방침은 오늘의 자주, 민주 운동에서도 받아들여야 할 훌륭한 지침이었다.

특히 선생이 지도한 고금면 농민운동과 면 단위이지만 완전한 민족통일전선을 바탕으로 투쟁한 용지포 이권옹호동맹투쟁은 지역적인 한계에도 불구하고 우리 민족의 사명과 과업 및 항일 독립운동의 전체성을 합법칙적으로 반영한 중요한 민족 독립운동이었다.

이현열 선생의 탁월한 이론과 지도능력은 단기간의 교양이나 순간적인 두뇌 활동의 결과물이 아니었다. 투철한 유물사관의 철학을 바탕으로 역사발전의 법칙을 객관적으로 정확하게 합법칙적으로 검토, 분석, 평가하면서 우리 민족의 식민지 해방이라는 특수한 목적과 각 지역마다의 독자적인 현실을 감안하여 이를 발전적으로 적용한 결과였다. 무엇보다 객관적 현실의 긍정적인 측면과 부정적인 측면을 사회과학자의 입장에서 변증법적으로 분석, 검토, 평가하고 이를 실천적으로 적용한 결과물이었다.

그의 지도를 받은 나를 비롯한 10여 명의 하부 지도자들은 우리 민족이 완전 독립을 찾을 때까지 국내외 정세 및 지역적인 특수성과 애국세력의 역량에 맞추어 다양한 형태의 실천에 창조적으로 적용해야 하는 교과서적인 교훈과 지침을 남긴 선생의 지도 역량을 피부로 느끼며 배웠다. 당시 여러 동지들은 이것을 선전적인 표현이나 이론에 그치지 않고 투철하게 생활화하며 생활권 대중과 밀착하여 실천하는 것이 민족지도자로서 절대 사명이자 기본 의무이며 자격이라고 뼈저리게 배웠다. 그리고 나와 여러 동지들은 모두 그런 실천운동에서 단 한시도 한 걸음도 이탈한 적이 없다.

과거를 회상해 보니 그 훗날의 결과에 대해 완전히 만족하지는 못하지만 선생의 유지를 받들어 끝까지 이 선을 지켜왔음을 자부하며 이 기록을 서술하는 과정에서 다시 한 번 선생의 기억을 떠올려 본다. 탁월한 지도자인 이현열 선생이 34세의 일기로 옥사한 것을 애석하게 추도하면서 명복을 빌고 이현열 선생에 대한 기록은 여기서 마감한다.

제4장 아버지 이사열의 삶과 독립운동 노선

1. 무명 애국자들의 삶을 기리며

나의 아버지에 대해 이 책에서 자세하게 기록하는 것을 두고 자기 부친을 세상에 알리기 위한 것이라고 오해할지도 모른다. 하지만 이 어른은 나의 부친이기에 앞서 1910년 합방 전후에 고향인 고금면과 완도군에서 청년들의 민족의식 교양에 많은 영향을 주었고 이것은 당시 6 · 25 사변에 이르기까지 고향에서 자타가 공인한 사실이다.

이 어른은 나의 아버지인 동시에 나에게 민족의식을 고취시켜 준 지도자였다. 아버지는 합방 전후에서 8 · 15에 이르기까지 동지들과 함께 각자 고향으로 돌아가 자기 생활권 내의 대중을 상대로 민족의식과 항일의식을 생활화한 교양을 하루도 쉬지 않고 계속해 왔다. 이것은 고향인 고금도에서 자타가 공인한 사실이며, 8 · 15 이후에 높이 평가받았던 내용이다. 중앙이나 어떠한 조직의 지위나 명예를 조금도 넘겨보지 않고 민족의 최일선인 농민과 청년을 상대로 그때 그때의 정세에 맞추어 방법을 창조적으로 바꾸어 가면서 조금의 휴식과 중단 없이 활동을 계속해 오신 것이 아버지의 평생 삶이었다.

아버지는 당시 고등교육을 받았으나 일제가 씌어준 감투도 던져 버리고 자신이 가능한 역량 내에서 조금이라도 우리 민족을 위해 보탬이 되는 민족운동을 생활과 결부시켜 일상화하는 데 자신의 민족적 존재가치와 삶의 보람을 느끼며 일생을 마쳤다. 전국 각지에 산재한 동지들과 연락을 계속하면서 가능한 한 최대의 역량을 기울여 왔다. 자신의 명예와 이름을 알리는 것은 일제에 노출시킬 뿐 실질적인 독립운동과는 무관한 명예의 추구라고 하여 배격했다. 무엇을 어떻게 하는 것이 민족에 도움을 줄 수 있느냐를 생활의 목표로 삼고 꾸준히 생활해 왔음은 다음 설명하는 내용이 증명해 줄 것이다.

당시 조선 13도에는 364개의 군과 면이 있었는데 나의 부친과 같은 분들이 각 군내에는 최소한 2~3명이 있었을 것이므로 전국적으로 이런 분이 700~1,000명은 되었을 것이다. 그러한 분들은 경찰의 눈을 피하기 위해 합법적인 방법을 취하면서 진실하게 끝까지 노력하다 세상을 떠난 분들이다. 독립운동에서 지위나 명예를 바라지 않는 이분들은 대중의 생활 속에 파묻혀 생활을 통한 민족의식 고취와 운동을 하였으므로 8·15 해방이 지난 지 반세기인 오늘에 와서는 우리 민족사에 이름도 기록도 남기지 않았고 민족사의 뒷전에 매몰되어 진흙 속에 빠진 바늘과 같은 존재로서 흔적조차 보이지 않게 되었다. 애석하기 짝이 없는 일이다.

이분들의 공적에 대해 오늘에 와서는 무명 애국자라는 표현 외에 달리 말할 방법이 없다. 나는 아버지를 통해서 이와 같은 진실한 민족운동을 한 어른들과 동지적인 유대를 가져온 바 있고 그 외에도 무명으로 독립운동을 해 오신 많은 어른들의 공적에 대해 깊은 존경심을 갖고 있다. 이분들의 삶이야말로 우리 민족사의 기본 역량과 저변을 말해주는 것으로서 나는 이분들을 대신하여 아버지의 구체적인 활동을 기록함으로써 지하에 잠들고 계신 그 어른들의 공적을 전함과 동시에 위로하기 위해 이 글을 쓰게 된 것이다.

나의 아버지는 나를 낳으신 아버지인 동시에 내가 일찍이 민족의식을 각성하고 청춘을 고스란히 독립운동에 바치게 한 직접적인 계기가 되게 한 분이었기 때문에 나의 지도자겸 존경하는 애국자로 받들어 왔다. 이 어른은 내가 독립운동에 몸담게 하는 지도와 조언을 끝까지 계속해 주는 지도자 중의 한 사람이었다. 아버지는 투철한 민족주의자로 동지들과 함께 독자적인 이론에 따라 진실에서 우러난 독립운동을 계속해온 누구 못지않은 열성적인 민족지도자의 한 사람이었다. 이 점은 당시 고향에서 자타가 인정하는 사실이었다. 때문에 일제 치하 아버지의 민족운동을 대표적인 표본으로 하여 앞에서 언급한 수많은 무명 애국자들의 공적을 유추, 평가하려는 것이 이 글의 기본 목적임을 여기에 말해 둔다.

2. 아버지의 낙향과 독립의식 교양

1) 망국의 분노와 절망, 낙향

아버지는 완도군 고금면 청룡리에서 태어나 한문을 수학하다가 고금면에 사립보통학교가 설립되자 입학하여 졸업하였다. 그 후 상경하여 지금의 서울에 있는 3년제 공립 한성 외국어학교 일어과에 1907년경 입학하여 1910년에 졸업했다. 그러므로 학교를 졸업하기 전에 우리나라가 일제에 강제 합방된 망국의 비운을 맞았던 것이다.

국립 한성 외국어학교는 설립이 오래된 학교로 주로 외교 관계에 필요한 각국 언어와 문건의 번역 및 통역 요원을 양성하기 위한 교육기관이었다. 졸업하면 역관(譯官)으로 임명됐다. 당시 조선과 일본과의 관계가 대폭 확대되면서 영향력이 커지자 일어과의 지원생이 가장 많았다. 그 외에 영어, 불어, 독일어, 러시아어, 중국어과가 있었다고 한다. 한성 외국어학교의 교육 과정은 각국의 어학을 교육하였으므로 당연히 이 나라들의 국내 사정과 우리나라와의 관계 및 세계정세의 흐름도 다소 배우게 되었고 일어과에서는 일본과의 관계와 그 발전에 대해서 다른 학교의 학생들보다 더 심도 있게 배웠다고 한다. 그리고 일어과에는 일본인 강사도 여럿 명 있었으므로 당시 일어과 학생들은 일본의 문장과 언어에 비교적 능숙하였고 아버지는 일본인들도 놀랄 정도로 일본어에 능숙했고 책도 많이 읽었다고 한다.

졸업반이던 3학년 10월에 한일합방이 발표되자 경성 시내는 물 끓듯이 소란했다. 무장한 일본군인의 군홧발 소리가 사방에서 울리고 대포소리도 간간이 터져 나왔다고 한다. 시내 곳곳에는 한일합방 반대와 이완용을 비롯한 5적을 규탄하는 전단이 수없이 붙여졌고 또 한편으로 일진회에서 5적을 옹호하는 전단이 붙으면 서로가 이를 떼어버리는 광경을 자주 보았다고 한다.

아버지는 그 전단 내용의 요점을 많이 기록해 놓았다. 일진회 전단 내용에 대해서는 내가 성장한 후에 들었으므로 참고로 여기에 기록한다. 일진회 전단의 요점은 일본이 아니었으면 국력이 쇠약한 우리나라는 머리털이 노랗고 눈빛이 새파란, 우리와 거리가 먼 서양 오랑캐들이 삼켜 우리 민족은 짐승과 같은 취급을 당했을 것이며, 같은 동양인인 일본인이 우리나라와 합방하여 실력으로 서양 오랑캐를 막아 준 것을 다행으로 생각하고 우리는 여기에 적극 지지해야 한다는 내용이었다.

한편 통감부가 총독부의 통치로 바뀌어 우리나라의 주권을 장악하고 식민지 지배체제를 확립해 가자 유림양반과 그 자제들은 앞을 다투어 총독부 각급 기관 앞에 나아가 무릎을 꿇고 벼슬을 구하는 것이 매일 신문에 보도되어 조금이라도 애국의식이 있는 사람이라면 일제 이상으로 증오감을 느끼고 분노했다. 아버지께서 하신 말씀 중 가장 기억에 남은 것은 당시 군수 한 자리에 400원이라는 기사도 보았다고 한다. 군수는 조선시대의 현감, 현령에 해당하는 지방 방백이므로 그것이 연장된 것이 군수라고 하여 개미떼 같이 달려들었다고 한다.

유림양반 자제들이라면 공맹 유교사상의 3강5륜 중 가장 최고 윤리 규범이자 생명과도 바꾸며 끝까지 지켜야 하는 것이 충신불사이군(忠臣不事二君)이었다. 이는 유림 양반들의 기본 가치관이며 신하의 도리이자 본분이었다. 이에 대해서는 당시 한문을 수학한 청소년들까지도 최고 윤리규범으로 인식하고 있었던 까닭에 아버지와 그 동지들에게는 유림들의 돌변한 모습들이 큰 충격이었다.

조선조의 주권을 강탈하고 우리 국토를 강점한 조선총독부의 식민지 통치 최고권자는 일본 천황이 보낸 조선 총독이다. 조선 총독은 우리나라의 주권을 장악하고 모든 권리를 가진 조선조 왕 이상의 절대권을 갖고 있었다. 새로운 임금인 총독과 각 기관 앞에 유림양반들은 '충신불사이군'이라는 절대적인 사명과 가치관을 끝까지 지켜야 할 임무를 헌신짝 같이 내팽개치고 조금의 가책도 부끄러움도 없이 언제 우리가 조선왕조의 신하였냐는 식으로 총독의 충실한 신하가 될 것을 맹세하면서 벼슬을 구걸하는 광경을 보고 이들에 대해 일제 이상으로 증오하지 않을 수 없었다고 한다.

당시 한성 외국어학교는 을사보호조약에서부터 통감부 설치에 이르는 동안 일어과 교육에 중점적인 지원을 하면서 일본인 교사를 증원하여 다른 과보다 더 나은 시설을 확충해 갔다. 합방이 되자 이것을 더욱 강화시켰다. 그리고 일어과 졸업생은 최고의 대우를 하여 각 기관의 고급 관리 임명에 있어 최우선적으로 배려한 것은 그들의 이익을 위해 당연한 것이었다.

아버지는 졸업 후 1년 동안 경성에 머무르면서 우리 민족으로서는 눈뜨고 볼 수 없는 망국의 비참한 광경과 유림 및 일진회를 주축으로 한 친일세력의 더러운 모습을 보며 앞으로의 진로를 고민했다. 당시 아버지는 한성 외국어학교에서 각별하게 지내던 6명의 동지들이 있었다. 망국의 광경을 직시해 오며 주먹을 불끈 쥐었던 아버지와 동지 6명은 더 이상 나라가 망해가는 광경을 지켜볼 수 없어 고향으로 내려가 아직 일제에 더럽혀지지 않은 순진한 농민과 청소년의 애국심을 심어 주어 민족에 등을 돌리지 않게 하는 것만이 우리가 할 수 있는 유일한 임무라고 하여 각자의 고향으로 돌아왔다. 아버지도 고향에 돌아와 농사를 지었다.

그 일 년 후 아버지는 대구복심법원의 서기로 임명장을 받았으나, 아버지는 서울로 올라가 한성 외국어학교의 애국적인 교수와 동지들을 만나 상의한 뒤 이것을 거부하기로 결정하고 임명장을 반송해 버리셨다. 일신의 영달에는 도움이 될지 모르나 일제에 협조하는 역할을 하는 일은 아버지의 기질상 도저히 할 수 없는 일이었다.

앞에서 말한 6인의 동지와 애국적인 교수 몇 분은 전국 각지에 산재하여 살고 있었으며 그 후에도 오래 서로 통신 또는 상호간의 직접 왕래를 통해 연락을 하며 정세에 대한 의견을 나누고 노선을 협의하는 등 깊은 관계를 이어갔다. 이 책에서도 이분들의 얘기가 종종 다뤄질 것이다.

2) 고향에서 청년들에게 민족의식 교양

아버지는 고향에 돌아와 농사를 지으면서 당시 우리나라보다 발달한 농업기술을 배우기 위해 각종 농업에 관한 월간지와 책자를 구입하여 읽고 이것을 농민들에게 전파하였다. 동시에 일본어에 능숙한 아버지는 당시 일본에서 발행되어 우리나라 전역에 보급되고 있던 조일신문(朝一新聞, 아사히 신문)을 구독했다. 이 신문에는 합방 이후 식민지 정책에 대해 세밀하게 기사화되었다.

당시 우리 집은 사랑채가 커서 아버지 전용실과 손님방과 머슴방이 따로 나뉘어져 있었으며 큰 마루가 있어서 20여 명을 수용할 수 있었다. 매일 아버지는 이들에게 합방 전후 서울에서 본 일제의 침입과 유림 양반들의 친일화 작태 및 일진회의 야비하고 노골적인 친일반역 행위에 대해 느낀 그대로 설명해 주었으므로 밤낮을 가리지 않고 청소년들이 모여들었다고 한다. 당시 우리 민족의식 수준으로 보아 체계적인 이론은 정립되지 못했으나 망국의 비운에 젖은 아버지의 민족 감성을 결부시켜 전해주는 것이 오히려 더 효과적인 민족의식의 교양이 되었다.

면내 각 부락의 청소년들이 매월 2~3회씩 집에 모였고 가까운 다른 면과 강진군 대구면에서도 많은 사람들이 우리 집을 찾아왔다. 이웃 강진군 대구면에는 경주 이씨의 총 종가와 선산이 있기 때문에 아버지는 자주 이곳을 출입하면서 그곳 일가들과 이웃 청소년들에 영향을 주었기 때문이었다. 이들은 아버지에게 와서 합방 당시의 망국 광경과 친일세력의 반역 실태에 대한 생생한 실상을 들을 수 있었다. 또한 아버지는 신문 보도를 단순한 사실 보도로만 받아들이지 않고 나름대로 민족문제와 결부시켜 이해하는 능력이 있었으므로 이를 토대로 찾아온 청년들에게 다른 곳에서는 듣지 못한 교양적인 영향을 주었다. 나중에 내가 들은 바에 의하면 아버지는 찾아온 청년들에게 이러한 교양 내용을 발설하지 말라고 보안조치까지 해놓았다고 한다. 아버지는 근방에서는 인정받는 중심 지도자격인 존재였다.

앞에서 다룬 고금면 독립만세운동의 지도자들인 정학균, 이수열, 홍철수, 김천영, 배금순 등 6인은 아버지의 교양을 열성적으로 받은 사람들이었다고 한다. 만세운동의 핵심 인물들이 아버지가 살고 있는 청룡리에서 가장 많이 배출되어 적극적인 투쟁을 했고 고모님을 비롯한 아버지의 조카들이 이 운동에 적극 가담하여 활동한 것은 전적으로 아버지의 영향이었다.

고금면 3·1 만세운동이 완도군 내 4개 면의 궐기 중에서 가장 조직적이고 동원 인원수가 가장 많았음은 아버지가 고향에 계시는 동안인 1912년에서부터 1919년에 이르기까지 7~8년간 조직적이지는 않았지만 사람들을 대상으로 꾸준히 쉬지 않고 간접적으로 민족의식을 교양했기 때문이었다.

우리 집에 각지에서 청년들이 모여들고 이 청년들은 자기 부락에 돌아가 아버지로부터 받은 교양 내용을 부락 내에 퍼뜨렸다. 그 중에는 들은 내용을 확대 과장한 사람도 있었을 것이다. 이러한 사실이 각 부락마다 배치되어 있는 정보원을 통해 주재소와 완도경찰에 전달되었음은 자명했다.

아버지가 고향에 돌아온 후 4년여가 지났을 때 제1차 세계대전이 발발했다. 아버지는 이때 주재소에 소환되어 가셨다. 그 자리에 완도 경찰서 고등계 형사가 와서 "청년들에 대한 반일 교육을 하고 있지 않느냐, 그것을 4년 이상 지속했으니 분명 조직이 있을 것"이라

며 조직을 밝히라고 심문했다고
한다.

아버지는 나는 모르는 일이라
고 잡아떼며 청년들이 나를 찾아
온 이유는 "내가 일본에서 발행한
농업 월간지인 월간 분재(세계농
업)를 구독하고 각종 농업에 관한
서적을 구입하여 연구하고 있으
므로 농업기술을 배우기 위한 것
이고 또 하나는 내가 고금면 내
에 10명 내외인 조일신문 구독자

젊은 날의 아버지 이사열

이므로 이들은 신문을 보기 위해 나를 찾아온 것이다. 나는 여러분
이 알다시피 일본어에 능숙하다. 그러므로 신문기사를 읽어준 것뿐
이다. 이것을 반일의식 교양이라 한다면 조선 사람으로서 일본 신문
을 구독하여 그 내용을 이웃에 전달해 주는 사람들은 전부 반일 의
식 교양자로 보아야 할 것 아니냐, 실지 현지에 가서 조사해 보자"하
며 의심에 대해 극구 부인했다. 아버지는 그 후에도 여러 차례 소환
되어 경고를 받았다고 한다.

제1차 세계대전이 발발하자 독일, 오스트리아, 이태리, 터키 제국
등이 동맹국으로 한 편이 되고 영국과 프랑스와 러시아 등이 연합국
으로서 치열한 싸움을 벌인 것은 잘 알려진 사실이다. 미국은 전쟁
초기 2년여 간 중립을 지키면서 양 진영에 무기와 전쟁물자를 공급
하여 엄청난 수익을 올렸고, 지금까지의 채무국에서 채권국으로 전
환됨과 동시에 엄청난 잉여자본을 축적하였다.

전쟁의 정세가 연합국 편으로 기울어지자 미국이 연합국에 가담하여 주로 무기와 전쟁물자 및 교전국 국민의 생활필수품을 차관으로 공급하여 치부하는 한편, 전쟁 승리 후 이권의 한 몫을 차지하기 위해 전쟁에 힘을 보태자 연합국의 승리는 더욱 확실시되어 갔다. 전쟁의 종결 전인 1918년 1월 미국 대통령 윌슨은 전후 문제 처리를 위한 14개조를 발표했고 여기에는 유명한 민족자결원칙이 들어 있었다. 그 내용은 식민지 민족은 그 민족의 자주 의사에 따라 독립할 권리가 있다는 것이었다. 이것은 세계 각 식민지 민족과 약소민족의 독립에 큰 영향을 미쳤다.

우리 3·1운동도 여기에 고무되어 우리 민족이 독립 의사만 표시하면 일본의 굴복은 불가피한 필연적인 것이라 여겨 폭력투쟁이 아닌 평화운동으로 태극기를 흔들고 독립만세를 외치며 전국 방방곡곡에서 그해 8월까지 지역 별로 계속 궐기했다. 그러나 이러한 평화운동에 대해 야수 같은 일본은 총칼로 무참히 짓밟고 교회당에 집어넣고 불을 질러 모조리 학살시켰음을 우리 민족은 다 알고 있다.

제1차 세계대전이 일어났을 때 아버지는 그 나름대로 세계정세에 대한 지식을 바탕으로 이 전쟁은 반드시 현 세계질서에 큰 변동을 가져올 것이며 세계 인구의 반 이상인 식민지 민족의 미래에도 변화가 생길 것이므로 우리 민족에게도 반드시 긍정적인 영향을 받게 될 것이라며 막연한 희망을 가졌다고 한다.

전쟁 말기에 일본이 연합국에 가담하여 동맹국에 대한 선전포고를 한 뒤 중국에 있는 독일의 군사기지를 폭격하고 태평양 남부에 있는 독일의 군사기지를 점령했다. 이를 본 아버지는 제1차 세계대전에 가담한 일본의 세력은 더욱 커질 것이며 국제적 지위는 높아질 것이므로 상대적으로 우리 민족에 대한 지배는 더욱 강화될 것이라 예상되어 크게 낙망했다고 한다.

그러던 중 윌슨의 민족자결주의가 전후 처리 문제의 원칙으로 제안되자 우리나라는 다른 식민지 민족들과 함께 크게 고무되어 이제는 식민지에서 벗어날 때라며 확신을 가지고 기뻐했고 이를 청년들에게도 알렸다. 이 청년들은 주야를 가리지 않고 모여 열심히 아버지의 설명을 들었고 아버지는 지금까지 보지 못했던 자신감을 가지고 열심히 교양했다고 한다. 이 사실이 경찰의 귀에 들어가 자주 심문 당했고 경찰이 자주 집에 찾아와 감시했다. 아버지는 부락 청년들에게 여러 사람이 한꺼번에 오지 말고 대표자격인 한 사람만 와서 들으라고 했다. 아버지 나름대로 소박한 보안장치를 했던 것이다.

고금면에서 만세운동이 일어나자 지도자 6인과 함께 아버지를 비롯한 고모님 등 우리 친척이 가장 많이 검거되어 완도 경찰에 연행되었다가 10여일 만에 석방되었음은 앞의 고금면 3·1 만세운동에서 자세히 기록하였다. 아버지는 당시 현장에 나가지 않았기 때문에 풀려났다.

3) 아버지와 그 동지들의 독립운동 노선

내가 성장한 이후 들은 바에 의하면 아버지는 서울과 함흥, 개성, 평양과 춘천, 대구 등을 매년 한두 번씩 다녀왔고 동지들도 1년이면 한 두 사람이 아버지를 찾아왔다고 한다. 나는 그 장면을 8세 때에 처음 보았다. 아버지가 밭에서 일하고 있을 때 노인 한 분 그리고 아버지와 같은 연배의 어른이 찾아온 일이 있었다. 다음에 들으니 그 분들은 그 학교의 전직 교수와 동지였다고 했다. 아버지와 그 분들은 서신 왕래나 방문을 통해 우리 민족의 장래 문제와 세계정세 및 일본 제국주의에 대한 의견들을 종종 나누셨다고 했다.

후일 내가 고향에서 농민 조직 활동을 하게 된 1930년 이후 해방이 될 때까지는 나도 이 분들과 의견을 나누기도 했다. 그래서 내가 성장한 이후 알게 된 아버지와 그 동지들이 갖고 있던 독립운동에 대한 생각들을 간략히 돌아보려 한다.

(1) 일제에 협조하지 않는 것이 최소한의 독립운동

국력이 쇠약하여 일제에 강제 합방당한 것은 당시의 정세에서는 불가피한 일이었고 눈물을 머금고 합방을 강요당하던 것이 우리 민족의 운명이었다. 망국 과정의 매국 행위보다 총독부 식민지 지배하에서의 가장 크고 본질적인 민족 반역 매국 행위는 식민지 지배에 여러 형태로 협력하는 일이다. 관공리로 임명되고 기타 여러 가지 형태로 총독정치에 협력하는 것이 본질적으로 반역이다. 총독부 각급 기관에 관공리로 임명된 자들은 어떤 이유를 들어 변명해도 가장 철저하고 노골적으로 총독부 편에 서서 그 앞잡이가 되어 우리 민족을 억압하고 착취하는 수족 노릇을 하고 있음은 절대 부인될 수 없는 매국 반역 행위다.

독립운동은 한두 사람의 선각자나 지도자만으로는 되지 않는다. 애국 민족이 빠짐없이 동참하는 것이 가장 기본적이고 본질적인 독립운동이다. 아버지와 이 어른들의 이론에 따르면 협력이 매국이라면 협력을 반대 거부하는 것이 가장 빠르고 광범위한 독립운동이라는 결론의 논리가 도출된다. 우리 민족이 실력으로 대항할 수 없는 일제의 역량 앞에서 실력으로 대항하는 것은 자멸을 자초하는 우매한 일이라는 것이다.

우리 민족 스스로가 중앙과 지방에서 말로만의 독립운동이 아닌 각자 생활권에 들어가 각계각층의 민족과 일상생활을 통해 일제에 협력하는 것을 거부할 뿐만 아니라 이왕 총독부 각급 기관의 공무원으로 임명된 사람들에게는 그들이 하는 일이 엄청난 친일 행위임을 직접적 간접적으로 설득하여 관직을 버리게 하거나 아니면 될 수 있는 대로 소극적인 태도로 일제에 피해를 주는 방법으로 하는 것만이 가장 실현 가능하고 애국민족이 광범위하게 동참할 수 있는 보편적이면서 성과적인 독립운동이다.

독립운동은 우리 민족의 일방적인 운동이 아니고 세계 5대 강국으로 발전 강화되어 가고 있는 엄청난 역량을 가진 일본 제국주의를 상대로 한 독립운동이므로 세력이 약한 우리 민족은 저돌적인 투쟁보다 민족세력의 희생과 약화를 막는 것을 우선으로 해야 하며 이것을 확고히 수호하는 바탕 위에서 투쟁해야 한다는 것이 이 어른들의 이론이었다.

일제에 실질적인 타격을 주어 식민지 통치를 약화 시키는 방법은 총독부의 각급 기관에 협력을 거부하는 것이며, 이것이 기본적인 독립운동이라고 했다. 개별적인 협력 거부는 아무리 식민지 지배하라 하더라도 처벌할 수 없기 때문이다. 이 거부는 그들의 법으로도 처벌할 수 없는 합법적이고 가장 효과적인 항일 운동이다. 우리 민족이 일제에 협력하는 관공리가 되는 것은 매국 행위라는 의식을 꾸준히 광범위하게 보급시켜 각급 행정기관의 관직을 거부하게 된다면 일본의 일시적인 군사적 점령은 가능하나 식민지 지배는 불가능하게 된다. 그러므로 군사 점령은 할지라도 우리 민족의 정치, 경제, 사회, 문화 기타 전반을 지배하는 식민지 지배에 큰 제동을 걸어 제도화된 수탈은 막을 수 있으므로 막대한 경비만 들어가는 군사 점령은 제약을 받아 한시적인 지배에 그치게 될 것이라는 것이 이 어른들의 독립 전망이며 교양의 초점도 여기에 맞추어졌다.

나도 성장한 후에 들은 이야기이지만 이 어른들은 외국어 학교에서 유럽 각국의 역사와 세계사에 대해 비교적 깊은 지식을 갖고 있었다. 나폴레옹의 러시아 침공 얘기도 그런 기회로 들었다.

프랑스 황제로 등극한 나폴레옹이 대군을 이끌고 러시아제국으로 진격하여 모스크바에 진주했을 때 당시 러시아 국민은 철수하고 단 한 사람의 협력자도 없었다. 때문에 나폴레옹 군은 필요한 물자를 공급받을 수 없게 됨에 따라 더 이상의 진주가 불가능하여 엄동설한의 폭한 속에서 퇴각하다가 러시아군의 반격으로 전멸당한 역사가 있다. 나폴레옹 군이 모스크바를 점령하고 러시아를 지배하려 했으나 스스로 포기하고 퇴각하다가 전멸당하는 것은 나폴레옹 군과 러시아군의 군사력 관계로 이루어진 것이 아니었다. 결정적인 근본 원인은 러시아 국민의 일치단결로 단 한 사람도 협조하지 않았기 때문이었다. 당시 우리 동지들은 아버지와 어른들의 이론에 대해 반혁명 이론이라고 하여 거부했다.

침략군이 점령하더라도 식민지 지배는 현지인의 협조와 지지가 없이는 절대 불가능하다는 것을 이 어른들은 확고한 신조로 갖고 있었다. 우리 민족도 각자가 투철한 민족의식의 각성으로 개인별로 그들의 요청을 거부하고 협력하지 않았다면 무법적인 식민지 통치 권력도 이를 막을 방법이 없다는 것이다.

그러므로 이왕 주권을 빼앗겼으나 이 단계에서 해야 할 가장 실현 가능하고 광범위한 동참과 함께 본질적인 성과를 올릴 수 있는 독립운동은 협력 거부이며 선각자와 지도자들은 이 의식을 고취하여 생활화시키면서 그 범위를 확대해 가는 것뿐이라고 말씀하셨다.

그 이외에 일본과 일제에 직접 투쟁 형태로 무모하게 대립하는 것은 곧바로 탄압당하여 민족역량을 약화시킬 뿐이며 총독부가 바라는 것이기도 했다. 그러한 상황 인식 아래 아버지와 그 동지들은 임명받은 관직도 거부하고 각자 고향에 가서 앞에서 말한 바와 같이 아버지가 일상생활을 통해 면민을 간접적으로 교양하는 것과 같은 운동을 8·15 직전까지 계속했다.

(2) 비조직 형태의 독립운동 강조

3·1 운동에서 많은 사람들이 학살되거나 투옥되었고 중심인물인 지도자들도 상당수가 희생되었다. 그 후 독립운동이 체계적으로 조직화되면서 전국 각지에서 검거, 발각, 투옥되었다는 기사가 연일 그치지 않았다. 그때마다 금싸라기 같은 지도자들이 검거 투옥되는 것을 본 이 어른들은 우리 민족세력에 손실만 가져오고 성과가 없는 독립운동이라고 생각했다.

3·1 운동 이후 조선총독부는 전국 방방곡곡에 경찰의 감시망을 이중, 삼중으로 거미줄 같이 설치하여 말초신경과 같이 모든 것을 탐지해 낼 수 있는 태세를 완비해 가고 있었다. 우리 독립운동은 경찰 정보망의 눈앞에서 그들의 손바닥 위에서 움직이고 있음을 경계해야 했다. 그러므로 비록 우리 민족에 대한 식민지 지배를 위한 법이지만 그 법을 어기는 독립운동은 결과적으로 민족세력을 약화시키므로 일제의 법에 걸리지 않은 방법을 창조적으로 찾아내어 절대적으로 검거를 피해야 하는 노선을 취해야 한다고 강력히 주장했다.

지하조직은 거의가 예외 없이 단시일 내에 발각되는 것이 통례였으므로 애국 민족을 크게 실망시켰다. 반드시 발각되지 말아야 한다는 것은 마치 종교의 경전을 끝까지 따라야 하는 신앙처럼 지켜야한다는 것이 이 어른들의 가혹한 평가였다. 구체적인 조직 형태를 형성하지 않아도 지도자와 민족 간에 긴밀한 개별적인 연락으로 충분히 조직적인 역할을 할 수 있다는 것이 이 분들의 주장이었다.

1930년경 내가 아버지와 그의 친구 2~3인에게서 여러 차례에 걸쳐 조직 형태에 대해 조언을 받은 일이 있다. 이때 어른에게는 조직형태를 갖추지 않고도 조직적인 효과를 올릴 수 있다는 이론이 상당히 체계화되어 있었다. 구체적 사례를 들면 광주학생독립운동의 주동 세력인 독서회가 전국 각지에서 예외 없이 발각되어 검거, 투옥되고 모조리 징역을 언도 받은 것에 대해서 신랄히 비판했다. 독서회라는 지하조직을 갖추지 않고도 선택된 학생에 대해 지도자들 각자가 한 자리의 회합을 피해서 시간을 달리하여 얼마든지 교양할 수 있으니 이것은 비능률적이라고 할지 모르지만 검거, 투옥, 파괴에 비하면 훨씬 능률적이고 효과적이라고 강력히 주장하셨다.

나는 이 어른들이 그 당시 합법적으로 판매되고 있는 일본에서 발행한 사회주의에 대한 여러 책자도 읽고 있었음을 알고 있었다. 아버지는 내가 읽고 있던 교양책 중에서 몇 권을 읽고 있었다. 내기억에 남는 책명은 '사회주의 대의', '자본주의의 기교' 등이다. 특히 유명한 아나키스트인 오쓰키 사카에(大彬榮) 저작의 '금일의 세상'을 읽고 감탄하기도 하셨다. 그리고 아버지는 동지로부터 얻어온 중국의 민족지도자 손문 선생의 저서 '삼민주의'를 특히 애독했다. 그리고 우리나라에서 초기 발간하다 폐간된 월간지 '개벽'과 다음에 발간된 '삼천리'를 구독하시는 것도 보았다. 다음에 우리 신문 조선일보와 일본 신문 아사히신문을 계속 구독하면서 세계사의 흐름과 일본을 비롯한 국제정세의 변화 및 국내 정세를 그 어른들 나름대로 분석, 연구하면서 독립 조선의 발전에 참고로 했고 동시에 현대 감각에 따르려고 하는 것을 역력히 느낄 수 있었다.

삼민주의(三民主義)에서 주장한 손문 선생의 사상을 요약하면, 하나의 민족은 그 내부에 결정적인 대립과 견해 차이에서 나타나는 모순을 갖지 않는다는 것이다. 즉 민족은 기복이 없는 평원이며 굴곡이 없는 직선이라는 것이다. 여기에 대해 아버지와 동지들은 이를 입증해 보이기도 하고 때로는 반대하면서 그 모순성을 우리들에게도 말해주었다.

일례로 하나의 민족인 조선민족은 역대 왕조를 거치는 동안 양반, 상놈, 지주, 소작인 등 지배와 피지배로 양대 산맥을 이어 내려왔고 양반과 상놈계급 내부에도 그 기복이 심했음을 역사가 증명해 주고 있다는 것이다. 우리 민족 전체가 주권과 국토를 강탈당하여 일제 식민지 노예라는 희생물이 되는 비운 앞에서도 우리 민족은 하나로 뭉치지 못하고 있었다는 취지였다.

을사조약 이후 유림들은 떼를 지어 일진회와 같은 반역적 행위를 자행했고 합방 후 헌병이 치안을 담당하면서 각지에 헌병대가 설치되자 유림양반에 복속되어 있던 상민계급의 자제들은 유림의 지시에 따라 헌병보조원으로 몰려 들어가 우리 민족을 말단에서부터 감시, 탄압하는 일제의 충실한 수족이 되었음을 똑똑히 보았다. 그 후 8·15 해방에 이르기까지 총독부 산하 각급 기관의 조선인 관리들은 일본인 이상으로 충실한 매국세력이 되어 자신들의 출세, 영달을 보장받으면서 생활 안정과 치부를 누리고 있었다.

다시 말해 민족 내부의 구성원들은 직선적인 것이 아니라 우여곡절을 거치면서 다양한 형태로 모순 대립하고 있으며, 이는 중국과 같은 반(半)식민지 국민은 물론이고 지구상의 모든 식민지 민족과 약소국가에 나타나고 있는 공통된 현실이었다. 민족이 평면적이고 직선적인 존재라는 것은 현실을 직시하지 못한 이상론이며 우리 민족이 받아들일 수 없는 이론이라고 반박되는 이유였다.

이 어른들은 민족 내부의 다양한 차이에서 나타나는 대립과 사상, 신앙의 차이를 부차적인 것으로 여기면서 구성원 각자를 민족공동체인 민족과 조국 앞에 종속시켜 민족세력이 하나로 통일되어야만 일제의 지배에서 벗어날 수 있는 막강한 역량이 창조될 수 있고 그것이 유일한 민족운동이라고 강력히 주장했다. 이것은 오늘에도 합법칙적이고 객관적인 이론임이 증명되고 있다.

이 어른들은 합방 초기에 갖고 있던 사상과 정치 견해를 그대로 보수적으로 고집한 것이 아니고 국내외 정세의 변화 발전과 일본 제국주의의 발전 과정을 객관적으로 인식하면서 그 어른들의 이론에 맞추어 인식하려 하지 않고 객관적 정세의 발전에 따라 의식과 사상을 발전시켜 왔다. 이것은 이현열 선생을 비롯하여 그 지도를 받고 있던 동지들도 인정하면서 교양으로 받아들였다는 사실을 여기에서 말해둔다. 이 어른들은 그 후 손문 선생이 신해혁명을 지도하면서 민족은 평원도 직선도 아닌 기복적이고 곡선적인 것임을 주장하는 '민족기복론'을 저술하였고, 이를 읽었다는 말을 들은 적이 있다. 이것은 이 어른들의 이론이 정당했음을 말해준다.

이 어른들이 앞서 말한 비조직화된 독립운동을 주장했던 이유는 자명하다. 민족의식 교양을 통해 상호간에 동지적인 유대를 가지면서 개별적인 접촉으로 밀착된다면 조직적인 형태를 갖추지 않고도 조직 운동의 형태와 거의 동일한 결과를 가져 올 수 있다는 것이다. 즉 동의나 찬성, 지지 형태로 결의할 수 있고 지시도 할 수 있다는 것이다. 정세가 성숙하면 즉각 체계적인 조직 형태로 바꿀 수 있는 준비 상태의 운동을 해야 한다는 것이었다. 아무리 일제 치하지만 사람들끼리 접촉하는 것만으로는 어떤 법으로도 처벌할 수 없기 때문이다. 일제의 함정을 뻔히 알면서 기어이 빠져들 필요가 어디 있느냐는 것이다. 그러므로 이 운동은 일제 식민지 지배하에서 우리 민족이 취해야 할 유일한 노선이라고 했다.

이러한 방침에 따라 이 어른들은 어른들끼리 상호 형태로 긴밀한 연락을 취하였고 각각의 지방에서 동지를 확대해 가고 있었으나 절대로 조직화를 하지 않고 회합도 하지 않았음을 8·15 이후 나는 아버지로부터 자세히 들었다.

(3) 조직의 지도자는 절대 검거되지 않아야

아버지가 나에게 항상 일러준 말은 우리 민족은 언젠가는 독립을 할 것이라는 사실이었다. 그러나 지금은 국력과 우리 민족 내부의 분열 때문에 불가능하므로 우리 독립운동은 멀리 보고 차근차근 연결과 접촉으로 힘을 모아 가며 나아가야 한다는 것이었다. 독립운동이 쉽게 될 것이라는 환상을 가진 조급성은 독립운동을 해치는 것이니 버려야 한다는 것이었다.

특히 오늘 현실에서 확고한 민족의식을 가진 지도자는 하늘의 별과 같고, 금싸라기와 같이 보기 드문 귀중한 존재이며 청년들 중에서 이런 지도자를 양성하려면 긴 세월과 꾸준한 노력이 필요하므로 여러 가지 형태의 투쟁에서 이 지도자들을 노출시켜 경찰에 넘겨주는 것은 그 운동 효과보다 몇 배 이상으로 우리 독립운동에 손실을 주는 일이고 이것은 또한 일본이 바라는 바이기 때문에 멀리 보고 심사숙고하면서 나아가는 것이 민족지도자의 임무라고 강조하셨다.

모든 나라의 사회혁명에서 지도자는 중요하지만 특히 식민지 민족의 해방운동에 지도자의 역할과 위치는 절대적이다. 일반적으로 문화수준이 낮은 식민지의 민족해방운동일수록 지도자의 비중은 더욱 크다. 지도자 없는 민족세력은 오합지졸과 같이 일시적인 봉기나 투쟁은 가능하지만 재투쟁과 확대 투쟁은 불가능하다. 마치 사령관이나 지휘관이 없는 군대와 같은 것이다.

그러므로 애국세력의 지도자를 경찰에 넘기는 것은 무엇보다도 민족세력을 약화시키는 가장 큰 반역 행위임을 이 어른들은 철저하게 강조했다. 앞에서 말한 바와 같이 독립운동 지도자는 조직의 형식을 갖추는 순간 상위에 속하여 경찰 감시의 초점이 되기 때문에 조직 형태를 갖추고 독립운동을 하는 것은 마치 화약을 가지고 불속으로 뛰어든 것과 같은 것이라고 강조했다.

그러나 나와 같은 우리 독립운동의 젊은 동지들은 당시 국제 공산당 지도부인 코민테른의 지도노선에 따르고 있었던 공산당을 중심으로 활동하고 있었기 때문에 조직 없이 독립운동을 하는 것은 무기를 버리고 전쟁에 참여하는 것과 같은 자멸적인 행동이라며 웃음거리로 넘겨버렸다. 더욱이 ML사상을 바탕으로 한 사회운동과 민족독립운동에서는 단일지도체계의 조직화된 대중세력만이 유일한 무기라는 이론을 확신하고 있었으므로 그 분들 앞에서는 들은 척했으나 상대하지 않았다.

이제 와서 생각하니 그분들이 조직을 무시하거나 불필요하다고 강조한 것이 아니라 ML사상의 혁명이론 이상으로 조직은 필요하지만, 일제 경찰의 무서운 감시 앞에서 피해를 입지 않고 성과를 올리기 위해서는 이렇게 할 수밖에 없다고 고심하며 창조적으로 찾아낸 노선임을 훗날에야 알게 되었다. 구체적인 강령 규약과 부서의 형태를 갖추지 않더라도 앞에서 말한 바와 같이 독립을 목적으로 비조직적인 개별 접촉으로 의식적 유대를 강화하면 우회적이지만 결과는 동일하다는 뜻이었을 것이다. 그 때 우리는 구체적인 조직 형태를 갖추어서는 안 된다는 말을 조직을 근본적으로 부인하는 것으로 받아들였던 것이다.

그 어른들의 이론에 따르면 대중이 존경하고 추종하는 지도자는 하루아침에 태어나는 것이 아니고 몇 권의 책자나 몇 마디의 강의 또는 간단한 세계정세 파악을 했다고 돌연 만들어지는 것도 아니다. 선배 지도자의 꾸준한 교양 노력과 자신들의 사명감에 넘친 열성, 그리고 대중과의 접촉 과정에서 지도자들의 비판을 들으면서 경험을 쌓아간 끝에 비로소 어렵게 만들어지는 귀중한 존재인 것이다. 그러므로 이 지도자들은 대중투쟁이 일어나도 절대로 앞에 내세워서는 안 되며 적에게 넘겨서도 절대 안 된다는 것이다. 따라서 이분들은 조직이 발각되어 검거 투옥된 지도자는 가장 큰 과오를 범하는 것이라고 지적했다.

검거된 지도자는 우선 지금까지 해오던 투쟁을 중단하게 되는 과오를 범하게 된다. 또 조직 비밀의 80%는 검거된 사람의 입에서 나온다는 점에서 조직 전체에 대해 결정적인 해악을 끼치게 된다. 경찰이 지도자를 검거하는 것은 탄압의 목적과 아울러 이 사람을 친일 의식으로 사상 전환하려는 것도 또 다른 목적이 되므로 이들에게 견디기 어려울 정도로 꾸준한 사상교양을 계속하게 된다. 그들의 사상 전향 공작은 단순한 선전에 그치지 않고 경제적인 보수와 생활안정을 제공하는 조건을 내세워 끈질기게 계속된다. 일단 검거되면 그들의 전방위적인 압력과 회유에서 벗어나기가 쉽지 않다.

그래서 일본 경찰에 검거 투옥되거나 노출된 독립운동 지도자들이 변절하지 않고 민족의식의 지조를 지키는 것은 마치 큰 토목 공사장의 노동자 대중식당을 경영하는 미인 과부가 정조를 지키기 보다 더 어렵다는 애기들도 세간에는 떠돌았다. 그럴 정도로 경찰에 넘겨져 노출된 동지는 능력과 투지가 엄청나게 제약되고 저지당할 수밖에 없다는 것이고, 그런 상황이 만들어지지 않도록 하는 것이 지도자의 절대적 의무라는 것이다.

검거된 지도자들 중에 간간이 전향자가 생기는 것은 결코 이례적인 일이 아니었다. 광주학생독립운동 이후 전국적으로 수많은 지도자와 학생들이 검거되었는데, 출옥 후 그들 중의 상당수는 자의건 타의건 일제에 협력하며 독립운동을 포기했고 독립운동의 대열에서 떨어져 나갔다. 검거 투옥된다는 것은 그 자체가 본인들에 대한 고통과 피해뿐만 아니라 민족운동에 질적인 피해를 가져온다는 것을 말해주는 사실이다. 투옥당한 지도자들 가운데는 종종 투옥 자체가 독립운동을 말해주는 공적처럼 내세우나 이것은 어이없는 착각이라는 것이 이 어른들의 논리였다. 만약 검거나 투옥이 독립운동의 공적이라면 그것은 마치 전쟁에 붙잡힌 포로가 계속 싸우는 병사보다 더 공이 크다는 말과 같은 역설적 논리가 된다는 것이었다.

검거 투옥되어 복역하고 나온 지도자는 사상전과자일 뿐만 아니라 요주의 시찰 대상이 되어 24시간 감시의 눈에서 벗어날 수 없다. 만일 이 사람들이 대중조직에 간여하면 일제의 감시선을 그 조직으로 끌고 들어가게 되어 그 조직까지 노출되는 결과를 초래하게 된다. 결국 검거 투옥된 지도자는 과업 수행에 극도의 제한을 받는 반신불수의 처지가 되어 지도능력이나 영향력을 발휘할 수 없게 된다는 것이 이 어른들의 확고한 이론이었다.

그러므로 지도자는 어떠한 일이 있더라도 경찰의 감시망에 포착되거나 노출될 수 있는 표면화된 투쟁에는 절대로 내세워서는 안 된다는 것이었다. 이 원칙에 따라 이 어른들은 전국적으로 분산되어 살면서 8·15까지 30여 년간 드러나지 않게 농민과 청소년층을 지도하여 저변을 확대하고 있었다. 이 어른들은 자식들은 물론이고 그 영향하의 청년들을 조직화하지 않고 갈수록 밀착하면서 긴밀한 접촉만으로, 즉 아버지가 고금면에서 하던 것과 같은 방식으로 청년을 지도하여 엄청난 역량을 축적해 가고 있었다.

아버지는 내가 낙향한 뒤 청년 시절에 이현열 선생 지도하에서 합법적인 농민조합조직을 해 나가는 것을 보고 그 뒤에는 지하조직이 있다고 추측하여 말씀하셨다. 아버지는 "거미줄 같은 정보망 앞에서 몇 발자국도 가지 못하고 폭로될 것을 예견하지 못하느냐? 마치 경찰이 파놓은 함정을 향해 스스로가 걸어 들어가는 것과 같은 것을 모르고 있느냐? 곰보다 더 미련한 자살행위를 하고 있다"고 혹평하기도 했다. 당시 우리 동지들은 이것을 반혁명 이론이라고 하여 받아들이지 않았다.

고금면 만세운동에서 아버지가 청년지도자들에게 조직화를 철저히 금지시켰다는 대목도 같은 맥락이다. 이현열 선생이 고향에 돌아와 아버지와 자주 만나면서 농민운동을 활발히 전개했으나 그분은 생전에 지하조직을 구성하지 않고 합법적인 농민조합만을 조직했다. 그러면서도 조직의 역량을 성장시키면서 동일한 역할을 했다.

당시 이현열 선생은 경찰의 1급 요시찰인으로 노출되어 있었으므로 지하조직 형태의 운동은 곧 운동의 파괴를 자초하는 것으로 판단하고 아버지의 이론에 따라 접촉 연락 형태로 조직과 동일한 효과를 얻었던 것이다. 이현열 선생과 함께 고금면 독립운동 지도자의 한 사람이었던 정학균 선생이 당시 아버지의 지도노선이 훌륭했다고 찬양한 것을 나는 여러 번 들었다.

(4) 대중생활권 내의 지속적 영향력 발휘가 중요

1920년 이후 8·15까지 전국적으로 지하조직이 발각되어 검거, 투옥되면서 희생된 지도자들이 수만 명에 이른다. 이들은 이론과 실천에서 일당백의 유능한 각급 지도자들이었다. 이 때 희생된 지도자들이 만약 이 어른들의 이론대로 조직 형태를 갖추지 않은 독립운동을 계속했더라면 검거, 투옥되지 않고 대중의 생활권에서 엄청난 영향력을 발휘했을 것이고, 그 후 조직이 허용되는 기회가 왔을 때 엄청난 조직으로 전환할 수 있는 준조직적인 역량을 축적했을 것이라는 생각을 하게 된다.

여기에 대해 혹자는 아무리 비조직적이라도 대중을 지도하고 있는 것을 경찰이 알면 그대로 두지 않고 어떠한 구실로도 검거 투옥할 것이므로 이분들의 이론은 실현성이 없는 이상론에 지나지 않을 것이라고 반박한 사람도 있을 것이다. 그러나 그러한 추측은 현실을 제대로 보지 못한 주관적인 추측에 지나지 않는다는 것을 다음의 예를 들어 부인하겠다. 내가 알고 있는 수많은 사례 중 대표적으로 몇 가지만 여기에 기술한다.

광주학생독립운동의 주체 세력인 독서회를 지도한 배후 조직자들은 발각되었으나 그들은 직접 학생들과 접촉하지 않았기 때문에 조직을 부인하고 개별적인 지도만을 했다고 주장했다. 다만 여러 사람이 합석하여 논의했기 때문에 협의죄만이 적용되어 최하의 형량인 1년 징역 언도를 받았다.

또 하나의 사례는 1928년 송정리에 사는 광주고보 5년생 이경채가 격문을 살포한 뒤 검거되어 취조 과정에서 한길상, 조칠성 선생 등 5명이 추가로 발각 검거되었던 일이다. 이 분들에 대한 혐의는 이경채에게 개별적인 교양과 책자를 주었다는 것이었는데, 경찰의 이러한 기소에 대해 예심판결에서 개별적인 접촉은 죄가 되지 않는다고 하여 면소되었다. 이것은 당시의 판결문에 나타나 있는 사실이다. 즉 비조직적이고 개별적인 접촉이었지만 그 성과는 조직적인 것과 동일하다는 것이 증명되었다.

나는 후일 그 어른들의 노선과 실천이 일제 강점기라는 당시의 준엄한 현실하에서 어쩔 수 없는 선택이자 당시 실현가능한 효과적인 독립운동이었다는 사실을 깨닫게 되었다. 더 나아가 그처럼 표면적으로 조직화되지 않은 조직, 그러나 조직 이상의 보이지 않은 강력한 결속을 갖고 있는 세력이 해방 이후 전국 곳곳에 있었더라면 해방 공간 이후 우리 민족의 진로가 어떻게 달라졌을까 하는 부질없는 상상을 해보게 된다.

3. 유림세력에 대한 냉정한 평가

1) 아버지가 향교 출입을 거부한 배경

아버지가 졸업한 한성 외국어학교는 당시로서는 전문 교육과정으로 아무나 다닐 수 있는 곳이 아니었다. 한성 외국어학교를 졸업한 사람은 당연히 지식층에 속했다. 아버지는 고금면의 경주 이씨 문중에서도 대표적으로 개화된 현대적 지식인으로 받아들여졌고 문중에서의 위상과 기대도 컸다. 그러나 문중의 기대와 나라가 처한 현실 사이에는 너무도 큰 괴리가 있었다.

당시 각 문중에서 사회적 위치와 명예를 표현하는 징표는 향교의 각급 직책으로 선임되어 향교에 출입하는 것이었다. 고금면의 경주 이씨와 완도 향교에서는 아버지가 서울에 있는 외국어학교를 졸업한 사실을 알고 있었으므로 아버지에게 향교 출입을 계속 종용했다. 하지만 아버지는 이것을 거부했다. 아버지는 직접이든 간접이든 향교 출입을 거절하고 단 한 번도 거기에 나가 본 적이 없었다. 아버지가 집안 어른들이 권유하는데도 그처럼 단호한 태도를 취한 데에는 이유가 있었다.

한일합방에 앞장섰던 유림 양반은 그들의 본거지인 향교를 중심으로 조선조의 관례에 따라 우리 민족의 각 구성원들을 사회적 신분에 따라 차별하여 민족 분열의 선봉이 되었다. 일제가 가장 바라는 민족분열에 앞장서서 우리 민족을 분열 약화시키고 식민지 통치하에서 자신들의 영화를 얻기 위해 가장 큰 친일세력이 되었던 것이다. 그 대가로 얻은 것이라고는 실속 없는 양반 신분 보장과 출세의 혜택이 고작이었다. 여기에 대해 아버지는 민족을 약화시키며 큰소리를 치고 있는 가장 증오스러운 민족 반역 행위라는 점을 늘 지적하셨다.

아버지를 비롯한 그 동지들은 유림세력이 총독 통치가 시작되자 그 앞에 자진하여 나아가 친일 충성을 맹세하며 3·1 운동에 불참하는 것은 물론 반대까지 하는 유림세력을 보며 민족적 증오심과 분노가 머리끝까지 치밀어 올랐다고 했다. 아버지가 향교에 가지 않을 수밖에 없었던 이유가 그런 것이었다.

2) 유림세력과 일제의 민족 분열 정책

일제가 우리 주권을 강탈한 합방 이후 총독부 통치가 시작되면서 식민지 통치의 안정과 영구화를 위해 제일 먼저 제기된 문제는 우리 민족의 세력화를 막고 분산, 약화시키는 문제였다. 식민지 지배 경험이 없는 일제는 이 문제에 대해 각계의 지혜와 지식을 총동원하여 연구하고 있었다.

그들은 유림세력 내에 뿌리 깊게 존재하고 있던 민족 분열적 특성을 발견하고 이를 지원 육성하는 것이 조선 민족의 분열을 이끌어 낼 가장 큰 관건임을 찾아냈다. 사태는 그렇게 진행되었다. 한일합방을 전후하여 유림 양반세력이 자진하여 자기 민족을 분열시키면서 총독부에 영합하는 것을 본 일제는 이것이 웬 떡이냐 하며 호박이 넝쿨째 굴러들어온 것이라 반색했다.

유림 양반세력은 향교를 중심으로 결속하여 조선 민족의 절대다수 생산계급인 농민, 어민, 상공인을 상놈 취급하고 또 서자까지 찾아내어 자기 민족을 양반과 상놈의 사회신분으로 구별하여 민족 분열에 앞장서고 있는 세력임을 일제는 알아차렸다. 이완용과 같은 인물도 유림 양반세력으로서 장기간 동안 향교를 중심으로 세력을 키워온 자였다.

봉건 군주제도가 시작되면서 만들어진 사회제도의 기본은 다수의 일반 대중을 소수의 양반계급에 경제적 신분적으로 철저하게 예속시켜 억압, 착취하는 것이었다. 조선왕조의 역사 또한 이러한 토대 위에서 이어져 내려왔다. 그런데 문제는 한일합방으로 조선왕조가 붕괴되어 나라의 주권이 상실되었음에도 조선왕조의 지배세력이었다고 자부해왔던 유림세력은 망국 후에도 계급적 특권 유지에 연연하면서 총독부 각급 기관 앞에 무릎을 꿇고 친일 반민족세력이 되기를 맹세하며 조선 민족 내부에서 그들의 지속적인 특권 유지와 보장을 위해 일제에 구걸했던 것이다.

일제의 입장에서 볼 때 이들의 변심은 식민지 지배에 크게 도움이 되기에 실권도 없는 양반계급의 유지와 보장을 기꺼이 받아들여 민족 분열에 앞장서게 했음은 당연한 논리적 귀결이었다. 합방과 동시에 이씨 왕조의 친척과 재산을 관리하는 이왕직(李王職)이라는 기관을 설립하여 일본인 이왕직 장관이 관리하면서 유림세력에 대한 제도적 관리도 하고 있었다. 총독부는 이왕직 장관을 시켜 유림세력의 존재와 동태를 세밀히 조사하여 파악하였다. 그 결과 각 지방의 유림은 그 지방의 향교가 중심기관이 되어 향교를 근거지로 강력한 조직적 활동을 하고 있었으며 경성에 있는 성균관의 지도하에 통솔되고 있었음을 확인했다. 즉, 성균관은 유림세력과 향교의 중앙통제 지도기관임을 알게 되었다.

일제는 이왕직 장관에게 성균관과 향교를 재정적으로 아낌없이 지원하고 제도적으로 발전시켜 조선 민족의 중추세력으로 발전시키라고 지시했다. 이 정책은 총독부 정책의 주요한 부분을 차지하고 있었다. 조선총독부는 이 정책을 지시하며 식민지 지배에 가장 큰 도움이 되는 세력으로 유림세력을 육성 지원해 왔다.

당시 아버지는 이와 같은 상황에 대해 체계적으로 알고 계시지는 못했지만 직접 보아온 유림 양반들이 일제에 영합하여 민족 분열에 앞장서고 있음을 보면서 분개하셨고 이들에 대한 증오심으로 청년들에게 유림과 향교에 대한 부정적인 내용의 교양을 청년들에게 계몽해오셨다. 향교는 지금까지도 그랬고 앞으로도 계속 우리 민족을 분열시키는 뿌리 깊은 온상이라고 보았기 때문이었다.

4. 의병 투쟁과 좌절의 배경

이 글에서 이현열 선생과 나의 아버지에 대한 서술이 너무 구체적이며 지나치게 많이 서술되어 있다고 비판적인 눈으로 볼 사람도 있을 것이다. 하지만 여기서 구체적인 사례를 많이 열거하려는 목적은 인간의 객관세계와 역사에 대한 인식은 개념적인 총론의 테두리 안에서 다루어지고 있고 구체성이 결여된 추상적인 인식에 머무르고 있기 때문이다. 반면 객관세계와 역사 자체의 존재는 구체적으로 존재하고 발전하고 있다. 그러므로 인식은 간소화한 편리를 목적으로 개념적인 형식을 취하지만 사실의 파악은 객관세계 자체를 본위로 한 구체적인 것이라야 한다.

여기에서 다루는 일본 헌병의 야수적인 민족 탄압과 그 수족인 헌병보조원들, 그리고 이들을 적극 도와주며 그편에 서있는 유림세력에 대한 인식이 구체적인 사실로 증명될 때 비로소 일제의 침략과 친일 행위에 대한 정확한 인식과 함께 뼛속까지 스며드는 분노의 각개심을 갖게 되는 것이다. 일제 침략, 헌병의 만행, 유림의 친일 행위라는 개념적 표현만으로는 사실과 유리되어 열정적인 애국심과 실천에 거리감을 주는 역사 프로그램적인 것으로 되어 버린다.

그러므로 여기에 기록한 사실은 지엽적이고 단편적이지만 당시 우리 민족이 무자비하게 짓밟힌 생생한 사실을 들어 우리 민족의 본능적인 민족의식에 불을 붙여 애국의 정열로 타오르게 함으로써 독립을 쟁취할 때까지 자기희생적인 항일 독립운동을 하게 하는 기폭제 역할을 하는 것이라 믿기 때문이다.

구체적인 사실도 근거 없이 이야깃거리로 제시하면 영향력을 주지 못한다. 어느 때 누구누구가 어디에서 어떤 방법으로 어떻게 했느냐의 객관적 증명이 보장될 때 비로소 의식에서 행동으로 발전하는 원동력이 된다. 그러므로 나는 내가 직접 듣고 보아서 알고 있는 구체적인 아버지의 사례를 누구도 부인할 수 없는 객관적 사실을 들어 제시할 것이다. 그 속에 담겨 있는 자체의 법칙을 찾아내어 자기 민족의식과 결부시켜 이것을 앞으로 우리 역사 발전에 합법칙적으로 창조, 적용할 수 있기 때문이다.

1) 의병 탄압에 앞장선 유림세력

조선말 의병은 합방 전 일본통감부가 조선의 통치권을 하나하나 강탈해 가는 과정에서 군대해산령을 내리자 여기에 분개한 대한제국 군대의 일부와 애국청년들이 합세하여 일본군과 각지에서 투쟁하면서 등장하였다. 군대는 국가 존재의 절대적 조건이며 역량이었는데 이러한 대한제국군의 해산을 고종에게 강요하게 되자 울분을 참지 못한 군인들이 들고 일어난 것이다. 이 역사에 대해서는 선집의 다른 권에 있는 한일합방이면사에서 다루고 있으므로 여기에서는 당시 의병의 세력과 활동 상황 및 재정과 보급에 관한 문제에 대한 요점을 기록한다.

합방 후 총독부 통치가 시작되면서 초대 총독인 하세가와(長谷川) 육군대장이 부임하여 치안을 경찰 대신 헌병대에 맡겨 전국 각 주요 지역에 경찰서 대신 헌병대를 두고 그 산하에는 여러 지방에 분견대를 설치하여 우리의 의병을 토벌하고 다른 항일 운동을 탄압했다. 당시 헌병이 담당한 치안의 주된 임무는 의병과 이를 지원한 우리 민족의 토벌이었다. 우리 민족이 잊어서는 안 될 것은 의병 토벌이 시작되자 향교를 중심으로 한 유림 양반들이 헌병들의 의병 토벌을 도와주기 위해 자위대를 설립하여 각 면에 들어온 의병들에게 숙식을 거부케 하고 정보를 헌병에게 알리는 임무를 맡았다는 사실이다.

유림 양반들은 자위대의 숫자를 증원시키고, 일부는 헌병보조원으로 의병 토벌에 합세하며 각 면의 치안 업무인 경찰관 업무를 담당하는 데 적극 지원했다. 이 헌병보조원들은 금품을 강요하고, 부녀자들을 능욕하는 한편 의병을 처형할 때 불리한 통역을 했기 때문에 그 당시 우리 민족은 이를 갈면서 분개하고 이들을 증오했다. 일본 헌병을 등에 업고 저지른 그들의 반민족적이며 비인간적인 행위를 참아내고 당할 수밖에 없었던 것이 당시 우리 민족의 비참한 처지였다.

유림 양반계급들은 일제의 침략에 앞장서 영합했을 뿐만 아니라 우리 민족의 생활 구석구석에 빈틈없이 파고 들어가 우리 민족을 분열시켰다. 그들은 해방된 오늘에 이르기까지 일제 잔재인 친일세력과 합세하여 우리 민족 앞에 단 하 마디의 사과와 반성도 없이 반민족적 친일 행위가 민족을 위해 잘한 것처럼 합리화시키면서 민족의 최대 죄악을 최고의 애국으로 바꾸어 행세하고 있다.

(1) 유림세력과 일진회의 의병 토벌 적극 지원

이들의 반역에 대해 논술보다는 구체적인 사례를 들어 설명함으로써 몸서리쳐지는 그들의 친일 행위를 실감하는 데 도움을 주려 한다. 고종이 의병해산령을 내리고 헌병이 토벌을 시작하자 유림 중 극소수의 몇 사람을 제외하고는 전부가 의병 토벌을 국가와 민족을 위한 것으로 합리화시키면서 그들의 영향력 아래 놓여있는 소작인을 비롯한 노비 등 상민계급의 자제들에게 의병 토벌에 적극 협력하도록 강력히 지시했다.

향교를 중심으로 한 유림들은 각 면마다 자위대를 조직하여 각 부락의 청년들을 여기에 가입시켜 운영했다. 자위대의 임무는 의병이 나타나면 즉각 헌병대에 연락함과 동시에 의병에게 음식과 양곡, 의복 및 잠자리와 기타 금품 지원을 절대 못하도록 헌병들을 등에 업고 협박하는 것이 주된 임무였다. 그리고 그 중 일본말을 다소 알고 있는 청년들은 거의 헌병보조원으로 들어가게 하여 의병 토벌에 앞장서게 했다. 나는 이 사실을 기록에서 분명히 읽은 적이 있다.

유림의 친일 반역 행위는 피가 거꾸로 솟아오르고 몸이 부들부들 떨리며 이가 갈리는 무엇과도 비할 수 없는 분노를 느끼게 하는 역사적 사실이다. 이에 대해 유림세력은 오늘에 이르기까지도 민족 앞에 반성도 사과도 하지 않고 합방 이후 그들이 행해온 민족 분열과 함께 모든 친일 행위를 합리화시켜오고 있다. 언젠가 우리 민족사가 바로잡힐 때 이들의 행위를 민족 앞에 분명히 밝히고 민족정기에 입각한 응징을 반드시 단행해야만 한다는 점을 말해 둔다.

(2) 헌병보조원의 만행

각지에 설치된 헌병분견대는 분호(分互) 병력으로 그 단위는 2~3 명이었다. 그러므로 2~3개 군의 치안을 담당하기 위해 헌병분견대 밑에 20~30명의 헌병보조원을 채용하여 초보적인 일본어 교육과 훈련을 시켜 군대로 조직했다. 이들은 주로 최하층 상민계급의 자제들로서 지금까지 그들은 권력이나 평등과는 너무 거리가 먼 신분적 멸시와 우마 같은 천대, 착취를 받으며 생사여탈권까지 유림 양반들의 수중에 놓여 있던 사람들이었다. 그들은 사회의 가장 밑바닥에 깔려 있어서 당연히 할 말도 못하고 양반의 가축 이하의 취급을 받으면서 살아온 사람들이었다.

그들이 헌병보조원으로 채용되자 헌병은 그들에게 제한된 범위이지만 헌병의 지시에 따라 동족을 체포하고 가택을 수색하는 권한을 주었다. 보조원들로서는 생전 꿈에서도 생각할 수 없었던 막강한 권력이었다. 그들은 헌병의 지시 범위를 넘어서까지 갖은 폭행과 만행, 강탈, 부녀자 강간까지도 자행했다고 한다. 이들은 자신들의 행위가 일제의 수족이 되어 민족을 반역하는 용서할 수 없는 행위라는 것도 의식하지 못하고 양반의 신분 속박으로부터 해방되었다는 착각을 했던 것이다.

그 결과 그들의 행동은 우리 민족에게 상상 이상으로 큰 피해를 가져다주었다. 의병과 항일 운동가들이 체포되면 헌병보조원이 통역을 하게 되는데 가족들은 구명운동을 헌병보조원을 통해 할 수밖에 없었으므로 그들에게 뇌물을 주고 부탁할 수밖에 없었다. 그들이 뇌물에 만족하면 유리하게 통역하고, 뇌물이 부족하다 여겨 더 요구해도 내놓지 않으면 불리하게 통역하여 총살까지 당하게 한 예도 많았다고 한다. 그들이 쥐꼬리만한 권력을 안하무인으로 행사함에 따라 당시 힘없는 서민 가정에서 당한 금품 강탈이나 부녀자 폭행의 사례는 오늘날의 교통사고보다도 더 많았을 것이다.

3·1 운동이 일어나자 일제는 총독부의 무단통치를 폐기하고 문화통치로 바꾸면서 지금까지 헌병이 담당했던 치안 유지를 경찰제도로 바꾸었음은 잘 알려진 사실이다. 헌병대가 경찰서로 바뀌자 헌병보조원들은 본인이 원하면 경찰로 임명되었다.

2) 의병이 대중들로부터 외면당한 배경

(1) 재정과 보급 곤란에서 나온 탈선

앞에서 말한 바와 같이 경제적으로 여유 있는 유림은 대부분이 친일세력화했고 그들의 지배하에 있는 생산자인 농민과 상공인들도 일제 협력 세력으로 강요, 동원되었으므로 의병들에 대한 재정 조달과 생활수단의 보급은 단절되었다. 초기에는 뜻있는 유림들이 의병에 가담하여 의병대장이 되기도 했는데 이때 의병의 대다수는 주로 양반의 노비와 머슴 등 상민계급이었다. 이 상민계급 출신의 수많은 의병이 의병투쟁에 앞장서서 헌병들의 총알받이가 되어 이름도 흔적도 남기지 않고 쓰러져 오늘 우리 민족사의 뒷전에 무명 의병으로 기록되고 있다. 다만 의병대장의 이름은 전해지고 있으나 의병은 망각의 늪에 매몰되어 찾아볼 길이 없다. 이와 같은 곤란한 조건하에서 의병투쟁에 필요한 재정과 보급은 자체적으로 해결할 수밖에 없었다.

초기에는 의병에 가담하여 의병을 지휘한 유림 출신의 의병대장이 중심이 되어 재정을 조달했고 뜻있는 인사를 찾아가 조달하면서 비교적 적극적인 투쟁을 할 수 있었다. 그러나 점차 시간이 지나면서 의병대장이 거의 전사하고 지원해준 사람들도 발각, 처형되어 점점 수가 감소하였으므로 재정의 보급은 단절되어 갈 수 밖에 없었다. 몇 백 명, 몇 천 명이 되는 인원들의 생활을 위해 엄청난 재정과 보급이 필요했음은 당연한 일이다. 자발적인 보급선이 단절되어 가자 투쟁을 계속하고 생활하기 위해 그 의병의 영향권 내에 있는 국민들에게 강요할 수밖에 없음은 불가피한 일이었다. 당시 전해지는 말에 의하면 총을 들고 찾아가 보급을 강요했다고도 한다.

내가 어려서 직접들은 사례 몇 가지를 들어보면 어머니의 처녀 시절에 그 부락에 들어온 의병들은 각 집에 들어가 당시 여자들이 귀중하게 여긴 수십 개의 은반지를 탈취하여 새끼손가락에 끼고 다녔고 숙식을 강요했으며 그 중에는 육식을 요구했다고도 한다. 캄캄한 밤에는 야광의 비늘이 있는 갈치를 허리에 차고 칼처럼 보이면서 가정에 들어가 보급을 강요했다는 이야기를 나는 여러 곳에서 들어본 일이 있다. 참으로 비참한 망국의 현상이었다. 오늘에 와서도 우리가 바라는 민족 자주독립을 완성하지 못하고 있는 우리는 이 역사 비운의 교훈을 현대사적으로 되새기며 아프게 받아들여야 한다.

(2) 의병이 죽거나 말거나 헌병이 죽거나 말거나

의병의 전투와 생활을 위해 소요되는 막대한 재정에 대한 지원이 없었으므로 의병들은 필요한 보급 문제를 강제수단으로 해결할 수밖에 없었다. 그런 과정에서 지나친 탈선도 있었음은 짐작할 수 있는 일이다. 사태가 여기에 이르자 의병 영향권 내에 있는 서민들은 마침내 피해의식을 느끼면서 의병을 외면하기 시작했다. 모든 수단을 다해서 보급의 요청을 거부했다고 한다.

이 당시 서민층의 피해의식을 고스란히 표현한 망국적인 넋두리가 합방 당시 전국적으로 유행하였다. 그것은 "의병이 죽거나 말거나, 헌병이 죽거나 말거나, 나와 무슨 상관이냐"라는 내용이었다. 서민들에게는 당시 의병도 헌병도 가해자로서 자신들의 생활에 피해를 주었던 것이 이러한 얘기가 유행하게 된 직접적인 원인이었다. 이러한 넋두리의 유행에 대해 지도자들이 다양한 각도에서 분석, 검토했다. 나와 동지들도 고향에서 운동할 당시 이현열 선생의 지도하에 과거의 이 문제에 대해 여러 가지로 분석하고 토론한 적이 있다. 이현열 선생의 결론은 다음과 같은 것이었다.

"이러한 자포자기적 애기가 나온 뿌리는 단순히 생활상의 피해의식에서 표출된 것이 아니다. 그 기본 원인은 더 깊은 우리 역사 속에서 찾아야 한다. 의병의 궐기는 일제 침략 앞에 망해가는 조선왕조의 복원을 목적으로 한 독립운동이기도 했다. 서민 중에는 세상의 본질을 정확히 파악하고 있던 수준 높은 사람도 있었을 것이다. 그들은 의병이 승리하여 일본이 패망하면 조선왕조는 다시 옛날과 같이 주권을 장악하고 왕의 위치에 올라 옛날로 복원되어 유림세력을 바탕으로 이전과 같이 우리 민족을 지배하게 될 것으로 보았다.

그렇게 될 경우 조선 말기에 더욱 가중되던 신분계급에 의한 차별과 서민에 대한 인간 이하의 천대 및 법외적인 권력 남용과 가혹한 수탈이 다시 시작된다고 인식하게 되었던 것이다. 이는 봉건 전제군주제인 조선왕조의 본질적인 속성이었다. 또한 조선 말기에는 서민에 대한 경제외적인 억압과 수탈이 갈수록 가중되었기 때문에 의병의 투쟁 목적이 서민을 위한 것이 아니라 국왕을 정점으로 한 유림정권의 복원 즉, 유림세력 본위로 다시 돌아가는 것이라면, 농민을 비롯한 상민계급에 대한 압박과 수탈은 그전과 다른 것이 없다고 단정했던 것이다. 의병에 대한 일반 대중의 피해의식은 거기에 뿌리를 두고 있던 것으로 보아야 한다. 서민들이 보기에 의병 투쟁은 이왕조의 복원을 위한 투쟁일 뿐이었고 서민들의 권익을 해방하는 사회혁명의 측면이 전혀 없었기 때문에 서민들이 외면한 것이라는 합법칙적인 결론이 나오게 된다.

우리 주권을 강탈한 일본의 식민지 통치는 유림 양반세력만을 우대하여 협력세력화하고 서민층에 대해서는 지금까지의 사회적 신분

계급에 의한 차별과 학대와 수탈을 계속해왔다. 그러나 일제의 통치로 인해 서민들은 민족적 탄압과 수탈이 가중됨으로써 이중 삼중의 희생을 강요당하는 제물로 제공된다는 점을 알아야 하는데 조선왕조가 복원되건 총독부가 통치하건 서민들에게는 조금도 도움이 되지 않는다는 식으로 동일시한 피해의식을 넋두리처럼 뱉는 것은 기가 막히는 현상이다. 따라서 이러한 표현을 무분별하게 받아들여서는 안 된다. 사회경제학적으로 절대 봉건군주제가 복원되는 것과 일본 민족에 의한 민족적 차별 및 더 가중된 수탈을 당하는 것을 동일시해서는 안 된다."

이러한 결론이 이현열 선생이 내린 결론이었다. 한편 의병 토벌이 끝나고 일본의 식민지 지배가 강화되어 가고 있는 정세하에서도 이 표현은 일상생활에서 광범위하게 사용되었다. 즉 자기와 이해관계가 없는 일이나 사건에 대해 냉소적인 토로를 하는 의미로서 "의병이 죽거나 헌병이 죽거나 내가 무슨 상관이냐"는 말이 흔히 사용되었던 것이다, 8·15 이후에도 이 표현에 담기 본질적이 의미는 완전히 사라지고 타인에 무관심한 자기 입장의 표현으로 대용되었다.

5. 총살될 처지의 일가족 8명을 통역으로 구출

일제의 의병 토벌 전투는 주둔군이 담당했고 합방 후 식민지 질서 유지를 위한 치안유지는 주요 지역에 배치된 헌병이 담당하였다. 헌병대는 의병 가운데 부대를 이탈한 의병 또는 전투에서 패전하여 도피 은신중인 의병, 그리고 이들을 은닉하고 지원해주는 사람을 찾아내어 소위 그들의 법에 따라 처벌했다. 그들은 치안기관이므로 그들 나름대로 법적 수속을 갖추어 언도하는 형식을 취했다. 그 당시 우리의 농촌과 산촌, 도서지방에는 일본말을 아는 사람이 전혀 없었다. 그러므로 검거된 자들에 대한 신문과 최후진술의 통역은 초보적인 일본어 속성 교육을 받은 헌병보조원이 담당할 수밖에 없었다. 당시 보조원의 통역 내용은 구출하려는 가족들이 제공한 뇌물로 내용과 크고 작음에 좌우되었다고 한다.

당시 아버지는 한성 외국어학교 일어과를 졸업하고 합방 후 1년 동안 서울에 머물러 있으면서 정세의 변화를 살펴보다가 1911년 초 음력설이 다가오자 고향에 돌아와 있었다. 아버지와 동지들은 농민과 더불어 독립운동을 하기로 약속하고 각자 자기 고향으로 돌아가 있던 때였다. 그때 고금면에 사는 한 가족이 도피하는 의병을 은닉해주고 도왔다는 혐의로 검거되어 총살 언도를 받았다는 말을 들었다. 이웃들의 말에 따르면 이것은 전혀 사실무근이었는데 헌병보조원의 농간으로 총살형이 결정되었다는 것이다. 아버지는 청년시절의 의분심과 민족애로 헌병대에 자진하여 나아가 능숙한 일본말로 헌병 대장에게 그 가족의 무죄함을 설득하여 구출해 낸 일이 있었다. 이 사실은 고향의 한 가족에 대한 일이지만 당시 헌병보조원들의 무자비한 탄압과 민족 반역행위를 구체적으로 알려주는 생생한 자료라 생각되기에 여기에서 다룬다.

1) 의병 은닉 혐의로 총살을 언도받은 가족

이 가족은 아버지가 살고 있는 청룡리에서 약 3킬로 떨어진 고개

너머 장터 근처에 살고 있던 최명삼 씨 내외와 아들 3명, 딸 1명과 며느리를 포함한 7인이었다. 그 당시 며느리는 만삭으로 출산일이 머지않았으므로 출산 직전 유아의 생명까지 합하면 8명이었다.

최명삼 씨는 논 20두락 이상과 그 외에 상당한 규모의 밭을 경작하던 부농이었다. 그러므로 매년 머슴을 고용하여 농사를 지었다. 고금면을 비롯한 완도 지방의 주민들은 비교적 여유 있는 생활을 하고 있었으므로 머슴은 전부 외지에서 들어온 사람을 고용했다. 머슴은 1년 고용계약으로 농업노동을 한다. 최명삼 씨 집에서는 1908년에 고용했던 머슴이 1년이 지나자 나가고 없었으므로 1909년 정초에 머슴을 구하고 있을 때였다.

때마침 건장한 청년이 머슴을 살겠다고 찾아와 기꺼이 받아들여 고용했다. 최명삼 씨 말에 따르면 청년은 노동을 한 경험이 없는 것 같아서 물어보니 자기 아버지가 남의 빚보증을 서서 망했으므로 머슴을 살게 되었다고 했다. 그 청년은 부지런하고 착실하게 일했다고 한다. 최명삼 씨는 다음해에도 그에게 계속 일하기를 청했고 이 청년은 그렇게 하기로 승낙하였다. 관례에 따라 그 청년은 설을 지내러 고향에 다녀오더니 딱한 사정이 생겨서 그 해 머슴을 살 수 없다고 하면서 나갔다 한다. 어디로 간다는 행방도 알리지 않은 채 자기 소지품을 가지고 나갔다. 그래서 최명삼 씨는 다른 머슴을 구해 데리고 농사를 지었다.

그런데 그 해 음력 12월 초순 고금면 건너편에 있는 대구면 마량항에 있는 헌병대가 최명삼 씨 집에 들이닥쳐 가택을 샅샅이 수색하고 5남 3녀 중 18세 이상의 자녀 4명과 자부, 명삼 씨 내외를 검거해 갔다. 나중에 알고 보니 머슴으로 데리고 있던 청년이 의병 활동을 하였는데 그를 숨겨주었다는 것이 이유였다.

그 청년은 의병에 가담하여 활동하다 도피하여 고향에 돌아와 은신하고 있었으나 이 사실을 고향 사람들은 몰랐다. 그는 안전을 위해 고향을 떠나 최명삼 씨 집에 와서 머슴을 살았던 것이다. 그 다음해 머슴을 다시 살기로 하고 고향에 돌아갔을 때 고향 사람 중 그가 의병임을 알고 있는 사람이 있다는 정보를 귀띔해 준 친구가 있어 그는 급박하게 최명삼 씨 집에 돌아와 맡겨둔 물품들을 가지고 떠나게 되었다.

그 청년이 의병이라는 정보가 정보망과 헌병보조원을 통해 헌병대에 알려졌다. 헌병대의 심문 내용은 최명삼 씨와 그 가족이 그 청년이 의병임을 알고도 1년간 숨겨주었고, 가지고온 총도 숨겨주었으며 도피하는 여비까지도 도와주었다는 것이었다. 최명삼 씨는 전혀 모르는 일이라고 부인했지만 보조원의 통역만을 믿은 헌병대장에게는 받아들여지지 않았다. 결국 7인 가족 전원에 대해 총살형이 결정되었다. 마량항과 고금도는 바다를 사이에 두고 3킬로미터 정도 떨어진 가까운 거리였으므로 이 두 지방의 주민들은 왕래가 빈번했다. 더욱이 고금면에는 5일장이 섰으므로 강진군 대구면과 다른 면에서 생활필수품을 사고팔기 위한 왕래가 그치지 않았다. 그리고 이 지방 사람들 사이에는 친척과 친구들도 많이 있는 것이 당연한 일이었다.

2) 구출운동에 앞장선 아버지

의병이 검거되면 가족과 친척이 헌병보조원을 통해 구출운동을 하는 것이 통례였으나 최명삼 씨는 성인 가족 전부가 체포되어 집에는 어린애들 밖에 없었고 일가친척은 겁이 나서 누구 한 사람 나서려 하지 않았다. 그러므로 보조원의 통역만으로 범죄 행위가 결정될 수밖에 없었다.

아버지는 음력 설 전에 고향에 돌아와 있었기 때문에 이 사실을 알게 되었다. 아버지는 외국어학교를 졸업하여 일본말이 능숙할 뿐만 아니라 지식수준이 높다는 것이 잘 알려져 있었으므로 고금면 유지들과 최명삼 씨의 친척이 찾아왔던 것이다. 최명삼 씨가 사실무근의 죄를 뒤집어쓰고 총살을 당하게 되었다면서 이 가족들을 구출해 줄 사람은 아버지뿐이라고 매달렸다고 한다.

아무 죄가 없는 최명삼 씨 가족이 헌병보조원의 농간으로 총살당할 처지에 놓인 것을 알게 된 아버지는 민족의식과 함께 솟아오르는 의분으로 구출에 나서기로 결정하여 한시가 바쁘니 즉각 떠나려고 했다. 그때 나의 할아버지는 "헌병대에 잡혀가면 살아남지 못할 것은 뻔한 일이다. 모든 것은 그들의 마음대로 결정하는 마당에 만일 헌병대에서 최명삼 씨의 가족을 구출하려는 것을 좋지 못하게 생각하면 너를 죽일 수도 있지 않느냐! 명삼 씨 가족의 생명도 중요하지만 내 아들의 생명 또한 더 중요하다"며 가는 길을 막았다고 한다.

그때 무식한 촌부인 할머니가 일어나서서 아버지에게 반드시 가야한다고 주장했다. "우리 내외가 손톱발톱 다 닳아지도록 일을 하고 전답을 팔아서 높은 학교 교육을 시킨 것도 좋은 일과 큰일을 하라고 한 것이 아니냐! 죽게 된 최명삼 씨 가족을 구하는 것보다 지금 더 큰일이 어디 있느냐"며 네가 가서 꼭 살려내야 한다면서 아버지를 앞장세우고 마량으로 건너가는 나루터인 가마구이(現 가교리)로 데리고 나갔다. 최명삼 씨 일가와 친구 및 아버지의 친구들과 친척 등 20여 명도 함께 따라갔다. 이들은 함께 살아서 돌아올지 모른다는 한 가닥 희망과 위험의 부담을 안고 따라갔다. 할머니가 이때

보인 용기와 용단으로 할머니는 동네 사람들로부터 여장부라고 칭송받았다. 그 이야기는 우리 친척 중 연로한 사람들의 입으로 전해지고 있다.

나루터를 출발한 아버지 일행은 마량항에 도착하여 헌병대를 찾아가 헌병대장에게 면회를 요청했다. 당시 마량에는 헌병분견대가 설치되어 있었고 대장의 계급은 일본군 하사관인 군조(우리들의 일등상사)였다. 면회가 허락되어 대장과 면담을 시작하였다.

아버지는 헌병대에 가는 동안 최명삼 씨는 친하게 알고 지내는 고향 사람일뿐만 아니라 우리 민족의 한 사람이고, 그 가족 8명을 여기에서 구출하려면 모든 수단을 다해야 하며, 본의가 아니더라도 총독 통치와 헌병대를 칭찬하는 것도 마다하지 않겠다고 결심했다. 목적을 위해서 이것만이 유일한 방법이라고 생각하셨던 것이다. 아버지는 대장과의 면회가 이루어지자 "내가 대장을 만나는 목적은 고향 사람인 최명삼 씨 가족을 구출하러 온 것이지만, 그보다 더 큰 목적은 조선총독부 정책과 헌병대의 치안을 돕기 위해서이다"라고 말했다. 그 말을 들은 대장은 깜짝 놀라며 어떻게 도움을 주려 하느냐며 자세히 설명하라고 했다.

당시 일본군 하사관들의 학력은 예외 없이 초등학교 졸업 정도였다. 헌병대장 역시 하사관이니 학력 수준은 형편없이 낮았다고 할 것이다. 아버지는 그에게 "중국 성현의 교훈에 죄인 100명을 석방하는 것은 선정이지만 죄 없는 한사람을 벌하는 것은 악정이라고 하는데, 혹시 죄 없는 최명삼 씨에게 억울한 총살형을 결정한 것은 아니냐"고 물었다. 대장의 대답은 법에 따라 적법한 절차를 따라서 결정한 것이라고 답했다.

아버지는 "최명삼씨는 고금면 내와 강진 일부에도 친척도 많고 아는 사람도 많다. 최명삼 씨가 도피 의병을 도왔다면 물론 죄가 된다. 그러나 명삼 씨는 직접 의병 투쟁에 참가한 일이 없고, 고금도의 여론을 들어봐도 다 무죄라는 소문이 자자하다. 그에게 다소의 죄가 있더라도 8남매의 자녀를 거느리고 있는 사실에 대해 대장께서 정상을 폭넓게 참작하여 용서해 준다면 그 사람을 알고 있는 수많은 사람에게는 물론이고 이 말이 널리 전파되어 조선 총독통치는 무조건 조선 민족을 탄압하는 것이 아니라는 소문이 퍼질 것이다. 반면 용서를 해주지 않는다면 헌병은 조선인에 대해 조그마한 죄까지도 절대 용서하지 않고 총살을 하므로 일본인과는 함께 살 수 없다는 적대의식을 갖고 비협조적으로 나올 것이라는 점을 대장도 충분히 이해할 것이다. 이러한 일은 명삼 씨 가족과 친척뿐만 아니라, 고금 면민을 비롯해서 이 소식이 전파되어 알게 될 조선인들은 동일한 태도로 나올 것이 뻔한 일이다.

그러나 죄가 있다 하더라도 대장이 명삼 씨 가족을 용서해 준다면 그 결과는 조선인이 지금까지의 저대의식을 버리고 총독부 통치를 지지하는 결과로 돌아오게 되어 통치 안정의 폭을 넓히게 될 것이다. 지금까지 우리 민족에 대한 헌병의 치안 정책이 총살 일변도인 것으로 알려져 공포와 적대감정으로 가득 차 있다. 만약 최명삼 씨 가족을 석방하면 일본의 치안 정책이 그렇지만은 않다는 것을 증명하게 되어 사람들의 태도는 달라질 것이고 치안에 적극 협력하게 될 것이다. 이 가족의 석방은 표본적인 선정이므로 긍정적인 결과를 초래한다는 것을 이해해야 할 것이다.

합방 당시 천황폐하는 조선민족에 대해 일시동인(一視同仁)을 선포했다. 이 말은 민족 차별을 하지 않고 조선인에 대해 일본인과 동등한 정책을 시행한다는 것으로 우리는 받아들였다. 그러므로 최명삼 씨의 가족은 뱃속의 아이까지 8인이지만 이 가족을 처벌하느냐 용서하느냐는 천황폐하가 선포한 일시동인이 진실이냐 거짓이냐를 증명하는 증거가 된다. 그리고 그 결과는 갈수록 광범위하게 퍼질 것이므로 총독부 통치에 큰 영향을 줄 것이라는 것을 심각히 고려하고 여기에 도움이 되는 방향으로 해결하기 위해 내가 일부러 찾아와 대장을 만난 것이니 이점을 이해해 달라"고 했다.

수준 높고 조리 있는 아버지의 말을 들은 그는 깜짝 놀라면서 당신은 오늘 나에게 조선에 대한 총독부 통치 정책과 헌병대의 임무가 무엇인가를 가르쳐준 선생이라 했다. 기회를 포착했다고 생각한 아버지는 그러면 총살형을 언도 받고 있는 최명삼 씨 가족에 대해 당시 통역한 보조원과 함께 가서 직접 물어 보는 것을 허락하겠느냐고 물었다. 대장은 반드시 그렇게 해야 한다고 하면서 통역한 보조원과 기타 보조원 2~3인과 함께 최명삼 씨를 찾아갔다.

헌병을 따라가 보니 마량항에서 200~300미터 떨어진 좌측 바닷가에 7인을 결박하여 앉혀 놓고 무장 헌병 2인이 지키고 있었다. 그곳에 헌병대장과 취조를 담당했던 헌병, 그리고 통역하는 보조원 2~3인이 함께 갔다. 시간은 정오가 지난 점심때였는데 헌병보조원은 최명삼 씨 가족들에게 점심을 갖다 놓으면서 이 세상에서 먹는 마지막 밥이라고 말했다. 마침내 때가 되었다고 직감한 이 가족들은 이 점심을 먹지도 못하고 눈물만 하염없이 흘렸다고 한다.

그때 아버지가 대장과 함께 나타나자 명삼 씨는 아버지를 보더니 "사열이! 나 좀 살려 주소! 나를 살려줄 사람은 자네 밖에 없네!"하며 울음을 터뜨렸다. 어떻게 해서 이렇게 되었느냐고 묻자 보조원의 통역으로 만들어진 조서에 기록된 범죄 사실은 단 한 가지도 내가 전혀 모르는 일이며 하지도 않았고, 여기 와서 비로소 내가 이런 죄를 지은 것으로 되어있는 것을 알았으며 이것은 보조원의 통역만을 듣고 기록한 것이니 이 점을 잘 말하여 나의 무죄를 밝혀 달라고 울먹거리며 하소연했다. 아버지는 이 말을 대장과 취조 담당자인 헌병에게 일본어로 통역해주었다.

최명삼 씨는 해당 헌병보조원에게 말하길 "나는 처음부터 끝까지 하지도 않았고 모르는 일이라고 대답하지 않았느냐. 그런데 어떻게 해서 이런 언도문이 되었느냐'고 물었다. 아버지는 대장에게 이 말을 통역해주었다. 아버지는 헌병보조원에게 당신은 무엇을 근거로 어떤 이유에서 본인이 말하지도 않은 내용을 통역했느냐고 물으니 보조원은 자신은 본인들이 말하는 대로 통역했을 뿐인데 아마도 취조를 담당한 헌병이 잘못 듣고 작성한 것 같다고 말하며 얼버무렸다. 아버지는 이 말을 정확하게 통역해 전달해 주었다.

이 말을 들은 취조 담당 헌병이 화를 벌컥 내고 일어서며 "이놈이 뭐가 어째? 내가 잘못 기록했어?'하며 통역보조원을 발로 찼다. 아버지는 이를 제지하며 "최명삼 씨에 대해 통역 헌병과 함께 조서 내용의 하나하나를 직접 물어보는 것이 좋겠는데, 이를 허락하겠냐"고 묻자 대장은 그렇게 하자고 쾌히 승낙했다.

그렇게 하나하나를 직접 묻고 대답을 들으며 헌병보조원에게 이것을 인정하느냐고 다짐한 다음 통역을 하면서 상당한 시간이 걸려 심문한 결과는 누가 보든지 최명삼 씨가 무죄임을 알 수 있는 결론이 나왔다. 그러자 취조를 담당했던 헌병이 다시 일어나 보조원의 따귀를 때리며 옷을 벗으라고 했다고 한다.

그때 이 소식을 들은 대구면장과 유지들이 현장에 찾아왔다. 대구면에는 경주 이씨의 총 종가가 있고 사당과 선조 시대의 선산이 있으므로 자주 출입하여 서로가 잘 알고 있는 사이들이었다.

3) 누명이 벗겨져 석방된 최명삼 씨 가족

헌병대장은 헌병보조원을 시켜 그전에 작성한 조서와 언도서를 가지고 오고 다른 보조원에게는 책상을 가져오라고 했다. 거기에서 헌병대장은 종전의 조서와 언도서는 파기하고 최명삼 씨 가족의 진술에 따라 조서를 다시 작성하고 판결문을 바꾸어 작성한 다음 정식으로 무죄를 선고했다. 동시에 최명삼 씨 가족의 포박은 풀어주게 했다. 최명삼 씨 가족들은 아버지에게 달려들어 껴안고 큰 소리로 울음을 터뜨리며 고맙다는 인사를 연발했다. 특히 만삭인 자부는 통곡을 하며 눈물을 흘렸다.

풀려난 최명삼 씨 가족을 데리고 와 헌병대 마당에 앉힌 뒤 아버지는 면장과 함께 대장실에 들어갔다. 면장과 유지들은 아버지와 헌병대장을 칭송하면서 자신들이 점심을 내겠다고 했다. 아버지와 대장은 헌병대에서 주는 점심을 먹었다며 사양했다. 아버지는 이들에게 차라리 마량 근처에서 많이 나는 고급 생선을 선사하라고 하니 헌병 대장은 감사하다고 했다. 그리고 헌병대 마당에 앉아있는 최명삼 씨 가족에게는 언제 준비했는지 점심을 차려왔다. 이제야 밥 먹을 마음이 된 그들은 웃으며 점심을 들었다.

그러는 동안 상당한 시간이 지나 대구면에서 온 유지 한 분이 언제 준비했는지 막걸리 한 말과 푸짐한 안주를 가지고 와서 마당에서 술을 한잔씩 나누며 건배를 했다. 이들이 떠나려 하자 헌병대장이 은단 한 홉 이상을 봉지에 담아주면서 가지고 가라고 하였다. 헌병대장은 떠나는 아버지에게 되풀이 하여 오늘 일에 감사를 표시하면서 자주 찾아와 달라고 악수를 청하였다고 한다.

최명삼 씨 가족과 아버지는 타고 온 배로 고금면 나루터로 향했다. 그때까지 항구에 나와 지켜보고 있던 사람들은 시체를 싣고 오는지 산 사람을 싣고 오는지 희비가 엇갈리는 조바심으로 기다리고 있다가 배 안에서 최명삼 씨 가족들이 손을 흔드는 것을 보고서야 "살아왔다" 하는 함성을 외쳤다고 한다. 마량항을 떠날 때 이 사건이 어떻게 귀결될지 궁금해하던 마량의 주민들도 70~80명이 나와서 살아 돌아온 이들을 손을 흔들며 환영했다.

최명삼 씨는 헌병대에 검거된 다음 범죄 사실을 추궁받으면서 10여 일이나 조사를 받아 건강이 쇠약한 상태였으나 고금도 나루터에 도착하자 어디에서 생겨났는지 원기가 왕성했다고 한다. 그는 거기 나온 사람들과 가마구미의 유지들을 기어이 자기 집으로 데리고 가서 큰 잔치를 베풀어 저녁을 먹였다.

이상의 이야기는 고금면을 비롯한 완도와 마량을 중심으로 한 강진과 장흥 일대에 미담으로 전파되어 전해내려 왔다. 나는 그 당시 세상에 태어나지 않았으므로 나중에 성장하여 부모님과 조부모님을 비롯한 친척과 이웃에게서 이 이야기를 들었고 최명삼 씨 가족에게서도 직접 여러 번 들어서 눈앞에 보는 것 같이 알 수 있었으므로 기억을 더듬어 여기에 글로 옮겨 놓는 것이다.

이상의 사실에 대해 지나칠 정도로 상세히 기록한 것은 눈앞에서 보는 바와 같이 구체적으로 설명하는 것이 개념적인 논리와는 비교할 수 없는 현실감 있는 인식을 주기 때문이다. 이 사례는 한 가족이 처했던 억울한 일을 예로 든 것이지만 당시 전국 도처에서 자행되고 있던 헌병보조원의 반역 행위의 일각을 인식하고 평가해볼 수 있는 단면이 된다 생각되어 여기에 기록한 것이다.

아버지는 우리가 성장한 뒤 이 얘기를 하실 때마다 당시 최명삼 씨 가족을 구출하기 위해서는 총독통치와 일본천황에 대해 협력 지지하는 말이 다른 어떤 것으로 바꿀 수 없는 유일하게 효과적인 수단으로 생각했다며, 마음에도 없는 지지 찬양을 했다는 말을 웃으면서 하신 것이 지금도 기억에 남는다. 목적이 옳다면 거기에 이르는 수단은 유연하게 선택하라는 뜻이었으리라.

6. 통역 강요를 피해 거주지 전전(轉轉)

1) 헌병대의 통역 요청과 아버지의 고민

아버지는 헌병대장의 요청에 따라 그 후에도 종종 헌병대로 호출되었다. 내키지 않는 일이었지만 피하기도 어려운 일이었다. 아직까지 남아있던 의병이 어쩌다 체포되는 상황이 되면 헌병대에서는 아버지에게 이들에 대한 조서를 꾸미기 위해 통역을 요청했던 것이다. 아버지의 성향으로 보아 이 일에 대한 고민이 없을 수 없었다.

당시 강진군 칠량면과 장흥군 사이에는 수목이 울창한 첩첩산중의 계곡이 있었는데 그 주위에 장흥군에 속한 분토(分土)라는 50~60호의 산중부락이 있었다. 이 부락은 모여 있는 게 아니라 몇 가구씩이 흩어져 있었고 주민들은 농사와 함께 목재, 화목을 비롯한 임산물을 생산하며 살고 있었다. 도피 의병 중에 낮에는 산속에 있다가 밤이면 이곳 농가에 나와 숙식의 도움을 받으려고 간간히 나타난다는 얘기를 아버지는 여러 번 들었다고 했다.

이 사람들이 검거되면 또 다시 불려가 최명삼 씨 가족의 경우와 같이 차마 눈뜨고 볼 수 없는 비참한 광경을 보아야 하며 검거된 사람들에게 도움을 주려면 마음에도 없는 말을 해야 한다는 것에 큰 부담을 느끼던 아버지는 고향을 떠나 다른 곳으로 이주하기로 결심했다. 아버지는 그해 가을 강진읍 출신의 어머니와 결혼을 했다.

할아버지에게는 계속 고향에서 살다가는 또 다시 헌병대에 불려가 곤욕을 치를 것이므로 의병 토벌이 끝날 때까지 여기를 떠나야겠다고 했다. 당시 할아버지는 고향에서 비교적 큰 부농이었으므로 아버지에게 생활비 일부를 주면서 떠나라고 했다. 아버지는 강진에 있는 처가 근처로 가서 설을 지낸 다음 고향으로 다시 간다며 누구에게도 말하지 않고 해남군 북평면 좌일리(좌일장터가 있는 곳)에서 5킬로미터 떨어진, 사람의 왕래가 드문 해안 부락인 봉천 부락으로 이주하여 방 한 칸을 얻어서 살았다.

몇 달 만에 생활비를 얻으려 할아버지 집에 가서도 역시 강진읍에서 산다고 말했다고 한다. 아버지는 주로 독서를 하고 때로는 어족이 풍부한 바다에 나가 낚시질도 했다. 봉천부락 앞에는 5~6백 정부에 가까운 광활한 간석지가 있어 썰물이 되면 뻘이 드러나 여러 종류의 고급 조개류가 풍부하게 생산되었고 낙지와 문어 등도 많이 서식했다. 어머니는 여기에 나가서 어패류와 해조류를 채취하여 음식으로 해먹고 남은 것은 좌일 시장에 나가 팔아 생활에 도움을 얻었다. 아버지는 이곳으로 이사 온 다음부터 앞에서 내가 언급한 전국의 동지들을 방문하기 시작했다고 한다.

2) 해남 대흥사 계곡에서 참패한 의병세력의 후일담

내가 태어나기 이전 과거의 일이므로 연도와 시일은 확실히 모르나 이 일대에서 일본군의 토벌로 의병부대가 참패한 사실이 있었다. 당시 전남 일대의 의병 가운데는 부대가 흐트러져 분산된 뒤 재편을 위해 해남 대흥사 계곡 인근으로 집결했던 상당수의 잔여 세력이 있었다고 한다. 해남 대흥사 계곡은 광활한 산림이 우거져 있었고 대흥사 사찰의 규모가 커서 암자 10여 개가 여기저기 분산되어 있었다. 또 가까운 거리에는 민가가 있어 해산된 의병들은 이곳에 모여들어 대열을 재편성하고 투쟁을 재기하기 위한 임시 장소로 택하여 일정 기간 주둔하고 있었다.

당시의 의병의 미숙한 군대 편성과 조직 체계로 군대의 생명인 완벽한 보안은 불가능했다. 그 후에 들은 말이지만 이곳에 의병 대부대가 집합해 있다는 것을 탐지한 일본군은 대대병력 또는 연대병력을 동원하여 이들을 포위하여 토벌전을 개시했다. 고도로 훈련되고 현대 무기로 무장한 일본군 앞에서 화승총으로 무장한 의병은 그들의 상대가 될 수 없었다. 이때 전멸된 의병이 1,000~2,000명까지라고 전해졌다.

울창한 숲속의 전투였으므로 의병 중 일부는 토벌 작전에서 살아남아 소부대로 분산된 인원이 상당수였다고 한다. 그들에게 가장 긴급한 것은 숙식 문제였다. 그들은 인근 부락과 고개 넘어 북평면 산중 부락에 밤이 되면 나타나 숙식 문제를 지원받았다고 한다.

전남 지역의 의병들이 일본군에게 대참패를 당했다는 소식은 그 당시 인근뿐만 아니라 전국적으로 널리 전파되었다. 그러므로 대흥사 인근 주민들은 일본군에 대한 적개심과 함께 소수만이 남았을 의병들에 대한 동정심이 높아져서 처음에는 힘닿는 데까지 도왔다고 한다. 어떤 산중 부락에는 10명의 의병이 밤에 들어와서 밥을 먹고 잠을 잔 다음 새벽에 나간 일이 있었다고 한다.

여러 날 굶주린 의병들은 부락민에게 과도한 요구를 하기도 했다. 그 부락에 온 의병들은 밥을 먹고 떡도 해달라고 해서 먹고 닭과 돼지도 잡아먹고 술도 가져오라고 하여 마셨다고 한다. 당시 우리 농촌에는 제사 때에 제주를 담갔기 때문에 부락 중 몇 집에는 반드시 술이 있었고 그것을 가져오라고 해서 마셨던 것이다. 그들은 새벽에 떠나면서 여러 집에서 밥과 쌀을 거두고 돈도 강요하여 거두어 갔다. 무장한 그들 앞에서는 마음에서 우러나온 지원보다는 강요당한다는 피해의식이 높아져 갔을 것임은 앞에서 언급한 바 있다. 이것은 우리 민족과 의병 간의 일치감을 저해하는 직접적인 원인이 되었지만, 한편으로 우리 민족이 겪어야 했던 비극의 일면이기도 했다.

그 즈음의 의병 토벌과 관련하여 현장 조사를 담당한 헌병보조원이 조사 보고를 서투른 일본말로 했다는 내용에 대해 마을 사람들이 흉내 냈던 대목이 어렴풋이 기억이 난다. 아래의 내용이다.

기해이(의병)주 니산(10명) 나니나니 마무주 ??마을(어떠어떤 마을로) 캄캄요루 하이리(캄캄한 밤에 들어와) 매시다배(밥 먹고) 모찌다배(떡 먹고) 니화도리(닭과) 부다다배(돼지 먹고) 사케다배(술 먹고) 내무리(잠자고) 캄캄아사(캄캄새벽에) 매시고매(쌀) 가네(가네) 다꾸산(많이) 도로보(강탈하여) 외까래 호이(도망쳤다) 호고꾸 오꾸래 도조상(보고를 늦게 한 동장) 기사이오(귀딱지를) 이리다다끼 저리다다끼(이쪽 저쪽 뺨을 때리고) 산변시헨 다다끼 마시다(서너뎃개 때렸습니다)

이러한 국적불명의 말은 내가 성장한 20년 후까지 웃음거리로 전해들은 얘기다. 이런 미숙한 일본어를 사용하며 뇌물로 좌우되는 헌병보조원의 통역이 의병을 비롯한 우리 항일 독립운동과 그 지원 인사들에 대해 엄청난 피해를 주었음은 앞에서 말한 최명삼 씨 가족의 경우를 볼 때 충분히 짐작하고 남음이 있다.

3) 이주한 완도 영풍리의 몇 가지 얘기들

당시 일제 헌병의 주된 임무는 패주하여 분산된 패잔병 의병을 찾아내 검거하고 총살하는 것이었다. 아버지는 자신의 신상이 헌병에 알려지면 반드시 그들에게 불려가 의병들의 총살을 돕기 위한 절차로서 통역을 해야 하는 일에 참여해야 한다는 것을 잘 알고 있었기에 이를 어떻게 하든 피하려고 했다.

우리 의병은 물론 의병 활동을 지원한 사람들이 일본 헌병의 총칼에 쓰러져야 하는 것은 바로 조국과 민족의 살 한 점 한 점을 도려내는 것과 같은 고통이었으므로 아버지는 헌병의 강요에 의해 중간에서 통역한다는 일은 생각만 해도 분노가 치솟아 오르고 등골이 오싹한 일이었다.

아버지가 생각할 수 있는 최선의 방법은 하루속히 이들이 알 수 없는 다른 곳으로 옮겨가는 것이었다. 아버지는 그 동안 부락 사람들과도 친숙해졌으므로 강진으로 다시 간다고 얘기하고 갑자기 이 삿짐을 싸 완도군 군외면 영풍리 해변부락으로 이주했다. 당시 영풍리에는 아버지가 한성 외국어학교 입학 시에 한성사범학교에 입학하여 졸업한 뒤 읍내에 있는 완도 보통학교 훈도로 재직하고 있던 오석균 선생이 있었다.

오석균 선생은 고향이 바로 영풍리였고 부모형제가 살고 있었으므로 완도읍에서 10킬로미터 떨어진 이 마을에 일요일이면 꼭 찾아 왔다. 아버지를 만나 이야기를 나누기 위한 것도 영풍리를 찾아오는 목적의 하나였다. 아버지는 여기에서 오석균 선생을 통해 조일신문을 구독했다고 한다. 책 없이는 살지 못하는 아버지에게 새로운 책을 구하는 것은 큰 즐거움이었다. 여기 오신 뒤에도 일 년에

오수덕과 전통 혼례

도 몇 번씩 전국에 있는 동지들을 찾아갔고 또 친구들이 여기에 찾아 왔다. 아버지는 이곳 영풍리에서 3년 이상을 살았다. 그러는 사이 내가 태어났다.

아버지의 굴곡졌던 삶을 이야기하다 보니 다시 이 책의 처음으로 돌아간 것 같은데 나는 1912년 8월 31일(음력 7월 18일)에 완도군 군외면 영풍리에서 장남으로 태어나 3세까지 이곳에서 자랐다. 크게 의미를 부여할 일은 아니지만 영풍리에 관해 나와 관련된 우연한 사실 몇 가지를 기록해 두려 한다.

나의 아내인 오수덕 여인도 내가 영풍리에서 출생한 2년 후에 오석균 선생의 장녀로 여기에서 출생했다. 이것도 우연이자 인연이겠다. 세월이 흘러 두 사람이 결혼한다는 것은 상상도 못한 일이었다. 그녀와의 결혼 경위, 그리고 그녀가 결혼한 후 독립운동을 지원한 일에 대해서는 다른 지면에서 기록하기로 해둔다.

나와 오수덕은 1934년에 영풍리에서 재래혼례식을 치르고 부부가

되었다. 오석균 선생의 가장 가까운 친구이자 동지로서 당시 교직에서 물러나 서울에서 출판사를 경영하고 있던 백남운 선생이 우리의 결혼을 축하하는 장문의 축사를 써보내 주셨다.

결혼식이 끝난 직후에 다음과 같은 사실을 알았다. 내가 영풍리에서 태어났으므로 태를 그곳에 묻는 것은 당연한 일이었는데, 우연의 일치라고나 할까, 나보다 2년 후에 태어난 그녀도 그곳에 태를 묻었다고 했다. 이 내용은 나의 사생활이지만 이 글의 낙수거리로 생각하고 여기에 전해둔다.

4) 귀향과 3·1 운동 전후의 활동

내가 3세 때인 1914년경은 일제가 계획했던 식민지 치안이 확립되었고 의병에 대한 비참한 토벌도 다 끝난 때였다. 따라서 헌병으로부터 괴로운 통역을 강요당할 필요도 없어지고 정세가 평온해지자 아버지는 1914년에 고향인 고금면으로 돌아왔다. 그리고 부모님의 농사를 도우면서 앞에서 얘기한 바와 같이 그 고장의 청년들에게 여러 가지 교양 활동을 하셨다.

당시 각 지방의 면민 중에서 면사무소, 주재소, 금융조합 등에 자주 출입하며 면장, 주재소 수석, 금융조합 이사 등과 교제하는 사람들을 유지라고 했다. 이 유지들은 면민 중 상위층이며 면민 대표로 자처하고 행세하던 사람들이다. 아버지는 당신의 학력이나 친교 관계로 인해 면내 각 기관과 유지들로부터 출입을 계속 종용받았으나 여기에 표면적으로는 응하면서도 이런저런 이유를 붙여 될 수 있는 대로 회피하고 불가피한 경우가 아니면 일선 기관과 의식적으로 단절하려고 하셨다.

아버지는 일선 행정기관은 총독부 식민지 통치를 우리 민족의 생활과 말단까지 직접 연결시켜 식민지 정책을 구체화시키는 식민지 지배의 모세관과 같은 기관이므로 유지 행세를 하면서 여기에 자주 출입하고 그 기관장들과 만나는 것은 결과적으로 식민지 통치를 측면에서 도와주며 합리화시켜주는 것이라 생각했으므로 그들과 대립을 피하기 위해 꼭 필요할 때와 회의에 초청될 경우 외에는 출입을 하지 않았다. 그러므로 면장 외에, 자주 바뀌는 주재소 수석과 기관장들에게 아버지의 존재는 차차 망각되어 갔다. 이것이 아버지가 바라는 바였으며 아버지는 여기에 맞추어 처세를 하셨다.

제1차 세계대전이 일어나자 아버지는 동네 청년들에게 조일신문의 기사를 우리 민족 문제와 결부시켜 교양 겸 설명해 주었다. 그리고 일본에서 발행한 시사 월간지도 구독했다. 대전이 일어나자 아버지와 동지들 간의 왕래가 그 전보다 더욱 빈번해졌다. 앞에서 말한 바와 같이 이 분들이 그 나름대로 독서와 신문 구독 및 토론을 통해 비판적으로 축적한 이론과 정세 전망은 당시 우리나라의 유명한 지도자적 지식인의 수준 이상이었다. 그것은 내가 20세가 되었을 때에야 이론적인 것과 정세에 대해 구체적으로 말해주기 시작한 아버지를 통해 확인하게 된 것이다.

아버지는 세계대전은 국제 열강 간의 세력과 질서에 반드시 큰 변화를 가져오게 될 것으로 보았고 이 변화는 긍정적인 역할을 할 것으로 생각했다. 아버지와 그 동지들은 이와 같은 총론적인 세계정세의 전망 앞에서 우리 민족 문제를 다각적으로 연구 검토했고, 결론은 우리 민족에 조금이라도 도움이 될지언정 불리하지 않을 것이라는 판단을 했다고 한다.

그러나 상황은 기대했던 방식으로 진행되지 않았다. 세계대전이 중반기에 접어들면서 미국이 중립적 위치에서 벗어나 연합국에 참전한 것을 보면서 이러한 기대는 더욱 높아졌지만, 일본이 연합국 편에 서서 참전하면서 연합국의 전쟁 승리 이후 우리나라에 미칠 영향이 부정적일 것으로 보였다. 아버지는 "연합국의 승리로 대전이 끝날 상황에서 전후 처리는 식민지를 비롯한 일본의 이권을 더욱 확대 강화시키고 국제적 지위를 상승시켜 일본이 열강의 대열에 들어가는 길을 열어주게 될 것이 우려된다. 일본의 세력 강화와 국제적 지위의 상승으로 인해 우리 민족에 대한 지배가 더욱 강화될 것"이라고 크게 낙망했다.

대전이 종반에 접어들자 미 대통령 윌슨이 전후 처리를 위해 14항목을 제시했고, 여기에 민족자결 원칙이 있음을 보고 또 다시 크게 고무되었다. 우리의 독립 의지만 명확히 표명되면 전후에 독립을 이룰 수 있는 정세가 확립되었다고 보았고, 이것이 3·1 독립만세운동의 결정적인 전제가 되었다. 당시의 세계정세에 밝지 못한 어른들로서는 눈앞에 나타난 당면 문제만 보고 근시안적인 판단을 할 수밖에 없었고 이 점은 국내는 물론 해외에 있는 우리 민족지도자 전체가 가진 공통된 견해이자 한계였다.

우리 민족의 독립 의사를 세계에 표시하면 경제와 군사력으로 무장된 막강한 미국이 강력한 지지 성명과 함께 해군 군사력을 일본과 우리나라 근해에 배치하고 시위함으로써 일본의 퇴각을 강요할 것이라는 것이 당시 3·1 운동을 준비한 지도자들의 통일된 견해였다. 우리 민족의 평화적인 운동에 일제가 총칼을 동원하여 엄청난 생명을 살상하고 한 곳에 몰아넣어 불태워 죽이던 비인간적인 만행을 미국이 절대로 그대로 보지 않고 강력한 외교적 항의와 함께 실력적인 위협을 하여 제지시킬 것을 확신했다.

그러나 미국은 우리 민족이 당한 최대의 비참함을 보고도 자신들과는 전혀 관계가 없는 것으로 보고 있음에 대해 지도자들은 실망과 함께 분노를 느꼈다. 미국은 일본을 지지하고 도와주는 나라였다. 일본은 이를 믿고 평화운동을 한 우리 민족을 야수와 같이 학살할 수 있었음을 지도자 중 일부는 알게 되었고, 미국은 일본편이라는 것을 확실히 알게 되었다.

아버지와 그 동지들은 비로소 미국의 실체를 정확하게 파악했다. 고금면의 독립운동 준비를 지시하던 아버지는 크게 실망하고 비관하면서도 독립만세 궐기가 민족의식의 각성에 크게 도움이 되는 수단이라고 생각하고 고향의 만세 운동을 지도했다. 이상이 3·1 독립만세 운동 전후까지 아버지의 활동이었다.

제5장 전남운동협의회 결성과 와해

1. 전남운동협의회 결성

1) 새로운 동지의 만남과 협의회 결성

1933년 7월 이현열 선생이 34세를 일기로 짧은 생을 마감하자 그를 정신적 지주로 삼았던 동지들과 농민들의 충격과 슬픔은 컸다. 농민들이 희망을 잃었다고까지 탄식할 정도로 그가 남긴 족적과 영향력은 컸기 때문이다. 상황이 이렇게 되자 나는 부족하더라도 이현열 선생이 조직했던 농민반, 청년반 등이 고금면 조직을 내가 이끌어가지 않을 수 없다는 책임감을 느꼈다. 이 무렵 절친한 동지였던 최창규는 폐결핵을 심하게 앓고 있었고, 이현열 선생으로부터 초기 교양을 받았던 5인 중 다른 동지들은 이런 저런 이유로 활동을 그만둔 처지였기 때문이었다.

고금면에는 이현열 선생의 노력으로 이전에 이미 농민반, 청년반 등의 조직이 꾸려져 있었고 용지포 이권투쟁동맹 사건에서 보여줬듯이 일정한 투쟁력과 조직력을 확보하고 있었다. 이 조직을 더욱 확대시키고 지도하는 것이 내가 해야 할 역할이었다. 당시 고금면 조직 구성원의 80%는 농민들이 차지하고 있었다. 나는 당시의 정황을 고려할 때 모든 일의 주체는 물론이고 조직을 이끄는 간부 역시 농민이어야 한다고 생각했다. 사실 이러한 인식은 이현열 선생이 생존하던 당시에 내가 받은 교양의 중요한 부분이었고, 나는 이미 1932년부터 완도군의 다른 면에서 농민조합 활동을 하던 동지들과 유대관계를 맺어오고 있던 터였다.

이들은 각 군과 면에서 활동한 사람들이었으므로 대개는 전부터 알고 지내던 관계였는데, 특히 완도 군외면의 황동윤과 해남군 북평면의 오문현, 강진군의 윤가현과는 끈끈한 동지 관계로 발전해갔다. 내가 이들을 처음 알게 된 것은 황동윤을 만나면서부터였다. 이 무렵 황동윤은 완도읍에서 조선일보 지국장 백태윤을 도와 총무 격으로 일하고 있었다. 이때 아버님이 완도에서 장사를 하고 계실 때여서 나도 자주 갈 기회가 있었고, 황동윤의 집이 군외면이어서 가끔 만나 함께 놀기도 했다.

오문현을 만나게 된 것도 황동윤 덕분이었다. 어느 날 그가 자기 집으로 놀러가자고 해서 따라갔는데 해남군 북평면 와룡리에 사는 오문현을 불러 소개시켜 주었다. 그 후 오문현과는 자연스럽게 어울려 이야기를 나누는 사이가 되었다. 오문현을 통해서는 다시 윤가현을 개인적으로 알게 되었다. 오문현과 윤가현은 사촌 사이라고 말했던 것으로 기억된다.

사실 윤가현의 이름은 그 전에도 알고 있어 낯설지 않았다. 광주학생운동 직후인 1930년 1월 장날에 윤가현이 대구 보통학교 학생들을 선동하여 시위를 했는데 그 내용이 신문에 보도되어 그 이름을 알고 있었던 것이다. 이 시기에 윤가현은 학생독립운동과 관련하여 징역을 살고 나서 고향에 내려와 있던 중이었다. 조선일보 지국장을 하고 있던 백태윤은 완도군 소안면 사람으로 제4차 조선공산당 재건운동 사건에 연루되었다고 했다. 김홍배는 황동윤과 오문현 간에

서로 연락을 취하는 동안에 자주 만나며 알게 되었다.

　우리는 그렇게 서로 알게 되면서 서로가 갖고 있는 인식과 문제 의식이 비슷하다는 것을 확인하면서 대화를 자주 가졌다. 각 면 단 위의 조직을 통일시켜 점차 군 단위로 확산시키자는 이야기도 자연 스럽게 나누게 되었다. 마침내 1933년 5월 경 해남군 북평면 성도암 에서 김홍배, 오문현, 황동윤과 함께 모여서 전남운동 중앙지도기관 을 정식으로 결성하여 4개 부서를 두고 서로의 역할을 분담했다. 도 조직을 각 군을 지도하는 방식의 지도체계를 갖자는 데 모두 동의하 였다. 당시 계획된 조직과 책임자는 다음과 같다.

- 사무부 및 총 책임자 : 김홍배(金洪培)
- 조직 및 재정부 : 오문현(吳文鉉)
- 조사 및 출판부 : 황동윤(黃同允)
- 구원 및 선전교양부 : 이기홍(李基弘)

　여기서 잠시 전남운동 중앙지도기관 결성 이전의 상황과 역할 분 담까지의 과정을 후일의 판결문을 통해 살펴보자. 내 기억과 조금 다른 부분도 있지만 공식 자료로 남아있는 부분이므로 맥락을 이해 하는 차원에서 참고할 가치가 있을 것이다.

　"황동윤, 김홍배, 이기홍, 오문현은 각자 다수의 동지들과 수시로 각처에서 회합하여 농어민운동의 전개, 공산주의 의식의 교양강좌, 동지의 획득 등에 협의하는 등 제반 활동에 종사하고 완도 방면의 유력한 투사인 황동윤과 해남 방면의 김홍배는 소화 8년(1933년) 1 월 10일 해남군 북평면 이진리 최상준의 집에서 그리고 황동윤, 김홍배와 해남 방면의 오문현은 28일 재차 최성준의 집에서 수명의 동지를 데리고 회합을 갖다가 그 자리에서 완도군의 제 정세는 황동윤이, 해남군의 제 정세는 김홍배가 각각 그 보고를 교환하고 완도와 해남 양 군의 각 동지는 이 기회에 서로 제휴하여 금후 상호연락을 긴밀히 함과 동시에 각 농민운동을 지도 통제할 수 있는 기관의 설치 및 그 촉진 방법 등 기본적 제 문제에 개괄적 협의를 하고 그 후 지도기관 설치와 양성에 노력하게 되었는 바....(중략)

황동윤, 김홍배, 오문현은 소화 8년 5월 14일 해남군 북평면 동해리 성도암 오지산 바위 위에서 회합을 가지고 우리 동지들이 무산자 해방운동을 전개하는데 그 지도 범위가 좁게는 농어민층뿐만 아니라 넓게는 노동자층 기타 각 층에도 파급될 수 있도록 하고 지도기관의 명칭을 전남운동협의회를 정하고 그 밑에 사무부, 조사부, 조직부, 구원부의 각 부서를 설치하고 황동윤을 조사부, 김홍배를 사무부, 오문현을 조직부 책임자로, 구원부의 책임자는 황동윤으로 하여금 이기홍을 권유케 하여 임명하게 하고, 다음으로 테제의 대강을 결정하여 그 기초는 피고인 김홍배가 담당하여 기안을 작성하기로 하고 다시 회합하여 지도기관의 완성을 기한다는 등의 근본 방침을 협의 결정했다.

-전남운동협의회 사건 관련 판결문 중에서

중앙지도기관의 결성과 역할 분담의 과정에서 내가 기억하는 것과는 다소 차이가 있지만 판결문에서 나온 1933년 5월의 이때 모임이 1차 중앙회의로 보면 될 것이다.

2) 협의회의 기본 테제와 조직

4개 부서의 대표들은 매월 한 차례씩 모임을 갖고 전체회의를 통해 각 부락과 면의 활동 내용을 보고하는 형식을 취하기로 했다. 전체회의에서 각 군과 면의 활동 내용이 보고되면 원칙적으로 중앙회의에서 문제에 대해 합의를 거쳐 결정을 내리면서 조직적 차원에서 기본 테제에 합당한 결론을 도출해나갔다.

전체회의는 간부들 4명과 각 군의 대표들이 한자리에 모이는 것을 의미했고 정기적으로 모이는 게 아니라 필요에 따라 회의를 소집했다. 중앙회의는 당초 한 달에 두 차례 모였으나 조직의 보위에 위협을 느껴 매월 한 번으로 횟수를 줄였다. 모임은 해남군 송지면의 만덕사와 해남의 와룡리, 그리고 대흥사의 심적암 등에서 주로 이루어졌다. 모임 뒤에는 다음 만날 것을 미리 약속하고 드러나지 않은 조직원을 통해 연락을 취했으며 암호를 정해 이용하기도 했다.

2차 중앙회의는 1933년 8월경 해남 대흥사 심적암에서 간부 4명이 모여 진행했다. 이날의 토의는 미리 작성한 테제 초안을 심의하여 결정하는 것과 각 군의 농민조합 결성 준비 책임자를 선정하는 것 정도였다. 이 때 결정된 기본 테제의 내용은 다음과 같다.

- 농민운동을 원칙으로 하되, 노동운동의 이론 지침을 따를 것
- 조직은 밑으로부터 전선 통일을 바탕으로 강력한 중앙집권체제를 구축할 것
- 농민운동의 중심은 빈농층으로 할 것
- 토지자본가의 친일 사상을 구체적으로 지적하고 노동운동과 농민운동이 반제운동임을 인식시킬 것

- 모든 봉건사상을 배격할 것
- 소작료 감면과 이작 반대로 소작농민의 이익을 보호할 것
- 농민조합의 세포인 반(班) 조직에 관해서, 반은 한 부락을 단위로 하되 6인이 되는 경우에는 두 반으로 나누고 지도적 역할을 할 만한 강대한 농민반에는 중앙조직체와 같이 4부서를 나누고 다시 청년반과 소년반을 별개로 두며 농민반이 3개 이상 있는 면에서는 면 지부를 결성할 것. 그리고 면 지부가 3개 이상일 때는 군 조합을 결성할 것

그 밖에도 조직을 보위하기 위한 몇 가지의 기본 규율이 있었다. 첫째 모든 문서는 반드시 소각시키고 소각 후에는 꼭 확인할 것, 둘째 기록하지 말 것, 셋째 업무 외의 사실은 알려고 하지 말고 말하지도 말 것, 넷째 명단을 작성하지 말 것 등이었다. 이 규율은 조직의 생명과 같이 아주 엄격하게 지켜졌다.

한편 협의회 조직은 초기에 구성했던 4개의 부를 중심으로 전라남도 각 군에 하부 조직 형성을 목표로 진행되었다. 이미 청년반과 농민반이 조직되어 활동중이던 완도군과 해남군에서 점차 다른 지역으로 확신시킨다는 계획이었다. 완도군은 섬이 9개였으므로 황동윤과 내가 맡고 해남군은 김홍배와 오문현이 맡기로 했으며, 이들은 다시 세부적으로 지역을 분담하여 활동했다.

나는 보안관계상 강진과 가까웠으므로 강진을 중심으로 장흥과 영암을 맡았다. 먼저 강지의 윤가현을 만나 뜻을 전달하고 강진군의 책임자로 선정했다. 다시 윤가현은 장흥군의 유재성을 끌어들였다. 이러한 과정을 거쳐 완도, 해남 2개군에서 시작하여 강진, 장흥, 영암, 광양, 보성, 무안, 목포까지 조직원(오르그)을 획득해 나갔다. 이

러한 내용은 3차 전체회의를 통해 보고된 내용이기도 하다. 다만 진도, 고흥, 화순은 조직이 완결되기도 전에 협의회 조직이 경찰에 발각됨에 따라 와해되고 말았다. 참고로 당시의 조직에 관해서도 사건 판결문 내용을 인용한다.

"1933년 8월 11일 오전 9시경 해남군 삼산면 구림리 대흥사 산내 심적암 부근의 숲속 계곡에 모여 지난번의 토의를 계속하여 김홍배가 작성한 테제 초안을 심의하기 시작하였는바, 그 내용은 농민운동의 개요, 반 조직, 농촌 청소년에 관한 제 문제로 되어 있어서 노동자 등에 관한 문제가 제외되어 있었는데, 오문현의 제창에 의해 우리 동지의 운동전선을 농민층에 국한하는 것에 대해 각자 의견의 일치가 있었고, 그리하여 테제의 초안을 원안대로 통과시키기로 결정을 보고 농민운동의 지도기관으로서 완도, 해남 그 외의 전라남도 각 군에 각각 적색농민조합의 조직을 완성하고 상기 조합을 주체로 하여 지두의 임무를 맡기는 것을 최선책으로 하였고 그 조직 방법으로서 종래 선배들의 공산주의 운동이 그 하부 조직을 확충 강화하지 못했기 때문에 실패로 돌아간 점에 비추어 우리 동지들은 먼저 농촌 각 부락에 2명 내지 5명으로 농민반, 청년반, 소년반을 각각 결성하고 다시 그 반들을 면 단위로 통합하여 각 군의 적색농민조합의 지부로 하는 것과 같이 소위 농촌 무산대중을 기초로 하는 공산주의 운동자의 아래로부터의 통일전선을 전개하는 방법을 선정하고 이 취지에 적합하게 하기 위하여 '전남운동협의회'의 명칭을 '적색농민조합 건설준비위원회'로 개칭하고 그 이외의 점은 모두 전에 협의 결정했던 근본 방침으로서 확정했다."

--전남운동협의회 사건 관련 판결문 중에서

위의 판결문에서는 '전남운동협의회'와 '적색농민조합'이라고 명시되어 있었는데 결성 당시의 정식 명칭은 '전남운동 중앙지도기관'이었다. '협의회'와 '적색농민조합'이라는 말은 일경에서 붙인 것이었다. 당시 일경에서는 '농민'이 들어가는 말에는 항상 '적색'을 붙여 공산주의의 색채를 뚜렷이 부각시키고자 하였다.

판결문의 표현에 의한 당시 조직은 다음과 같다.

전남운동협의회와 적색농민조합 건설준비위원회

● 총책 및 사무부 : 김홍배

● 조직부 : 오문현

● 조사부 : 황동윤

● 선전 및 구원부 : 이기홍

군단위

해남군 적색농민조합 건설준비위원회 : 김홍배, 오문현

　　　　산이면 지부 : 오홍택

　　　　현산면 지부 : 천덕운

완도군 적색농민조합 건설준비위원회 : 이기홍, 황동윤

　　　　고금면 지부 : 이기홍

강진군 적색농민조합 건설준비위원회 : 윤가현, 마성만

장흥군 적색농민조합 건설준비위원회 : 劉載星, 丁瑢壽

　　　　장흥군 지부 : 문용(文鏞)

　　　　남상면 지부 : 유재성

　　　　부동면 지부 : 吉寅柱

　　　　남하면 지부 : 金斗煥

안양면 지부 : 장선동

장평면 지부 : 吉梁洙

유치면 지부 : 魏鐘琯

영암군 적색농민조합 건설준비위원회 : 최규문

〈각 조직에는 농민반, 청년반, 소년반의 반 조직이 유(有) 함〉

-조선일보 1934. 8. 7 호외 전지 4면

3) 소인극과 야학 등을 통한 계몽 활동

조직에서 자주 거론되었던 내용은 소작료에 관련된 문제였다. 간혹 항만이나 토목 공사장의 인부들을 둘러싼 마찰이 대두되기도 했지만 중심 문제는 역시 소작료였다. 특히 흉작이 든 해에는 상황이 심각하여 농민조합에 가입하지 않은 소작인들도 절박한 심정이 되어 농민조합을 찾아와 하소연을 했다. 이런 해일수록 농민조합원들이 급속히 증가했다.

소작료는 흉작 여부와 관계없이 전년도의 금액을 기준으로 책정되므로 선량한 지주가 풍흉 여부와 소작인의 사정을 감안하여 스스로 알아서 감해주지 않는 한 소작인은 일정한 액수를 납부하지 않을 수 없었다. 흉작의 해에 전년과 동일한 액수를 내려면 소작인은 생계의 위협을 받는 극한 상황에 처하게 마련이었다. 기대할 것은 지주들의 자비뿐이었다. 그러나 가난하고 굶주린 소작농에게 선심을 쓰거나 소작료를 감해주는 경우는 많지 않았다. 전국 각지에서 소작쟁의가 끊이지 않았던 것이 이를 말해준다.

악명 높은 지주들은 조합원인 소작농들에게 할 테면 해보라는 식으로 배짱을 부렸다. 당시 공식적인 소작료 비율은 생산량의 60%를 납부하는 4·6제였지만 다른 부담까지를 감안하면 소작인에게 부과된 부담은 그 이상이었다. 흉년이 든 경우 일부 덕망 있는 지주들은 5할 정도만 받는 경우도 있었지만 일반적인 경우는 아니었다.

농민조합에서도 정해진 소작료를 감해줄 합법적인 힘은 갖고 있지 않았다. 다만 소작료를 올리지 못하게 하거나 소작료 문제가 타결되지 않을 시 소작료 불납동맹을 결성해 지원했다. 이 경우 소작농은 일제히 소작료를 내지 않고 협상이 될 때까지 기다렸다. 그러면 지주들은 자신과 계약을 맺은 많은 소작농 중에서도 가장 영향력 있는 사람을 찾아가 "자네만 내면 된다"고 분열을 꾀하는 회유책을 쓰곤 했다. 물론 이들에게는 개별적으로 소작료를 감해주며 다른 소작인들의 납부를 종용하는 역할을 하도록 사주했다.

고금면의 대표적인 지주로는 2백 정보(3천 두락)를 갖고 있던 스즈끼(鈴木)가 대표적이었고 강진의 김충식도 대단한 지주였다. 소작쟁의가 발생하면 경찰들은 예외 없이 지주 편에 서고 소작인들에게 위협적으로 대했다. 식민지하의 권력이 누구 편에 서는지는 자명했다. 이러한 관계를 각성한 소작인들이 항일운동에 나서거나 지원 세력이 되는 것 역시 당연한 귀결이었다.

우리 조직에서는 1933년 9월 초 3차 중앙회의를 통해 농민들의 생활 실태 조사와 소작쟁의 지도 방침을 세웠다. 실태 조사는 자연부락 주민들의 생활을 조사하여 이를 농민조합의 활동 내용에 반영시키기 위한 것이었다. 당시의 소작농은 가족의 수나 생활 정도에 따라 표준적인 경작량이 정해진 것이 아니었기 때문에 조사를 통해 농가의 빈곤 상태를 측정하는 것은 의미 있는 일이었다. 실태 조사는 부락 단위로 호구조사와 더불어 농민의 경작지 중 자작과 소작의 비

농민운동 시절 동지와 함께, 우측이 이기홍

율을 조사하는 것이었다. 예컨대 1가구당 경작지는 얼마이며 그 부양가족은 몇 명인지, 그 밖에 농우(農牛) 유무와 전작지(田作地) 유무 상태를 조사했다.

조사를 통해 정리된 내용을 보면 가족은 많은데도 경작 농지가 적은 소작농이 대부분이었다. 이들은 평년에도 가난을 벗어날 수 없었고 흉년이면 극한의 상황에 처했다. 이들을 도울 뾰족한 방법이 없었다. 소작농이 전체의 75% 이상이었으니 당시 농민의 대다수가 이런 상황에 처해있던 것이다. 우리가 할 수 있는 것은 극히 딱한 경우에 한정하여 집집마다 조금씩 식량을 모아 한 섬 정도씩 도와주는 것이 전부였다.

때때로는 악질 지주를 골탕 먹이는 일도 벌이곤 했다. 7월경 모내기가 끝날 무렵에 가끔 재미있는 일이 벌어졌다. 젊은이들이 악질 지주의 못자리에 일부러 소를 풀어 짓밟게 한다든가 피를 집어넣어 농사를 망치게 하는 일도 있었다. 그러나 이런 일은 젊은이들이 벌이는 해프닝일 뿐 근본적인 대책과는 무관한 일이었다.

나는 당장 해결할 수 없는 근본적인 문제는 길게 보고 방법을 찾아보기로 하고, 일상적으로 할 수 있는 일이 무엇일지 고민했다. 그래서 기존에 조직된 농민반과 청년반 조직원들을 활용해 야학과 소인극 등의 농촌 계몽활동을 통해 소작농들을 위로하고 애환을 달래주는 일을 하기로 했다. 나는 1933년 9월 말경 청년들과 상당한 시간의 준비를 거쳐 동지인 박노호와 함께 청룡리의 부락 사무소에서 부락민들을 대상으로 농민들의 비참한 생활 상태와 자본가 및 지주의 횡포와 착취 행위를 풍자한 소인극을 공연했다.

소인극(素人劇)이란 '아마추어'를 뜻하는 일본어의 '소인'들이 꾸미는 연극이라는 뜻이다. 전문적인 희극인들이 하는 연극이 아니라 노동자나 농민, 학생, 일반인 등 비전문인들이 참여하여 만드는 소박한 연극이다. 각본이나 연출이나 연기 등이 다 서투르지만 생활현장에서 공감할 수 있는 공연이라는 점에서는 의미가 컸다. 내가 알기에 1920년대 중반부터 우리나라 각지에서 이런 형식의 소인극들이 곳곳에서 기획되고 공연되었다. 고금면에서 가장 활발하게 공연된 때가 바로 이 무렵이었다.

소인극에는 풍자적인 요소가 필수였는데, 당시 농민들의 심정을 대변해주는 내용에 중점을 두었다. 소인극은 농민들을 계급적 관점에서 객관적으로 각성시킬 수 있는 가장 손쉽고 좋은 방법이었다. 농민들 자신의 처참한 현실을 스스로 직접 확인하고 상기시키는 계기를 마련해주는 것이 우선적인 목적이었다. 극적인 내용을 통해 지주와 소작인의 관계를 계급적으로 인식시키는 계기도 되었다. 소인극을 보면서 농민들은 울면서 감화를 받기도 했고 지주에 대한 반항의식과 아울러 식민지 민중의 울분을 상기하였다.

소인극을 공연하려면 무엇보다 힘든 것이 각 부락마다 소위 밀대(밀고자)들이 있어 여간 조심하지 않으면 안 된다는 점이었다. 정치적으로 반일적인 소지가 있는 내용은 알아서 조심스레 걸러내야 했다. 소인극의 각본은 내가 주로 맡아서 썼고, 방학 때에는 유학생들이 내려와 도와주었다. 특히 여름방학 때에는 각 부락마다 순회공연을 하기도 했다.

공연은 대개 저녁 시간을 이용했다. 낮에는 농민들이 일을 해야 했으므로 저녁 식사를 마친 후에 공연을 시작했다. 이렇게 늦은 시간으로 정한 것은 밀대들 때문이기도 했다. 저녁 시간에 공연을 하면 비록 내용 중에 조금 삐딱한 내용이 있을지라도 주재소가 있는 곳까지 몇 리 혹은 십여 리의 길을 걸어 신고를 해야 했으므로 제 아무리 투철한 밀고자들도 그렇게까지는 하지 못했기 때문이다.

그러다 보니 공연 자체가 일찌감치 감시의 대상이 되기도 했다. 그래서 공연이 시작되기 전에 젊은이들 20여 명을 골목 어귀에 잠복시켜 수상한 기미가 보이면 성냥불을 그어 신호를 보내도록 하여 대처를 하기도 했다. 그럼에도 극본상의 민감한 내용이 탄로나 공연을 못한 경우도 종종 있었다.

당시 공연했던 극을 한 가지 예로 든다면, 악랄하고 응큼한 지주가 가난한 소작인의 딸을 탐내 빚을 갚으라고 독촉하며 소작권을 박탈해버리겠다고 갖은 수단과 방법을 동원해 협박한 끝에 마침내 소작인의 딸과 혼례를 치른다. 바로 그 순간 소작인의 딸을 사랑하던 동지적 입장의 이웃 소작인의 아들이 나타나 여자를 납치하여 둘은 행복하게 산다는 내용이다. 이런 소인극을 관람하는 농민들의 표정은 진지하고 가끔은 흥분하여 "저 놈 죽여라!" 하고 소리치는 등 분위기가 고조될 때가 많이 있었다.

한편 부락 단위로 야학을 운영했는데, 우리말과 산수를 가르치고 그 과정에서 민족의식 고취를 위해 우리 역사를 은연중에 가르쳤다. 여기에는 남녀노소를 불문했고 밤이면 아낙네들까지 함께 모여 야학 공부를 하였다. 우리 조직의 각 군 선전교양부원들은 윤번으로 야학 활동을 보조하고 직접 가르치기도 했다.

야학에서는 학생들을 지도하는 것뿐만 아니라 학습생들에게 연필과 노트 등 학용품도 사서 공급해주었다. 이 때 소요되는 자금은 농민조합원들이 조달했다. 야학 활동 전반에 대한 지시사항은 내가 맡아 작성하고 전달했다. 이렇게 하여 야학 관련하여 내가 아래로부터 보고받은 조직만 해도 30개 정도가 되었다.

4) 강진 주재소 방화 사건

이 무렵 강진 주재소에서 방화 사건이 발생했다. 주재소라면 오늘날로 볼 때 경찰서 밑의 파출소에 해당된다고 보면 된다. 예나 지금이나 이런 사건이 실화가 아니라 방화라면, 공권력에 대한 도전이므로 대단히 큰 문제가 된다. 반면 이런 공적 시설을 제대로 지키지 못한 책임자에게도 큰 문책 사유가 된다.

이 방화 사건은 야학 활동을 방해하는 강진군 성전주재소의 악질 수석을 쫓아내려는 의도에서 계획된 것이었다. 당시의 야학 활동은 일제가 어느 정도 묵인해 주어 공공연하게 운영되었는데 유독 이 주재소 수석의 감시가 심해 야학 활동을 하지 못하게 될 정도가 되었다. 우리 조직에서는 이 문제를 심각하게 고민하다가 주재소에 불을 질러버리기로 했다. 주재소 수석이 책임 추궁을 당하여 좌천되기를 바라는 의도에서였다.

문제는 이 일을 어떻게 감쪽같이 처리하느냐에 대한 것이었다. 그래서 강진 사람이 일을 저지르면 결국 얼마 못가 붙잡히게 될 테니 강진과 조금 떨어진 고금면 사람을 시키기로 했다. 이런 계획 아래 동지 한 명을 마포(麻布)장사로 가장시켜 들어가게 한 뒤 주재소에 불을 지르도록 했다. 주재소에 불이 나자 순사들은 범인을 잡기 위해 혈안이 되었다. 죄 없는 강진 사람들 상당수가 혐의를 받고 검거되었지만 범인을 찾아낼 수 없었다. 검거된 사람들은 모두 자신이 한 일이 아니므로 막무가내로 버텼다. 결국 잡혀간 사람들은 곧 석방되었고 끝내 방화 사건의 범인은 밝혀지지 않았다.

이러한 돌발적인 기획이 있긴 했지만 핵심적인 일은 조직을 강화하는 일이었다. 시간이 흐르면서 우리 조직은 확대되어 1933년 9월

말 경에는 고금면 청룡리의 청년들을 중심으로 4개의 농민반과 2개의 청년반이 결성되었다. 이곳의 농민과 청년들은 의식수준이 높고 각성된 젊은이들이었다. 청룡리 부락은 총 150여 호에 700~800명이 거주하고 있었는데 이 중 5명 정도는 핵심 조직원으로서 부락에서 꼭 필요로 하는 사람들로 구성되었다. 나는 이들을 통합시켜 완도군 농민조합의 고금면 지부로 조직했다. 당시 구성했던 4개 농민반과 2개 청년반의 구성원은 다음과 같다.

〈농민반〉
● 고금면 동백정(冬柏町) : 황태하(黃泰夏)외 4명
● 고금면 신장리(新場里) : 배일호(裵一鎬), 김광준(金廣俊), 김경술(金京述), 황인화(黃仁化), 이쌍봉(李雙峯) 외 5명
● 고금면 도남리(道南里) : 4명
● 고금면 청룡리(靑龍里) : 이기홍(李基弘), 배윤빈(裵允彬), 차납순, 송귀현(宋貴鉉), 김우봉(金宇峰) 등 5명

〈청년반〉
● 박노호, 박병률, 김채윤, 최복순, 박원규(朴元珪)
● 이연동(李淵東), 박상규, 박노률, 신병희(申炳熙), 이준희(李准熙)

〈농촌 청년독서회〉
● 농민반, 청년반 조직원 대부분
● 박석진(朴石珍) : 농민반원은 아니지만 청년독서회원

2. 민족의식 생활지침 제정과 실행

1) 제정의 계기

민족의식은 그 민족의 존속을 위한 사명과 과업의 지침이 되는 의식으로, 마치 전쟁에서 사령관의 전투명령과 사병의 전투와 같이 밀착된 관계다. 실천과 유리된 교육, 교양 또는 서책에서 배우고 얻은 이론만의 민족의식은 민족의 자주독립을 위한 실천인 독립투쟁에는 도움이 될 수 없다.

민족의식은 학자, 지도자, 지식인만의 학문적인 전유물이 아니고 전 민족이 사회적 지위와 지식의 차이는 있으나 유, 무식 간에 마음속에 잠재하고 있는 본능의식으로 이것을 각성하여 민족의 한 사람으로 민족을 위해 무엇인가 해야 하는 사명의식이다. 또 민족의식은 교양이나 강의 또는 책자를 통해서만 알 수 있는 학문적인 지식이 아니고 일상의 생활과 처세를 여기에 맞추어 나가야 하는 지침이 되는 실천의식을 말한다.

때문에 일제 식민지시대 우리 민족의 85%가 문맹인 조건하에도 농민을 비롯한 문맹 대중도 지식인 이상으로 투철한 민족의식을 각성한 사람이 많았다. 이 각성을 자기 생활권 내에서 일어나는 일상 생활 속에서 민족지도자의 교양과 지도를 통해 어느 것이 애국이고 어느 것이 친일이고 반역이냐를 구별, 비판하면서 여기에 생활을 맞추어 나갈 때 비로소 생활과 밀착된 생명력 있는 의식이 된다. 이와 같이 민족 절대다수가 각성한 민족의식은 항일 독립운동의 역량인 조직화의 원천적인 기본 역량이 된다.

나는 18세에 광주고보에서 ML당 지방 조직의 외곽단체인 독서회에 가입하여 받은 초보적 교양과 1930년 동교를 퇴학당하고 고향에 돌아가, 훌륭하고 유능한 지도자인 이현열 선생의 해박한 학설과 풍부한 실천 경험을 바탕으로 한 지도를 받으면서 농민운동에 가담했다. 그 후 이현열 선생이 투옥된 이후부터 고금면과 완도군의 농민운동 책임자가 되면서 우리 독립운동의 기본 의식인 민족의식에 대해 각별한 관심과 노력으로 상당 수준의 이론적 기반을 축적했다.

1933년에 완도군과 해남군을 중심으로 한 5개 군의 농민운동 중앙지도기관인 전남운동협의회가 설립되고 최고 지도부인 중앙부원 4인중 1인으로 선임되어 이론 지도부인 선전 교양부와 구원부의 최고 책임위원이 되었다. 전남운동협의회의 중앙부가 농민의 조직과 투쟁과 함께 교양에 역점을 두었던 것은 당시 우리 민족 조직의 일반적인 운동을 지도하는 일선지도자 양성에 중점을 두었기 때문이었다.

중앙부에서도 민족의식의 생활화가 문제가 되었다. 그 당시 동지들과 모든 애국 지도자들이 알고 있는 민족의식의 개념은 우리 조국을 일본 식민지에서 독립하기 위한 모든 독립운동의 기본 의식으로 민족이 이것을 중심으로 단결해야 하는 총론적인 것으로만 알고 있었다. 구체적으로 우리 민족 각자가 일상생활과 결합한 무엇을 어떻게 해야 하느냐의 설명은 할 수 없었다. 당시 모든 동지들이 같은 정도의 수준이었으므로 이론 책임자인 나에게 이를 철저히 규명, 검토하여 대중이 일상생활의 지침으로 삼을 수 있는 교훈을 만들라는 임무를 준 것이다. 나 역시 처음에는 막연했다.

그 당시 조선총독부는 모든 독립운동을 하다 검거된 사건에 대한 검사의 기소문과 예심결정서 판결문을 빠짐없이 신문에 보도하였다. 당시 발간된 우리 신문들을 보관하고 있는 사람이 많았다. 나는 그 신문들을 확보해서 3·1 운동 이후의 비교적 큰 사건들에 대한 기소문과 예심결정서 판결문을 찾아내 요점을 꼼꼼히 기록하였다.

이렇게 많은 사례와 내용들을 상세히 조사했지만 거기에는 동지들의 조직과 투쟁활동 즉 일본 검사와 법관이 볼 때 범죄사실이 되는 부분만 기록되어 있을 뿐이었다. 이분들이 우리 민족의 민족의식을 어떻게 일관되게 적용했는지에 대한 단서를 찾기는 어려웠다.

또 민족의식은 우리 민족만이 아니라 세계 모든 민족이 가지고 있고, 일본 역시 가지고 있으므로 당시 일본에서 대학을 졸업했다는 고급공무원도 두 명 만나보았다. 우리 민족 중 대학 교육을 받은 공무원과 의사와 교육자들도 십여 명 만나보았으나 역시 개론적인 내용의 한계를 벗어나지 못했다. 답답했던 나는 손문의 삼민주의도 읽어 보고 레닌의 민족 문제에 대한 학설도 읽어보았다. 그러나 역시 대중이 생활에서 교훈으로 삼을 수 있는 구체적인 내용은 당시 나의 수준으로서는 알 수 없었다. 결국 직접 방법을 찾아봐야 했다.

2) 농민대중의 의식 조사를 실시

민족의식에 대한 생활지침을 만들어야 하는 나는 벽에 부딪쳤다. 책을 통한 이론적 방법도, 투옥된 독립운동가에 대한 판결문 검토도, 여러 인사들에 대한 면담도 모두 내가 원하는 답을 주지 못했다. 그래서 나는 우리 민족의 구성원이라 할 각계각층의 사람들에게 이 문제에 관해 직접 물어보면서 차근차근 핵심을 좁혀가는 방법을 택하기로 결정했다. 요즘의 표현대로라면 일종의 설문조사인데, 가능한 한 많은 사람들의 의견을 모아보기로 했다.

당시 전남운동협의회가 지도하고 있는 부락 단위의 농민야학이 300여 개 있었다. 이 농민야학의 지도는 선전교양 책임자인 내 소관이었다. 나는 이 야학을 통해 지식인은 물론 농민 및 부녀자들까지도 식민지 민족으로 예속된 사실과 여기에 맞서 싸우는 독립운동의 의미는 무엇이며 여기에 대한 각자의 마음과 생활 태도에 대해 묻기로 했다. 설문 항목을 여러 차례 검토하여 정돈한 끝에 이 설문을 야학 교사들을 통해 조사하도록 했다. 얼마 후 나는 이 설문에 대한 결과들을 얻을 수 있었다. 설문 답변에 대해 정리한 내용들을 요약하면 다음과 같다.

첫째, 식민지 지배에 대해 묻는 질문이었다. 주된 답은 우리가 못 살고 자유를 빼앗긴 것은 일본의 식민지가 되었기 때문이다. 독립을 해야만 여기에서 벗어날 수 있다는 것이었다. 둘째, 민족의식인 애국심과 독립운동에 대한 설문이었다. 이에 대해 일본을 원수로 증오하며 일본과 그 앞잡이인 관공리를 주로 한 친일 앞잡이를 증오 배격하고 절대로 협력을 거부하며 일제와 싸우는 항일투쟁과 그 지도자들을 존경하며 될 수 있는 한 이들을 도와주어야 한다는 것이었다. 이것이 우리 농민 대중이 갖고 있던 민족의식의 개요였다. 이런 생각은 지식층들이 갖고 있던 인식과 거의 같은 것이었다.

이상의 설문에서 나타난 민족의식은 독립하지 못하고 분열된 민족은 식민지 노예상태로 멸망한다는 것, 민족의 최고 최대의 기본 사명과 목적은 자기 민족의 독립국가를 수립해야 한다는 것, 민족 반역자를 응징하고 독립운동가를 적극 도와야 한다는 것, 그리고 민족의 주권 권력으로 수립된 독립국가는 민족의 민주주의적 의사에 따라 수립되어야 하며 민족을 본위로 한 정책으로 각이하고 다양한 민족의 생활과 활동 및 다원적인 집단세력을 민족통일 지향으로 감싸주고 안아주어야 한다는 것이었다. 다시 말해 민족의식이란 마치 병아리를 품어주는 암탉처럼 민족을 생존 유지시키는 모체와 같은 것임을 찾아낼 수 있었다. 하지만 이러한 인식은 구체적 내용이 결여된 개론적인 것이었다. 각각의 일상생활과 활동에 있어 좀 더 구체적인 무엇이 있어야만 개론적인 내용이 현실에 적용될 수 있었다.

3) 구체적인 지침 작성에 착수

당시까지 나는 우리 민족 해방의 기본 이론인 민족문제에 대해 교양과 학습을 통해 이론적 수준을 높여왔지만 위에서 말한 설문의 내용과 같이 개념적이고 총론적인 범주를 벗어나지 못하고 있었다. 농민대중이 지키고 생활화하기 위해서는 민족의식이 무엇인지에 대한 일반적인 이해를 넘어 자신들의 구체적 생활과 연관 지어 그것을 파악하여 자신의 것으로 결합시킬 무엇이 필요했다. 원칙적이고 개론적인 교양으로는 농민의 생활과 사고에서 유리된 채 충분한 이해에 이를 수 없을 뿐만 아니라 확고하고 신념화된 민족의식이 될 수 없음을 알게 되었다.

나에게 부과된 농민을 상대로 한 민족의식 교훈 작성이라는 과제는 내 역량에서 벗어난 엄청난 과제였다. 이 문제를 해결하기 위해서는 광범위한 조사와 문헌을 뒤져야 하는 엄청난 노력을 해야만 했고, 더 큰 문제는 그것만으로 목적한 바의 결과를 낼 수 있을까 생각하니 겁이 날 정도로 중압감을 느꼈다. 그러나 나에게 주어진 과제였으므로 이 주제를 머릿속에 담아 놓고 모든 주의를 여기에 집중시켰다.

앞에서 말한 설문 내용과 언론 조사와 그동안 내가 쌓은 민족문제에 대한 학습을 통해 정립한 이론을 토대로 한 교양은 논리화된 원칙이었다. 총독부 식민 지배하의 착취 억압에 대한 독립운동과 우리 민족이 정치, 경제, 사회적으로 권리와 자유를 찾고 독립되어야만 잘 살 수 있다는 구체성이 결여된 개론적인 논리가 정리된 것이었다.

그러므로 거의가 문맹이고 지식수준이 낮은 대중의 직접적인 생활과는 유리된 것이 될 수밖에 없었다. 내가 도달해야 할 곳은 농민을 비롯한 근로대중의 생활 속에서 찾아볼 수 있고 마음에 와 닿는 형태의 교양이어야 했다. 이것은 일선에서 직접 농민과 더불어 조직 활동 및 교양 활동을 한 사람이라면 누구나 절실히 느끼고 있던 문제이기도 했다. 농민의 생활과 결합시켜 민족의식이 무엇인지를 정확하게 이해시킬 수 있는 민족의식 교양 이론의 제정이 절실했던 것이다.

나는 이를 위해 이 문제를 농민 중에서 지주, 부농, 중농, 소농, 소작인, 그리고 농업 노동자인 머슴의 입장에서 또 어민과 산촌인과 공장 노동자의 입장에서 살펴보았다. 아울러 일본인 관공리에 비해 차별 대우를 받고 있다고 생각하는 조선인 관리의 입장에서도 살펴보았다. 그렇게 내가 상상할 수 있는 모든 민족 감정을 모조리 기록해 보니 내용이 같은 것을 통합하고 정리했음에도 불구하고 거의 40종에 가까운 차별조건을 분류해낼 수 있었다. 이러한 사항들을 통일시켜 요약하기 위해서는 민족의식에 대해 한층 더 폭넓고 심도 있는 학습과 연구가 절실하게 필요했다. 나는 그동안 내가 학습한 민족문제에 관한 교양서적과 레닌의 제국주의론과 이것을 더욱 구체화하여 풍성한 내용을 담고 있던 일본의 대학교수인 사노가쿠(佐野學)

교수의 제국주의론도 다시 꼼꼼히 읽었다.

이러한 과정을 통해 추출된 민족 이론을 바탕으로 여러 차례 더하고 빼기를 거듭하여 3~4개월 후에 이를 18조목으로 정리했다. 이렇게 정리한 내용을 중앙당 출판 책임자인 황동윤 동지와 상의했더니, 너무 복잡하여 대중이 이해하고 암기하기 어려우므로 더욱 간략하게 축소하라고 하여 몇 번에 걸쳐 정리하고 줄인 끝에 명칭을 '민족의식 교양 수칙 12훈'이라는 제목으로 중앙부 회의에 제출하였다.

이것을 본 동지들은 놀라울 정도로 잘 됐다 하였고, 자화자찬 같은 말이긴 하나 나를 극구 칭찬했다. 그러나 한편으로 이것을 읽을 대상이 거의가 문맹인 농민이고 더욱이 여성들은 거의 100%로 문맹이므로 이 사람들이 쉽게 이해하고 암기하여 생활화하는 데 초점을 맞추어야 한다는 의견이 모아졌다. 조목이 많으면 이해가 어려우므로 다시 대폭 축소하라는 결의에 따라 나는 이것을 8개 조목으로 만들어 중앙부 결의를 거쳐 3차 전체회의에 제출하고 참석자 각자의 의견과 주장을 들은 뒤 이를 다시 분석하고 검토했다.

분석 검토의 이유는 이 문건이 문맹인 남녀 농민의 입장에서 적합한지에 대한 여부를 더욱 세심히 파악하기 위해서였다. 이 과정에 대해 이 글에서는 몇 마디로 간단히 설명했으나, 사실 나는 밤을 새워가면서 연구했고 길을 걸으면서도 사색하며 참으로 진땀 흘리는 노력을 했다. 그 결과 좀 더 간략하고 압축적인 조목을 추출해냈다.

이 내용은 전체 회의에서 장시간에 걸친 검토 끝에 6개 조목으로 최종 축소되어 결의되기에 이르렀다. 전체 회의는 중앙위원과 각 군의 농민조합 책임자 1인씩으로 구성되었다. 너무 간소화된 소수만으로 구성되었으나 이는 조직의 보안을 위해 불가피한 비상적인 운영 형태였다. 내가 작성한 '민족의식 6칙'에 대해 전체 회의의 결론은 비로소 농민대중이 자기 생활 속에서 찾아볼 수 있고 마음에 담을 수 있는 구체적 현실을 표현한 것이므로 앞으로 민족의식 교양에 크게 도움이 될 것이라는 고무적인 반응이었다.

4) 제정된 민족의식 6칙과 실천방안

이 수칙은 우리 민족이 완전 자주독립할 때까지 싸워야하는 항일운동을 대전제로 한 것이므로 각 조목마다 원칙을 제시한 것이다. 여기에서는 당시 작성한 각 조목과 그 구체적 실천 방안에 대한 설명을 요약하여 기록한다.

□ 1칙
농민을 비롯한 우리 민족이 못살고 가난하며 감시와 억압을 받고 있는 것은 일본이 총칼로 우리나라를 강탈하여 식민지 지배를 하고 있기 때문이다. 그러므로 우리나라에 있는 모든 관공서와 단체는 우리 민족을 영원히 지배하고 착취와 억압을 강화하는 수단이므로 우리 민족은 이 기관들을 적으로 보고 증오해야 한다. 오늘 애국자들이 생명을 걸고 독립운동을 하는 것은 일본 세력을 내쫓고 우리 민족의 뜻에 따라 우리 조국을 세우기 위함이다. 독립이 되어야만 가난에서 벗어나 잘 살 수 있고 자유와 권리를 찾을 수 있다.

– 일제는 우리나라에서 생산하는 모든 것과 특히 농민의 생산하는 쌀과 면화 기타 모든 농산물은 거저 뺏다시피 헐값으로 빼

앗아 갔다. 우리가 독립하여 일본에 빼앗기지 않으면 모든 것이 남아돌아 지금보다 몇 배 이상 풍요한 생활과 자유를 누릴 수 있고 자녀들의 교육도 빠짐없이 시킬 수 있다.

– 조선인 출신의 관공리와 일본의 편에 선 친일 인사들은 그들의 식민지 지배를 영원히 계속하도록 도와주는 용서할 수 없는 민족 반역자이자 민족을 배신하며 개인 이익을 취하는 자들이므로 일본 이상으로 증오하고 그들에 대한 협력을 거부해야 한다. 세금과 기타 명목으로 우리에게서 거둬가는 모든 것은 일제 식민지를 더욱 강화 영구화시킴과 동시에 우리 민족의 목을 조르는 데 쓰이는 것이므로 어쩔 수 없이 강요당하는 경우 외에는 거부해야 하고, 될 수 있으면 적게 내도록 하는 것이 1차적인 독립운동임을 알려야 한다.

□ 2칙
우리가 독립하려면 조선에 있는 일본의 힘보다 더 큰 힘이 있어야 가능하다. 우리는 총칼도 돈도 없지만 3천만 우리 민족이 독립을 위해 한마음 한뜻으로 굳게 단결하면 일본 힘보다 몇 배 강력한 힘을 만들어 낼 수 있다.

– 민족의 단결은 일시에 되는 것이 아니므로 우리가 살고 있는 면과 부락에서부터 단결을 시작하여 군과 도를 거쳐 중앙에 이르면 엄청난 단결이 형성되어 무서운 힘을 갖는다. 그러므로 조금이라도 애국심이 있다면 현재 각 부락과 면과 군에 조직되어 중앙으로 이어지는 각종 농민조합, 소비조합, 여성동맹, 농민야학에 빠짐없이 솔선 가입해야 하고 친척과 이웃 가운데 깨

닫지 못한 사람이 있으면 타일러 가입하도록 하는 일을 쉬지 않고 계속해야 한다. 이때 힘이 누적되면 농민조합 지도자의 힘을 빌려야 한다.

– 고향과 족보와 종교가 달라도 우리 민족 전부는 일본 식민지 노예로 살인적인 착취를 당하며 똑같이 비참한 생활을 하고 있는 같은 운명에 처해 있는 사람들이므로 이것을 초월하여 애국과 독립의 목적 하나만으로 굳게 뭉쳐야 한다. 분열은 일본의 편이고 단결은 우리 민족의 편이다.

□ 3칙

애국과 독립은 말과 마음만으로는 되지 않는다. 무엇인가 독립을 위해 보탬이 되는 일을 해야 한다. 첫째, 농민조합 조직에 가입하면 반드시 회합에 참가하고 정해진 조합비와 부담금은 반드시 납부하는 것이 기본적인 독립운동 실천임을 알아야 한다. 그리고 자기 생활과 이웃과의 생활 하나하나에서 무엇이 일제의 편이고 우리 민족의 편인가를 비판적으로 인식해야 한다.

– 부락 농민조합의 운영은 월 2회, 생활에 지장이 없는 저녁 시간을 이용하여 정기 회합일과 시간을 정해야 한다. 회합에 참가하는 것이 농민 대중의 민족의식과 실천의 기본 교양이 된다.

– 농민 조합비 20전(오늘 화폐로 환산하면 2,000원에 해당) 부인 조합회비 5전(오늘의 500원)은 반드시 납부해야 한다. 회비 납부는 조합의 운영을 위해 필요하지만 그것보다 자신들이 독립운동에 가담하고 일부라도 실천하고 있다는 책임의 수행임을 각성시켜 자부심을 갖게 하는 측면에서 필수적이다.

‒ 전 민족이 하나로 단결하는 것은 우리 민족의 편이지만 여러 갈
  래로 나누어지는 것은 일제에 도움이 된다는 것을 알려야 한다.

□ 4칙
농민 대중은 알기 위해서 배워야 한다. 아는 것이 가장 큰 힘이
된다.

‒ 글을 모르는 사람은 부락마다 설치되어 있는 남자 농민야학과
  여자 농민야학에 자기 가족은 물론이고 이웃까지 권유하여 글
  을 배움과 동시에 교사를 통해 초보적인 민족의식 교양을 받아
  야 한다. 농민야학은 문맹 퇴치와 함께 초보적인 민족의식 교
  양 사명을 해왔다.
‒ 농민조합의 정규 회합은 조합의 운영뿐만 아니고 국내외 정세
  와 각기 독립운동의 현황을 알림과 동시에 초보적인 민족의식
  교양을 단계적으로 하는 것이 기본 의무이므로 조합원과 조합
  원 이외의 후보 조합원까지도 반드시 서로 권유하여 참가시켜
  야 한다. 우리나라의 농민운동은 조직과 투쟁의 강화와 함께 의
  식 교양이 기본 임무로 되어 있는 교양기관임을 알려야 한다.

□ 5칙
농민 조합원 간에는 실무적인 관계 외에 서로 아끼고 사랑하며
도우며 동정과 지원으로 연결되어 육친애(肉親愛)와 같은 친밀
로 끈끈하게 연결되어야 한다. 이것이 없는 조직은 형식적이고
요식적인 것으로 전락된다.

(1) 희생애국자와 가족에 대한 원조

그 당시 전국 각 군에는 항일 독립운동을 하다가 검거 투옥된 애국자들이 예외 없이 있었고 지방에 따라서는 많은 투옥자가 있었다. 이 가족들의 생활은 말로 표현할 수 없을 정도로 비참했다. 따라서 희생당한 애국투사와 그 가족들을 지원하는 것을 농민조합 운동의 필수적인 임무의 하나로 설정해야 했다. 참고로 당시의 실례를 들면 이러한 원조에는 조합원이 빠짐없이 가담하고 비조합원인 이웃까지도 권유, 가담시켰다. 그러므로 1전(오늘의 100원)까지도 모금했다. 그리고 쌀 한 줌, 두 홉도 거두었고 그 희생자 가족 부근에 있는 조합은 부락민과 함께 작업을 통한 지원도 병행했다.

희생당한 애국자와 그 가족에 대한 지원은 금품의 액수보다 전 조합원을 여기에 가담시키는 데 큰 의의가 있었다. 1전 또는 쌀 한 홉을 제공한 빈농도 여기에 가담하는 것이 곧 자신이 직접 독립운동에 가담한 것과 같은 동질적인 사명감을 느끼기 때문이다. 그리고 옥중에서 병으로 고생한 애국자를 위해 사식과 약품 차입을 위해 광범위한 범위에서 모금운동을 한 일도 흔히 있었다. 전 조합원은 여기에 빠짐없이 가담하고 이웃에게도 권유하여 작은 돈이라도 참여시키려 했다. 이것이 농민들의 애국의식과 실천 훈련에 가장 큰 영향을 주었고 조직 확대의 기반이 되었음은 당시 일선에서 농민운동을 지도했던 사람이라면 누구나 알고 있다.

(2) 부락 내의 상호원조

당시 우리 민족의 80%가 농민이고 그 중 75%가 소작인이었다. 때문에 빈곤화된 농촌에는 극도의 곤란에 처한 농가가 몇 집은 있기 마련이었다. 주로 가장이 병으로 누워 농사를 제대로 짓지 못한 경우였다. 그 부락에 이와 같은 곤란한 농가가 생기면 농민조합이 주동하여 오전 중 작업을 끝내고 잠깐 쉬는 점심시간을 이용하여 공동작업으로 파종, 제초, 수확까지 해주는 일이 흔히 있었다. 이 공동작업은 조합원, 비조합원을 막론하고 전 부락민이 동원되었다. 이와 같은 전 부락적인 공동 작업은 조직원, 비조직원을 막론하고 전 부락민이 간접적인 조직 형태를 갖추고 조직화된 의식을 갖도록 함으로써 저변이 확대된다.

참고로 내가 직접 경험한 일중의 한 예를 들어 보겠다. 당시 부락마다 각 면에 있는 경찰과 주재소의 정보원이 한명씩 비밀리에 배치되어 있었다. 부락민들은 이것을 즉각 간파하고 이들을 경원했다. 이웃 부락에 있는 정보원이 당시 난치병으로 알려져 있는 말라리아에 걸려 봄부터 가을까지 누워 농사를 제대로 짓지 못한 일이 있었다. 그가 정보원이므로 부락민으로부터 소외당한다는 사실에 대해 자기 자신이 누구보다 잘 알고 있었다.

이것을 알게 된 나와 면조합의 동지들은 그 부락에서 농민 조합원을 앞세우고 전 부락민을 동원하여 앞에서 말한 바와 같은 점심 휴식시간의 공동 작업으로 농사를 짓게 해 준 일이 있다. 건강을 회복한 그는 나와 동지들이 그 부락에 가자 부인과 함께 찾아와 손을 잡고 눈물을 흘리며 연신 감사하다는 말을 그치지 않았다.

이 사실로 그 부락민의 단결은 한층 강화되었다. 그 사람은 정보원임에도 주재소에서 지시한 비밀사항을 동지들에게 알려주는 등 협조적으로 나왔다. 이러한 사례들은 부락 공동체사회의 상호 원조와 혈연적인 친근감을 조성함으로써 조직의 확대 강화에 무엇으로도 바꿀 수 없는 토대가 되었다.

모든 대중운동 지도자는 조직상의 상하 지위를 막론하고 자기 생활권 내에 있는 대중과 함께 대중을 위해 대중의 편에 서서 지도와 교양 및 심부름꾼의 역할을 해야 한다. 그러한 자세를 일상 생활화할 때 비로소 조직의 기반인 일선 대중이 조직에 강력하게 결속된다는 것이 대중 조직의 절대적인 기본 원칙이다. 자신의 생활권이 대중과 유리된 지도자와 지도부는 시정잡배와 같은 건달로 전락한다는 것이 우리나라뿐만 아니라 각국의 대중운동에서 규정한 사실이다.

□ 6칙
민족의식을 바탕으로 한 민족주의는 인간 평등주의다.

여기에 대해 혹자는 오늘날 일상화된 민주주의가 바로 그것이 아니냐고 반문할 사람도 있을 것이다. 오늘날 상식화되고 일상화된 민주주의는 정치, 경제, 사회 등 모든 국가사회 문제의 결정과 해결에 있어서 지난날의 전제군주적인 지배와 독재자의 통치를 배격하고 국가 사회의 모든 문제의 결정과 해결에 있어 국민의 의사를 바탕으로 하고 여기에 근거하여 다수결 원칙에 따라 국가와 사회를 민족 지향으로 발전시켜가는 기본 사상이다. 이에 비해 인간 평등주의는 개개의 인간에 대해 국가 사회의 범주 외에도 일상생활과 행동에 있어 다양한 형태로 존재하는 차별과 차이를 초월한 동질적인 존재로 규정하고 평가하는 것이므로 민주주의와 차이가 있다.

일제 식민지 시대는 봉건왕조인 조선이 망국하여 우리 민족이 다른 민족에 의해 예속된 시기이기 때문에 민족의 원칙적인 입장에서 해방이 모든 것에 최우선이며 이를 위해 사상과 생활과 행동을 통일하고 단결하는 게 마땅하다. 그러나 한일합방 후 우리 민족은 다양한 형태의 사회적, 경제적 또는 그 외적인 차별로 분열되어 있었고 일제는 이것은 민족 분열 수단으로 적극적으로 지원 조장하였다. 여기에 앞장섰던 것이 유림 양반계급이였고 이것이 망국의 원인임은 민족사의 상식에 속한다.

당시 우리 민족의 가장 큰 차별과 분열은 유림 양반계급 대 생산을 담당한 농민, 어민, 초부(樵夫) 및 양반 집안의 노비와 그들이 부리는 하인들이었다. 상공인들 역시 모조리 천시되었고 특히 도축업자와 무당은 인간 이하로 천대받고 법 외적인 억압 수탈의 대상이 되었다.

이러한 제도적, 신분적 차이와 차별은 우리 민족의 단결을 파괴하는 기본 원인이 되었다. 그 외에도 부자와 가난한 자, 권력이 있는 자와 없는 자, 지식인과 무식인 간의 차별도 현저했다. 이와 같은 차별과 차이점이 현실적으로 실현되고 영향을 주고 있는 이상, 우리 민족이 조국과 민족을 위해 하나로 단결한다는 것은 우물에서 숭늉을 구하는 것처럼 미련하고도 미련한 일이라 할 것이다.

일제 식민지에서 해방되려면 민족 내부의 다양하고 다원적인 차별과 이해관계 대립을 초월하여 전 민족이 독립운동에 매진하는 의식 통일이 현실적으로 이루어져야 한다. 하지만 이러한 일은 그때나 지금이나 이론적인 논리로는 가능하지만 현실은 그렇지 못했으므로 민족적 단결을 이루지 못했던 것이다. 따라서 식민지에서 독립하기 위한 민족역량을 조성하기 위해서는 투철한 민족의식으로 사상적인 통일을 해야 하고 그러려면 이것을 가로막고 분열시키는 현실적인 차별과 차이를 타파해야 한다는 것이 당연한 논리적인 귀결이다.

민족의식은 사상이나 사고로 끝나는 것이 아니고 실천의 지침이므로 제일 먼저 해야 할 기초 작업은 독립을 지향하는 모든 민족 조직의 내부에서부터 차별과 구별을 흔적도 자취도 없이 말살해 버려야만 한다. 그럴 때 비로소 민족역량의 통일이 가능하다.

어떠한 형태의 민족 단체와 조직 내부에서 앞에서 말한 사회 신분적인 귀천의 구별과 빈부 차이, 권력의 유무 및 지식과 무식의 차이가 그대로 존재한 채 실천을 강행한다면 민족통일전선을 지향하는 모든 민족 조직은 즉각 산산조각으로 분열 분쇄되어 버린다. 즉 민족의 통일 역량 조성과는 아무 인연도 관련도 없는 조직이 되어 버릴 것이다. 그러므로 독립운동의 모든 조직에서는 이와 같은 차별과 차이의 말살에 적극적으로 나서서 인간 평등주의 사상을 바탕으로 한 조직 기반을 형성시켜 나갔다. 그리고 앞에서 언급한 바와 같이 민족 내부에 존재하는 여러 형태의 차별과 차이는 민족 단결을 가로막고 분열시키는 특효약 같은 효과를 발휘하기 때문에 총독부는 이 점을 악용하여 민족의 분열을 조장했다. 따라서 독립운동을 하는 우리 민족은 일체의 차별을 반대하는 것이 기본 사명인 인간 평등주의를 지향한다는 필연적인 결론에 도달한다.

이것을 입증하는 사례로서 당시 가장 천대를 받았던 도축업자들의 단체인 형평사(衡平社) 조직과 독립운동 조직과의 밀착된 관계를 들 수 있다. 당시 형평사 조직원들은 나름대로 비교적 경제적 여유가 있는 편이었으므로 독립운동에 절실한 재정 지원에 큰 역할을 했음은 잘 알려진 사실이다. 독립운동의 70~80%를 좌우하는 것이 재정 문제다. 이는 우리 민족뿐만 아니라 전 세계 식민지 민족의 독립운동에서 공통된 불가피한 현실이었다.

나는 광주에 있는 조선형평사 지부 지도자 중 지부장인 신선문 선생을 비롯한 간부 3명을 알고 있었다. 이 분들이 우리 집에 오면 나뿐만 아니라 내 아내까지도 친형제와 같이 존경하고 친절하게 대했다. 당시 ML당 전남지부 관련 사건으로 옥고를 치루고 나온 선배들은 이 점에서 더욱 철저했다. 민족의식이란 원천적으로 인간의 평등의식에서부터 나오는 것이다.

당시 우리 농촌에는 면 단위로 볼 때 도축업자나 무당이나 가마꾼 등의 소위 천민이 몇 사람씩은 있었다. 일반인들은 신분적 차이를 내세워 이 사람들을 차별하여 언어와 행동에서 천대했지만 우리 농민조직의 조직원들은 솔선하여 이 같은 감정을 없애고 혈연관계와 같은 친밀한 애국동지적인 감정으로 바꾸어 그것을 생활화하도록 하는 교양에 중점을 두었고, 이것이 그 생활권 내에 거주하는 주민들의 단결에 큰 역할을 했다는 사실을 참고로 말해 둔다.

5) 농민 민족의식 6칙 보급의 결과

이 교훈 6칙이 보급되자 전남운동협의회 산하 5개 군의 농민조합 조합원 수가 급속도로 증가했다. 여기에서 그 구체적인 과정을 일일이 논술할 수가 없으나, 이 6칙의 교양과 보급에는 당시 농민조합운동 간부 양성기관인 농촌 청년 독서회 출신의 일선 간부들과 야학 교사들의 역할이 절대적으로 컸다. 전남운동협의회가 발각되기 전인 1933년의 연말 회의에 보고된 조합원수는 5개 군에서 3,000여 명이었고 조직 보안상 농민 반원인 당원수는 500여 명에 달했다. 그중 294명이 발각 검거되었다.

모든 대중운동은 조직과 실천의 기본 지침인 과학적인 의식 교양이 선행되어야 하며 이 교양은 조직과 실천의 발전에 따라 갈수록 심도 있게 강화 발전시켜야 한다. 이는 모든 대중운동에 진리적인 기본 원칙이다. 특히 민족해방운동에서는 민족 범주에 속하는 다양한 대중과 다원적인 집단 세력을 조국 독립을 목적으로 통일하여 단일 전선으로 결속시켜야 한다. 그러므로 누구도 부인하거나 반대할 수 없는 진리화된 과학이론으로 뒷받침된 민족의식 교양이 모든 항일 독립운동에 선행되어야 함은 상식화된 진리다.

민족의식은 민족역량을 형성하는 민족 한 사람 한 사람의 생활과 정신 행동을 규제하여 체계적인 민족통일전선으로 이어지게 하는 사명의식이므로 다른 어떤 개념적인 논리보다도 구체성을 갖는 이론 형태가 되어야 한다. 개론적인 학설 또는 이론의 개념적인 논리는 말과 글로는 성립되지만 조직원 한 사람, 한 사람의 사고와 생활을 강철 같이 규제하는 생활의 지침은 될 수 없다. 진리는 구체적이라야만 현실적인 실천의 정확한 기준 원칙이 된다. 구체성이 결여된 이론과 논리로는 어떠한 실천적인 역량도 창출할 수 없음은 그 동안 각 민족과 각국의 대중해방운동에서 증명해 주고 있다.

조직 역량을 창출하는 원칙인 의식 교양이 구체적인 현실 하나하나를 분명하게 설명하고 비판적으로 파악하는 한편 운동의 창조적인 방향과 방법을 과학적으로 창출해 낼 때에만 모든 해방운동과 대중운동의 정확한 지침이 될 수 있다. 이때 비로소 역사를 전향적으로 발전시키는 역량이 창출된다. 모든 대중운동은 대중을 바탕으로 하고 대중과 밀착될 때에만 이와 같은 발전적인 지침 이론을 창출할 수 있다. 즉 대중이 의식으로 받아들이고 생활화 할 때 비로소 생명력 있는 실천 지침의 이론이 창조될 수 있다는 말이다.

앞에서 말한 농민의식 교양 6칙은 농민운동에 모든 것을 바치고 투쟁해온 지도자들의 오랜 실천 과정에서 발견된 모순과 비능률을 해결하기 위한 실천 지침으로서 민족 구성원인 동시에 농민인 대중들의 입장을 감안하여 상당한 연구와 수정을 거쳐 탄생되었다는 점을 말해 둔다.

3. 조직 발각과 긴 수감 생활

1) 망년회에서 방심으로 발각된 조직

전남운동협의회가 1년 가까운 활동으로 점차 기반을 다져갈 즈음 경찰들에게 조직에 관해 결정적 단서를 잡히는 일이 강진에서 발생했다. 문제의 발단은 1933년 그 해 망년회 자리였다.

그 해 연말 강진군 군동면의 동지 12명이 술집에 모여 망년회를 하고 있었다. 공교롭게도 같은 술집의 옆방에서 강진군 유지들이 역시 망년회를 하고 있었고 그 자리에는 유지들로부터 초대받아 참석한 고등계 형사 윤금죽이 끼어 있었다. 유지들 방에서 시중을 들던 아가씨 중 하나가 자꾸만 젊은이들이 있는 옆방으로 자리를 옮기는 모습이 거슬렸던 윤금죽 형사가 술김에 화가 나 그 여자에게 수갑을 채우려 했다. 소란이 벌어졌고 이를 알게 된 옆방의 군동면 동지들도 발끈했다. 결국 싸움이 벌어졌고 12명에게 실컷 두들겨 맞은 윤금죽은 꼴이 우습게 되어버렸다.

아마 윤금죽은 형사의 직감으로 십여 명의 젊은이들이 모인 옆방의 자리를 예의 주시하고 있던 터에, 아가씨가 그쪽 방의 젊은이들에게 호감을 보이며 기웃대자 촉이 발동하여 저지른 일일지도 모른다. 어쨌든 실컷 두들겨 맞은 윤금죽은 다음날 복수심이 발동하여

전남운동협의회 검거 기사 (동아일보 1934. 5.26.)

주임에게 사건을 보고하며 칼을 갈았다. 아무래도 비밀 조직이 있는
것 같으니 모조리 잡아다가 밝히자고 얘기하고 그 모임의 이름이
'동지계'라며 그럴듯한 조직명까지 꾸며 전날의 12명을 결국 경찰에
잡아들였다. 이들을 잡아 취조하며 수상한 낌새를 느꼈을 것이다.

결국 이 사건은 도 검찰부로 넘어가게 되고 수사는 점점 확대되
었다. 수사를 맡은 사람은 도 검찰부 특별고등과의 특별고등계 주임
인 노주봉과 형사부장 오세영, 형사 이민행으로 이들은 지독하다고
소문난 인물들이었다. 이민행은 서울의 조선청년동맹에서 활동하다
전향한 사람이었다고 한다.

청년들을 조사하고 수색하는 과정에서 5,6명의 집에서 사회과학
책이 발견되었다. 의심이 확신으로 바뀔만한 물증들이었다. 한두 사

람도 아니고 여러 사람의 집에서 발견되었으니 더욱 그랬다. 이 책들은 마르크스-레닌주의에 관한 교양서적으로 이현열 선생이 유학 당시 인연을 맺었던 일본의 지인들과 관계를 갖고 있을 때부터 지속적으로 비밀리에 들여왔던 책들이었다. 도 검찰부 형사들은 책의 출처를 추궁하였고 이들은 결국 윤가현으로부터 책을 받았다는 자백을 하게 되었다.

망년회 술자리에서의 사소한 싸움이 발단이 되었던 이 사건은 조직원들의 집에서 소위 불온서적들이 여럿 발견되면서 돌이킬 수 없는 상황으로 번졌다. 결국에는 그토록 공들여서 만들었던 조직이 모조리 드러나는 지경에 이르렀다. 경찰에서는 윤가현을 잡기 위해 혈안이 되어 있었다. 윤가현은 이미 잠적해 있었다. 망년회 폭력 사건으로 하부 조직원들이 연행되었다는 소문을 전해들은 우리들 모두에게도 비상이 걸려 내심 불안한 시간이 이어졌다.

이듬해인 1934년 1월 22일경이었다. 그 날은 일본 천황이 딸만 셋을 낳다가 처음으로 아들을 본 것을 기념하여 전국적으로 경축행사가 열린 날이었다. 각 부락에서는 천황의 득남을 축하하는 농악놀이가 벌어졌다. 노주봉 일행은 사람들이 많이 모일 행사를 틈타 윤가현이 동네에 나타날 것이라 예상하고 여러 형사들을 대동하여 강진을 덮쳤다. 그렇게 은밀히 잠복하던 형사들에게 윤가현은 붙잡혔고 그는 완도경찰서로 끌려갔다. 윤가현은 세 명의 형사들에게 일주일 동안 지독한 고문을 받았고 결국 오문현과 나와의 관계를 모두 실토하고 말았다.

이러한 내막을 모른 채 며칠 동안 갑자기 사라져 나타나지 않던 윤가현에 대해 실종신고까지 냈던 가족과 동네 사람들은 뒤늦게야 완도경찰서 형사 김명문으로부터 이야기를 듣고 사태를 파악했다.

조직의 핵심 중 하나가 붙잡히게 되자 몇 사람 안 되는 협의회의 면면을 파악하는 것은 그저 시간문제가 되었다. 그렇게 전남운동협의회의 각 군 조직은 경찰에 드러나기 시작했고 조직원들은 속속 체포되었다. 나 역시 1934년 2월 27일 새벽 무렵 경찰에 검거되었다.

나는 그때 결혼한 지 얼마 되지 않은 때였다. 그날 나는 반원이었던 박병원의 결혼식에 참석한 뒤 피곤한 몸으로 밤중에 돌아와 깊은 잠에 빠져있었다. 새벽 무렵 날이 밝은 것처럼 방이 훤해지면서 아내가 경찰이 온 것 같다며 나를 급히 깨웠다. "경찰이다. 문 열어!" 하는 소리가 조용한 동네의 새벽을 갈랐다. 나는 옷은 입어야 되지 않겠느냐며 기다리라고 말하고 옷을 주섬주섬 입었다. 형사들은 기다렸다. 그 사이 나는 평소 중요하다고 여겨 보자기에 싸두었던 자료 몇 가지를 아내의 치마 안 허리에 차 숨기도록 했다.

내가 붙잡혀 이송되면서 강진군 마량면 가교리에 이르렀을 때 멀리서 박노호가 아는 체를 했다. 박노호 역시 그날 붙들려 잡혀오는 도중이었다. 나는 아침 10시경 강진경찰서에 도착했다. 도착하자마자 심한 구타와 물고문이 시작되었다. 나를 취조한 수사관들도 악명 높은 노주봉 일행이었다. "윤가현을 만난 적이 있냐"는 형사의 심문에 처음에는 한 번도 만난 적이 없다고 버텼다. 내가 부인할수록 고문의 강도는 세졌다. 나에 대한 취조는 다음날 새벽이 되어서야 일단락되었다. 그리고 다음날은 취조를 하지 않고 하루 쉬었다. 그러다가 사흘째 되는 날 나를 다시 불렀다.

이때 들어보니 그 사이에 수사의 방향이 크게 달라져 있었다. 형사들은 "네 이놈, 다른 말은 하지 않겠다. 해남군 북평면의 '성도암'만 말해라! 니가 성도암을 몰라? 이래도 모른다고 할 거야?" 하면서 우리만 알고 있던 아주 구체적인 얘기를 들면서 나를 다그쳤다. 나는 안다고 대답할 수 없어 모른다고 입을 다물자 다시 고문이 시작되었다.

형사들은 나를 긴 의자에 눕히고 팔과 다리를 묶었다. 한 사람이 내 머리를 붙잡고 내 입에 물수건을 재갈 물리듯 물렸다. 그러고는 주전자로 코에 물을 붓기 시작했다. 숨을 쉴 수 없었다. 참다가 도저히 견딜 수 없어 모두 말하겠다고 했다. 그러면 잠시 고문이 멈춰졌다. 그 틈을 이용해 하는 거친 숨을 몰아쉬었다. 몸을 일으켜 세우면 입에서 물이 쏟아져 나왔다. 내가 숨만 몰아쉰 뒤 인정을 하지 않자 똑같은 과정이 반복되었다. 그런 과정이 여러 번 이어졌다.

형사들은 이미 모든 것을 다 알고 있다는 듯 "오문현도 몰라?" 하면서 조롱하는 표정으로 되물었다. 그때 느껴지는 분위기와 그들이 중간 중간 던지는 말들은 이미 모든 것이 드러났다는 것을 말해주었다. 묻는 내용들을 부인할 수 없는 지경이었다. 결국 나도 자백하고 말았다. 이렇게 전남운동협의회는 일경에 발각되어 핵심 조직원들이 모두 체포되면서 더 이상의 활동은 불가능하게 되었다. 조직 구성이 된 지 채 일 년도 되지 않아 맛보는 중대한 좌절이었다.

2) 바뀐 수사방향과 목포형무소 수감

나는 그 후 병영 주재소와 강진의 도암 주재소 등 여러 곳을 옮겨다니다가 1934년 5월경 다시 완도경찰서로 이송되었다. 옮겨가는 곳마다 유치장에 농민조합 관련자들로 가득 차 있는 것을 보았다. 완도경찰서에 잡혀와 있는 사람만 해도 600여 명은 되어 보였다. 얼마 지나지 않아 완도, 강진, 해남 등의 전남 지역 농민운동 관련자들 대부분이 검거되었고 그 숫자는 3,000여 명을 헤아릴 정도였다.

강진경찰서에 있는 동안에는 조직 전체의 윤곽에 대한 것이 수사의 초점이었다면 완도경찰서에서는 지방 조직과 하부 조직을 캐내기 위한 수사에 초점이 맞춰졌다. 그래서 이미 붙잡혀 있던 농민조합 관련자들은 다시 각 군의 경찰서로 분류되어 수사를 받게 되었다.

5월말이 되자 조직의 윤곽이 드러나고 캘 수 있는 것은 모두 다 캤다고 판단한 경찰은 수사를 일단락하고 마무리 짓는 듯 보였다. 이에 따라 야학 교사들을 비롯한 농민조합원들은 6월 1일 석방되고 반원들과 각 군과 면의 책임자 등 300여 명만이 남았다.

이렇게 수사가 종결되는 것으로 알았는데 그게 아니었다. 전남도의 경찰부장, 고등과장, 특별고등계장 등 3명과 경찰부 간부로 있던 중도명문(中島命文)이라는 일본인이 형사들 몇 명을 데리고 완도경찰서로 왔다. 남아있는 우리에게 사상 선도를 한다는 것이었다. 중도명문이라는 자는 공산주의 이론에 상당한 지식을 갖고 있던 사람으로 주로 사상범들 수사를 맡았다. 이들은 각 면의 책임자와 군 위원 이상의 동지들 10여 명을 서장실로 불러 그동안 고생했다며 점심 대접을 해주었다.

그런데 그때 곁에서 지켜보고 있던 노주봉이 "완도 군내 사건은 끝났지만 일본 공산당과 연결된 부분은 아직 끝나지 않았습니다"라고 말하는 것이었다. 이를 듣고 깜짝 놀란 형사들이 "그게 무슨 말이냐?"고 묻자 노주봉은 얘기를 시작했다. "수사 과정에서 나온 문서나 테제 등은 여기 잡혀있는 자들의 수준으로는 할 수 없는 것입니다. 일본 공산당의 지도를 받은 것이 분명합니다. 이번에 잡혀온 자 중에 문승수라는 자가 김발 죽재를 사온다는 핑계로 일본에 자주 왕래합니다. 이런 점들로 보아 일본 공산당과 선이 닿아 지도를 받고 있는 것 같습니다."

그 다음날부터 우리들에게 대한 취조가 다시 재개되었다. 노주봉, 오세영, 이민행 같은 형사들은 우리를 더욱 거칠게 다루었다. 문승수는 고통스럽게 물고문을 받으며 자백을 강요받았고, 나 역시 물고문에 시달려 물 한 모금을 마실 수가 없는 정도였다. 몸은 퉁퉁 붓고 몰골이 험해져 내 얼굴을 다른 사람이 알아볼 수조차 없는 지경이 되었다. 이렇게 일주일간이나 취조가 계속되었지만 딱히 나오는 것도 없고 더 이상 진전이 없자 노주봉은 나에게 협상을 제의했다.

나는 살아야겠다고 생각되어 당신들 하고 싶은 대로 하라고 말했다. 어차피 당신들이 사건

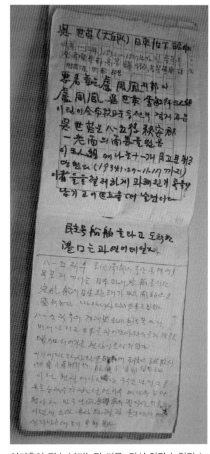

이기홍이 평소 남겨놓던 기록. 당시 악명 높았던 노주봉, 오세영, 이민행 등의 악랄하던 앞잡이 형사들에 대한 메모가 적혀있다.

을 날조, 조작할 테니 일본 공산당의 지도를 받았다고 하든지 중국이나 소련 공산당의 지시를 받았다고 하든지 마음대로 쓰라고 했다. 다만 살인이나 총기 소지 등과 같은 날조는 하지 말아 달라고 했다. 그러자 노주봉은 화를 벌컥 내면서 나를 발로 찼다. 그는 공자님 앞에서 문자 쓴다며 나에게 상놈의 새끼라는 욕을 서슴지 않았다.

당시 경부보였던 노주봉은 악랄하기로 천하가 다 아는 자였다. 노주봉이 얼마나 지독했는지는 그의 밑에서 부하로 일하던 조부환(曺富煥)의 말을 들어봐도 알만 했다. 하루는 조부환이 유치장으로 나를 찾아와 하소연하기를 노주봉이 매일 같이 자신에게 물고문을 시키라며 괴롭히니 자신도 정말 죽을 지경이라고 호소했다.

7월 초순부터는 5개 경찰서에 남아있는 294명의 기소자에 대한 취조가 목포지청 검사지국으로부터 시작된다고 했다. 사람이 많기 때문에 검사들이 각 서를 돌면서 취조하기로 한 것이다. 검찰의 취조 결과 군 간부와 면 책임자를 제외한 일반 반원은 기소유예로 석방되고 57명이 최종적으로 남았다. 나를 비롯한 12명은 완도경찰서에 유치되었다. 나는 이곳에서 지내다가 1934년 11월 17일 관련자 57명과 함께 목포형무소로 이송 수감되었다. 목포형무소에 수감된 사람들은 전남운동협의회 57명 외에도 영암운동협의회 사건으로 구속된 간부급 3명과 목포, 해남의 청년동맹 사건으로 붙잡힌 김정수 외 2,3명 등 모두 90여 명이 되었다.

3) 형무소 내 단식 투쟁

목포형무소에 수감되어 있는 동안 '전남운동협의회' 사건에 대해서는 예심에 회부되었을 뿐 절차 진행이 지지부진하여 언제 공판이 시작될지 아득하기만 했다. 심지어는 몇 년이 걸릴지도 모른다는 얘기들이 떠돌았다. 1935년 말경에 예심이 끝나고 다시 1년의 형무소 생활이 지났지만 공판을 열 기미가 보이지 않았다. 이렇게 되면 사건이 언제 종결될지 알 수 없는 노릇이라 답답하기만 했다. 시간이 지날수록 재소자들에 대한 형무소 측의 대우는 형편없었고 형무소 간수들은 틈만 나면 우리에게 '조센징'이라 욕하며 구타를 일삼곤 했다.

도서 검열이 심해 안에서 책을 볼 엄두도 내지 못했다. 운동 시간도 규정상으로 30분이었지만 실제는 10분도 채 시간을 주지 않았다. 식기는 닳을 대로 닳아 구멍이 날 정도로 추접했고 부식 역시 차마 사람이 먹기 어려운 것들이었다. 도저히 견딜 수 없었던 우리는 처우 개선과 재판의 신속 진행을 요구하기로 하고 집단행동에 들어가기로 했다. 이때가 1936년 2월이었다.

우리는 이웃 감방의 수감자들과 통방(通房)으로 또는 다른 여러 방법으로 연락을 취하면서 아직까지 방치되고 있는 전남운동협의회 사건의 공판 촉구와 함께 형무소 내 생활에서의 개선사항을 정리하여 형무소장과의 면담을 요청했다. 처우 개선에 대한 요구사항은 아래와 같은 것들이었다.

- 도서 검열을 완화시킬 것
- 운동 시간을 30분으로 늘려줄 것
- 식기를 바꿔주고 부식은 영양가 있는 것으로 제공할 것
- 구타하지 말 것, 조센징이라는 말을 쓰지 말 것
- 편지는 한 달에 2회 이상으로 늘려 줄 것

우리는 매일 간수를 통해 소장과의 면담을 요청했으나 여러 날이 지나도록 아무런 답변이 없었다. 열흘 정도가 지나서야 비로소 면담 요청이 받아들여졌다. 우리는 총책임자인 김홍배를 형무소장에게 보내 우리의 주장을 요구하도록 했다. 그런데 나간 지 얼마 되지도 않아 김홍배는 먹방에 갇히고 말았다. 먹방은 불을 켜지 않는 캄캄

한 독방을 말한다. 형무소장에게 불순하게 대했다는 것이 이유였다. 심지어 식사량도 3분의 1로 줄여 배식하였다.

김홍배에게 중금치(重禁治) 처분이 내려진 것을 알게 된 동지들은 더 이상 참을 수 없어 다섯 가지의 요구조건 관철과 김홍배에 대한 중금치 처분 해제를 요구하며 57명 전원이 단식투쟁에 돌입했다. 단식을 하는 동지들에게 간수들은 식사 시간마다 감방 앞에 밥을 갖다 두며 단식을 방해했다. 동지들은 단식을 할 때는 물과 소금으로 혈압을 유지시켜야 버틸 수 있다는 말을 듣고 이를 닦으려고 가져온 소금과 물을 먹으며 오래 버틸 최소한의 체력을 유지시켰다.

사흘이 지나자 소화력이 감퇴된 듯 배고픈 것조차 잘 느끼지 못했고 일주일 정도가 지나자 밥을 먹고 싶다는 생각은 없어지는 대신 다리에 힘이 빠지기 시작했다. 동지들은 시간이 흘러도 여기에 흔들리지 않고 세차게 감방 문을 차며 '소장 면담'을 외쳐댔다. 이때 우리들의 단결된 모습을 보고 감명을 받은 다른 감방의 잡범 100여 명이 동조단식에 참여하여 우리에게 힘을 실어주었다. 동조단식에 고무된 동지들은 고마움을 느끼면서 한층 힘을 얻어 죽으면 죽었지 항복할 수는 없다는 마음을 굳게 다졌다. 그러던 중 모자에 금줄을 두른 사람이 자신이 소장이라고 하며 감방 앞에 나타났다. 소장 면담이 받아들여진 것이었다.

나와 오문현 그리고 다른 간부 2명 등 4명이 소장실로 가서 면담을 시작했다. 우리는 김홍배의 중금치 처벌 해제를 요구하며 강력히 항의했고, 요구사항 하나하나를 구체적으로 언급하며 개선을 요청했다. 이에 소장은 최선을 다하겠다는 긍정적인 답을 해주었다.

면담 결과 편지 쓰는 것은 월 1회에서 2회로 늘려주겠다고 약속했다. 그러나 부식에 관한 것은 총독부의 예산이 책정된 것이므로 형무소 측에서 임의로 할 수 있는 게 없다고 답했다. 또 운동 시간이나 구타 금지 등은 법에 규정된 사항이므로 받아들여졌다. 즉 어쩔 수 없다는 부식 문제를 빼면 우리의 다섯 가지 요구사항이 대체로 받아들여진 것이었다. 요구사항이 관철되자 우리는 단식을 풀기로 했다. 저녁 시간이 되자 단식에 참여했던 57명에게 흰죽이 배식되었다.

4) 공판 투쟁-강도가 자신의 재판을 맡는 것

1936년 4월이 되자 우리들은 간수를 통해 공판이 곧 시작될 것이라는 사실을 알 수 있었다. 우리들은 공판에 대비해 법정투쟁을 준비하자는 김홍배의 제안에 따라 2주일 동안 여러 차례의 의논을 거쳐 법정투쟁을 하기로 합의를 보았다.

5월이 되어서야 공판이 시작된다는 사실이 확실해졌다. 첫 공판은 가족들과 서울 등지에서 몰려든 많은 사람들이 가득 채우고 지켜보는 가운데 광주지법 목포지청 제1호 법정에서 열렸다. 이 날 재판을 맡은 판사는 일본인이었고 김성호(金聲浩) 관선 변호사가 피고인들의 변호를 맡았다.

57명의 피고인들이 재판정으로 나갔다. 판사가 개정 선언을 함과 동시에 이름과 나이, 고향 등을 묻는 인정심리(認定審理)가 2시간가량에 걸쳐 끝나고 전남운동협의회의 총 책임자인 김홍배를 시작으로 사실심리(事實審理)에 들어갔다.

그때 김홍배가 벌떡 일어나 재판장에게 피고 회의를 열어야겠다고 말하고, 피고인들을 향해 "지금부터 피고 회의를 개최한다"고 소리를 높였다. 미래 계획된 그대로였다. 김홍배는 계속해서 "불합리하고 불공정한 재판을 받을 수 없으니 자신의 제안에 찬성하면 박수로 표시하라"고 하자 우리들은 발을 구르고 소리를 질러댔다. 이에 김홍배는 재판장을 향해 "이와 같이 피고 전원의 결의에 따라 불공정한 재판을 받을 수 없다"고 힘주어 말했다. 이를 들은 재판장이 뭐가 불공정한 것이냐고 물었다. 그러자 김홍배가 또박또박 대답하기 시작했다.

"한 나라가 외세의 침략으로 주권이 상실되었을 때 그 민족이 주권을 찾으려고 독립운동을 하는 것은 찬양받아야 할 일이다. 조선총독부 경찰이 고문으로 수사하여 죄를 만들고 조선총독부 검사가 유죄냐 무죄냐를 판단하는 것은 마치 강도당한 사람이 빼앗긴 물건을 돌려달라고 요청하자 강도가 자신이 재판을 하겠다고 달려드는 것과 뭐가 다르냐? 군이 재판을 하려거든 이해관계가 전혀 없는 제3국의 판사를 모셔다 재판을 하라!" 불공정한 재판에 대한 김홍배의 연설을 들은 재판장은 화를 버럭 내며 재판의 무기 연기를 선언하고 퇴장해 버렸다.

이렇게 되자 난처해진 사람은 재판장뿐만 아니라 이를 지켜보던 변호인들이었다. 몇 년 동안이나 미뤄지던 재판이 오늘에야 겨우 열렸는데 재판이 무기 연기되었으니 다음 공판이 언제 시작될지 모를 일이 되어버렸다. 김성호 변호사(초대 강진 국회의원 역임)는 우리들을 달래며 오랜 시간이 걸려 시작된 재판이니 공판을 진행해야 하고, 법대로 속히 진행해서 하루라도 빨리 나가야 한다는 점을 설득했다.

우리는 처음에 이를 단호히 거부했으나 강도로부터 심판을 받는 부당함과 우리의 의기를 보여줬다는 것으로 만족해야 했다. 재판 진행 자체를 무한정 지연시키는 것도 최선의 방법은 아니었기에 변호사의 의견을 존중하여 다음 재판에 참여하였다.

5) 최종 판결에 이르기까지

날짜는 기억하기 어렵지만 뒤이어 여러 차례 공판이 진행되었다. 피고인들이 많아서 각각 나누어 여러 번에 걸쳐 사실심리를 했는데, 조선일보 1936년 11월 9일자에 실린 '전남운동협의회' 사건 제6회 속행공판개정(續行公判開廷) 기사를 살펴본다.

"치안유지법 위반으로 검거된 지 2년 8개월 만에 비로소 공판이 시작된 전남운동협의회 사건은 예정과 같이 지난 6일 오후 1시부터 광주지방법원 목포지청 제1호 법정에서 굴부(堀部) 재판장 주심과 제 검사 관여하에 제6회 공판이 개정되었는데 피고 51명 중 3명은 출정치 못하고 48명이 출정하였다. 방청석은 피고인들의 가족과 친지들과 정사복 경관으로 혼잡을 이루었다.

정각이 되자 피고 오임탁부터 본격적으로 사실심리를 시작하였다. 재판장 심리에 대하여 이기홍은 본시 합법적 농민운동을 하였던 것이지 결코 공산주의하의 적색농민운동이 아니었다고 사건을 대체로 부인하였다. 천덕운은 공산주의를 공명하여 그를 연구하였을 뿐이고 실지 행동한 일이 없다고 사건을 부인하였고, 윤가현과 마성만은 금번 사건의 전 조서는 경찰서나 검사국에서 마음대로 만들어 가지고 그대로 시인하라고 심한 고문을 했고 그 고문에 견디지 못하여 할 수 없이 "네! 네!" 한 것이니 이 사건은 우리가 만든 적색농민사건이 아니라 그들이 만든 백색농민사건이라고 하며 처음 경찰서에서 취조받은 사정을 밝혀 일반 청중으로 하여금 신경을 놀라게 했다. 재판정에서 사건 전체가 이러하니 공정한 심리와 관대한 처분을 바란다고 사건 내용을 말하였다.

51명이나 되는 대량적 피고의 심리는 제6회 공판까지 25명의 심리를 마치고 오후 5시에 폐정하였는데 제7회 공판은 오는 13일에 속개한다고 한다.

- 조선일보 1936년 11월 9일자 기사

뒤이은 11차 공판의 내용도 살펴보자. 역시 조선일보의 1936년 12월 13일자 전남운동협의회 사건에 관한 기사다.

"전라남도를 중심으로 조직된 공산주의자 동맹 전남운동협의회 제11차 공판은 예정과 같이 지난 11일 오전 11시 30분 광주지방법원 목포지청 제1호 법정에서 굴부 재판장, 주심 류(柳), 롱구 양 판사가 배석 궁정(宮井) 검사의 입회하에 김성호(金聲浩), 김영수(金泳洙), 좌등(佐藤) 3 변호사의 열석으로 열리었는데 방청석에는 초만원을 이루었다. 개정 벽두부터 검사의 논고에 들어가 반시간에 달하는 준열한 논고를 한 다음 곧 별항과 같은 구형이 있었고 12시경에 임시 휴게를 하였는데 논고의 요지는 일본 내지의 사회운동은 일단 처단을 할 것 같으면 다시 계속하지 않는 반면에 조선의 사회운동은 처단을 할수록 뒤이어 발생하는 현상이라 단연 엄벌하지 않으면 안 된다는 것과 현실사회에서는 산상(山上)에서 생어(生魚)를 구하려는 것과 같이 어리석은 망상이라는 것을 지적하였다.

다시 오후 1시 30분에 속개하여 변호사의 변론이 시작되었다. 변론의 요지는 아무 문제가 되지 않는 사건을 각 지방에서 경쟁적으로 검거하여 극적 광경을 나타내었다는 것과 의식 정도가 저급한 피고들을 코민테른과 동일시한다는 것, 끝으로 김성호 씨로부터 사유재산제도 부인, 국체변혁과 혼동하여 치안유지법 제1조를 적용하라는 것은 그 진의를 모르겠다는 것과 현실 사회적 경제기구로 보아서 그들이 가진 행동만은 물론 잘못이지만 남을 위하여 희생적으로 나왔다는 그 심리만은 동정할 여지가 있느니만치 일반 사회에서도 반분의 책임을 져야 한다는 것이다. 변호사들의 세 시간 동안의 열렬한 변론이 끝난 다음 재판장으로부터 피고들에게 변명 진술이 있으면 하라고 하자 황동윤으로부터 시작하여 김홍배, 문승수, 김용섭, 오문현, 문폰동, 마성만, 길양수, 황상남, 김두환, 정진수 등의 변론이 있은 다음 오후 6시경에 폐정하였는데 차회 공판일은 정하지 아니하였으나 금년 내에 정하겠다고 말했다.

      -조선일보 1936년 12월 13일자 전남운동협의회 사건 기사

  1936년 12월 26일 마지막 공판이 속개되어 밤늦게까지 별 마찰 없이 진행되었다. 재판 도중 누가 보냈는지 모르지만 소쿠리에 가득 담긴 빵이 들어와 피고들이 빵을 나누어 먹었다. 방청객들은 차분한 모습으로 지켜보고 있었다.

  밤 12시까지 계속되던 재판의 판결이 내려졌다. 책임자였던 김홍배와 황동윤이 각각 3년의 최고 형량을 받았고, 나와 오문현이 2년 6개월, 박태술이 2년을 선고받았고 나머지는 1년 6개월에서 1년을 각각 선고받았다. 박태술은 해남군 송지면에서 활동했던 사람이었다.

  이렇게 3천 명 이상의 검거자와 50명 이상의 기소자, 그리고 재판 기간도 3년 이상을 끌며 일제하 단일 사건으로는 유례가 없는 대단위 항일운동이었던 전남운동협의회에 대한 사법적 판결이 마무리되

었다. 비록 우발적 사건이 빌미가 되어 조직 전체가 와해되긴 했지만 아래로부터 오랜 시간에 걸쳐 만들어진 조직화된 민족운동이자 독립운동이었다는 점에서 이 사건의 주는 의미는 매우 크다.

6) 갑계 모임과 또 한 번의 검거

전남운동협의회 사건으로 형의 확정 판결을 받은 피고인 대부분은 미결통산 365일의 언도를 받아 1937년 설날 무렵에 석방되었다. 사건에 연루된 사람 중 지도급 인물들을 제외하고는 대부분이 일 년 정도의 형을 받았기 때문이었다. 미결통산(未決通算)이라고 함은 판결이 결정되기 전에 구속되어 있던 일수를 계산하는 것으로, 최종 판결이 내려지지 않은 상태에서 구속되었던 일수를 어디까지 인정하여 차감하느냐의 개념이다.

나는 2년 6개월의 형을 받았으므로 미결통산 365일을 감안해도 다음 해 중반까지는 꼼짝없이 수감생활을 이어갈 수밖에 없었다. 대신 내가 없는 사이의 공백이 발생하지 않도록 하기 위해 출옥하는 청년반의 박노호에게 일러두기를 조용히 친목회를 조직하여 재건작업에 착수하도록 계를 만들어 기다리라고 말해두었다. 그게 무슨 의미인지는 자세히 얘기하지 않아도 서로 알았다. 나는 조용히 수형생활을 하다가 1938년 늦은 봄에 만기 출소하여 고향에 돌아왔다.

내가 집으로 돌아가자 아버지는 몸보신을 위해 사주(蛇酒)를 담아 나에게 먹이셨다. 그럭저럭 몸조리를 하고 농사일을 거두면서 소일하고 지내다가 얼마의 시간이 흐른 뒤 박노호를 만났다. 박노호는 이미 아무도 눈치 채지 못하게 일을 진행하여 갑계(甲契)를 조직하여 29명의 계원을 확보해 놓았고 그 중 6명과는 비밀 조직을 만들어 모임을 갖고 있었다.

갑계란 동갑끼리 친목 도모를 위해 만들어진 동갑계를 뜻한다. 물론 이 갑계에 박노호도 계원이 아니었고 나 역시 계원이 아니었다. 둘 다 징역을 살고 나왔기 때문에 계원으로 들어가면 경찰의 주목을 받게 될 것이 뻔했기 때문이다. 그렇지 않더라도 경찰은 또래 젊은 이들이 모인 갑계원들을 수시로 감시하고 있었다. 그러는 동안에도 나는 은밀하게 한 사람씩을 포섭하여 박노호가 포섭해 둔 6명 외에 3명을 더 늘렸다. 이런 내용은 계원들 사이에도 철저히 비밀을 지키며 진행된 일이었다.

어느 날 계추렴을 한다고 계원 중의 한 사람이 나를 데리러 왔다. 나는 계원은 아니었지만 먹는 자리에 친구들이 부르는 것으로 여겨 그를 따라가서 아무 말도 하지 않고 음식만 먹고 돌아왔다. 나는 그들과 이렇게 일상적인 일로 어울리는 정도였다. 그러나 경찰들에게는 이렇게 계추렴을 하는 것마저도 눈에 거슬리는 일이었다. 갑계를 주시하고 있던 경찰은 1938년 6월 13일 경 계원 29명을 모두 검거했다. 나와 박노호는 계원도 아니었지만 함께 잡혀 들어갔다.

우리는 그해 12월 28일까지 갇혀 있었다. 경찰에서는 어떻게든 이유를 달아 조직으로 묶어 엮을 생각이었지만 9명이 철저히 함구한 끝에 모두 풀려날 수 있었다. 특별한 일을 모의하거나 벌인 것이 아니라서 아무런 혐의도 없었음에도 불구하고 7개월 동안이나 유치장에 갇혀 있었던 것이다. 억울하기 짝이 없는 일이었지만 식민지 국민으로 힘이 없는 나라에 사는 우리의 운명이었다. 이즈음은 일제의 발악이 막바지로 향하고 있던 때였다.

제6장 해방 직전의 어두운 날들

1. 보호관찰 조치하의 광주 생활

1) 거주제한 명령을 받고

6개월이 넘는 억울한 구금 생활을 끝내고 풀려나 집에 돌아온 지 며칠 되지도 않은 1939년 1월 7일 나는 난데없는 거주제한 영장을 받았다. 사상범 보호관찰소로부터 속히 광주로 오라는 서신을 받은 것이다. 분통이 터지는 일이었지만 이 엄혹한 시기에는 무조건 따르시 않을 수 없는 지상명령이었다.

1월 10일경 나는 광주보호관찰소로 갔다. 소장은 '결정서'를 보여주었고 소장 옆에 있던 자가 "보호관찰령 0조 0항에 의거하여 광주부 일원에 거주제한을 명한다"는 내용을 읽어주었다. 내가 머물러야 할 곳은 유린회 시설이었다. 유린회(有隣會)란 형무소에서 만기 출소자로서 별다른 직업이나 정해진 주소지 없이 오갈 데 없는 사람들을 수용하는 사회사업 기관인데, 그 조직 안에는 사상범만을 관리하는 사상부(思想部)가 따로 있어 보호관찰소 역할을 했다.

일제는 1936년부터 조선사상범보호관찰령을 제정하여 독립운동을 하던 사상범들을 체계적으로 관리하고 감시하며 이들에 대한 전향 공작을 펼 수 있는 법적 기반을 만들었다. 이때부터 경성부를 비롯한 전국의 대도시에 보호관찰소를 설치하여 비전향 사상범들을 수용하여 관리했다. 거주제한 영장은 이에 따른 것으로 역시 1936년부터 시행되었다.

사상범 보호관찰령 속에 포함된 보호관찰소는 함흥, 신의주, 평양, 서울, 광주, 대구 등 전국 주요 도시에 설치되어 있었다. 보호관찰소 소장은 대개 검찰의 차장검사가 책임자로 되어 있었다. 보호관찰소에서는 사상범들을 몇 가지로 분류하여 관리했다. 즉 우량 전향자와 양 전향자 그리고 비전향자로 구분했고, 비전향자는 다시 준전향자와 전향의 가능성이 전혀 없는 사람들로 구분하여 각각의 성향에 맞게 보호처분을 받도록 했다. 광주보호관찰소가 관할하는 전라남북도 지역의 대상자는 3백~4백 명 수준이었다.

나는 광주의 보호관찰소로 온 뒤 유린회 내의 사상범 주거 공간에서 신갑범, 최인수 등을 만났다. 신갑범은 제4차 공산당에 관계되었던 제주 사람이었고, 최인수는 해남 사람으로 일본의 나고야에서 노동운동을 하다가 강제 소환당해 이곳으로 왔다. 나중에 김홍배도 이들과 만나게 되는데 김홍배는 전남운동협의회 사건 이후 형을 마치고 출소한 뒤 목포에서 지내다 거주제한을 당했다.

우리는 보호관찰소로부터 이불을 제공받고 매월 1인당 12원씩을 지급받아 생활했는데, 활동 영역이 정해졌다는 것 외에는 광주시 일원을 어디든 자유롭게 다녀올 수 있었다. 또 나주 등 다른 지방을 다녀올 경우에도 사전 보고만 하면 별 문제되지 않았다. 광주의 보호관찰소는 현재의 소년원 자리에 있었고 시상부 인원들은 그 건물의 1층에서 기거했다.

2) 기력을 회복시켜 준 야학 활동

당시 비가 오면 광주천이 자주 넘치곤 했다. 그럴 때마다 보호관찰소에서는 우리에게 일을 나가보라고 권했다. 의무적으로 모두 일을 해야 하는 것은 아니었지만 무료하게 지낼 수만은 없어 최인수와 함께 며칠 일을 나갔다. 하지만 며칠 하다가 그만두었는데 하루 일당이 50전에 지나지 않아 계속 매달릴 이유가 없었기 때문이었다.

나처럼 평소 활동적으로 지내던 사람이 할 일 없이 지내는 시간이 길어지자 답답해졌다. 그래서 신갑범, 최인수와 함께 셋이서 무슨 일이든 의미 있는 무엇을 해야겠다는 생각으로 돌아다니며 일을 찾았다. 내심 생각했던 것은 야학이었다. 그러던 중 북동에 가보니 북동유치원이 눈에 띄었는데 이곳에서 야학을 하면 좋겠다 싶어 동장(당시는 町長)을 찾아갔다. 북동유치원은 동사무소에서 관리하는 곳이었기 때문이었다. 동장에게 "야학을 하려고 장소를 찾고 있는데 북동유치원이 제격이다 싶어 이렇게 찾아왔다"고 사정을 이야기하자 동장은 오히려 고맙다며 선뜻 응해주었다.

그리하여 우리는 본격적으로 야학 활동을 준비하며 야학생을 모집하기 시작했다. 인근 지역에 벽보도 붙이고 직접 사람을 만나기도 하면서 한 달 동안 부지런히 뛰어다닌 결과 38명의 학생이 모집되었다. 첫 시작이라 쉽지 않았는데 상당한 수의 학생이 모집되어 우리는 많이 고무되었다. 모집된 야학생들의 대다수는 남의 집에서 일하는 여성들이었다. 강사는 우리 셋이 나눠 맡기로 하고 보호관찰소로부터 세 명이 지급받는 36원으로 쌀을 사고 판자 등을 사와 의자와 책상을 만들고 공책도 마련했다. 일본어를 보급시킨다는 명목을 내세워 일본어 외에 조선어와 산수를 가르쳤다. 돈도 부족하고 전기도 들어오지 않아 조건은 열악했지만 우리는 서로 최선을 다하자고 격려하며 야학을 운영해나갔다.

그러던 어느 날 조선총독부 참의원을 지내던 현준호(玄俊鎬) 씨가 야학을 방문한다고 했다. 현준호는 영암의 학파농장을 운영하는 지주로서 조선 사람에게 주는 조선총독부 중추원 참의라는 직함을 갖고 있었고 호남은행의 두취(頭取), 즉 은행장으로 있던 사람이었다. 그는 신발을 벗고 들어오려고 하다가 입구가 캄캄한 것으로 보고 "왜 이곳은 불을 켜지 않느냐?"고 물었다. "돈이 없어서 아직 불을 켜지 못했다"고 했더니 그는 유치원 안을 더 둘러보고는 흑판과 책상이 낡고 부족한 것을 보고 61원 80전을 우리에게 주었다. 그는 그 돈으로 불을 밝히고 흑판과 책상을 사라고 하면서 열심히 하라고 격려하고는 돌아갔다.

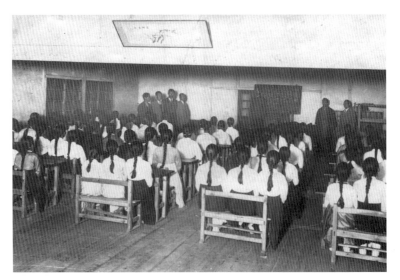

종연방직(현 전방·일신방직) 여공 야학 시절. 왼편에 서있는 키 큰 이가 이기홍

야학 활동은 그 후 종연방직 여공들에 대한 학습으로까지 확대되었다. 야학 활동은 나에게 커다란 삶의 활력소가 되었다. 나는 장기간에 걸친 수형생활로 육체적으로는 물론 정신적으로 상당히 지쳐 있었다. 그토록 헌신적이고 열성적으로 활동했던 농민운동의 조직이 와해됨에 따라 아무 것도 할 수 없다는 무력감이 적지 않던 터였다. 야학 활동이 비록 사회운동이나 민족운동의 중심에 해당되는 것은 아니지만 새로운 학생들을 접하고 가르치며 작은 계몽활동에 참여하고 있다는 사실은 정신적으로 안정감을 주었다. 그동안 고갈되었던 내 안의 에너지도 충전되면서 다음 활동을 모색할 수 있는 힘이 되어 주었다고 할 수 있다.

3) 기개 꺾인 옛 동지들의 근황

합법적 테두리 안에서 야학 활동을 열심히 하는 가운데 우리는 1940년경 비밀리에 서클 형태의 모임을 만들었다. 처음에는 최규창, 최석두, 황영구 등과 함께 정보를 교환하며 이야기를 나누는 등 조심스럽게 움직였다. 뒤늦게 이 서클에 장재성도 합류했다. 장재성은 광주학생독립운동 관련으로 복역, 출소한 뒤 한참 지나 다시 경북의 경찰부에 잡혀 구금되었다가 1년여 만에 광주에 온 것이었다. 최석두는 광주농업학교 제2차 학생 비밀조직 사건으로, 황영구는 서울의 제2고보 독서회 관련 사건으로 각각 2년을 복역한 바 있었다. 이때 최규창은 도청에 취직하고 있었는데 역시 광주학생독립운동 당시 성진회 관련으로 1년을 복역했고 1928년에는 광주고보 동맹휴학 투쟁으로 구속된 적이 있었다.

이렇게 5명이 간간히 연락을 취하며 조심스레 만나기는 했지만 감시의 눈이 있어 함부로 활동을 할 형편은 아니었다. 그러다가 1943년 무렵 무엇인가 의미 있는 활동을 해보자는 생각이 모여지기 시작했다. 그동안 운동을 했던 동지들의 근황도 궁금하던 차에 광주학생독립운동과 관련하여 퇴학 이상의 처분을 당한 광주, 전남 지역 동지들의 동태를 파악해보자는 의견에 공감하여 먼저 그들의 숫자와 거처 및 현재의 여건과 입장 등을 파악해보기로 했다. 그 수는 대략 450명 정도가 되었다.

우리는 전체 광주 전남 지역 중 나주, 함평, 목포, 영암, 여수 등을 분담하여 조사에 나섰다. 그들을 직접 만나는 대신 그 지역의 믿을 만한 동지들을 통해 그들 각자에 대한 평판이나 현재의 사상적 입장과 활동 등을 구체적으로 파악할 수 있었다. 조사 결과 마음을 터놓고 얘기를 할 수 있는 사람은 전체의 10분의 1도 안 되는 31명 정도로 파악되었다. 나머지 대부분은 총독부의 식민지 정책에 직간접적으로 참여하거나 협력하고 있는 것으로 밝혀졌다.

이러한 조사 결과는 우리에게 상당한 실망과 좌절감을 안겨주었다. 일제의 서슬 퍼런 식민지 통치가 장기화되면서 과거 기세등등했던 젊은 의기들이 소리 없이 꺾여나가고 무관심과 굴욕의 길을 가고 있다고 생각하니 말할 수 없이 참담한 기분이 들었다. 식민지 민족의 삶은 파릇한 기개의 청년들에게 끊임없이 변질과 변절을 강요하는 악마적인 굴레임을 새삼 깨닫지 않을 수 없었다.

우리들은 과거 광주학생독립운동 동지들을 묶어 무엇인가 새로운 시도를 할 수 있지 않을까 하는 생각을 접었다. 위험 부담만 많고 실효성 있는 무엇을 진행하기는 어렵다고 판단했기 때문이다. 대신 우리끼리는 매우 조심스럽게 만남을 이어갔다. 내가 당시 특히 가까이 지낸 사람은 황영구였다. 그는 라디오를 가지고 있어서 우리는 신사참배를 가장하여 광주공원의 계단을 오르내리면서 라디오를 통해 얻은 내용을 토대로 세계정세에 대한 소식과 제2차 세계대전의 전세 등에 대한 소식을 접할 수 있었다.

거주제한 무렵 동지들과 함께, 아래 좌측이 이기홍

2. 비전향자에 대한 대화숙(大和塾)의 세뇌교육

1) 대화숙(大和塾)의 세뇌교육에 강제 참석

앞서 말한 1936년의 조선사상범보호관찰령 이후 일제는 보호관찰소를 설치하여 비전향 사상범들을 수용 관리해왔다. 이러한 관리는 시간이 갈수록 점차 치밀하고 체계적으로 진행되었다. 특히 비전향자들을 대상으로 사상 개조 작업에 심혈을 기울였다. 그렇게 하여 일제 말기에 만들어진 단체가 대화숙(大和塾)이다.

대화숙은 1941년 1월 사상범의 보호관찰과 집단적 수용, 나아가 조선인의 황국신민화를 실현하기 위해 만들어진 관제 단체다. 이 단체의 특이한 점은 그 성향이 파쇼적인 단체인데도 그 구성원은 전향자 집단으로 구성된 친일적인 사회주의 단체라는 점이었다. 그들은 기관지인 '사상보국'을 발행하며 소위 사상 전향을 꾀하는 한편, 내선일체와 일본 천황에 대한 충성 등 일제의 논리를 홍보하고 전파하는 데 주력했다.

문제는 전국 각지의 보호관찰소에 귀속된 대상자들은 모두 대화숙에 가입하여야 한다는 것이었다. 이른바 변절자로 만들기 위한 일제의 교활하고도 비인간적인 방침이었다. 따라서 친일 사회주의 단체였던 이 단체에 가입되어 있던 사람들은 친일파라기보다는 그 이전까지 독립운동가, 민족주의자, 사회주의자 등의 반일 인사들이었고 특히 사회주의자들이 대다수를 차지했다. 6·25 직전 이승만 정권이 만든 관제단체인 '보도연맹'은 이 단체와 판박이였다.

1943년 6, 7월경이었다. 나와 최석두는 대화숙 산하의 '일본정신연구회'에서 주최하는 강습에 참여하라는 지시를 받아 서울에 올라왔

1940년대 초반 친구와 함께, 좌측이 이기홍

다. 이때 전국에서 올라온 참석자 수는 150여 명 정도였다.

당시 조선에는 비전향자로 규정된 항일투사들이 제주도에서 간도에 이르기까지 전국적으로 약 수천 명이었다. 그 중 당국이 극히 위험하다고 분류한 300여 명은 수원에 있는 사상범 예방구금소에 구금시켰다. 예방구금소에 일단 구금되면 2년마다 재심을 하는데 재심을 할 때 사상전향성명을 하면 석방되고, 전향을 거부하면 다시 구금되었다. 자신의 사상을 목숨처럼 소중히 여기던 사회주의 계열의 항일투사들에게는 무기 종신징역이나 다름없는 끔찍한 제도였다. 이러한 제도와 관행이 해방 후에도 이승만 정권과 박정희 정권에서 면면히 이어져 내려왔음은 잘 알려진 사실이다.

당시 강습 장소는 신사불참배를 이유로 폐쇄되었던 경성성경학교 자리에 있던 경성대화숙이었다. 오전에는 주최 측에서 연구한 것을 발표했고 오후에는 외부 인사들의 강연과 교육이 이어졌다. 강사는 경성제국대학을 비롯한 당시 조선 내의 최고 학자급에 있던 사람들, 그리고 조선군보도부, 국민총력연맹본부, 해군무관부 등 관변 기관의 외부 강사들이었다. 이들은 내선일체에 대한 역사적, 인류학적 고찰을 비롯하여 끊임없이 세뇌 공작을 벌였다. 이러한 세뇌 교육은 1943년에 시작되어 1944년에는 일주일씩, 그리고 8·15 직전인 1945년에는 한 달 동안 진행되었다. 나는 세 차례 모두 교육을 받았다.

2) 신사불참배 기독교인의 민족의식

나는 당시 일제가 낙인찍어 놓은 소위 비전향자로서 전남에서 거주제한을 당한 4인 중 하나였다. 전선이 확대되어 감에 따라 일제는 배후의 안전을 위한 정책의 하나로 비전향자에 대한 세뇌 공작 차원의 정신교육을 지속적으로 실시했다.

3회차 교육에 경찰이 파악하고 있던 비전향자 중 150~200명이 모였다. 물론 강제적으로 소집된 교육이었다. 그 교육 중에 나는 신사참배 거부 운동을 선동하고 조직했다고 해서 형을 받고 나와 전향을 하지 않고 끌려온 기독교인 3인을 만났다. 나는 신사불참배 운동에 큰 관심을 갖고는 있었으나 구체적인 내용을 모르고 있었기 때문에 이 기회에 진상을 정확히 파악하는 게 좋겠다싶어 나와 몇 사람이 점심과 저녁 식사 후 또는 강의가 끝난 다음의 휴식시간에 만났다.

당시의 교육 장소는 경성성경학교가 있던 자리였다. 신사참배 거부로 인해 폐쇄당하여 문을 닫고 있던 여기를 이용했던 것이다. 이 학교 뒤에는 숲이 우거져 있었다. 당시 7월의 무더위를 피하기 위해 교육생 중 여러 사람이 여기에 가서 몇 사람씩 짝을 지어 대화도 하고 쉬는 장소로도 이용되었다. 우리도 이 숲의 조용한 장소를 골라 신사참배를 거부한 세 명과 만나 이야기를 나누었다. 이 만남은 한 주에 두세 차례씩 4주간 계속 이어졌다.

나는 이 사람들과의 만남을 통해 신사참배 거부 운동에 대한 상세한 내용을 충분히 알게 되었다. 아울러 그 동안 종교 자체를 근본적으로 무용한 것으로 보았던 내 고정관념을 다시 되돌아보는 계기가 되었다. 종교와 민족이 결합될 때 무한한 힘이 나올 수 있다는 생각을 싹트게 하는 만남이었다. 그러한 중요성이 있다고 생각되어 그 내용들을 내 기억을 되살려 아래처럼 요약해 본 것이다.

"일본은 망해야 합니다. 반드시 망할 것입니다. 일본이 망하고 조선이 독립되어야만 우리나라 기독교가 설 자리가 있고 신앙 활동이 보장되므로 우리 기독교인은 누구보다도 독립을 바라면서 기도하고 일본의 패망을 원하고 있습니다. 조국의 독립 없이는 기독교도 신앙인도 존재할 수 없으므로 우리 민족 전체와 기독교를 위하여 일본은 반드시 망해야 하고 우리는 독립해야 합니다.

일본 제국주의는 우리나라뿐만 아니라 만주와 중국, 동남아 일대에서 죄 없는 백성들의 생명을 수없이 살상하고 있고 이 나라 사람들이 굶어 죽는 것도 아랑곳 하지 않고 쌀을 비롯한 모든 물자를 강탈하고 있습니다. 그리고 우리 민족에게 일본 신사를 세워 우상숭배를 강요하고 있고 그들이 우리 민족에게 하는 말은 처음부터 끝까지 거짓말이며 양과 같이 선량한 12세에서 45세까지 우리 독신 부녀자를 끌어내어 위안을 위해 짐승도 할 수 없는, 생명이 끊어지기까지 간음을 하고 있다고 합니다.

이것은 하나님의 가르침에 정면으로 부정 적대하는 것이므로 이 사실을 보고 계시는 하나님은 절대로 그대로 두지 않을 것입니다. 우리 민족이 독립 해방하고 일본이 망하여 우리나라에서 쫓겨나는 것이 하나님의 뜻이므로 반드시 이루어질 것입니다. 우리 기독교인들은 하나님의 가르침과 뜻을 굳게 믿고 그날이 오길 바라면서 기도하고 있습니다.

그리고 기독교인들은 교회에서 하나님의 가르침인 성경을 배우고 읽으며 기도하고 찬송만 하는 것이 아닙니다. 하나님의 가르침인 성경 말씀의 구절구절은 기독교인이라면 여기에 맞추어 생활하면서 이웃에까지 그 뜻을 전하라는 것입니다.

우리 기독교인은 그 뜻에 따라 우상숭배나 우리 민족정신의 말살인 신사참배에 대해 마음속으로만 반대하고 기도만 하는 것은 하나님의 진정한 뜻이 아니므로 하나님의 뜻에 따라 실천해야 하는 것이 기독교인의 진실한 생활이라 믿고 있습니다. 그래서 우리는 어떠한 협박도 강제도 아랑곳하지 않고 희생을 각오하며 전국의 기독교인들이 신사참배를 거부하고 있습니다.

그 결과 교회와 성당을 비롯한 모든 선교기관은 폐쇄되고 활동은 금지되고 있습니다. 뿐만 아니라 외국인인 목사와 신부가 많이 있어 이 교역자들이 신자의 가정을 심방하는 것이 의무로 되어 있는데, 외국인 교역자뿐만 아니라 우리 목사와 신부 및 교회의 교역자가 심방하면 어디에서 엿보고 있는지 즉각 경찰에 불려가 대화의 내용을 꼬치꼬치 묻습니다. 외국인 중에는 주로 일본의 적국인 미국 출신의 교역자가 많고 미국을 비롯한 구라파 여러 나라가 우리 교회와 연결되어 있으므로 일제는 기독교는 미국을 비롯한 백인들의 스파이 온상이라 하여 생활은 물론 미국과의 접촉까지도 세밀하게 감시하기 때문에 교역자들은 일반인들이 상상할 수 없을 정도의 감시와 압박을 받으며 공포 속에서 살고 있습니다.

우리 민족은 정직하고 평화하고 부지런한 양과 같습니다. 이 양떼들이 표범과 같은 일본 제국주의에 짓밟히며 죽임을 당해가고 있는 것을 보고 있는 하나님은 절대로 이것을 허용하지 않을 것입니다. 우리 기독교인들은 머지않아 하나님의 뜻이 반드시 이루어질 것을 굳게 믿고 그 날이 하루 빨리 오기를 기도하면서 기독교인이 지켜야 할 최후의 보류인 신사참배 거부를 단호하게 지키고 있습니다."

그렇게 분노와 흥분에 찬 어조로 말하던 그들은 우리에 대해 "여러분도 독립투쟁을 하다가 형을 받고 나와 비전향한 투철한 애국자이므로 믿고 존경하면서 마음 놓고 털어 놓을 수 있습니다. 독립투사인 여러분이나 신사불참배한 우리 기독교인이나 동일한 애국운동을 했기 때문에 처벌당하고 이 자리에 불려나와 여러분을 만나게 되어 반갑습니다"라고 했다. 그들과 4주간에 걸쳐 많은 대화를 했으나 내용을 요약하면 위와 같은 것이었다.

그 후 광주에서 거주제한 생활을 하고 있을 당시 양림동에 교회 2개가 있었는데 나는 그 중 한 교회의 장로인 주형옥 선생과 수년간 자주 만났다. 주 장로는 광주 기독교의 지도적 인물이므로 경찰과 헌병대에 자주 불려가 협박을 당해왔으므로 일본에 대한 증오심은 우리와 같았다. 주 장로와의 수년에 걸친 많은 대화의 내용도 요약하면 위에서 설명한 내용과 동일하다. 신사불참배로 폐쇄당한 학교들은 수피아여고, 숭일학교, 3·1 강습소와 같은 기독교 교육기관이었다. 주형옥 장로의 소개로 이 학교 교사 중 여러 사람을 만났는데 독립을 바라는 그들의 애국정신은 철저했다.

오늘에 와서 그때를 회상해 보니 외래종교인 기독교는 완전히 우리 민족종교로 정착되어 우리의 주요한 민족세력의 하나로 되고 있었음을 새삼 깨닫게 된다. 신사불참배 운동은 3·1 운동 당시보다 가혹한 전시체제하의 숨 막히는 탄압 속에서 그리고 탄압과 함께 우리 민족의 구석구석까지 꿰뚫어 보는 현미경적인 감시 속에서 강행한 독립운동이었다. 이것을 부인할 사람은 아무도 없을 것이다.

전국적으로 감행한 신사불참배 운동은 3·1 운동에 못지않은 항일 운동이었다. 그리고 당시 숨 막히는 일제의 탄압 속에서 조국 독립에 대해 침묵을 강제당하고 있는 우리 국민에게 준 영향은 지대했다. 분노하면서도 무기력 속에 절망과 좌절에 빠져있던 민족에게 포기해서는 안 된다는 희망의 빛을 보여준 측면이 지대했다.

오늘날에 와서 기독교계 일각에서 신사참배 거부에 대한 평가를 기독교 교리에 따른 종교적인 요식 행위로 과소평가하는 것은 기독교가 지닌 우리 민족사의 맥락을 단절하는 잘못된 것이다. 이 신사불참배를 우리 민족사 선상에서 또 그 맥락에서 독립운동으로 평가해야만 오늘 우리의 모든 운동이 자주 민주 지향으로 전개되고 있는 현실에 고무적인 민족사적 교훈으로 받아들일 수 있을 것이다. 그 당시 기록이 풍부하게 남아 있으므로 여기에 근거하여 신사불참배 운동에 대해 기독교적인 테두리의 과소평가를 넘어 우리 민족이 처했던 가장 곤고한 시기에 유일하게 궐기한 독립운동으로 재조명되어야 마땅하다.

3) 실행되지 못한 비전향자 말살 계획

대화숙에서의 세뇌 교육에 대해서는 가치를 논할 필요도 없지만,

전국 각지에서 보호관찰 대상으로 감시받던 항일 인사들을 직접 접한다는 것은 의미 있는 경험이었다. 교육을 받는 동안 뜻밖에도 많은 동지들과 만나 각 지역의 동향을 서로 전하고 전해 들으며 회포를 풀었다는 점은 소득이었다.

1945년 7월의 세 번째 교육에서는 특히 함경북도 동지들이 기억에 남는다. 그들은 독일의 나치가 유태인을 가스로 독살한 것과 같이 가스 독살 시설을 두만강 부근에 만들어 두었다는 얘기를 비밀스럽게 해주었다. 패전을 눈앞에 둔 일제가 무슨 짓을 할지 모른다 생각하니 충분히 가능성이 있는 얘기였다.

광주에 돌아온 뒤 우리는 언제 죽을지 모르니 준비를 해두어야겠다는 생각에 자전거와 비상식량도 준비해 두었다. 비상 탈출구도 만들어두라고 할 정도였다. 그 때 우리는 모두 이 사실을 아주 심각하게, 그리고 곧 벌어질 현실로 여기지 않을 수 없었다. 왜냐하면 당시는 일본이 10월경이면 항복할 것이라는 얘기들이 공공연히 들려왔기 때문이었다. 일본의 입장에서 항복할 입장에 놓이면 어떤 잔학한 짓을 할지는 그간 그들이 우리 민족을 대상으로 한 짓을 보면 능히 상상할 수 있었다.

이러한 우리의 우려가 상상력이 빚어낸 것이 아니라 실제 진행되던 일이었다는 사실을 알게 된 것은 해방 직후 광주경찰서 순사부장으로 근무하던 김 모라는 사람을 통해 직접 들으면서였다. 김 모씨는 해방 후 군정하에서 해남경찰서장을 하던 사람이었다. 그가 나에게 나중에 말해주었던 내용은 이러했다.

1945년 8월 7일 밤 광주경찰서에서 숙직 감독을 하던 중이었는데 자정이 지나 도경찰부 고등과로부터 광주경찰서 관내의 비전향자에 대한 감시를 24시간 강화하라는 엄중 명령이 내려졌다고 했다. 나중

1940년대 초반의 이기홍

에 알고 보니 그날은 소련이 일본과 체결했던 불가침조약을 파기하고 대군을 만주로 진격시켜 관동군에 대한 진격을 시작한 날이었다. 일본이 감당할 수 없는 연합군의 지상군이 작전을 개시하는 날에 비전향자에 대해 그것도 한밤중 급히 24시간 감시를 명령한 것이 의미하는 바는 명약관화하다. 최후의 선까지 몰린 일본이 사전에 조선의 비전향자들을 말살하기 위해 구체적인 실행을 하고 있었다는 얘기가 된다.

나는 이 말을 들으면서 만약 소련의 진격이 한 달만 늦었더라도 어쩌면 비전향자 모두가 가스에 의해 독살되거나 다른 방식으로 처형되어 한 사람도 살아남지 못했을 것이라는 생각이 들자 등골이 오싹해져옴을 느꼈다.

3. 전시체제 일제의 민족 말살정책

1) 민족 말살에 앞장선 것은 조선인 관공리들

전시 체제로 접어든 일제는 우리 민족을 소모품으로 삼아 일본군의 총알받이로 삼고 강제 징용으로 위험한 노동의 사지에 몰아넣었다. 식량을 비롯한 생필품도 악명 높은 공출이라는 강제수단으로 모조리 강탈해갔다. 우리 민족의 뿌리를 말살하기 위해 우리글과 말을 없애고 이름까지 바꾸는 창씨개명까지 강요하였다.

이 과정에서 내가 확실히 말해 두고 싶은 것은 우리 민족을 정신적으로 물질적으로 말살시키려는 일본의 정책 강행에 일본인 이상으로 열성적으로 앞장선 자들은 예외 없이 전부가 조선인 관공리였다는 사실이다. 악명 높은 정신대도 일본군이 조선인들을 앞장세워 동네 소녀들을 강제로 이끌어냈다. 식량 공출과 노무 징용을 담당한 자들 역시 예외 없이 조선인 공무원들이었다. 우리 민족의 일본화에 앞장섰던 교육 공무원과 기타 총독부 공무원을 합치면 국내에서만

20만 명이 넘을 것이다.

강대국이 약소민족을 강점하여 식민지로 예속하는 과정에는 그 민족의 일부가 반드시 민족을 반역하고 침략에 영합 지지하며 앞잡이가 되어 출세와 영달과 부를 축적했음은 물론, 이러한 반민족세력들은 독립 후에도 자기 민족에 등 돌리고 식민지 정권에 영합한 대가로 얻은 이권을 악착같이 고수해왔다. 이것이 제2차 세계대전 후 독립한 100여 개의 민족사에서 나타난 현실로, 우리나라의 경우는 그것의 대표적이고도 생생한 사례가 된다.

일제 말기에 총독부의 각급 통치 기관에 임명되어 복무한 조선인 공무원은 행정·교육·경찰·경제 기타 각 기관에 20만 명이 넘었고, 그 외에 자기의 이익을 위해 민간인 입장에서 지지 협력한 사람과 또 편리를 위해 여기에 편승하여 협력한 세력까지 합치면 50만 명이 넘었을 것이다.

2) 악명 높은 국민총력연맹

전시체제에 들어간 일제 총독부는 이미 확고한 친일세력이 된 관공리 이외에는 친일세력이 분산되어 있음을 확인하고 재야에 흩어져 있던 친일세력을 조직화하기 위해 친일단체를 만드는데 이것이 바로 1941년 10월 설립한 국민총력조선연맹(國民總力朝鮮聯盟-이하 총력연맹)이다. 총력연맹은 부락, 면, 군, 도별로 조직되어 중앙본부의 지휘하에 운영되었고 각급 행정기관의 지도를 받았다.

총력연맹 안에는 일본인은 물론 조선인 공무원은 한 명도 없었고 당시 유지로 자처하는 친일 인사들이 중심이 되었다. 그 조직 체계는 하부에 리(里)총력연맹, 면(面)총력연맹, 군(郡)총력연맹, 도(道)총력연맹이 그리고 국민총력연맹 중앙본부로 이어지는 체계를 갖추었다. 각 단의 연맹마다 이사장이 있고 이사와 각 부서가 있었다.

총독부의 전시(戰時) 행정은 국민총력연맹을 통해 부락 내 각 가정의 실정을 구체적으로 파악하면서 물 샐 틈 없이 시행되었다. 징병과 징용 해당자는 물론 각 가정이 소지한 물품의 종류, 수량은 말할 것도 없고 소와 축견 소유 여부까지 빠짐없이 조사 파악되어 수탈의 대상이 되었다. 그리고 악명 높은 쌀 공출 및 기타 금속식기를 비롯한 물품의 공출, 그리고 부녀자들의 금비녀와 금반지까지도 강제 헌납 형태로 이 조직을 통해 모조리 수탈해갔다. 징용과 공출을 독려하러 부락에 나온 공무원은 1~2인에 불과했기 때문에 그 부락 연맹의 이사를 비롯한 간부들이 앞장서서 목표한 것들을 샅샅이 찾아내었다.

국민총력연맹은 식민지 전시 지배와 수탈 정책에 있어 마치 말초신경과 같이 탐지했고 모세혈관과 같이 민족의 피를 남김없이 빨아들였다. 악명 높은 정신대 인력의 색출에도 이 조직이 앞장섰다. 총력연맹은 우리 민족의 실태 파악과 수탈을 위해 마치 참빗질을 하여 서캐까지도 찾아내는 철저한 민족 말살의 수족이 되었다.

당시 승려 출신인 한상용은 고위 고등관인 칙임관(勅任官)으로 임명되어 한상룡 총장 각하라고 불렸다. 총력연맹은 우리 민족의 생명과 필수품의 강탈에 앞장섰을 뿐만 아니라 일제 식민지의 기본 정책인 조선 민족의 존재를 역사 속에서 흔적도 없이 말살하여 그들이 말한 황민화 정책을 강행하는 데도 최선두에 서서 지휘했다. 이처럼 우리 민족에게 완전히 일본 색깔을 칠하여 조선을 없애려는 정책의 최일선에서 피라미 새끼 하나 빠져 나갈 수 없게 하고 일제 식민지 정책의 그물을 씌워 여기에 따르지 않을 수 없게 한 것이 이들이었다. 또 하나의 악명 높은 정책인 국어(일본어) 상용과 창씨개명을 관의 지시하에 거의 100% 단시일 내에 실천한 것도 전적으로 이들의 공로였다.

내가 위에서 구체적으로 기록한 것에 대해 오늘날 우리 교육과 언론은 구체성을 결여한 채 일제 침략과 친일이라는 애매한 개념으로 표현하고 있는 것이 우리의 현실이다. 역사의 파악은 구체적이어야 한다. 특히 일제 식민지 지배와 여기에 영합하여 앞잡이가 된 친일세력에 대해서는 더욱 구체적으로 파악하고 드러내야만 앞으로 우리가 반드시 완수해야 할 민족사 결산의 역할을 할 수 있게 된다.

말이나 글에 그치지 않고 민족의식을 생활화하는 데 있어 교과서적인 교훈을 주기 위해서는 직접 눈으로 보고 귀로 듣게 하는 구체적 현실이 제시되어야 한다. 나는 오늘에 이르기까지 민족의식을 교양함에 있어 언제나 객관적인 구체성을 들어 설명했고 이것만이 상대에게 큰 영향을 준다는 사실을 실천을 통해 파악했다. 개념의 테두리로 설명한다면 이것은 자기와는 직접 관련성이 없는 지난날의 이야깃거리로 받아들이는 것이 십중팔구의 경우다. 민족의식 교양에 합법칙적인 객관성을 논술하기 위해서는 우리 민족 최고의 증오 대상에 대해 최대한 구체적이고 투명한 부각이 이루어져야만 앞으로 우리 민족사의 과거에 장래에 대한 정확한 재정립의 자료가 될 것이다.

여기에서 일제 말의 상황을 판단할 때 우리 민족이 반드시 알아야 하고 짚어야 할 문제는 우리 민족을 꼼짝 못하게 마비시킨 각 부락의 총력연맹이 했던 역할이다. 이것은 사소한 일처럼 보이지만 우리 민족의 완전한 자주독립이 아직도 여전히 미완의 상태이고 국민들의 의식이 비틀거리는 현실 앞에서 무엇보다 강조할 교훈이 된다. 당시의 지시는 전국적인 차원에서 일시에 행하는 지시가 아니라, 함께 생활하며 대면하는 누군가의 임의적이고 구체적인 지시에 의한 것이었다는 점이다. 조직으로 말하면 가장 하부 조직의 명령이 가장 구체적이고 가장 피할 수 없는 절체절명의 명령이 된다는 점이다.

예를 들어 부락민들이 하루의 활동을 시작하기에 앞서 부락 총력 연맹 이사장의 지시에 따라 사람들을 국기게양대 앞에 정렬시켜 일장기를 올리고 경례시킨 다음 우리 민족에 대한 일본화 정책의 핵심인 황국신민의 서사(皇國臣民誓詞)를 이사장의 선창하에 외치고 해산하도록 했다. 이것은 비가 오는 날만 제외하고는 연중 매일 강행되는 일정이었다. 그리고 가정마다 폭 10센티미터, 길이 20센티미터 가량의 판자로 사람 가슴 높이의 선반을 달고 그 위에 일본 민족의 개국시조라는 천조대신(天照大神, 아마테라스 오미카미)의 문자가 인쇄된 폭 10센티미터, 길이 7센티미터 가량의 표찰을 그 위에 붙여 모시라고 했다. 이것을 집집마다 설치하도록 지시하고 한 달에 몇 번씩 집마다 찾아가 조사했고 가족이 그 앞을 지날 때마다 허리를 굽혀 절을 하도록 했다. 우리 민족이 영원히 잊을 수 없는 추태를 강요한 것이었다.

동시에 국어, 즉 일본어 상용도 끈질기게 강요했다. 오늘 70세 이상의 고령층은 이 곤욕을 치러야 했다. 앞에서 말한 황국신민 서사의 내용을 요약하면 첫째, 나는 황국(일본)신민임을 감사한다. 둘째, 충성을 다하여 나라에 보답하겠다는 내용이다. 당시 뜻있는 사람들은 할 수 없이 당할 수밖에 없는 곤욕이었다.

내가 목포형무소에서 전남운동협의회 사건으로 복역 중이던 1937년 4월경으로 추측된다. 이때 이것을 식사 장소 앞에 붙여 놓고 식사 전에 반드시 외우게 했다. 이것을 완료하지 않을 때까지는 밥을 먹지 못하도록 했다. 기계적으로 반응하지 않으면 다음 단계의 생존을 막아버리겠다는 무서운 세뇌였다.

당시 농촌, 산촌, 어촌과 각 직장에 있는 우리 민족을 마치 사령관의 명령에 따른 군대와 같이 움직이게 하는 강력한 유일한 무기는 노무 징용이었다. 각 면마다 발급되는 징용 명령장은 우리 민족에게는 사형 언도서와 같아서 가장 큰 공포의 대상이 되었다. 그들은 정책에 불성실하게 대하는 사람은 징용 대상이라는 말을 부락민들에게 널리 알리고 있었으므로 누구든 그들의 지시에 따를 수밖에 없었다. 당시 징용 당한 사람들을 일본인 이름으로 개명하기 위해 앞장섰던 총력연맹 이사장의 열성은 지나칠 정도였다. 이사장은 구장(현, 이장)이 겸임했으므로 이장의 주된 임무는 앞에서 말한 총력연맹의 업무였다. 이것이 그들의 친일 매국 열성에 기름을 부어주게 되었다. 부락민 앞에서 말하는 그들의 말이라면 모든 것이 통할 정도로 그들은 막강한 권력을 행사했다.

여기에서 또 한 가지 우리가 잊어서는 안 될 장면이 있다. 당시 각 면에는 전 가족이 아침부터 밤까지 일본말만 사용하는 가정이 있었다는 사실이다. 이런 가정에 대해서 일제는 군에서 심사하여 국어(일본어) 상용 가정이라는 큰 간판을 달아주고 여러 면에서 우대했다. 나는 그 중 두 가정을 잘 알고 있다. 이들은 부유한 유지였다. 이들은 해방 후는 물론 지금까지도 여전히 부유하고 그들의 자손들은 소위 세상에서 출세하여 잘 살고 있다는 사실만 언급해 둔다.

일제 말기 일본 제국주의의 마지막 발악 및 우리 민족에 대한 탄압과 착취, 그리고 거기에 영합하던 민족 반역세력들의 모습을 묘사하다 보니 얘기가 여기까지 흘렀다. 우리 역사에서 친일세력의 문제는 다른 지면에서 자세히 다룰 것이기에 이쯤해서 마무리하겠다.

다만 이상의 내용을 다룬 것은 현재 우리나라 학교 교육과 사회 교육 및 언론이 내세우고 있는 민족의식 교육에는 구체적인 내용이 결여되어 있고 2세 국민들의 민족교육이 개론적인 범주를 벗어나지 못하고 있음을 지적하는 차원의 것이다. 구체적이

1941년 친구와 함께, 좌측이 이기홍

아니면 매국 행위에 대해서도 실감 있게 인식할 수 없다. 민족 문제에 대한 인식은 실천을 전제로 한 개념이기 때문에 객관적인 현실에 대한 구체적인 인식이 뒷받침되지 않은 개념적인 법칙과 이론은 공허한 것이 된다.

일제 말기의 탄압과 함께 우리 민족 내부의 자발적인 협조, 그리고 그들의 훗날 어떠한 이권과 권력을 유지하며 오늘날까지 우리나라 민족사의 암적 존재로서 행세하고 있는지에 대해서는 읽는 사람 각자의 냉정하고 합리적인 판단을 기대해 본다.

4. 일제 말엽 아버지의 논리와 전쟁 전망

1) 수탈의 최소화와 징용 회피가 최저선의 항일운동

아버지를 비롯한 동지 어른들은 일본이 패망한 8·15에 이르기까지 휴식 없이 교양을 중심으로 한 독립운동을 계속해 왔다. 이 어른들은 합방 직후에 스스로 기본 강령을 정해 총독부 각급 기관에 단 한 사람도 들어가지 않았고, 주위의 임명된 사람들도 물러나게 하는 것이 기본적인 독립운동 노선이라고 생각하셨다. 하지만 전시체제로 들어서면서 동원과 임명이 강제로 이루어졌기 때문에 그러한 소극적인 방식은 효과를 거둘 수 없다는 사실을 절감했다.

아버지와 그 동지들은 민족 지도노선으로 비협력론을 내세웠지만 일본이 만주 침략과 7월 노구교 사건을 계기로 중국 대륙으로 침략을 확대하여 조선이 전시 체제하에 들어가면서 그러한 소극적인 비협력론은 효과를 보지 못했다. 일본은 이전의 모든 법령 시행을 정지시키고 국민총동원령을 발표하여 우리 민족의 글과 말, 이름과 역사까지도 말살하여 일본 색으로 칠해 버리려는 정책을 강요했다. 그리고 재야 친일세력을 조직화하여 친일 관공리와 밀착시켜 군사통치 지배하에 두어 우리 민족의 생명과 경제적 수탈, 민족정신 문화 말살에 빈틈없이 참빗질하여 서캐 훑어내듯이 민족 말살을 자행했다.

이와 같은 숨막히는 민족 말살 정책 앞에서 아버지와 동지들은 지금까지 민족운동의 기본 지침으로 삼던 개별적인 비협조 노선이 먹혀 들어갈 대상이 말살되는 상황이 벌어지자 동지들 간에 빈번한 연락으로 전시하의 노선 모색에 고심했다. 이 사실은 내가 4년여의 옥고를 치루고 나온 37세 때 무렵부터 파악하고 있던 내용으로 그 어른들의 상호왕래와 고민을 충분히 짐작할 수 있었다.

전시체제의 국민총동원령은 평양감사 논리가 허락하는 최후의 권리마저 빼앗아버렸다. 전 민족이 총동원령의 지시에서 벗어날 수 있는 구멍은 바늘구멍 하나도 남기지 않고 막혀 버렸다. 이 어른들은 이와 같은 민족의 수난 앞에서도 어떠한 형태로든 일제에 피해를 줄 수 있는 방법은 반드시 있다고 믿었다. 그 방법의 하나가 일제에 하나라도 더 주는 것은 친일이며 조금이라도 덜 주는 것이 애국이라는 논리였다.

생명의 공출인 징용, 징병은 될 수 있는 대로 피하도록 도피, 은신하고 쌀과 생활품의 공출은 분산하여 숨겨 색출의 눈을 속이라는 것이다. 징용, 징병 영장이 나오면 최소한의 생활이 가능한 산중 무인도서에 배를 타고 들어가는 등 모든 수단을 다하여 한 사람이라도 도피하라고 지시했다. 이 어른들의 정세 판단은 일제의 패망이 멀지 않았다고 확신했기 때문에 쌀뿐만 아니라 포탄의 원료가 되는 제기와 화로, 세숫대야를 비롯한 놋그릇은 땅에 분산하여 매몰하거나 깊은 우물이 있으면 가라앉히고 그 위에 모래를 뿌려 덮으라고 구체적으로 제시했다.

이것이 그 나름대로 효과를 거두었다. 이것만이 우리 민족을 사로잡고 있는 정세하에서 유일하게 가능한 민족운동이라고 확신했다. 피신과 각종 공출의 감소 효과는 그것에만 그치지 않고 일제에 대한 증오심과 함께 초보적인 민족의식을 각성시킨다는 것이 이 어른들의 전시하의 항일운동에 대한 인식이었다. 그리고 이러한 소극적 방법으로나마 스스로 위로를 받고 세계정세의 변화에 귀를 기울이며 모든 수단과 방법을 총동원하여 동지간의 연락을 더욱 부지런히 했다고 한다.

2) 국제정세 판단을 위한 노력

이 어른들이 세계정세를 판단함에 있어 주요 정보를 제공했던 국내 신문인 조선일보와 동아일보가 1940년 8월 10일 강제 폐간당했다. 우리말 신문으로는 총독부 기관지인 매일신보 하나뿐이었다. 이 어른들이 의존한 또 다른 정보 원천은 일본에서 발간되는 아사히(朝日)신문과 마이니치(每日)신문이었다. 이 어른들은 외국어대학 일어과 출신이었으므로 졸업 후에도 비교적 출판의 자유가 보장된 일본에서 발간되는 다양한 정치, 경제, 사회, 사상 서적을 탐독했다. 아버지는 일본에서 출판된 사회주의 서적들도 동지들과 연락하여 구입하셨다. 내가 감추어 소장하고 있던 서적 중에는 레닌의 제국주의론도 있었다. 특히 나는 아버지가 중국 손문 선생의 삼민주의를 되풀이하여 읽는 모습을 자주 보았다.

이 분들이 갖고 있던 근본 생각은 우리 민족이 일제의 식민지 지배에서 해방되어 독립하려면 일제의 지배 역량을 능가하는 민족역량을 조성해야 한다는 것이었다. 그러려면 우리 민족은 정치, 경제, 사회, 신분, 신앙, 사상을 초월하여 독립 쟁취를 목적으로 민족의 각계 역량을 총집결하여 조직화하는 것이 다른 어떤 것과도 바꿀 수 없는 유일한 방법이라고 했다. 일부에서 제창한 사회주의 사회 건설을 목적으로 한 독립운동은 민족을 계급적으로 분열하게 하므로 민족역량의 약화를 가져올 뿐이라고 보았다. 사회주의 사회는 우리 민족이 완전한 독립을 한 후에 달성해야 할 2차적인 문제라고 보신 것이다.

아버지는 그 이전에도 나와 이현열 선생이 ML사상을 지도이론으로 하는 계급운동을 하고 있음을 눈치 채고는 "생선은 익지 않는데 생선 속에 끼워질 모태가 먼저 타는 것과 같이 전후가 뒤바뀐 운동을 하고 있다"고 평했다. 앞에서 언급한 바와 같이 우리 동지들은 당시만 해도 아버지의 이론을 세계정세와 역사의 흐름을 바로 보지 못한 낙후된 이론이라고 면전에서는 들은 척하면서도 원천적으로 받아들이지 않았다.

1943년 무렵 가족 사진(윗줄 좌로부터-여동생 이기초, 이기홍, 동생 이기택, 아랫줄 좌로부터 장녀 이금강. 아내 오수덕. 장남 이순규)

3) 일본의 과욕이 불러올 패전을 예견

이 어른들은 사사건건 일본에게 유리한 보도만 하는 일본 신문과 총독부 기관지인 매일신보 외에는 다른 정보를 듣지 못하였다. 제2차 세계대전의 진행 과정도 일본 신문이 보도한 것 외에는 알지 못

했다. 따라서 카이로선언, 포츠담회담, 크림회담으로 이어지는 연합
국 수뇌 회담에 대해서도 알지 못했다. 중국에 있는 우리 임시정부
에 대해서는 비교적 자세히 알고 있었으나 1941년 일본군이 하와이
진주만을 폭격한 다음날인 12월 9일에 우리 임시정부가 발표한 대
일 선전 포고와 광복군이 버마 전선의 영국군과 협정을 맺고 연합군
으로 편입된 사실도 몰랐다.

이러한 여건에서도 이 분들이 일본 패망이 멀지 않았다는 정세
판단을 하던 데에는 나름대로 그 근거가 있었다. 일본이 만주 점령
에 만족하지 않고 1937년 7월 노구교 사건을 구실로 전선을 중국 북
부로 확대하고 이어서 상해 및 광동과 필리핀, 말레이시아, 인도네
시아, 싱가포르, 버마와 태국에까지 전선을 확대한 것을 보고 일본
패망의 시일이 가까웠다고 판단했다. 그렇게 판단한 근거는 이렇다.

중국의 모든 이권은 이미 서구 열강이 분할 점령한 뒤 99~100년
기간에 달하는 조차 조약을 맺어 반식민지로 전락시켜 이권을 분할
점령했다. 또한 필리핀과 인도네시아를 비롯한 동남아 각국은 서구
열강에 큰 이윤을 가져다주기 때문에 매우 중시되는 지역이다. 이
지역의 식민지 점령 없이는 서구 열강 국가가 비틀거릴 정도로 이곳
은 꿀단지 같은 보물 덩어리였다. 따라서 일본군이 전선을 확대하며
이 지역들을 점령하는 기세를 서구 열강 입장에서 그대로 보고 있지
않을 것이다. 유럽 전선에서 히틀러에 묶여 있던 서구 열강들이 결
국에는 연합하여 일본을 물리치게 될 것은 필연적인 일이라고 보신
것이다.

그러므로 그때까지는 어떤 수단으로든 피하고 숨어서 일본군의
총알받이가 되거나 힘들고 천한 노동판으로 끌려가 목숨을 잃는 일
은 없어야 한다는 것이었다. 이러한 내용의 교양은 가장 믿을 수 있

는 청년들에게만 전하고, 그 청년들이 다른 동지들에게 전할 때에도 극히 조심하도록 철저히 주의시켰다고 한다.

또한 대외적인 국제정세뿐만 아니라 일본 내부의 역량 측면에서도 일본의 패망이 멀지 않았음을 예감하셨다. 일본이 전투에서 부분적으로 승리를 거둔다 해도 전쟁에서는 반드시 패한다는 것이었다.

아버지 생각에 따르면 소총과 대포의 발포 또는 비행기와 군함을 동원하여 싸우는 전투는 전쟁의 일부분에 불과한 것이었다. 나라의 생산력이 지속적으로 유지되느냐가 기본 역량이다. 군인들이 사용하는 무기와 전쟁물자뿐만 아니라, 징병당한 가족들의 생활이 충분히 보장되는 상황이 될 때 그 나라 국민의 전쟁사기는 앙양된다. 군인의 생활필수품이 부족하고 유가족의 생활이 빈궁하여 곤란을 받게 되면 군인의 사기는 물론이고 국민의 애국열도 냉각되기 마련이다.

일본은 대미 선전 포고를 함과 동시에 외부로부터의 군수물자 보급에 필요한 대외 무역이 완전히 차단되었다. 그 결과 국내로부터는 쌀을 있는 대로 빼앗아 가고 만주로부터는 썩은 콩 깻묵을 가져다 먹였으나 그것도 부족했다. 조선과 일본에서 생산되는 면화는 군복의 수요를 맞추기에도 부족하여 우모(牛毛)를 섬유로 대용하는 소털 복지까지 생산했다. 그리고 군인들의 칼을 만드는 철이 부족해 대나무로 모양만 갖춘 대검을 차고 다니는 것을 보고 군수물자가 이제 바닥이 났다는 것을 판단하게 되었다.

이런 정황들을 보면서 전쟁이 얼마 가지 못할 것이라는 어른들의 판단은 확고해졌다. 일본의 패망이 더욱 가까워졌으므로 한 사람이라도 더 도피하여 살아남아야 하며 쌀 한 톨이라도 숨겨놓고 빼앗기지 않는 것이 막다른 골목에 달한 일본 전시체제 앞에서 우리 민족이 취해야 할 유일한 항일운동이라는 것을 강조하셨다.

4) 일본의 패망을 1945년 10월로 전망

당시 아버지는 일본 신문을 통해 연합군의 노르망디 상륙과 독일 군이 스탈린그라드에서 패전하면서 러시아 주둔 독일군 70만 명 중 20만 명이 죽거나 퇴각하고 50만 명이 포로수용소로 이송되었다는 소식을 알게 되었다. 독일과 동맹을 맺고 있던 일본의 군사력도 고비를 넘어섰다고 판단되던 중, 1945년 5월에 독일군이 손을 들었고 이어서 이태리도 항복하였다. 동맹국의 잇단 항복으로 홀로 남은 일본이 전쟁을 오래 버티기는 어렵다고 보고 늦어도 1945년 10월 안에는 일본이 패망할 것이라 예상하셨다.

끝으로 일제 말엽 우리 동지들이 아버지와 어른들에게 감탄하고 교훈으로 받아들인 점에 대해 간단히 언급해 두어야겠다. 중앙으로부터 하단에 이르는 일체의 조직을 구성하지 않고도 일선 대중에 대해 생활을 통해 나름의 교양을 부단히 계속해왔다는 점과 일제의 거미줄 같은 정보망을 피해 단 한 사람도 노출되지 않고 전국 각지의 동지들과 연락을 취해온 열성과 책임감이었다. 일본 치안유지법의 직접적인 표적이 되는 조직 형태의 항일운동은 자살 행위와 같으므로 이것은 절대 피해야 하고, 조직 형태를 갖추지 않고 접촉해도 동일한 효과를 올릴 수 있다는 게 이 분들의 지론이었다. 그것만이 장기간에 걸쳐 이론과 실천을 통해 양성된 금싸라기 같은 민족지도자들을 일제 경찰의 손에 넘겨주지 않는 유일하게 효과적인 방법이라는 것이었다.

우리 젊은 동지들끼리는 당시 각종 독립운동 조직들이 얼마 안가서 거의 발각되고 우수한 지도자들이 거의 검거 투옥된 현실 앞에서 아버지의 이러한 지론은 재고해볼 만한 이론이라고 평가한 적이 있다. 이 어른들이 합방 후 8·15에 이르기까지 30여 년간 쉬지 않고 중단 없는 운동을 했으나 단 한 사람도 검거 투옥되지 않은 점은 높이 평가해야 한다고 할 것이다.

내 고향에서 아버지의 존재는 중심적인 지도자로서 다른 이들에게 많은 영향을 주었고, 그 영향은 8·15 후로 이어지면서 고금면의 중심 지도자로 면민들에 의해 받들어졌다. 앞에서 말한 바와 같이 아버지는 나의 부친인 동시에 지도자였고 아버지가 아니었더라면 내가 일찍이 독립운동에 몸을 던지지 못했을 것이다. 나뿐만 아니라 완도군 중 고금면에서 가장 많은 지도자가 배출된 것도 꾸준한 민족의식 교양과 생활화한 항일운동을 직접, 간접적으로 계속한 아버지의 영향이 컸음은 8·15 후에 고금도민이 이구동성으로 평가했던 대목이다.

나의 아버지에 대한 기록이므로 어쩐지 자화자찬하는 것 같은 느낌도 없지 않지만 나는 단지 신빙성을 입증하기 위해 개론적인 총론 형태를 피하고 누구도 부인할 수 없는 구체적인 사실을 들었으므로 자연히 장문이 되었다. 8·15 후의 활동과 아버지가 받은 무자비한 박해와 탄압은 장을 바꾸어 기록하겠다.

제7장 해방공간의 혼란과 탄압

1. 해방의 짧은 기쁨과 우려

1) 해방 직후 전남 광주 건준의 구성

해방을 맞기 사흘 전인 1945년 8월 12일 나는 황영구로부터 일본이 항복하게 될 것이라는 얘기를 들었다. 황영구는 1939년부터 내가 거주제한 처분을 당해 광주에 머물고 있는 동안 특별히 가까이 지내던 사람이었고, 앞서 얘기했듯이 그가 갖고 있던 라디오로 세계정세에 대한 소식들을 미국 방송을 통해 전해오던 차였다 황영구의 라디오는 성능 좋은 다이나믹 진공관 라디오여서 소련과 미국 방송을 간혹 들을 수 있는 덕분이었다. 설마 하던 일이었지만 며칠 후인 8월 15일 일본 천황이 라디오를 통해 항복을 선언하는 것을 들으며 이것이 꿈이 아닌 현실임을 알았다.

36년간의 압박과 설움에서 풀려나는 눈물겨운 소식이었지만 막상 해방이 되고 나니 나는 물론이고 많은 사람들이 구체적으로 무엇을 어떻게 해야 할지 전혀 대책이 되어있지 않은 상태였다. 외견상 달라진 것은 없었다. 해방이 된 후에도 일인들은 무장을 한 채 그대로 남아있었다. 생활은 혼란스럽기 그지없었다. 통신이 두절되고 신문도 발행되지 않았으며 사람들은 각자가 할 일을 찾지 못하며 우왕좌

왕했고 확인되지 않은 말들만이 횡행했다. 우리는 이러한 혼란이 정국을 주도하고 지도할 당이 없기 때문이라고 생각했다.

이러는 가운데 광주에서는 주로 노인층의 항일투사들이 당시 고광표 씨의 회사인 창평상회에 모여들기 시작했다. 모여드는 사람들은 점점 많아졌지만 뾰족한 묘안을 갖고 있는 사람은 없었다. 우선 서울의 정황이 궁금하여 사람을 보내 중앙의 소식을 알아보자는 의견이 모아졌다.

16일경 서울을 향해 두 사람이 떠났는데 나는 구체적으로 누가 다녀왔는지 그리고 정확한 날짜는 모르고 있었다. 다만 서울로 올라갔던 사람이 "서울에는 15일 오후에 건국준비위원회가 조직되었다"는 소식을 갖고 내려왔다. 이때부터 본격적으로 광주 전남 지역의 건국준비위원회 결성이 시작된다. 8월 17일 전남도 내 각 군 대표들이 대화고등여학교에 모여 준비 과정을 거친 후 당시의 제국관(현 무등극장 전신)에서 전남도 건준 결성대회를 가졌다. 도 건준에서는 대화고등여학교를 사무실로 사용했다. 그날 전남 건준의 위원장으로 박준규, 부위원장으로는 강석봉, 국기열, 김철 등이 선임되었다.

전남도 건준이 결성된 이후 광주 건준 조직을 결성해야 한다는 의견이 모아지면서 조직이 만들어졌다. 8월 19일 광주극장에서 재야 인사들 2,3백 명이 모여 광주시 건국준비위원회 설립 시민대회가 열렸다. 그날 오전, 출감한 동지들과 거주제한 당하고 있던 동지 등 20여 명에게 환영회가 개최되었다. 여고생들이 올라와 꽃을 꽂아 주었다. 나 역시 단상에 올라가 꽃을 받았다. 난생 처음 겪는 일이있다. 환영회가 끝나자마자 곧장 광주시 건준 조직을 위한 시민대회가 열렸다. 토론 끝에 광주시 건준위원을 선출할 것을 결의하고 그 수는 22명으로 하자고 했다. 선출 방법은 의장이 7명을 지명하여 그 전형

위원으로 하여금 건준위원을 결정하도록 위임한 것이었다.

다음날 광주시 건준위원들 22명이 동아부인상회에 모여 회의를 갖고 양장주와 서호석을 각각 의장과 부의장으로 호선했다. 이들은 10여 개의 부서를 정하고 각 부서마다 책임위원과 위원 한 명씩을 두기로 결정했다. 나는 노농부 책임자로 선임되었다.

그해 8월 19일경으로 추정된다. 아버지께서 광주에 올라오셨다. 당시 나는 광주시 건준 위원이었으므로 아버지는 나에게 그간의 정세에 물었다. 정세에 대한 설명을 해드린 뒤 내 안내로 전남도 건준을 찾아갔는데 위원장인 박준규 선생은 자리에 없어 만나지 못했고 부위원장인 국기열 선생과 강석봉 선생을 만나 설명을 들으셨다. 내용은 내게서 들은 것과 별반 차이가 없었다.

여기에 덧붙여 나는 아버지에게 연합국 수뇌회담인 카이로선언, 크리미아선언, 포츠담선언 및 8·15 직전까지의 국제회의에서 우리의 독립이 보장되었으니 이제는 누구도 넘볼 수 없는 독립이 되었다고 자신 있게 설명했다. 아버지는 이런 내 설명보다도 독립은 기정사실이 되었더라도 엄청난 수에 달하는 친일인사들의 동태는 어떠한지에 더 큰 관심을 갖고 자세히 물으셨다.

나는 친일세력은 쥐구멍도 찾지 못할 정도로 도피, 은신하여 분산되었으므로 이제 친일세력은 별 문제가 되지 않는다고 자신 있게 대답했다. 하지만 아버지는 여기에 대해 전혀 수긍하지 않으셨다. 일제 치하에서 기세등등하게 잘 살던 그들이 절대로 가만히 있지는 않을 것이며 그것이 그들의 본질적인 속성이기 때문에서 친일 인사들의 동태에 대해서 단 한시도 눈을 떼지 않고 조직적으로 감시해야 한다고 하셨다. 앞으로 이들의 존재가 우리 건국에 영향을 주는 가장 큰 걸림돌이 될 것이라며 크게 걱정하시는 눈치였다.

2) 해방정국에 대한 아버지 동지들의 노선과 지침

아버지는 그 후 8월 22일경 동지들을 만나러 상경했다가 3일 후에 광주에 돌아오셨다. 동지들 전부를 만나지는 못했지만 거의 만났다고 하셨다. 일본 놈들이나 경찰의 눈치 보지 않고 만나 의견을 나누게 된 것에 대해 해방감을 만끽하셨다고 했다. 아버지는 그동안 일본 경찰의 거미줄 같은 감시망을 피해 온갖 안전한 수단과 방법을 다하여 연락하고 만났던 동지들이 대명천지에 합법적으로 모이게 되니 무척 감개무량했다고 하시며, 그날 회합에서 진지한 토론 끝에 정리된 내용들을 나에게 말해주었다. 요약하면 아래와 같은 내용이다.

"8 · 15 전까지는 보안상 비조직 형태의 연락으로 간접적인 운동을 했으나 이제는 보안상 제약 조건이 없어져 합법이 보장되었으므로 적극적이고 능률적으로 활동을 해야 한다. 오늘 우리 민족의 각 분야는 통일된 중앙의 통제하에 조직화되어 있으므로 우리는 일제시대와 동일한 방침과 방법으로 각 분야 조직의 일선 대중에 대한 교양을 철저히 하고 각 조직에 가입시켜 조직 기반의 확대 강화가 절실하다. 즉 군, 도, 중앙의 조직을 민족의 기반 위에 올려놓은 것이 기본 운동이며 앞으로의 활동 노선이다.

각 도와 중앙에 와보니 지도자가 너무 많고 지위를 넘보는 사람이 우글대고 있다. 우리까지도 감투를 넘본다면 그것은 혼란만 가져올 뿐 도움이 되지 않는다. 일제시대에 우리가 지켜온 노선 그대로 오늘날 건국운동에 대한 역할은 자신의 지위나 명예가 아니고 건준을 뒷받침하는 조직 역량의 조성이다. 그러므로 자기 생활권의 대중을 교양 조직화하는 것만이 우리 건국을 튼튼히 하는 기본 과업이다.

특히 우리 민족이 일시도 한눈팔지 말고 경각심을 높여야 할 것은 친일세력의 구체적인 동태에 대해 파악하는 일이다. 우리가 제일 먼저 할 일은 동지들 각자의 고향인 군내의 친일 인사들의 명단과 일제 관직과 행위와 피해 사실을 각 면에 가서 구체적으로 조사하여 이것을 보고서로 작성하고 이를 각 면과 리의 중심인물들에게 배포하여 친일 반역 행위를 적나라하게 부각시켜 생활권 내의 대중에게 투명하게 공개하도록 해야 한다.

또한 민족지도자 간부 후보생 양성을 위해 민족의식 이론의 교양에 노력을 집중해야 한다. 동지 간의 연락은 그 전과 같은 방문 접촉이 필요 없어졌으므로 서울에 연락 책임자를 두어 통신으로 연락하게 한다.

우리 독립은 우리 민족역량으로 쟁취한 것이 아니고 연합국의 승리에 따른 연합국 수뇌 회담의 결정으로 얻어진 것이므로 연합국이 우리에게 준 선물과 같은 형태의 독립이다. 그러므로 우리 독립은 앞으로 연합국의 정책과 세계정세의 변화에 의해 결정적인 영향을 받게 될 것이기 때문에 연합국에 대한 우리나라의 정책과 국제정세 변화를 예민하게 시각을 곤두세워 정확히 파악해야 한다. 우리 동지들은 여기에 초점을 맞추어 수집된 정보를 각자 나름대로 이해해서는 안 되며 중앙의 연락에 따라 각 동지들의 정보를 통일해야 한다.

앞으로 대중운동은 양적으로 증가 확대될 것이므로 재정의 뒷받침이 있어야 한다. 일제 당시 독립운동은 재정이 70% 좌우한다고 했지만 건국 준비 단계인 오늘의 대중운동도 재정이 50%를 좌우한다고 본다. 그러므로 동지들 자신의 생활의 안정과 함께 재정을 조직적으로 조달해야 한다. 지도자의 생활이 안정되지 못하면 과업도 흔들린다.

조직 구성에 있어 동지들은 별개 조직을 구성하여 전국 조직화를 목적으로 해서는 절대 안 된다. 별개 조직은 민족역량의 분열을 가져올 뿐이다. 따라서 일선 대중의 조직은 건준을 중심으로 한 산하 단체에 넘기고 이 조직의 강화를 목적으로 해야 한다."

어른들의 생각을 한마디로 요약하면 지금 우리의 최대 사명은 민족역량 조성을 위한 밑거름 역할을 충실히 해야 한다는 것이었다. 이 어른들의 영향을 받은 일선 지도자들은 이를 결정적인 지침으로 받아들였다. 나도 그 중 한 사람이었다.

아버지가 서울에 올라가 동지들과 만났을 때 그 자리에 모인 동지 중 한 분이 화신백화점 앞을 지나다가 그 건너편에 있는 게시판에서 지도 한 장이 걸려있는 모습을 보았다고 한다. 60~70센티 가량의 조선 지도였는데 개성을 중심으로 까만 선을 횡으로 그어 38선이라 써놓고 북쪽에는 적색을 칠하고 남쪽에는 청색을 칠해 놓았다. 다른 설명은 없이 달랑 그 지도만 있는 모습이 마음에 걸렸다고 했다. 회의가 끝난 뒤 몇몇 동지가 가보니 그 때는 지도가 떼어져 버리고 없었다. 어떤 사람은 태극의 표시인 적색과 청색을 해방을 상징한 것으로 풀이하여 그려놓은 것이 아니냐고 해석하는 분도 있었지만, 아버지는 어쩐지 조국이 분단될 것 같은 불길한 예감이 들었다고 한다.

3) 미 극동군 사령부가 뿌린 삐라의 의미

8월 23일 오전 11시경 내가 광주시 건준 사무실에 있을 때였다.

비행기에서 삐라를 뿌린다는 아이들의 소리가 들려 나가보았다. 삐라는 바람에 흩어져 없어졌다. 그 중 어린 애들이 주은 것 중에 몇 장을 얻었다. 그 내용은 "미군이 곧 남조선에 상륙하여 진주하며, 그 때까지 남조선의 치안은 전직 조선총독부 경찰에 위임한다"는 내용이었다. 명의는 미 극동군 사령부 참모장인 센노트 소장이었다.

이 삐라 내용은 독립 후 주도권을 친일세력에게 잡도록 하고 그 것을 미국이 보장한다는 것으로 밖에는 달리 해석될 수 없었다. 문제의 심각성을 느끼고 즉각 시 건준 회의가 개최되어 서로 의견을 나눈 결과 위원들 모두가 나와 같은 의견으로 크게 걱정을 하지 않을 수 없었다.

그런데 그 중에 평소에 친일 색채가 농후했던 한 명의 위원이 있었는데 삐라에 대한 해석이 걸작이었다. 그는 "그것은 우리 독립을 위해 취한 현명한 태도다. 총독부 경찰은 치안의 기술자가 아니냐. 광복된 오늘에 그들의 친일 의식은 안개와 같이 사라져 버리고 그들이 살아남으려면 우리 조국에 충성하는 것만이 유일한 길이므로 일제에서 배우고 훈련한 경찰 기술을 우리 조국을 위해 사용할 것이다. 그러므로 그들에게 공헌할 수 있는 기회를 주는 현명한 정책"이라며 전직 경찰을 두둔하는 반론을 제기하여 우리 모두가 다 웃어버렸다. 그 사람의 성명은 잘 알고 있으나 명예 운운하는 문제가 될까봐 밝히지 않는다.

그리고 나서 나는 즉각 도 건준으로 가서 부위원장 두 분을 만났다. 그 분들도 그 삐라를 가지고 있었다. 모두가 어이없는 표정들이었다. 총독부 경찰을 박살내도 원이 풀리지 않을 터에 미군이 진주할 때까지 치안 일체를 위임한다고 하니 이렇게 되면 해방이 되었다 한들 뭐가 달라지겠느냐는 것이었다. 그런 상황이 되면 지금 어쩔 수 없이 한껏 몸을 낮추고 있는 경찰들이 의기양양해 질 터인데 그 꼴을 어떻게 견디어낼지 앞이 캄캄했다.

그 자리에서 내린 결론은 이 삐라의 내용은 조선의 건국을 민족의 손에서 친일세력으로 넘겨주려는 미국 정책의 표시라는 데 의견의 일치를 보았다. 우리 민족은 결국 친일세력에게 우리나라 주권을 넘겨주기 위해 싸워왔다고 하며 쓴 웃음을 웃고 그 자리를 나섰다.

아버지와 그 동지들은 앞에서 말한 바와 같이 그 나름대로 국제 정세에 대한 지식이 해박했으므로 언제나 정확한 판단과 비교적 바른 전망을 하셨다. 아버지는 그 다음날인 24일에 서울에서 내려와 고향에 가는 길에 광주에 들었다가 이 삐라를 보시고, 서울에서는 이 삐라를 보지 못했다고 하며 읽어 보시더니 한탄하셨다. "우리 민족의 애국세력을 친일세력에 예속시키고 친일 반역세력을 우리 민족과 독립유공자들보다 우위의 자리에 앉힌다는 것을 보증하는 보증서이다. 친일세력은 앞으로 신라 시대의 성골 계급이 되고 우리 민족은 그 밑에 짓밟혀 그들의 지배를 받게 된다"고 예고하셨다. 내가 이글에서 간간이 사용하는 성골 계급이란 어구는 아버지에게서 처음 들었던 것이다.

아버지는 죽 쑤어 개 주는 격이 될 것 같다고 우려하셨다. 그리고 "이제는 우리 민족세력의 모든 조직 활동을 자랑삼아 민족 앞에 있는 그대로 내놓고 조금의 구속도 억압도 없는 자유가 완전히 보장되는 자랑스러운 꽃이 피는 것으로 보았더니 이렇게 되리라고는 상상도 못했다. 8·15 직후 여러 가지 형태로 혼란한 정세하에서 경찰권을 장악한 세력이 주도권을 장악하게 될 것"이라고 개탄하셨다.

"친일세력은 일제 앞에서 우리 민족을 말살하는 대가로 얻은 권리와 부를 당연한 기득권인 것처럼 합리화시켜 어떠한 조건하에서도 그것을 유지해 나가려는 할 것이다. 이것이 그들의 속성이다. 이 삐라는 미 극동군 사령부의 정책을 표시한 것이지만, 이 삐라가 나오기까지 그 이면에는 8·15가 되자 친일세력의 간부가 일본으로 건너가 집요하게 공작하면서 미국을 위해서는 누구보다도 충실한 협력세력이 되겠다고 맹세한 결과임을 알아야 할 것이다. 우리 민족은 또 다시 미국을 등에 업은 친일 반역의 적을 상대로 항일운동 이상의 투쟁을 하지 않을 수 없게 되었다. 이 과정에서 항일 독립운동보다 몇 백 배의 피를 흘리고 희생을 당해야 할 것을 생각하니 참으로 가슴 아픈 일"이라고 말하셨다.

일제만 물러가면 완전한 독립이 이루어질 것이라는 확신을 가졌는데 조국이 이렇게 되리라고는 꿈에도 생각 못하였다며 몇 번이나 혀를 차셨다. 아버지는 "이것은 우연이 아니다. 러일 전쟁에서부터 시작된 미국의 극동 정책과 3·1 독립운동에 지나칠 정도로 냉담했던 미국의 태도에 대해 정확히 검토 분석을 했더라면 미리 짐작했을 것"이라고 한탄하며 말했다. 나는 아버지의 이와 같은 정세 판단이 당시 나와 건준 간부들이 보는 것보다 훨씬 더 정확하고 구체적인 것에 대해 감탄했다.

4) 궁지에 몰린 일본 헌병들의 헛된 행패

해방 이후로 단 한 명도 보이지 않던 일본인 경찰들이 비로소 살았다는 안도감에 서로 연락을 취하며 당시 형사였던 노주봉의 집에 모인다는 소식이 들려오기도 했다. 총독부 경찰에 치안을 맡긴다는 미군의 방침은 친일세력들에게 기사회생하는 힘을 실어주었다.

내가 시 건준의 노동부에 관계된 일을 시작한 지 얼마 되지 않을 때였다. 당시 주요 공장에는 건준이 주도하는 공장관리 자치위원회가 만들어져 있었다. 어느 날 종연방직의 자치위원회 노동자들이 찾아와 하소연하길, 일본 군인들이 비누, 수건, 당목 등을 막무가내로 내놓으라고 요구하니 어찌해야 할지 모르겠다는 것이었다. 이 소식을 접한 시 건준 위원들은 도 건준에 보고를 하고 부랴부랴 종연방직으로 몰려갔다. 일본 군인들 20여 명이 몰려와 물품을 달라고 요구했으나 건준위원들은 이를 외면한 채 물품 창고를 봉인해버렸다. 이를 본 조선인 최 아무개라는 자가 나서더니 "당신들이 무슨 권리로 봉인을 하느냐. 불법이다"고 말하며 대들었다. 이 자는 종연방직에서 기계를 수리하는 사람이었는데 친일 성향이 강하여 그 동안에도 상당한 돈을 모았다고 알려져 있었다.

　　이를 지켜보고 있던 건준위원인 변호사 이덕우가 분개하여 소리질렀다. "지금이 어느 때인데 너희가 이곳에 와서 이러느냐. 현재 일본이 통치권을 갖고 있는 줄 아느냐. 천황이 항복했으니 너희들에게는 아무 권한도 없다. 그리고 정 필요한 것이 있으면 도 건준에 찾아가 말해라." 이덕우는 광주사범학교를 졸업하고 3·1 독립운동으로 2년 여 옥살이를 했던 공산당원이었다. 그는 몇 년 후 6.15 때 이승만의 보도연맹 사건으로 희생되었다.

　　이렇게 건준위원들이 물품에 봉인을 하고 사무실로 돌아온 지 채 1시간도 지나지 않아 일본 헌병 15~16명이 건준 사무실 문 앞에 찾아와 총구를 들이대며 쏘겠다고 협박하는 일이 발생했다. 이 장면을 목격한 박준규 도 건준 위원장은 "쏠 테면 쏴보라"며 세게 나가자 살벌한 분위기가 감돌았다. 이 소식은 곧 도 경찰부에까지 알려져 도경의 고등과장이 찾아와서 일본 헌병들을 달랬다.

"제발 이러지 마라. 어쩌려고 이러느냐? 이제 조선에 대한 통치권이 없는데 무슨 힘이 있다고 이러느냐. 오히려 우리가 불법이다. 만약 이들을 한 사람이라도 죽이게 되면 광주 전남 지역에 남아있는 일본인들의 목숨은커녕 뼈도 못 추리게 될 것이다. 너희들이 어떻게 책임질 것이냐? 그러니 여기에서 소란 피우지 말고 일단 건준위원들과 사관구 사령부(현 병무청)로 가자."

도경 고등과장의 설득으로 헌병들의 기세가 한풀 꺾이자 도 및 시의 건준위원 10여 명과 헌병들 그리고 도경 고등과장이 함께 사관구 사령부로 갔다. 사령관에게 도경 고등과장이 사건 경위를 설명하려고 하자 사령관은 아주 거만한 태도로 말을 가로막고 화제를 돌려 "누구의 허락을 받고 이곳에 송문을 세웠느냐? 사령부에 지장이 많다"며 도리어 우리에게 물었다. 사령관이 말하는 송문(松門)이란 '조선 독립 경축'이라는 문구를 써놓은 나무판자를 솔잎으로 에워싸 사관구 사령부 앞에 간판으로 내걸었던 것을 말하는 것이었다.

이것을 누가 세웠는지는 모르겠으나 사령관이 이에 대해 감히 누구의 허락을 받았느냐고 따지는 것은 제정신이 아닌 행동이었다. 이에 도경 고등과장이 사령관에게 조심스럽게 말했다. "8월 15일 천황의 항복으로 우리에게 이젠 권한이 없는데, 지금 무슨 소리를 하는 겁니까? 그렇게 하는 것은 이 사람들의 권한이오. 광주부(시) 일원에 있는 일본 사람들이 얼마인데 지금 그런 말을 하는 것인지 알 수가 없습니다. 모두 죽음을 면하기 어려울 겁니다." 결국 사태를 직감한 사령관은 조용해졌고 이날의 일은 별 탈 없이 수습되었다.

5) 건준 조직은 인민위원회로 개편

한편 건준의 조직을 각 시, 군, 면까지 개편하라는 지시가 중앙으로부터 내려왔다. 이 지시에 따라 광주시 건준은 동마다 한 명씩의 인민위원을 선출하기로 했다. 선출 방식은 비밀 투표였다. 그런데 투표 결과 독립운동과는 전혀 상관이 없었던 지역 유지들 10여 명이 당선되었다. 준비되지 않은 채 급조된 조직이 빚은 결과였다. 그러나 투표에 의한 결과이니 어쩔 수 없었다. 이들은 광주시 인민위원회를 정식으로 결성했다. 사무실은 건준 사무실을 그대로 사용했다. 그때가 9월 7일경이었다. 종전에 광주시 건준에서 활동하던 사람들은 나를 포함하여 대부분이 당선되지 않아 건준의 공식 조직으로부터 물러났다.

2. 친일 우익세력 주도로 조직된 완도 건준

1) 우익세력의 발 빠른 완도 건준 선점

일제의 패망이 라디오와 신문을 통해 보도되자 완도의 항일투사들도 완도읍에 모여 앞으로의 행동 방향에 대해 매일 회의를 거듭했으나 결론을 내리지 못하고 서울과 도의 정세만을 관망했다. 재정 문제로 인해 대표를 도나 서울에 파견하지 못한 채 신문 보도만을 보며 금명간 중앙과 도의 지시가 있을 것을 기대하고 있었다.

한편 완도의 친일 우익세력은 해방 소식과 함께 발 빠르게 움직였다. 서울에 건국준비위원회가 설립된 것을 보고는 세상이 바뀌었음을 간파한 이들은 서울의 건준에 찾아가 완도 대표임을 내세워 조직 요강과 문건을 얻어왔다. 그러고는 즉각 '조선건국준비 완도군 위원회'라는 대형 간판을 사무소에 내걸었다. 조선 독립을 상징하는 호화찬란한 이 간판 앞에 군민들은 환호하며 여기에 모이기 시작했다.

그러나 항일투사를 중심으로 한 민족진영은 완도 건준의 중심인물들이 친일세력이라는 점에 의심을 떨칠 수 없어 건준의 도와 중앙에 알아보니 앞서 그런 일이 있었다는 사실을 그때서야 알게 되었다. 결국 서울에 파견된 대표가 내려와서 완도 건준을 인정하지 못한다는 옥신각신이 양측에서 벌어지면서 대립이 격화되었다. 당시 우익세력이라 함은 친일세력을 가리켰고 좌익세력이라 함은 민족세력을 지칭했는데, 이러한 좌우익의 대립이 완도 건준의 정통성과 주도권을 사이에 두고 벌어진 것이다.

해방 직후 일본인 경찰이 물러난 뒤 민족세력이 완도경찰서를 점령하여 무기고를 관리하자 우익의 중심인물이자 당시 여객선 회사의 사장이었던 김 아무개는 자기 휘하의 선원들을 중심으로 완도선원단이라는 일종의 테러단을 조직했다. 이들은 경찰서의 무기고에 있는 무기 일부를 탈취하였고, 이들과 민족세력 간에 충격전이 여러 번 벌어진 일도 있었다.

민족세력은 완도 건준 설립을 주도하지 못했던 실패를 거울삼아 서울에 연락원을 상주시켜 정세를 예의 주시했다. 그러던 중 1945년 9월 6일 조선건국준비위원회가 조선인민공화국 수립을 선포하고 각급 행정기관인 인민위원회를 발표하자, 즉각 완도로 내려와 기존의 완도 건준 해산을 발표하고 민족세력이 중심이 된 인민위원회 간판을 내걸고 활동을 개시했다. 이로써 우익세력 중심의 건준은 자동적으로 해산되고 민족세력 중심의 인민위원회가 군민에 대한 정치적 사상적 중심 기관이 되었다.

이상의 상황은 건준이 해방 이후의 정부 구성을 위해 미리 준비되어 있던 조직이 아니라 해방과 동시에 급조된 조직으로서 빚어졌던 불가피했던 혼란의 양상이었다. 이는 완도뿐만 아니라 전국 각지에서 벌어졌던 일들이었다. 더 중요한 문제는 그 후에 벌어졌다. 건준이 조선인민공화국을 선포한 사흘 후 미군 24사단 사단장이며 조선 주둔 미군사령관인 하지 중장이 9월 9일 군정 실시를 선포하고 남조선의 유일한 합법 정권은 미군정뿐이며 그 외의 모든 정치단체는 불법이라는 발표가 나오면서, 건준에 기대를 걸었던 모든 사람들은 커다란 충격에 휩싸였다.

2) 인민위원장 추대를 거절한 아버지

완도군에 이어 고금면에 인민위원회가 설치되자 아버지는 면민들의 여론에 따라 위원장에 추대되었다. 하지만 아버지는 이를 쉽사리 받아들이기 어려웠다. 후일에 아버지는, 인민위원장은 면 행정기관의 책임자이므로 면장처럼 행정과 실무 경험이 있는 사람이 맡아야하므로 자신처럼 연로하고 경험도 기능도 없는 사람이 맡는 것은 면민을 위해서도 받아들일 수 없다는 이유로 이를 사양했다.

이러한 결정에는 아버지의 깊은 고민이 담겨 있었다. 당시 아버지는 미군정이 선포한 '남조선의 유일한 합법 정권'이라는 말의 내용을 볼 때 미국이 당시 새로운 독립국가 수립을 목표로 선포된 조선인민공화국과 중앙인민의원회를 반대하더라도 경찰권을 제외하고는 각급 지방 인민위원회에 행정권을 위임할 것이라고 보셨다. 그 이유로는 일본이 제2차 세계대전 중 미국 국민의 생명과 군사력에 천문학적인 타격을 주었고, 조선총독부와 친일세력은 일본 이상으로 거기에 협력했으므로 미국이 아무리 군정으로 우리나라를 지배한다 하더라도 이러한 점들을 감안하여 각급 지방 행정은 인민위원회에 맡길 것이라고 믿었던 것이다. 즉 미국은 세계의 대표적인 민주주의 국가이고 국제 정의에 앞장서 있던 나라라는 평가를 하셨기 때문이었다. 그러나 이것은 오판이었다.

아버지는 그 후 기회 있을 때마다 미국은 자기 나라를 위해서라면 어떤 국가든지 닥치는 대로 잡아먹는 양의 가죽을 쓴 이리였다며 자신이 국제정세를 바로 보지 못했던 미숙한 점을 자기 비판적으로 되풀이하여 말하셨다. 결국 아버지는 미군정의 태도가 기대했던 것과는 전혀 다른 방향으로 가는 것을 직감하면서 고금면 인민위원장 추대를 거절했던 것이다.

아버지가 받아들인 것은 고금면 농민조합의 위원장이었다. 농민조합은 이미 해방 이전부터 아버지를 중심으로 교양을 받은 농민들이 중심이 되어 결성된 조직이기 때문에 아버지로서는 해방 이전과 마찬가지로 실물적인 활동보다는 청년층을 대상으로 민족의식 교양에 중점을 두고 지도를 하는 것이었으므로 사양하기 어려웠다. 그러나 후일 고금면 농민조합은 농민조합 중앙회 지도기관인 조선농민조합 총연맹의 산하 조직이 되며 보도연맹의 말단 조직으로 편입되었다. 이러한 사실 하나가 나중에는 이승만 정권과 6·25를 거치는 권력 혼돈의 상황에서 엄청난 시련을 불러일으키는 꼬투리가 되고 만다.

3. 미군정 시기 민주세력에 대한 탄압

1) 미군정으로 기사회생한 친일세력

9월 7일 발표된 맥아더의 포고령 제1호에 나와 있듯이 미군정의 점령 정책은 정책 수행의 목표를 현상 유지에 두고 있었다. 현상 변혁을 목표로 했던 건준과 인민공화국은 커다란 타격을 받게 되었다. 반대로 정세를 관망하고 있던 한민당 등의 우익세력은 미군정의 파트너로서 정계의 주요 세력으로 부각될 기회를 맞이하게 되었다.

미군정은 1945년 9월 9일 하지 중장이 정식으로 조선에 군정을 실시한다고 발표하고 아놀드 중장을 군정장관으로 임명했다. 9월 20일경에는 남조선의 유일한 합법 정당은 미군정이고 미군정이 인정하지 않는 모든 단체는 불법이라고 규정했다. 또한 9월 25일에 하지 중장과 아놀드 소장은 조선에 있는 일본총독부 및 일본인 개인이 소유한 부동산 등 일체의 재산은 미군정의 소유로 한다는 발표를 했다. 이렇게 되자 인민위원회에서 처리하던 일본인의 적산(敵産) 관리 문제 역시 불법이 될 수밖에 없었다.

결국 미군정의 입장이 확고한 상태에서 인민위원회는 난관에 부딪칠 수밖에 없었다. 미군정은 인민위원회를 인정할 수 없다는 입장을 고수하고 있었다. 미군정은 맨 먼저 일제 치하에서 순사 생활을 했던 사람들을 모아 경찰준비대를 만들었고 이들을 앞세워 치안대 습격을 지시했다. 치안대는 인민위원회가 각 지방 말단에 만들었던 일종의 주민 자치적 자경조직이었다. 이런 정황 아래 인민위원회의 활동은 실질적으로 중단되었다고 보아야 했다.

앞에서 언급한 완도의 상황으로 돌아가 보자. 건준 설립을 선점하였다가 인민위원회를 내주었던 완도군의 우익세력들은 다시 기회를 잡았다고 보고 이승만이 주도한 우익 정당인 한민당 독립촉성위원회 의 완도군 조직을 재빨리 결성했다. 이 조직의 중심인물들은 일제 당시 완도군 유지로 행세했으므로 아버지와도 인간적으로 가까운 사이에 있던 사람들이었다. 이들은 고금면에서 아버지의 영향력을 알고 있었으므로 그들의 조직에 가입하여 협력하기를 강력하게 권했지만 아버지는 이런 저런 이유를 들어 거절했다.

당시는 8·15 이후 이승만의 지도하에 정치세력화한 친일세력이 자칭 민족 우익 진영이라 자부하면서 자신들과 대립하는 민족 민주세력을 좌익으로 몰아세우던 시대였다. 그동안 우익을 반대하면서 청년과 농민에 대한 교양을 계속하며 자신들의 제의를 거절한 아버지를 반동으로 규정하여 탄압하려 하는 것은 불가피한 운명이었다.

내가 여기에서 아버지의 탄압 사실을 기록하려는 것은 아버지 개인의 공적을 내세우려 하기 위함이 아니다. 8·15 이후 지금까지 민주세력에 온갖 수단 방법을 다하여 가해진 탄압과 박해에 대해 알려진 것은 주로 각 조직의 지도자적 위치에 있던 저명인사에 대한 것들로 국한되어 있다. 드러나지 않게 자기 생활권 내의 대중과 밀착되어 착실하게 대중을 교양하고 지도한 일선 지도자들은 그 숫자로 볼 때 유명한 고위급 지도자의 몇 십 배 몇 백 배에 달하지만, 이 사람들의 행적에 대해서는 오늘날까지 거의 기록으로 전해지지도 않고 심지어 자신들의 고향에서도 세대가 지남에 따라 기억에서 망각되면서 그 존재도 공적도 완전히 망실되어 역사의 뒷전에 매몰되어 있다.

수많은 무명 애국자들이 일선 생활권에서 민족과 함께 축적한 공적은 우리 민족세력의 기반을 이루는 벽돌 하나하나와 같은 것으로서 우리 민족사의 발전과 함께 이어져야 할 영구불변의 가치가 있는 것으로 평가되어야 한다. 그리고 명예도 지위도 탐하지 않은 이 어른들의 밑거름되기 식의 민족운동은 민족역량의 조성을 위한 민족 통일전선이 어느 때보다도 절실하게 요청되는 오늘날 자주 민주운동의 지도자들이 거울로 삼아야 할 교훈과 지침이라고 생각한다.

나는 다행히 아버지가 당신의 생활권인 면 내의 대중과 더불어 중단 없는 민족운동을 생활화하는 것을 보고 자랐으므로 그 사실을 조금의 보탬도 빼냄도 없이 기술하고 있는 것이다. 내가 이렇게 기록을 남기는 것은 단지 아버지에 국한되지 않고 아버지와 마찬가지로 전국 각지의 일선에서 민족해방을 최고의 사명으로 받들면서 묵묵히 중단 없는 활동을 조용히 하다가 우리 민족사의 밑거름이 되어 흔적도 자취도 없이 사라진, 진실로 위대한 이 어른들의 공적을 유추하며 인식 평가하는 표본 사례로서 아버지의 일생 활동의 일부분을 남겨두는 것이다.

8·15 이후 지금까지 민족 자주세력에 대한 탄압과 박해에 대한 인식은 구체성이 결여된 개념적인 면만을 연대순으로 나열하는 데 그치고 있다. 이러한 개론적인 인식으로는 친일 반역세력의 구체적인 본질과 수법을 정확하게 인식할 수 없을 뿐만 아니라 여기에 대한 민족세력의 대책 수립도 배제하는 피상적인 수준을 벗어나지 못한다. 따라서 아버지와 우리 가족이 당한 비인간적인 탄압의 구체적인 사례를 이 책에서 기록하는 것이다. 아버지는 우익 진영에 가담하지 않았고 청년 교양을 계속하고 있었다. 당시는 모든 민주조직을 불법화시켜 탄압하고 있을 때였으므로 아버지는 여러 번 경찰에 불려 청년조직을 이끌고 있다는 추궁을 당했다.

8·15 이후 이승만은 일제강점기에 매국에 봉사했던 반민주세력

을 총망라한 자칭 우익세력을 통일하여 조직화하더니 1945년 12월 27일의 모스크바 3상회담에서 결정된 신탁통치를 반대하기 위해 대한독립촉성국민회를 결성하여 소위 반탁운동의 통일전선을 결성했다. 여기에 대항하는 조직이 1946년 2월 15일 결성된 민주주의 민족전선(약칭 민전, 民戰)이다. 여기에는 박헌영의 조선공산당과 여운형 선생 지도의 인민당, 백남운 선생 지도하의 신민당이 참여했다. 이들은 모스크바 3상회담에서 결의한 내용이 신탁통치가 아니라고 보고 모스크바 3상회의 지지 성명과 함께 대중 시위의 중심이 되었다. 우익진영에서는 이 3당을 좌익 정당이라고 규정했고 민주주의 민족전선에 가입한 모든 사회단체는 물론 종교 세력의 일부까지도 모조리 좌익으로 규정했다. 온 민족이 찬탁과 반탁으로 나뉘어 본격적인 분열을 시작한 것이다.

2) 찬탁과 반탁의 소용돌이에 휩싸인 국민들

여기에서 1945년 12월 27일 발표된 모스크바 3상회의 결정서의 내용을 먼저 살펴보자. 그 내용은 조선은 남북을 점령하고 있는 사령관을 중심으로 미소공동위원회를 조직하여 조선에 있는 정당 사회단체들과 협의하여 조선 민주주의 임시정부를 수립하고 이와 동시에 미소 양 주둔군은 수립된 정권과 상의하여 5년 이내의 기간에 조건 없이 철수한다는 내용이었다. 이를테면 미소 양국이 5년간 질서유지를 위한 후견인 역할을 해준다는 것이었다.

이때부터 남조선 국민은 우익과 좌익으로 갈라지면서 온 국민이 찬탁과 반탁의 대열로 분열되며 혼란의 시기를 맞았다. 급기야 신탁을 둘러싸고 온갖 테러가 난무하며 많은 사람들이 쥐도 새도 모르게 죽어나갔다. 대표적 암살 사례를 들어본다.

당시 우익 진영의 대표적 지도자의 일인이며 1945년 9월 16일에 결성된 우익 정당 한민당의 총재격인 수석 총무 송진우 선생은 탁월한 정치 지도역량과 국제정세를 정확하게 보는 해박한 지식에서 "미, 영, 소 3국 외상회의에서 소련군은 한반도의 북부에 미군은 한반도의 남부에 진주하여 군사 통치로 질서를 유지하면서 조선 민족의 모든 정당과 사회단체가 협력하여 조선 정부를 수립하고 그 정부의 안정을 위해 질서 유지를 하는 기간을 5년 이내로 정하고 늦어도 5년 후에는 무조건 철수한다는 내용이었으므로 이것은 신탁통치가 아니고 우리 민족 국가의 수립을 위한 질서 유지 기간으로 보아야 하므로 우리 민족은 3상회의 결정을 지지해야 한다. 3상회의 결정을 반대하고 이 기회를 놓치면 조선 민족의 통일된 국가 수립은 우리가 상상하는 것보다 더 멀리 뒤로 미루어질 것이므로 3상회의 결정을 찬성하고 여기에 따라 양 군정을 도우면서 우리 정부 수립을 위한 질서 유지에 전력을 다하는 것이 오늘 우리 민족이 취해야 할 기본 사명"이라고 강력하게 주장하였다.

송진우 선생은 전남 담양 출신으로 일제 당시 동아일보 사장을 역임했고, 한민당의 수석 총재였으므로 남조선 전 국민에 대한 영향력이 상상 이상으로 컸다. 송진우 선생의 이런 발언을 접한 친일세력은 자기들을 멸망의 구덩이로 몰아넣는 폭탄선언이라고 받아들여 송진우를 죽여 없애기로 결정했다. 3상 회의 결정 발표 4일 후인 1945년 12월 30일 밤에 이들은 송진우 선생을 암살하고 말았다. 그 범인은 잡혔지만 배후에 대해서는 오늘날까지도 밝혀지지 않고 있다.

우익 인사인 송진우가 보인 3상회의 결정에 대한 신중한 태도만으로도 제거의 대상이 되었으니 우익과 좌익의 대결은 격화될 수밖에 없었다. 1946년 1월에 들어 좌익 측에서는 민전 주도로 수십 만 명이 참가한 3상회의 결정을 찬성하는 시민대회를 남산공원에서 개최했다. 우익 진영 역시 서울운동장에서 대규모 인원이 동원된 반탁대회를 열었다. 참가 인원은 민전이 주도한 좌익 진영이 압도적으로 많았다. 그리고 전국 각지에서 계속 벌어진 두 진영의 시위에 동원된 인원도 민전세력이 월등하게 우세했음은 당시 그 운동에 참가한 사람이면 누구도 인정할 것이다. 당시 모든 언론은 될 수 있는 대로 우익세력의 세를 과장하고 좌익세력을 과소평가하여 보도했다.

미국은 군정 실시와 함께 군정 이외의 모든 정치 사회단체는 불법이라고 선포하여 해산을 명령했으나 주요 단체들은 여전히 간판을 내리지 않고 활동을 계속하고 있었다. 이에 미군정은 개별적인 탄압과 검속을 하다가 찬탁과 반탁으로 갈라진 양 세력의 차이를 확인한 뒤부터는 본격적으로 좌익 단체에 대한 탄압을 개시하였다. 그때까지 아직 인민위원회가 장악했던 경찰서를 비롯한 일부 관공서를 미군을 앞세워 모조리 접수하여 조선총독부의 복사판과 다름없는 군정 통치를 강행했다. 동시에 민전(民戰) 관련 단체 인사들에 대한 검거와 여기에 동조한 개인들에 이르기까지 검거에 나섰다.

아울러 군정만으로는 민주 자주세력 말살에 한계가 있음을 알고 미군정의 묵인하에 최후 수단인 암살이 자행되었다. 인민당 당수이며 민주 진영의 지도자인 여운형 선생은 1947년 7월 19일에 피살되었고 그해 12월 2일에는 한민당의 정치부장인 장덕수 선생도 남조선만의 단독정부 수립에 반대한다고 하여 피살되었다. 미 군정령은 재판을 받지 않은 살인을 중대 범죄로 규정하고 있음에도 이상과 같은 암살 사건에 대해서는 무관심으로 일관했다. 진상 규명 자체를 하지 않은 것이었다.

3) 조선정판사 사건을 계기로 민전세력 본격 탄압

　조선정판사는 총독부 시대에 일본인이 경영한 정밀 출판사로 당시 조폐공사와 같은 수준의 설비와 기술을 가지고 있었다고 한다. 8·15 후 이 출판사는 종업원의 결의에 의해 조선공산당이 미군정으로부터 불하받은 귀속재산으로 공산당의 출판국에 소속되어 당의 주요 문건에 대한 인쇄를 해왔다. 그런데 1946년 5월 15일 정판사에서 위조지폐가 발행되었다고 미군정이 발표했다. 이것은 청천벽력과 같은 뉴스였다. 각 언론들은 주먹만한 활자로 대서특필하고 일부는 호외까지 발행했다. 그리고 세계 각국에도 보도되었다고 한다.
　이 사건은 8·15 직후 우리 민족사에 특기할 만한 대사건이었기 때문에 그 후폭풍도 지대했다. 군정 지휘하의 경찰은 정판사와 공산당 본부 사무소를 샅샅이 수색하여 관련 인사들을 검거하고 재판에 회부하였다. 그러나 조선공산당은 이에 대해 위조지폐는 공산당 탄압을 위해 허위로 날조된 사건이라는 성명을 계속 발표했다. 미군정은 사실이라고 주장하고 조선공산당은 절대 안했다고 하는 주장이 계속 되풀이되었으므로 이 사건은 8·15 후에도 우리 민족사의 수수께끼로 남게 된 사건이 되었다. 이 사건의 진상도 언젠가는 분명히 밝혀지겠지만, 그것은 우리 민족세력이 중심이 된 완전 자주독립이 이루어질 때나 가능할 것이다.
　아무튼 이 사건이 발표됨과 동시에 미군정은 지금까지와는 달리 적극적인 태도로 민주세력에 대한 극단적인 탄압에 착수했다. 이때부터 민전 산하의 모든 민주단체가 모조리 탄압의 대상이 되어 수사 선상에 걸리기만 하면 검거 투옥되었다. 이로 인해 조선공산당을 비롯한 3개 사회주의 정당과 모든 민주단체는 탄압을 피하기 위해 지방에서 중앙에 이르기까지 지하로 깊숙이 들어가게 되었다.

조선공산당 당수인 박헌영 선생과 당 중앙 간부들은 검거의 주요 대상이 되면서 월북을 하기 시작했다. 군정을 등에 업은 친일 경찰이 중심이 된 경찰과 각 수사기관은 법 절차에 따른 수사만으로는 부족하여 군 점령하에서도 불법이었던 암살을 서슴지 않고 자행했다. 그때부터 앞에서 말한 지도자급 인사 외에도, 각지에서 경찰에 연행되었다가 석방되었다고는 하여도 집에 돌아오지 않고 영영 사라져 버린 사람이 각지에서 간간히 있다는 풍설이 나돌았다. 아버지의 자녀 중에서도 이와 같이 암살당한 희생자가 두 사람이 나왔다. 이 부분은 뒤에서 설명하겠다.

나의 지도를 받고 있던 오복열 군의 경우도 마찬가지 사례다. 당시 광주시 사동에 살고 있던 그는 부인이 보는 앞에서 경찰에 연행되어 갔으나 돌아오지 않아 부인이 경찰에 찾아가 물으니 경찰은 혐의가 없어 그날로 석방했다는 말만 되풀이하였다. 그는 오늘에 이르기까지도 행방불명이다. 나는 그 부인에게 연행된 날에 제사를 지내라고 했다. 그 외에도 내가 알고 있는 행방불명자가 두 명 더 있다. 당시 전남 각지에서는 이렇게 납득되지 않는 이유로 행방불명된 민주 인사들이 계속 나왔다.

당시 풍문에 따르면 1949년 초부터 6·25사변 직전에 이르기까지 경찰에 연행되어 행방불명된 사람이 전남에서만 1만 9천 명이라고 했다. 실제의 내용과 숫자는 알지 못하지만 전국적으로 그러한 사람들이 20~30만 명이라는 소문도 떠돌았다. 이때 행방불명된 사람들의 숫자는 6·25사변이 일어나자 이승만의 특명에 의해 자행된 대학살(보도연맹 사건)과는 전혀 별개의 건이다. 풍문에 따르면 이승만의 특명에 의해 직접 총살된 자들은 70만 명이 넘는다고도 했다. 나도 6·25가 발생하자 즉각 구금되어 총살을 오늘 내일 기다리고 있다가 기적적으로 살아난 사람 중 한 사람이다. 여기에 관해서도 역시 뒤에서 자세히 얘기하겠다.

4. 조선공산당 전남 도당 결성과 활동

1) 전남도당 결성

조선공산당은 1925년 처음 결성된 이래 일제의 탄압을 지속적으로 받은 결과 제2차, 제3차, 제4차에 걸친 재건 노력에도 불구하고 지도부들이 대거 검거되어 실질적인 와해 상태였고, 해방이 될 때까지 극히 소수가 지하에서 겨우 명맥만 유지한 상태였다. 해방 후 조선공산당을 선포한 세력은 '장안파'였으나 박헌영 계열이 8월 20일 조선공산당 재건준비위원회를 결성하고, 9월 8일 열린 열성자 대회에서 장안파 공산당을 해산 흡수하고 조선공산당 재건준비위원회 중심의 당 재건을 결의하여 사실상 조선공산당 창립대회가 되었다.

박헌영은 수원의 예방구금소에서 석방된 294명의 비전향자들을 포섭하여 환영회를 갖고 서울로 합류시켰다. 아울러 이들에게 직책과 임무를 부여하여 각 지방으로 파견하였다. 광주, 목포 지역에서는 윤가현, 윤순달, 김백동 등이 뿌리를 내렸다.

그 해 9월 중순 쯤으로 기억되는데 윤가현이 나를 찾아와서는 함께 손을 잡고 일해보자고 권유했다. 당시 광주시 건준에서 떠나있었던 나는 그에게 지금은 강진 지역으로 돌아가 노동자와 농민들을 결합하여 활동을 할 때라고 말했다. 시골로 내려가려 한다는 내 말에 그는 한심하다는 듯 나를 바라보았다. 나중에야 안 사실인데 박헌영을 등에 업고 나타난 그를 몰라보고 그렇게 얘기했으니 윤가현이 나를 한심하게 여겼을 법도 했겠다고 생각되었다.

전남도당 결성대회는 1945년 12월 25일 목포에서 열렸다. 목포 어느 곳의 큰 창고에서 비밀리에 진행된 결성대회는 처음부터 격론이 벌어지면서 오후까지 열띤 논쟁이 이어졌다. 당시 대부분의 전남 지방 각 지역은 인민위원회 통제 아래 치안대가 경찰서를 장악하고 있었기 때문에 결성대회 역시 오랜 시간 진행될 수 있었다. 목포경찰서의 우리 측 대원 13명이 순찰을 한다는 명목으로 결성대회가 순조롭게 진행되도록 도와주었다. 각 시군 대의원들이 참석한 자리였지만 당원이면 방청을 할 수 있었고 누구에게라도 발언권도 주어졌다. 다만 대의원이 아닌 당원들에게는 결의권이 없었다. 도당이 개편되는 과정에서 윤가현이 유혁의 잘못을 폭로하면서 심한 논쟁이 벌어졌다. 박헌영 계열에서는 유혁을 도당책에서 떨쳐내기 위해 심한 격론을 벌였지만 투표 결과 유혁이 80퍼센트라는 압도적인 지지를 얻어 도당위원장으로 당선되었다.

2) 당의 분파주의와 체포 위기

나는 당시 광주 중부에서 최창진, 임주홍, 김용천 등 17명 정도와 함께 세포원으로 활동하며 중앙의 지시를 받아 정신없이 뛰어다녔다. 연락 체계가 활발히 이루어짐에 따라 조직은 확대되어 갔다. 반면 분파주의가 점점 판을 쳤다. ML계는 당내 민주주의 원칙을 강력히 주장하며 중앙 민주집중제를 제기했다. 무슨 일이건 선거를 통해 일을 결정해야 한다는 것이었다. 그러나 날이 갈수록 대립은 깊어지고 실세를 장악한 박헌영계에 의해 ML계는 주요 부서에서 밀려나기 시작했다.

이 무렵 나는 도당 농민부 위원 겸 중앙세포의 세포원 자격을 갖고 있었고 동시에 1945년 9월 10일경 결성된 농민총연맹 전라남도연맹의 부위원장 겸 조직부장을 맡고 있었다. 그 후 본정세포가 조직되면서 본정세포의 책임을 맡으라는 상부의 지시를 받고 열심히 활동했다. 1947년 봄이 될 무렵 세포원이 처음 17명에서 93명으로 늘어나자 나는 세포원을 다시 3개 반으로 나누었다. 그런데 갑자기 내가 맡고 있던 본정세포 책임자 자리를 일제 때 공립보통학교 교장이었던 김동열로 교체하였다. 나는 세포 선전 책임자로 지위가 낮아졌다. 이를테면 박헌영을 따르는 사람은 계속 그 지위가 높아졌고 나는 소위 ML계의 분파라는 이유 때문에 선전 책임자로 지위가 하락된 것이었다.

하지만 나는 그 전부터도 당내의 지위 등등에는 아랑곳하지 않고 당을 위해서는 무슨 일이든 열심히 했다. 1946년 여름경이었다. 정판사 사건이 일어나기 전이었다. 나는 혼자서 직접 등사기로 밀어 '동민의 소리'라는 세포 신문을 발행한 적이 있었다. 한 달에 두 번씩 일년 육개월 동안 만든 것이었다. 발행된 신문은 세포원들에게 배포를 지시하기도 했고 내가 직접 배포하기도 했다. 전면에는 중앙당의 정치노선 문제를 다루고 뒷면에는 각 동에서 나타나는 불합리한 문제를 다루었다. 내가 생각하기에 잘못된 부분에 대해서는 지위를 막론하고 비판을 서슴지 않았다.

그러나 나의 이러한 열성적인 활동은 도리어 박헌영계를 비판했다는 반발을 초래하였고 당에서는 나를 축출하려 하였다. 바로 이즈음에 정판사 위조지폐 사건이 터졌다. 미군정은 이때부터 박헌영을 잡으려고 혈안이 되었고 당의 간부들에 대해서까지 체포령이 내려짐으로써 당의 모든 활동은 비합법화되어 지하로 잠적하기 시작했다. 그 와중에도 심각했던 것은 당의 고질화된 내분이었다.

1947년 중반경이었다. 당으로부터 나에게 광주 시내에 모조지 절반 크기의 전단을 붙이라는 지시가 떨어졌다. 당시는 밤이면 사람들이 돌아다닐 엄두조차 못할 정도로 살벌했고 경찰들의 감시 역시 삼엄했던 시기였다. 내가 생각하기에 전단을 붙이라고 지시받은 장소는 사람들의 눈에 바로 띄어 위험하기 그지없는 곳이었다. 잡혀가서 바로 죽으라는 말과 같았다. 나는 당을 찾아가 항의도 했지만 묵살되었다. 할 수 없이 나는 아내의 도움을 받아 가까스로 전단 붙이는 일을 무사히 마칠 수 있었다. 다음날 날이 새기 무섭게 당에서는 나의 임무 수행을 확인하기 위한 검열이 나왔다. 나는 안도감과 함께 여러 생각이 교차했다.

한편 미군정 장관의 명령으로 하곡수집령이 떨어지자 농민총연맹 전남연맹에서는 각 군 농민조합에 하곡수집령을 불응하라는 지시를 내렸다. 나는 하곡수집령 반대 투쟁에 가담했다. 그러나 곧 군정청의 경무부장인 조병옥이 각 도와 각 군에 하곡수집령을 반대하는 인사들을 검거하라는 체포 명령이 내려져 나는 몸을 피했다. 나는 전남도 연맹 조직부 위원이던 정주영과 함께 수창국교 부근에서 은신하던 중 한곳에 오래 있으면 위험하다는 판단을 내리고 누문동 쪽으로 조심스럽게 몸을 움직였다.

우리는 각자 헤어지기로 약소하고 골목을 나왔는데 형사 두 명이 우리를 보고 쫓아왔다. 정주영은 학생 시절 단거리 육상선수였으므로 잘 달렸다. 호루라기 소리가 들리자 형사의 수는 10여 명으로 늘어났다. 나는 곧바로 잡혀버렸고 정주영은 한참을 도망치던 끝에 시궁창으로 들어가 버렸다. 형사들은 시궁창에 들어간 정주영을 잡았다. 시궁창의 오물로 뒤범벅이 된 정주영은 형사들과 함께 광주경찰서로 갔다. 나는 이미 수배 중이었으므로 지금 잡혔으니 이제 곧 죽게 될 것이라 생각했다.

절체절명의 위기에 처해있던 나를 구한 것은 아내였다. 나는 당시 지금의 충장로 3가 가든백화점 자리에 삼성당 서점을 운영하고 있었고 서점의 일은 아내가 도맡아 하고 있었다. 아내는 삼성당 서점을 자주 이용하던 고객인 CIA형사(김진영이라는 경감)에게 통사정을 하여 나를 광주경찰서에서 빼올 수 있었다. 미군정 시기에 미군의 힘이 얼마나 막강한지를 단적으로 보여주는 일이었다. 다행히 나는 풀려났지만 후일에 대해 안심할 수 없어 광주 외곽 지역인 비아의 과수원 농장으로 들어가 은신했다. 이때 잡혀갔던 사람들은 거의 2년 남짓의 형을 받았다고 들었다.

한편 1949년 6월 북쪽의 북로당이 남로당을 흡수하여 조선노동당으로 통합되면서 남로당은 와해되었다. 그 전에 이미 대다수의 남로당 지도부는 남쪽에서의 강력한 탄압을 피해 북으로 도피하여 있어 남쪽에서는 하부 조직들만이 유명무실하게 남아 있던 상태였다. 훗날 박헌영을 비롯한 남로당계 간부들은 6·25 이후 정권 전복 음모와 미제국주의를 위한 간첩 행위를 했다는 이유로 김일성에 의해 처형 또는 숙청되었다.

이러한 합당 직후 북쪽의 정치보위부에서 남로당 계열의 움직임을 파악하라는 지시가 떨어졌다. 남아있는 남로당 계열 실세의 동향, 그리고 경제동향, 일반 정세 등을 파악하라는 지시였다. 나를 포함하여 김종선, 정호용, 임종근 등이 함께 임무를 맡았다. 그 외에도 많은 사람들을 각 기관에 배치하여 임무를 준 것 같았다. 나는 2369번의 고유번호를 받았다. 내가 맡았던 분야는 경제동향에 관해 파악하여 보고하는 것이었다. 예를 들면 은행의 총월계표 내역, 입출금 내역, 화물역에서 취급되는 물품의 내용에 대한 것들이었다.

내가 이런 일을 쉽게 처리할 수 있었던 것은 이행섭이라는 사람 덕분이었다. 이행섭은 목포상업학교 출신으로 소방서 경위를 하다가 당시 헌병대 4급 공무원으로 취직해 일하고 있었고, 나와는 평소 잘 알고 지내던 사이였다.

여기에서 내가 한 가지 말해 두고 싶은 것이 있다. 오늘날까지도 6·25가 북침이냐 남침이냐를 두고 일부 의견들이 갈리고 있는데 여기에 대한 내 생각은 이렇다. 나는 6·25가 일어나기 직전 북쪽의 인민위원회 간부들이 남쪽으로 내려와 있었다는 사실을 조형표를 통해 알게 되었다. 강동정치학교 학생들이 서울로 내려오던 도중 풍랑을 만나 못 내려왔다는 얘기와 함께 북의 간부들이 남쪽의 정권 수립을 위해 미리 내려왔는데 광주에도 이미 그들 일부가 내려와 있다는 얘기였다. 북쪽의 사람들이 이미 남쪽에 계획적으로 머물고 있었다는 사실은 바로 치밀하게 남침 준비를 하고 있었다는 얘기가 된다. 그러니 남침이냐 북침이냐의 논란은 별 의미 없는 사실이라고 생각된다.

5. 5 · 10선거를 전후한 이승만 정권의 극렬한 탄압

1) 아버지에게 가한 천인공노할 모욕과 만행

대다수 국민이 반대한 남한만의 단독정부 수립을 위한 초대 국회의원 선거가 1948년 5월 10일에 전국적으로 일제히 실시되었다. 단독선거 반대 운동이 전국적으로 일어났고 완도에서는 고금면과 군외면에서 가장 강력하게 일어났다. 당국은 아버지를 고금면의 단독선거 반대 중심인물로 지목했다.

단독정부 수립을 반대하는 아버지가 총선에 투표하지 않을 것은 명약관화한 일이었다. 그날 투표가 끝난 정오경까지도 아버지가 투표장에 가지 않고 집에 있자 무장경관이 집에 들이닥쳤다. 이들은 자신들이 보는 앞에서 투표를 하라며 아버지를 끌고 갔다. 선거를 반대하는 이런 놈은 본때를 보여야 한다면서 투표소인 동사무소에 걸려있던 이승만의 사진을 아버지에게 주며 머리 위에 두 손으로 받들어 들라고 강요했다.

경찰은 아버지를 청룡리를 가로지르는 네거리 한 가운데로 끌고 가서는 사진을 머리 위에 들고 꿇어앉으라며 총을 대고 위협했다. 아버지는 늙어서 무릎이 아파 맨땅에 꿇을 수도 없고 팔이 아파 머리 위에 올릴 수도 없다고 말한 뒤 가부좌를 하고 사진을 그 위에 올려놓았다. 그러자 경찰은 아버지를 구둣발로 걷어차 길바닥에 넘어뜨렸다. 이 소식을 들은 어머니와 어린 동생들이 달려왔으나 접근하면 쏴버린다며 쫓아버렸다. 어머니는 필사적으로 아버지에게 달려갔다. 어머니는 아버지에게 할 수 없이 당하는 일이니 바로 안고 있으라며 사진을 안겨주었다. 경찰은 아버지에게 만일 이 자리를 뜨면 용서하지 않겠다며 욕설을 퍼부은 뒤 투표소로 갔다.

　한 시간쯤 뒤 비가 내리자 아버지는 어머니와 함께 비를 피해 투표소로 갔다. 그러자 경찰이 누구 명령으로 자리를 떴느냐며 아버지를 다시 네거리로 끌고 가서 총으로 위협하며 사진을 들고 꿇어앉으라고 협박했다. 아버지는 그렇게 무릎이 꿇린 채 한 시간 이상 비를 맞고 물투성이가 되어 있었다. 어머니는 그 곁에서 대성통곡을 했다.

　이때 구장이 경찰을 눈물로 설득하여 아버지를 투표소로 데리고 왔다. 아버지는 흠뻑 젖은 옷을 입은 채 땅을 치며 대성통곡하였다. 때는 오후 2시경이었다. 30분 후면 완도읍으로 가는 연락선이 떠날 시간이어서 경찰도 떠날 시간이 되었다. 떠나기에 앞서 경찰은 또다시 아버지에게 욕설을 퍼부었다. "이번 선거 반대는 국부인 이승만 박사를 반대한 것이며 이것은 대한민국을 반대한 것이므로 이런 자들은 대한민국에서 살지 못하게 해야 한다. 당신 같은 자는 쥐도 새도 모르게 없애버려도 보고서 한 장 올리면 그걸로 끝"이라고 말하며 경찰은 떠났다.

　거기에 모인 부락 사람들은 아들보다도 어린 경찰 놈이 아버지에게 입에 담지 못할 욕설과 함께 빗속에서 무릎을 꿇려 수치스런 모욕과 박해를 가하는 것을 보며 이를 갈면서 눈물을 흘렸다. 그 중 몇 사람은 이승만 세력을 없애버려야만 우리 민족이 평화롭게 살 것이라면서 분을 삭이지 못했다. 어머니는 아버지를 집으로 모셔 와서 비에 젖은 옷을 갈아 입혔다.

　이상은 내가 그 후 아버지와 어머니, 그리고 동네 사람들에게 들은 것을 요약 기록한 것이다. 당시 아버지와 어머니에게 가한 천인공노할 만행과 행패는 어떠한 문장으로도 표현할 수 없는 것이다. 일제 강점기에 일본인으로부터도 당하지 않던 몹쓸 짓을 해방된 나라의 동족으로부터 당한다는 것은 있을 수 없는 일이었다. 나는 이 장면을 떠올릴 때마다 살이 떨리는 분노를 주체할 수 없었다. 경찰의 이러한 망동은 말단 경찰의 단독 행위가 아니다. 이것은 이승만 세력의 민족세력에 대한 계획적인 폭력이며 아버지가 이 날 당한 모욕은 아버지 한 사람뿐만 아니라 애국지도자 수만 명이 친일세력으로부터 당했던 모욕이기도 했다.

어머니 이대금

아버지는 인간으로서는 참을 수 없는 일을 당한 후 냉정하게 그 원인과 앞으로의 전망에 대해 생각했다.

"이번 남조선만의 선거인 5·10선거의 반대 운동은 남조선 방방곡곡에서 거의 빠짐없이 일어났으므로 최소한 면 단위의 지도자로 지목된 사람들은 내가 당한 것과 똑같은 모욕과 폭행을 당했을 것이고 그보다 더 가혹하게 당한 사람도 있을 것이다. 이것은 나 개인에 국한된 문제가 아니고 이승만을 우두머리로 한 친일 반역세력이 민족세력을 기어이 말살하고야 말겠다는 결정적인 의사 표시로 보아야 한다. 미국을 등에 업고 국가의 주도권을 잡은 친일세력 앞에서 민족세력이 전면적으로 대항하는 것은 불가능하다.

이번 5·10선거 반대운동을 통해 친일세력은 이승만에 대한 반대세력을 구체적으로 파악할 수 있는 계기가 되었고 각 지방의 중심인물도 샅샅이 파악할 수 있는 계기가 되었다. 따라서 이승만 세력의 폭거는 여기에서 그치지 않을 것이다. 그는 정식으로 대통령이 될 것이고 그래서 친일세력의 정부가 수립되면 이보다 더 가혹하고 철저한 탄압이 계속될 것이다. 이와 같은 정세하에서 지도자들이 투쟁의 표면에 나서면 말살을 자초하는 꼴이 된다. 그러므로 이 단계에서 민족지도자들이 취해야 할 최선의 방법은 후일을 위해 이 탄압의 국면에서 반드시 살아남는 일이다."

아버지는 그렇게 결론을 내리고 크고 작은 지도자들이 모두 극도로 몸조심을 해야 한다며 걱정하셨다.

2) 고향을 떠나기로 결심한 아버지

아버지는 외국어학교를 졸업하고 고향으로 돌아와 농사를 지으면서 청소년에 대한 간접적인 민족의식 교양과 함께 그 당시 일본에서 발간한 서적과 잡지를 통해 전문가 못지않은 농업지식과 기술을 습득하고 있었다. 아버지의 농업에 대한 지식수준은 재배 기술에 국한되지 않았다. 당시 세계적인 육종학자인 우장춘 박사와 일본인 학자기하라(木原) 박사가 공동 저술한 대학교재인 '육종학'을 몇 번씩 되풀이하여 읽었고 다윈의 '진화론'이나 '종의 기원'에 대해서는 해박한 지식을 가졌다.

아버지는 실내와 집안에 자연을 축소한 분재와 정원을 꾸며 놓으셨다. 밭과 논 한가운데에 집을 지어 여러 가지 나무와 꽃을 심고 돌과 바위를 배치하여 아름다운 정원을 만들어 놓으셨다. 집 앞에 있는 논 70평가량에 못을 판 다음 흙을 중앙에 쌓아 조산(造山)을 하고 둘레에는 바위와 돌을 조형 규정에 따라 배치하고 진달래와 해당화 등 각종 나무와 꽃을 조화 있게 심어놓았다. 동네 사람들은 당시 아버지의 집둘레를 가리켜 세계 공원이라고 말하곤 했다. 당시 고금도에는 잉어가 없었는데 잉어 종어(種魚)를 사들여 못에서 길러 2~3년이 지나자 잉어들이 많이 번식하였다. 잉어 새끼들은 그 앞에 있는 200여 정보의 용지포 평야로 번져갔다.

아버지는 농사와 정원 손질 시간 외에는 독서를 하셨다. 청년들에 대해 틈틈이 교양 활동을 했고 면민들로부터는 나름의 존중과 존경을 받고 계셨다. 그러나 그날의 사건으로 고금도에서의 생활을 그대로 유지할 것인지 근본적인 고민을 하지 않을 수 없게 되었다.

5.10선거의 곤욕을 치르고 난 아버지는 두문불출하시며 독서로 날을 보내고 계셨다. 그해 8월 15일에는 대한민국 정부가 수립되고 이승만이 대통령으로 선출된 것을 보면서 지금까지보다 더욱 탄압이 강화될 것이라 우려하셨다.

아버지는 자신뿐만 아니라 전국 각지에 있는 동지들도 곤욕을 치렀을 것이라 생각하여 1948년 11월 경 서울로 올라가 동지들을 찾아 만나보고 의견을 나누었다. 곳곳에서 정도의 차이만 있을 뿐 5.10선거의 박해는 예상보다 광범위하게 전국에서 가해졌음을 알게 되었다. 또한 이승만 세력을 배후로 하여 좌익세력에 대한 테러가 곳곳에서 횡행하고 있음을 알고 우려가 더욱 깊어졌다.

아버지는 각지의 동지와 만나면서 위기의 도래에 대해 의견을 같이 했고 민족지도자들의 생명 말살도 서슴지 않는 살벌한 정세하에서 수준 높고 유능한 지도자들의 생명 보호가 모든 것에 우선한 당면한 임무라 판단하고 동지들과 지도자들은 반드시 고향을 떠나 은신해야 한다는 결의를 하고 돌아왔다. 신분이 노출된 채 고금면에 있다가는 반드시 무슨 일이 벌어질 것이라 예상되었던 만큼 1948년 말경부터 고향을 뜨기로 결정하고 준비에 착수했다.

특히 고금면에는 아버지의 성장 과정부터 인간적으로 친근했던 인사 중 한민당과 독립촉성중앙협의회(獨促)에 가입한 인사들이 많아 이들과의 여러 가지 불편한 점도 예상되어 고향을 떠날 결심을 더욱 굳게 했다.

3) 아버지 동지들이 결정한 절박한 지침

아버지가 그해 11월 서울에 올라가 동지들과 만난 회합 내용과 그 분들의 노선에 대해 조금 자세히 다루고 넘어가겠다. 이승만 정권의 민족세력 탄압과 말살 작업이 본격화되는 것을 앞서서 보고만 있을 수 없었던 아버지와 동지들은 그동안 서신으로 연락하다가 서울에서 직접 회합을 갖기로 했다. 이 어른들의 서신 연락은 합방 직후부터 본명을 숨기고 가명을 써왔으며 주요한 내용은 암호 또는 은어로 교환했다.

그 회의의 중심 주제는 가중되는 탄압의 정세하에서 이 어른들의

아버지 이사열

영향 아래 있는 지도자뿐만 아니라 다른 지도자들의 생명을 어떻게
보호하느냐 하는 문제였다. 여러 가지 기술과 방법이 논의되었으나
각자의 특수한 사정과 연락선이 다르므로 방법은 각자가 독자적으
로 결정하기로 했다. 다만 경찰의 감시에서 철저하게 벗어나기 위해
서는 거주지를 옮겨 철저하게 피신해야 한다는 원칙이 정해졌다. 탄
압의 대상이 된 사람들에게 가장 위험한 조건은 자신의 얼굴과 이름
과 활동 사항을 알고 있는 사람이 가장 많이 살고 있는 현재의 생활

권이므로 제일 먼저 여기에서 벗어나야 한다는 것이었다.

그리고 한 번의 이주만으로는 위험하므로 두 번, 세 번 이주하면서 전혀 남들이 모르는 곳으로 가야 하고, 이주한 후의 생활을 합리화시키는 방법을 강구하면서 가능한 한 외출을 삼가고 사람들의 접촉을 줄여야 한다는 데 동의했다. 아울러 이주 후 생활비 문제가 대두할 것이므로 생활비가 부족한 동지들은 미리 조직적으로 대책을 강구화되, 가장 위험한 것은 친척과 아는 사람들이니 이들로부터 도움을 받는 것은 매우 주의해야 한다는 점이었다.

이 어른들이 주목했던 가장 큰 정세는 매일 38선을 중심으로 군사충돌이 계속되는 남북 간의 격화되는 대립이었다. 우리 민족통일을 담보할 수 있는 국제회의인 모스크바 3상회담의 결정은 파기되었고 이승만은 입만 열면 북진 통일을 외치고 있었으므로 머지않아 군사충돌이 일어날 것으로 전망했다. 군사충돌이 벌어질 경우 승패는 모르지만 자칫하면 전국적으로 확대되어 엄청난 파괴와 희생이 발생할지도 모른다는 점을 우려했다.

남북 간에 전면적인 군사충돌이 일어나면 이 정권은 민주세력 말살을 위한 절호의 기회로 삼아 대량 학살을 시도할 수 있으므로 여기에 대한 만반의 준비와 태세를 갖추어야 하며, 그러려면 그들의 감시망에서 완전히 벗어나야 하므로 지금 늦은 감이 있더라도 각자 동원 가능한 모든 수단과 방법을 활용해야 한다는 점에 대해서도 동의했다. 따라서 이를 위해 꼭 필요하다면 이승만 정권의 유력 인사도 활용해야 한다고 보았다.

합방 이후부터 이 어른들의 일관된 기본 노선은 절대로 조직의 형태를 갖추지 않고 후배들에게 민족의식을 교양하는 것이 적의 법망에 걸리지 않고 조직 활동과 동일한 성과를 올릴 수 있다는 것이었다. 8·15 후 군정이 실시되면서 자주독립의 꿈은 순식간에 사라지고 총독부 복사판의 통치 지배가 갈수록 강화되었고, 이승만 정권하에서도 민주세력은 똑같이 탄압의 대상이 되어 일제 강점기와 다를 바 없는 상황이라고 판단했다. 따라서 친일세력 정권하에서 전개하는 자주 민주운동은 친일 경찰의 손바닥 위에서 하는 것과 같으므로 그들의 법망과 탄압을 피하려면 일제 강점기와 마찬가지로 조직 형태를 취해서는 안 된다는 것이었다.

그리고 이 어른들이 생각하기에 민족 지도자가 취해야 할 기본 노선은 대중을 교양하여 실천을 통해 투사로 양성하여 각 조직의 튼튼한 하부 구조를 구축해 주는 심부름꾼 노릇을 하는 것이었다. 물론 이러한 방식이 조직 각급 지도자의 역할을 부인하는 것은 절대 아니었다. 당시에는 지도자의 위치를 기웃거리는 사람이 남아돌 정도였던 만큼 꼭 필요한 지도자 외에는 일선 대중의 생활 속에서 대중과 밀착되어야 한다는 것이 이 어른들의 기본 노선이었다.

또 친일세력 정권의 무서운 감시하에서 활동해야 하는 각 조직의 부서와 지도자의 수는 가능한 한 축소해야 한다고 했다. "사공이 많으면 배가 산으로 간다"는 격언을 비유로 자주 들며 지도자가 많으면 안 된다는 점을 강조했다. 이 원칙에 따라 이 어른들의 지도를 받은 지도자급 인사들은 어떤 드러나는 조직에도 가입하지 않아야 한다는 것을 철저히 교육받았다. 때문에 이승만이 민주세력 전면 말살을 목적으로 가입을 강요하던 보도연맹 가입의 대상자도 한 사람도 없었다. 그래서 세계 어느 나라에서도 찾아볼 수 없는 동족 살해의 보도연맹 대학살에서 벗어나 살아남게 되었다.

아버지를 비롯한 어른들은 "죽으면 모든 것이 끝난다. 살아남아야만 어떠한 형태로든지 활동의 계속이 가능하다. 민족세력 말살의 절망적인 정세하에서 민주지도자와 그 세력이 한 사람이라도 살아남는 것이 최대의 승리로 보아야 할 것"이라고 말했다. 결국 아버지와 그 동지들의 비조직 지도노선을 따르며 충실하게 활동한 인물들이 대량 학살에서 벗어나 살아남은 것 자체가 위대한 승리라는 결론이 나온다.

이 어른들이 합방 이후 6·25에 이르기까지 희생자를 내지 않고 그 나름의 독립운동과 민주운동을 중단 없이 지속해온 사실은 전략적인 측면의 노선이었다. 아버지는 고문 또는 강요 등 어떠한 이유에 의해조직을 폭로하여 파괴시키고 동지들을 적에게 넘겨주는 것은 매국과 다름없는 최대의 과오이며 범죄라고 강력하게 주장해 왔다. 특히 장시간에 걸쳐야만 양성될 수 있는 지도자를 적에게 넘겨주는 것은 더욱 큰 죄악이라는 것이 이 어른들의 확고한 신념이었다. 이 원칙에 비추어 이 어른들이 지켜온 비조직 활동노선으로 일제 치하에서도 검거 투옥자를 한 사람도 내지 않고 해방 후 검거, 투옥, 6·25 이후 대학살로 이어지는 엄청난 사례에서도 살아남을 수 있다는 것은 위대한 승리로 높이 평가해야 할 것이다. 노련하고 충실한 유능한 지도자 한 사람의 역할과 능력이 얼마나 크다는 것은 누차 말한 바이다.

이 회합에서 어른들은 앞으로 개별적인 접촉은 절대로 회피하고 중앙에 있는 연락 책임원을 통하여 소식을 알리기로 결정했다. 중앙의 연락선은 만일의 경우를 고려해서 3중으로 설치되었다. 회의를 마치고 돌아온 아버지로부터 회의 내용에 대한 설명과 토의 과정을 듣고 나는 크게 감동을 받았다. 아울러 그 후 나의 활동과 내가 관계한 조직의 운용에서도 상당한 교훈과 지침으로 삼았음을 말해둔다.

4) 돌연 사라진 뒤 살해당한 동생과 매제

1948년 말부터 광주로 이사를 계획하며 은신을 준비하던 중 둘째 아들 이기택과 사위가 연달아 행방불명되는 사건이 발생했다.

우리 집안의 둘째 아들이자 내 바로 밑 동생인 이기택은 1948년 초부터 당에서 청년부 책임자로 선임되어 열성적으로 활동하고 있던 중 경찰의 검거를 간신히 피해 광주로 도피해 있던 중이었다. 동생을 검거하려다 놓쳐버린 완도경찰은 그의 행방을 계속 찾고 있었고 나에게 직접적으로 또는 정보원을 통해 여러 차례 찾아와 탐문을 한 바 있었다. 당시 광주에는 완도 각 면에서 경찰의 검거를 피해 이사를 온 사람들이 여럿이었으므로 완도경찰은 형사를 계속 파견해 이들의 거처를 탐색하고 있던 때였다.

동생은 내가 운영하고 있던 서점에 간간히 은밀하게 찾아왔으나 안방에서만 잠시 머물다 가곤 했다. 그러던 1949년 3월경 어느 일요일이었다. 그날은 동생의 보통학교 동창생으로 광주 관제국 장성출장소에 근무하던 장일동이 내 서점에 찾아온 날이었다. 동생 기택이가 와있다고 하니 광주극장에 영화 구경을 하겠다며 데리고 나간다고 했다. 그것이 오전 10시경이었다. 나는 외출은 삼가야 한다고 했지만, 그날 마침 비가 왔으므로 우산으로 가리고 다니면 된다고 하며 둘은 밖으로 나갔다.

속으로 별일이야 있겠냐 싶었지만 동생이 나간 뒤 오후 2시가 지나도 돌아오지 않자 슬슬 걱정이 되었다. 얼마 후 장일동 혼자만 돌아와 근심스런 안색으로 털어놓았다. 광주극장에서 영화 1막 상영이 끝나고 중간 휴식시간의 불이 켜지자 동생은 가지고 왔던 비닐우산을 자기에게 맡기고 화장실에 다녀온다며 나갔다 한다. 잠시 후

극장의 마이크를 통해 면회인이 있으니 이
창국 씨는 출입문으로 나오라는 방송 멘트
가 나왔다는 것이다. 이창국은 당시 완도경
찰서 사찰계(現 정보계) 형사로서 민주 인
사 검거 성적이 가장 우수했으며 살해도 자
주한다는 풍설이 파다하게 돌던 사람이었
다. 그래서 완도 군민들에게 그 인간은 극
도로 원성의 대상이었다고 한다.

동생 이기택

영화의 제2막이 상영되었지만 동생 이기택은 자리에 돌아오지 않
았고 영화가 다 끝날 때까지 오지 않았다. 장일동은 영화가 끝난 뒤
화장실을 비롯하여 극장 아래의 이층과 사무실을 샅샅이 뒤지고 관계
자들에게 인상착의를 설명하며 물어보았지만 아무도 그런 사람을 보
았다는 사람이 없었다. 할 수 없이 장일동은 동생이 맡겨둔 비닐우산
만을 챙겨 가지고 와서 나에게 이상과 같은 내용을 설명해주었다.

나와 아내는 불길한 예감이 스쳐감을 느꼈다. 누군가의 밀고로 동
생이 이창국에게 체포된 게 틀림없다고 생각하였다. 즉각 아내가 잘
아는 완도읍의 유지에게 연락하여 내용을 설명하고 동생이 이창국에
의해 검거되어 완도경찰서에 유치되어 있을 것이니 알아봐 달라고
부탁해놓았다. 그날 오후 유지에게 다시 전화를 걸었으나 아무리 알
아봐도 동생이 완도에 왔다는 흔적이 전혀 없다는 것이었다. 그럴수
록 동생이 살해되었을지 모른다는 불길한 예감이 더욱 깊어져갔다.

당시 아내는 내가 경찰의 감시 대상이 되어 항상 불안했기 때문
에 경찰 및 수사기관 유력 인사의 아내들과 어떤 수단으로든 가까이
하여 형님, 동생 하는 친밀 관계를 유지하고 있었다. 아내는 도 경찰
국 정보과 분실장 부인과도 친한 사이라서 사정을 얘기하고 시동생

의 행방을 알아봐 달라고 부탁했다. 그 부인으로부터는 살아만 있다면 전라도 어느 경찰서에 있든 찾을 수 있을 것이라는 대답을 들었다. 그러나 사흘 후에 다시 찾아가 물으니 전남도 경찰과 수사기관 어디에도 그 행방을 찾을 수 없다며 단념하라는 듯한 표정을 지었다. 결국 아내는 단념하지 않을 수 없었다.

비슷한 시기에 내 여동생의 남편, 즉 매제 황호연도 행방불명이 되었다. 황호연은 총독부 의사 자격시험에 합격한 의사로서 만주에서 일본인 이민 개척단 의무실에 근무하다가 8·15 후에 돌아와 서동에 거주하면서 광주시 서구당 책임자로 있던 중이었다. 어느 날 충장로에 나와 파출소 앞을 지나다가 형사 두 명이 달려와 양복저고리를 머리에 뒤집어 씌워 얼굴을 가려 데려가려 하였다. 여기에 매제가 항거하며 몸부림치던 모습을 본 사람이 십여 명이나 있었다. 이 사람들은 내 이웃에 살고 있었으므로 나와 매제의 관계를 알고 있던 사람들이라 나에게 즉각 그 상황을 알려준 것이었다.

나는 이 얘기를 듣고 앞서 아내를 통해 광주 시내의 경찰서와 수사기관에 알아보았으나 어디에서도 그 뒤의 소식을 얻을 수 없었다. 그대로 데리고 가서 총살해 버리고 암매장한 것이었다.

그런 일이 연달아 있고 난 얼마 뒤였다. 내 지도를 받고 있던 서동에 사는 오복렬의 부인이 찾아와 며칠 전에 남편이 경찰에 연행된 뒤 소식이 없어 경찰에 찾아갔더니 혐의가 없어 그날 석방했다고 말을 하는데 남편은 돌아오지 않았다는 것이었다. 나는 직감적으로 그가 살해되었다고 판단했으나 차마 그대로 말할 수가 없었다. 나는 그녀에게 기다리면서 여기저기 알아보기는 하겠으나, 이 일로 돈을 쓰거나 다른 지방까지 가서 찾는 일은 하지 말라고 했다. 그 후로도 그녀는 몇 번 나를 찾아왔다. 나는 더 이상 숨길 수가 없어 내 동생과 매제의 이야기를 하면서 그만 단념하고 남편이 나갔던 날을 제삿날로 생각하라고 얘기해줬다. 더 이상 헛된 희망을 주기 어려웠기 때문이었다. 오복렬의 부인은 당시 25~26세의 젊은 나이였으므로 참으로 가슴이 아팠다. 이승만 정권에 대한 분노가 치밀어 올랐다. 앞에서 얘기한 이 사례를 되풀이하여 설명하는 것은 이승만 정권의 천인공노할 동족에 대한 만행을 다시 한 번 알리기 위함이다.

그밖에 내가 지도하던 다른 청년들도 비슷한 방법으로 연행된 뒤 소식이 끊겨 오늘날까지도 그 행방이 묘연하다. 풍문에 의하면 경찰이 살해 대상자를 일단 구속했다가 자정이 지난 새벽 한두 시경에 혐의가 없으니 나오라고 한 뒤 당신과 함께 가서 알아볼 것이 있다고 데리고 나와 산속으로 끌고 가서 살해하고 미리 파놓은 구덩이에 매장하였다고 한다.

이처럼 어느 날 흔적도 소식도 없이 살해된 민주인사들이 당시 전국에 이삼십 만 명이 될 것이라는 풍설이 돌았다. 정확한 내용은 알 수 없지만 아마도 이 숫자는 사실에 거의 근사한 숫자라고 본다. 이렇게 갑자기 자취도 없이 사라져 억울하게 살해된 민주인사들이 지금도 땅 밑에서 영원한 분노와 원한을 품고 편이 잠들지 못하고 있을 것을 생각하면 가슴이 미어진다. 민족세력과 반민족세력의 관계는 추호의 타협도 융화도 될 수 없는 빙탄지간(氷炭之間)임을 다시금 생각하지 않을 수 없다. 이 사실들은 앞으로 우리 민족의 완전한 자주독립이 이루어질 때 반드시 짚고 넘어가야 하며, 이 모든 역사적 사실은 반드시 밝혀내 민족사의 교훈으로 삼아야만 한다. 우리 민족이 겪었던 참혹한 역사 그 하나하나를 단순히 지나간 옛 이야기로 여겨서는 절대 안 된다는 점을 분명히 말해두고 싶다. 내가 여기에서 기록을 남겨두려는 것도 바로 그런 연유에서이다.

제8장 6 · 25와 계속된 시련

1. 광주 이사 후 아버지의 경계심

아버지는 부모의 유산으로 물려받은 전답과 임야가 상당히 많았다. 이것을 갑자기 처분하려니 시간이 걸렸다. 하지만 판매가격 절충을 하고 있던 중 둘째 아들에 뒤이어 사위까지 행방불명되었다는 소식이 전해지자 아버지는 즉각 이들이 살해되었다고 단정하고 앞으로 가족에게 반드시 닥쳐올 예고로 받아들여 이사 준비를 서둘렀다.

이사 준비에 있어서 가장 시간을 끌었던 문제는 논과 밭과 가옥 및 임야의 가격 흥정이었지만, 아무리 많은 돈도 생명과는 바꿀 수는 없는 것이었기에 원매자가 원하는 가격에 매도하기로 했다. 당시 완도의 주요 생산물인 김 생산이 3월에 끝났기 때문에 잔금은 다음 생산기인 1950년 3월에 받기로 하고 계약금만 받은 채 1949년 5월에 광주로 이사했다. 헐값으로 팔고 오긴 했지만 아버지는 고향을 떠난 것을 토끼가 용궁에 잡혀갔다 벗어난 것과 같은 해방감을 느꼈다고 했다.

광주에 온 어머니는 사위를 잃은 큰딸과 함께 혹시나 하는 마음에 관상을 보는 철학관과 점집과 절과 신당까지 찾아다니며 물어보았고, 타 지방의 소문난 점쟁이도 찾아다녔다. 그 중에는 사위가 살아있으니 반드시 온다고 하며 날짜까지 알려준 사람도 있었고 또 한

편에서는 단념하고 제사를 지내라는 사람도 있었다고 한다.

아버지는 상심한 어머니와 딸에게 회자정리(會者定離) 생자필멸 (生者必滅)의 말을 전하면서 만나면 반드시 헤어지게 되고 태어난 사람은 반드시 죽는 것이라는 말로 위로하셨다. 사람에 따라 시간의 차이가 있을 뿐 그것은 찰나와 같은 차이이므로 임금도, 영웅도, 부 자도 여기에서 벗어날 수 없으니 조급히 생각하지 말고 마음을 크게 먹으라고 두 사람을 위로하며 달래는 것을 나는 여러 번 보았다.

아버지는 나와 함께 있으면 위험하므로 내 집과 거리가 있는 곳 에 별도의 가옥을 전세로 얻으려고 계획하였다. 마침 당시 금동에 살고 있던 초등학교 교장인 아버지의 친구가 지방으로 전근하게 되 자 그 집을 전세로 얻었다. 아버지는 광주에 도착하자 그 전셋집으 로 직행하여 아무에게도 그 거처를 알려주지 않았다. 경찰이 광주로 찾아와 찾을 수도 있었으므로 일체의 바깥출입을 삼가고 집안에서 독서로 나날을 보냈다. 내가 서점을 운영하고 있었기에 아버지가 읽 고 싶은 책들은 가져다드렸다.

광주에는 아버지를 아는 고향 사람이 수십 명 살고 있었다. 때문 에 어머니에게도 가급적 외출을 삼가라고 항상 주의를 시켰다. 그래 서 어머니께서 나에게 올 때도 거의 식전이나 밤중에만 오셨다. 이 렇게 금동에서 일 년 가까이 산 뒤 같은 장소에서 장기간 거주하는 것도 위험하다고 생각되어 1950년 4월에는 학동의 천변에 있는 하천 부지에 가옥을 신축하여 이사했다.

6·25사변이 일어나자 아니나 다를까 완도에서도 대량 학살이 시 작되었다. 학살 지시를 받은 경찰은 고금면에서 제일 먼저 아버지를 찾았다. 친척이 이 소식을 전하며 더욱 조심하라고 알려주었다. 그 후 경찰은 나에게 찾아와서 아버지의 행방을 물었으나 광주에서 1

년 정도 계시다 강원도로 이사했고 또 다른 곳으로 가셨다는 말만
들었으므로 거처를 모른다고 잡아뗐다. 경찰은 이후에도 또 한 번
나를 찾아왔고 정보원이 내 집 근처에서 기웃거리는 장면도 여러 번
목격할 수 있었다.

2. 보도연맹원 대학살 사건

1) 이승만의 민주세력 말살 계획

친일세력이 중심이 된 우익의 주도하에 5.10 총선을 실시하여 그
해 7월 제헌국회에서 대통령으로 선출된 이승만은 민주 민족세력이
자신의 가장 큰 적대세력임을 인식하고 이 세력의 말살에 정책의 초
점을 맞추었다. 이승만은 친일세력을 애국세력으로 둔갑시킴과 동
시에 민주세력 말살 계획을 본격적으로 추진하기 위해 1948년 12월
경 대통령 특명을 발표했다.

특명의 요지는 정부 관계부처 및 전국 경찰에 재야단체인 민주주
의민족전선(民戰) 산하 단체의 조직원에 대해서는 하나도 빠짐없이
모조리 파악하고 시, 군 단위까지 관제 보도연맹을 조직하여 여기에
가입시키라는 내용이었다. 소위 좌익세력에 대해 완벽한 올가미를
씌워 통제 감시하고 마음껏 요리하겠다는 생각이었다. 당시 대통령
의 특명은 법에 우선하는 효력을 갖고 있었다. 이 특명에는 보도연
맹 가입을 거부하거나 회피한 자는 모조리 체포하여 3년 이하(5년으
로도 생각된다)의 징역에 처한다는 처벌 규정이 있었다.

이승만의 특명으로 만들어진 관제단체 보도연맹은 일제 전시하의 악명 높았던 총력연맹보다도 더 철저하고 악랄한 강제 단체였다. 최소한 총력연맹 규정에는 연맹에 가입하지 않는 사람에 대한 벌칙은 없었다. 다만 벌칙보다 무서운 노무 징용 등의 불이익이 있었으나 직접적인 처벌 규정은 없었다. 이승만이 발표한 보도연맹의 목적이 민주 자주세력을 올가미에 넣어 온전히 말살하는 데 있었음은 6·25 발발과 함께 진행된 보도연맹원 대학살이 여실히 말해주고 있다.

민전 산하의 모든 민주단체 조직원을 모조리 강제 가입시킨 보도연맹 조직은 대외적으로는 회장과 총무부, 심사부 등의 체계가 있었으나 이것은 형식에 불과했고 실질적으로는 경찰국 정보과에서 파견된 경위가 책임자이고 경사 2명이 세무를 담당했다. 그 경찰들이 해당자 집을 일일이 방문하여 포고령과 관계 문건을 제시하고 가입서를 내밀어 일일이 가입하지 않을 수 없도록 강요했다.

1949년 중반부터 경찰은 나에게도 매월 한 번씩 찾아와 보도연맹 가입을 강요했으나 그들의 불순한 의도를 경계했던 나는 이런저런 이유를 들어 버티고 있었다. 당시 나는 한홍택 동지와 함께 김종선 동지와 임종근 동지의 지도하에 앞에서 언급한 특수 업무에 종사하고 있었다. 김종선과 임종근은 보도연맹 가입이 강요되자 서울로 피신하여 특수 업무를 지도하고 있었다. 그리고 우리에게는 가능한 한 가입을 피하면서 부여된 과업에 충실하라는 지시를 내렸다.

이렇게 보도연맹 가입을 차일피일 미루자 1950년 4월경 경사 두 명이 찾아와 내가 끝까지 가입하지 않으면 당장 구속시키라는 지시가 내려왔으니 하루속히 가입하라는 협박을 남기고 갔다. 할 수 없이 나는 경사들에게 일주일만 시간을 달라고 사정하고는 즉각 상경하여 윗선의 정치보위부와 상의했다. 이때 나는 정치보위부의 지시를 받아 일하고 있었으므로 그럴 수밖에 없었다. 나는 지도부에 광주에서 거주하고 있는 이상 가입은 피할 수 없고 보도연맹 가입을 하지 않으려면 다른 지방으로 이주하는 것 외에 다른 방법이 없으며 현재의 과업은 수행이 불가능하므로 대리인을 선정해주면 업무를 인계하겠다고 말했다. 지도부에서는 토의 끝에 지금의 업무는 중단할 수 없으니 보도연맹에 가입하라는 지침이 정해졌다. 그래서 1950년 5월말 한홍택 동지와 나는 부득이하게 가입서에 서명 날인했다.

당시 이승만 정부는 철저한 민족주의자였던 국기열 선생을 광주시 보도연맹 위원장으로 데려다 앉혀놓았다. 국기열 선생은 한홍택 동지와 나에게 말하길, 노후에 참을 수 없는 굴욕과 본의 아닌 반역 감투를 강요당하는 곤욕을 치르고 있다며 일제 치하에서도 자신뿐만 아니라 민족지도자들이 이처럼 비참하게 취급받지는 않았다는 말을 기회만 있으면 하시곤 했다.

2) 보도연맹 가입은 강제적 강요

이승만 정부의 완강한 정책에 따라 당시 70여 개에 달하는 재야단체 연합인 민전 산하 단체의 조직원들이 각 시군의 보도연맹에 가입하지 않을 수 없는 여건이 되었다. 심지어는 경찰의 가입 경쟁에 따라 글자 한자 모르는 부녀자와 노인과 어린아이들까지 보도연맹에 가입되어 있는 어이없는 상황도 벌어졌다.

보도연맹은 본인의 자의적 의사와는 완전 무관하게 불가입시 징역에 처하는 처벌을 강요할 수 있는 강제 단체였다. 남한 일대에 거주하던 민전 산하단체 조직원들 중에는 해당 단체 가입에 승낙한 뒤

회의에 한 번도 나가보지 않은 사람들도 많았다. 이들에 대해서까지도 예외 없이 보도연맹에 가입토록 하여 경찰의 철저한 감시가 따랐다. 당시 남한 전역을 면 단위로 나누어 볼 때 각 면마다 보도연맹 가입자가 없는 면은 거의 없었다.

내가 보도연맹 가입의 강제성에 대해 얘기하는 것은 이승만 정권의 반대세력 무력화 정책의 강압성에 대한 문제 제기 정도로 그치는 것이 아니었기 때문이다. 그 가입서는 곧 6·25 발발 후 이승만 정권에 의해 반드시 살해해야만 할 살해자 예비 명단이 되어 버렸던 것이다. 그러나 그 후 북의 인민군이 내려왔을 때에는 보도연맹 가입을 자유의사에 의한 것, 즉 이승만 정권에 자의적으로 협조한 전향자로 해석하여 역시 탄압의 대상이 되었다. 인민 정권이 수립되면서 행정을 비롯한 모든 기관의 임용 대상과 자격 심사에 있어 보도연맹 가입 여부는 주요 심사 기준이 되었다.

보도연맹원이라는 낙인은 우익으로부터도 북의 인민 정권으로부터도 모두 제거와 탄압이 대상이 되었던 것이다. 우리 민족사에 있어 도저히 있어서는 안 될 어처구니없는 일들이 보도연맹 사건을 둘러싸고 벌어졌음을 지금도 비통한 마음으로 기억하며, 이것은 남한의 민족사를 완전히 거꾸로 돌려놓았던 중대한 사실이므로 아래에서 구체적으로 설명하여 역사적 사실을 이해하는 데 도움을 주려 하는 것이다.

3) 보도연맹 가입자에 대한 전원 총살 기도

6·25가 발발하여 인민군이 전쟁의 주도권을 잡고 계속 남하해 오

자 이승만 정권은 보도연맹 가입자들은 반드시 인민군에 영합하여 우익 진영 탄압 말살에 앞장설 것이라고 단정하고 남한 전역에 있는 보도연맹 가입자 전원을 총살하거나 기타 방법으로 살해하라는 특별 명령을 내렸다. 가입자들의 투쟁 경력과 정도에 따른 고려 같은 것도 일체 없이 민전 산하단체에 가입했다는 사실 하나만으로 살해하라는 명령을 내린 것이다.

광주 보도연맹원들의 경우를 살펴보자. 1950년 7월 8, 9일 경이었다. 경찰은 지금까지 회원의 회합 한 번 없었던 보도연맹에 대해 전원 무덕전(武德殿, 구전남도청 건너편에 있었는데 지금은 없음)에 모이라는 지시를 내리고 경찰이 회원 각자의 가정을 일일이 방문하여 소집시켰다. 외출하고 없던 사람은 직장에까지 찾아가 연행했다. 내가 나중에 들은 바에 의하면 소집 지시를 받고 무덕전에 오다가 경찰이 깔려있는 장면을 보고 되돌아가 목숨을 건진 사람도 더러 있었다.

이렇게 보도연맹원 전원을 소집한 경찰은 무덕전을 완전 포위했다. 그때가 오후 3~4시경이었다. 나도 무덕전으로 찾아갔다. 경찰 100여 명이 와 있었다. 곧 경찰국장이라는 자가 나와 인민군이 내려오면 관제단체인 보도연맹 회원들을 모조리 탄압할 것이기 때문에 신변이 위험하니 여러분을 보호하기 위해 모이게 한 것이라고 했다. 물론 새빨간 거짓말이었다.

그때 무덕전에서 나와 한자리에 있던 노종갑 선생과 문태곤 선생, 노천묵 선생과 김범수 선생은 총살당한다는 것은 꿈에도 생각하지 못하고 치안상 우리를 일시 격리한 것으로만 알고, 웃으며 옛이야기를 나누면서 하룻밤을 지낸 기억이 생생하다. 용변차 밖에 나와 보니 무덕전 내외를 경찰이 완전 포위하고 있었다. 당시 무덕전에 소집된 인원은 400명 가까웠다. 경찰은 그날 밤 회원들을 무덕전에서 재우고 이튿날 오후에 광주교도소로 이송시켰다. 교도소는 헌병이 관리하고 교도관들은 헌병의 지시에 따라 행동하고 있었다. 교도관의 말에 따르면 계엄령이 선포되었다고 했다.

나는 국기열 선생, 노천묵 선생, 김범수 선생과 의대생 등 17명과 함께 같은 방에 있었다. 복도에는 교도관과 함께 헌병이 왔다 갔다 했다. 우리가 간 지 사흘째 된 그날 밤 자정이 지나 새벽 한 시경 각 감방에 기상하라는 지시가 내려졌다. 번호를 부를 것이니 해당된 사람은 포승을 차라고 했다. 이 사람들은 다른 교도소로 이감을 하기 위해 불러내는 것이니 동요하지 말고 조용히 하라고 했다. 우리 감방 내의 노인들은 이감이라고 믿었지만, 나와 한홍택 동지와 의대생 한 사람은 죽으려고 불러내는 것이고 우리는 꼼짝없이 죽게 되었으니 살려 달라고 애걸하는 추태를 부리지 말고 의연히 죽자고 하자 노인들은 재수 없는 소리를 한다고 나무랐다.

당시 광주교도소에는 시국 사범으로 투옥되어 있던 사람이 250명가량 있었다. 나중에 들으니 우리가 광주교도소로 이송되기 전에 이 사람들을 전부 총살해 버렸다고 한다. 광주학생독립운동 지도자의 한 사람인 장재성 선생도 이때 총살당했다.

다행히 그날 밤 우리 감방에 있는 사람 중에 번호가 불린 사람은 없었다. 마침내 각 감방의 문을 열고 번호가 호명된 사람들을 끌어내기 시작했다. 그 당시 변호사인 이덕우 동지는 내가 있는 감방 바로 앞 감방에서 우측 세 번째 감방에 수감되어 있었는데, 호명되어 끌려나갔다. 이덕우 동지는 큰 소리로 "동지들! 우리를 총살하려고 여기에 데려왔으니 각오하시오. 내가 먼저 가니 다음에 저 세상에서 다시 만납시다!" 하고 외쳐대자 간수가 그의 입을 틀어막는 소리가 들려왔다. 그날 밤에 약 80명을 데려 갔다.

헌병들이 호명한 사람들은 모두 그 길로 돌아오지 못했다. 말은 이감이라고 했지만 누구든 불려가면 죽음을 당할 것이라 알고 있었다. 호출을 당한 사람은 자신이 죽는 날임을 알고 몸서리쳤다. 이때의 기분은 말할 수가 없었다. 헌병의 호명 소리는 마치 저승사자가 부르는 것과 같았다. 그 후 매일 밤마다 50~60명을 끌어 내갔다. 나중에 들은 바로는 총살자를 매장할 구덩이 크기만큼 그날 호명할 숫자를 정했다고 한다.

여기에서 한 가지 더 우리 민족이 이를 갈고 영원히 격분해야 할 비인간적인 만행이 있다. 이들은 총살한 시체를 묻을 구덩이를 파기 위해 피살자 가족을 동원한 일도 있다고 한다. 즉 이승만 정권에 의해 총살당한 자기 형제와 아들의 무덤을 손수 미리 파게 했다는 것이다. 동물의 세계에서도 차마 상상할 수 없는 동족에 대한 인간 이하의 만행이었다.

이상의 사실로 보아 이승만을 지도자로 한 친일 반역세력은 민족세력을 모조리 뿌리째 뽑아 없애야만 그들의 정권과 권력을 유지할 수 있다고 믿던 잔학한 집단이었다. 우리 민족이 완전 자주독립하여 이들의 만행을 민족 앞에 투명하게 밝히고 역전된 민족사를 반드시 바로잡는 날이 와야만 한다는 바람은 나만의 소망이 아니다.

4) 구사일생으로 처형을 면하고

7월 20일경이었을 것이다. 내가 수감되어 있던 감방의 뒤편은 광주교도소 광장인데, 밤 8시경 갑자기 그 광장에서 수백 명의 말소리와 발소리가 뒤섞여 들려왔다. 와글와글 하는 소리에 모두들 놀라 또 무슨 일인지 초긴장을 하고 있었는데 갑자기 소리가 조용해지더니 경례의 구령과 함께 인솔한 간부의 말소리가 선명하게 들려왔다.

"여러분은 전주형무소와 소장님의 명예를 위해 이곳 광주형무소 소칙을 잘 지키고 관리들의 명령에 복종하여 잘 있다가 나오기를 바란다"는 내용이었다. 이어서 경례의 구령과 함께 또 다른 집단에 대한 훈시의 소리가 들렸다. "여러분은 군산형무소와 소장님의 명예를 위해 이곳 광주형무소 소칙을 잘 지키고 관리들의 명령에 복종하여 잘 있다가 나오기를 바란다." 그리고 나서 이들을 감방으로 나눠 수감하는지 번호를 부르는 소리가 들렸다.

매일 밤 우리들이 수감되었던 감방에서 불리던 공포의 호명소리가 그날 밤은 멈췄다. 그날 밤 우리들은 죽음의 공포에서 벗어나 잠을 잘 수 있었다. 나중에 그 이유를 알고 나서 우리는 말할 수 없이 무거운 마음이 되었다. 우리들을 처형하기에 앞서 전주와 군산에 수감되었던 보도연맹원들을 광주교도소로 이송하여 급히 먼저 총살한 것이었다. 그 사이에 광주교도소에 수감된 보도연맹원들에 대한 총살이 일시 중단된 것이었다.

앞에서 말한 한홍택의 부인이 같은 고향 출신의 간수 부장에게 알아보니 인민군이 대전까지 급속도로 진격하자 정세가 급박해져서 전주에서 250명 군산에서 200명의 보도연맹원의 총살을 미처 하지 못하고 광주까지 데려와 총살했다는 것이었다. 그때 광주에는 총살자를 매장할 구덩이가 부족하여 장소를 옮겨가며 구덩이를 파고 매장하기를 반복하고 있었으므로 하루에 40~50명밖에 총살시킬 수밖에 없었다. 그렇게 전주와 군산 보도연맹원들에 대한 처형이 진행되는 동안 광주 보도연맹원에 대한 총살이 일시 중단되어 미뤄졌고 그들 덕분에 우리들의 목숨이 연장되었다.

7월 22일경이었다. 오후 늦은 시간 70여 명을 호명하더니 헌병들에게 인수인계하는 것 같았다. 우리는 이제 마침내 죽으러 가는구나 하고 생각했다. 우리를 트럭 2대에 나눠 태웠다. 헌병은 우리에게 트럭 바닥에 엎드리게 하고 밖을 보지 못하게 했다. 트럭이 가는 방향을 느껴보니 광주형무소에서 나와 광주역 쪽으로 가고 있었다. 그러다가 다시 광주천 쪽으로 방향이 바뀌었다. 트럭이 멈춘 곳은 헌병대가 있는 곳이었다.

헌병대에 도착하자 헌병 중사 하나가 우리에게 저녁을 먹었느냐고 물었다. 어리둥절한 상황이었다. 그러더니 다른 헌병에게 지시하여 우리에게 밥을 먹게 하도록 했다. 살아서 먹는 마지막 밥일지 모른다 생각하니 목구멍에 밥이 넘어가지 않았다. 잠시 후 계엄사령관인 중령이 오더니 "여러분을 보호해주려고 형무소에서 여기로 옮겨 온 것이고, 이제 풀어줄 테니 다른 행동은 삼가고 집에만 있기 바란다"고 말했다. 그러고는 부하들을 시켜 우리의 포승줄을 모두 풀어주었다.

얼떨떨한 상황이었지만 여기서 죽지 않고 살아나가는 것만은 분명해 보였다. 나는 국기열 선생과 함께 헌병대에서 나왔다. 가는 도중 국기열 선생과 안면이 있었던 것으로 보이는 헌병이 다가와 "지금은 법이 없습니다"하고 정중하게 말하는 것을 보았다. 헌병대에서 나와 시내 근처에서 국기열 선생과 헤어진 나는 삼성당 서점이 있는 집으로 돌아왔다.

내가 여러 날 소식이 없자 집에서는 내가 죽었다고 난리가 났던 모양이었다. 죽었다고 여겨 내 초상화를 방에 두고 곡까지 하며 가족들이 울었다고 했다. 문상객들까지 다녀갔다고 하니 내가 죽은 것은 틀림없는 사실이었다. 내가 집으로 돌아가 큰 아들의 이름을 부르자 옆집 아주머니가 순규 아버지 아니냐며 반색을 했다. 무슨 영문인지 몰라 어리둥절 하는 나에게 저간의 사정을 얘기해주었다. 내가 귀신으로 나타난 줄 알았다는 것이다. 집사람 또한 내가 귀신인줄 알았다며 울음을 터뜨렸다.

다음 날 형사 두 명이 찾아와 아내에게 이것저것 묻고 돌아갔다. 나는 여전히 죽은 사람으로 되어 있었으니 별 다른 문제는 없었다. 이것을 안 아버지는 뒷조사를 하고 있는 것 같다며 안심할 수 없으니 사람들에게 알려지지 않은 아버지의 학동 집으로 옮기라고 했다. 아버지가 계신 학동 집으로 가는 동안 나는 거적에 덮인 시체 3구를 목격했다.

나는 영원히 돌아올 수 없을 것 같던 죽음의 문턱에까지 갔다가 다행히 죽음을 면하고 풀려나와 살아남았다. 그날 헌병대로 이송되어 풀려났던 70여 명 외에 광주교도소에 남아 있던 사람들의 생사도 궁금했는데 거기에 대해서는 나중에 얘기를 들을 수 있었다. 남아있던 사람들을 담양 쪽으로 후송하기 위해 트럭에 태우고 출발하여 광주고등학교를 미처 벗어나지 못한 지점에서 인민군의 박격포 소리가 들렸다. 여러 발의 박격포가 가까이에 떨어지자 혼비백산한 형무관들은 이들을 놔두고 그대로 도망쳐버렸다. 그 결과 나머지 보도연맹원들도 자유의 몸이 되었다.

이렇게 나를 포함해 마지막까지 살아남은 사람들은 대략 150명 정도였을 것으로 추정된다. 처음에 400여 명이 수감되었고 그 후에도 수감과 처형이 이루어졌기 때문에 정확한 숫자를 파악하기 어렵다.

광주교도소에 수감되었던 우리들이 살아남은 것은 전주와 군산형무소에서 데려온 동지들을 죽이는 데 시간이 걸렸기 때문이었다. 그들이 먼저 처형되지 않았더라면 우리들은 이미 이 세상 사람이 아니었을 것이다. 훗날 이 사실을 알게 된 우리들은 전주와 군산 동지들이 우리들을 대신하여 죽었으므로 그 동지들에 대한 거룩한 동지애와 함께 감사를 드리며 명복을 빌었다.

5) 완도에서의 무차별 학살

보도연맹원에 대한 학살은 시, 군 단위로 각 경찰서가 담당했다. 대도시에서는 주로 보도연맹원만을 검거 투옥하여 학살했으나, 말단 소재지의 지방에서는 보도연맹원에 국한하지 않고 경찰의 자의적 판단에 따라 연맹원으로 의심되는 사람은 모조리 학살했다.

6·25가 발발한 뒤 완도에서도 학살이 시작되었다. 고금면의 경우 경찰이 가장 먼저 찾은 것은 아버지와 당시 행방불명 상태였던 내 동생 이기택이었다. 두 사람 다 보도연맹에 가입되지 않은 사람들이었지만 같은 범주로 보았다는 얘기가 된다. 아버지는 이미 1년 전에 고향을 떠났기에 학살을 면할 수 있었다.

완도는 나의 고향이라 학살된 사람들의 이름을 거의 알고 있는데 훗날 알게 된 바로는 그 중에는 보도연맹원이 아닌 사람이 많았다. 이들은 단지 평소에 보도연맹원들보다 더 면민들의 지지를 받던 지도자들일 뿐이었다. 6·25 사변 당시 학살자는 보도연맹원에 국한되지 않았으며 그 지방의 진실한 지도자로 인정받던 사람들이라면 누구라도 경찰의 눈에 띌 경우 학살의 대상이 되었다는 뜻이다.

지방 경찰의 학살은 보도연맹원에 대해서 뿐만 아니라 더 광범위한 범위로 진행되었다. 나는 여기에서 내가 알고 있는 완도군의 사례만을 든다. 완도는 나의 고향이며 내가 항일운동을 지도했던 곳이기 때문이다. 나는 광주에서 활동하고 있었고 완도군의 조직은 중앙과 도의 지도하에 있었으므로 나와 직접 관계가 없었지만, 내가 고향에 갈 때나 또는 그 동지들이 광주에 올 때마다 사적으로 의견을 나누었던 사람들이 대부분이다.

나는 이들과 애기를 나눌 때마다 나라의 주권은 물론 각 지방관서를 장악하고 있는 친일세력에 대해 일제 치하 이상의 반민족적인 세력으로 보아야 한다고 말했다. 이 자들은 자신들의 안정과 세력 유지를 위해 수단과 방법을 가리지 않고 민주 민족세력을 탄압하는 자들이므로, 그들로부터의 피해를 모면하면서 인민을 지도해야 하고 그들의 감시망에서 벗어나 있어야 한다는 것을 강조했다. 그러므로 꼭 필요한 유능한 지도자들은 가능한 한 각 단체의 간부나 조직원의 명단에서 제외되어 있어야 한다고 조언했다. 이것은 일제시대에서와 마찬가지의 원칙이며 아버지가 늘 강조하던 지침이기도 했다. 나는 이런 조언들을 동지들에게 했고 이를 받아들여 유능한 동지들은 거의 표면에 나타나지 않았다. 하지만 좁은 지역사회라는 특성상 경찰은 이 동지들의 생활과 활동의 상당 부분을 파악하고 있었다.

이승만 정권에 의해 보도연맹원 학살을 명령받은 완도경찰은 보도연맹원 외에도 우익인사들로부터 소위 좌경 인사로 의심된다는 정보만 제공받아도 이들을 모조리 잡아들였다. 완도군의 학살자 중에는 보도연맹원이 아닌 사람이 훨씬 더 많았다. 완도경찰서는 검거한 120여 명의 학살 대상자를 총살하지 않고 30여 명의 무장경찰과 함께 배에 실어 먼 바다로 나가 이들의 두 팔을 뒤로 하여 철사로 묶은 다음 묶은 채로 바다에 던져버렸다. 그래도 가라앉지 않고 떠오르는 사람들은 총으로 쏴서 사살했다.

후일 알려진 일이지만, 당시 배에 실려 바다에 던져졌던 어떤 한 사람은 조류를 따라 발로 헤엄쳐 해남 북평면의 어느 해안에 죽지 않고 도달했다가 이를 발견한 부락민이 철사를 풀어주고 산속에 숨겨둔 채 밤이면 먹을 것을 갖다 주어서 살아남았다는 기적과 같은 얘기도 있었다는 것을 여기에 기록해 둔다.

일제 시 항일운동 지하조직인 전남운동협의회 완도군 재정위원이었었던 문승수 동지의 얘기도 생각할수록 가슴 아픈 사례다. 이 동지도 나의 조언을 받아들여 당시 일체의 사회단체에 가입하지 않았으나 완도경찰에 의해 살해 대상자가 되었다. 이 얘기는 당시 살해에 가담했던 경찰이 그 후에 하는 말을 들은 사람이 전한 얘기다.

경찰은 문승수 동지를 비롯해 사람들을 배에 실으면서 곧 인민군이 들어올 것이기 때문에 안전한 지대로 옮겨야 한다며 배에 태웠고 사람들은 철썩같이 그 말을 믿고 배에 올랐다. 배 안에서 손을 묶이고 바다에 던져지는 순간이 되어서야 비로소 자신이 학살된다는 것을 알았다. 이를 안 문승수 동지는 평소 안면이 있는 경찰에게 자신의 인장을 내어주면서 이것이 나의 인감도장이니 가족에게 전해달라는 마지막 부탁을 남긴 뒤 바다에 던져졌다고 한다.

완도에서 벌어진 사례는 대한민국 전체로 보면 한 지방의 사례에 불과할 것이고 문승수의 사례 역시 수많은 사람 중의 한 개인의 사례에 불과할지도 모른다. 그럼에도 내가 여기에 기록하는 까닭은 6·25 당시 이승만 정권에 의해 행해진 보도연맹 대학살 사건에 대해 구체적인 내용도 없이 이념적 대립에 의한 비극 정도로 일반화시켜 알려지거나, 그것마저도 학살자의 후손들만이 알고 있을 뿐 50세 이하 대부분의 국민들에게 전혀 알려져 있지 않은 안타까운 현실 때문이다.

6) 6·25 대학살의 민족사적 교훈

오늘 민족자주 민주국가 건설을 목적으로 전개하고 있는 모든 자주 민주운동은 이 문제를 우리 민족사의 일대 불행한 사건으로 기억해야 한다. 우리 민족세력과 같은 하늘 아래서 양립할 수 없는 친일 반역세력은 민주 자주세력의 말살 없이는 자신들의 설 자리가 없다는 것을 가슴속뿐만 아니라 뼛속 깊이 간직하고 있었다. 때문에 그들은 정세와 조건에 따라 형태와 수단 방법만 바꾸어 왔을 뿐 본질적인 속성을 영구불변으로 유지하고 있다는 점을 간과하지 말아야 한다.

앞에서 예로 든 대학살의 과정과 사례는 외형적인 설명이다. 여기에서 우리는 이 학살을 가능하게 한 원천적인 요인을 찾아내야 한다. 핵심 원인은 바로 우리 민족역량의 존재 형태가 중앙에서 말단에 이르기까지 분파적으로 분열해 있었다는 점이다. 당연히 통일되어 있어야 할 민족세력이 파벌로 분열되어 있었다는 사실이다.

반면 이승만을 우두머리로 하는 친일 반역세력은 어떤 제약도 없이 마음먹은 대로 계획대로 그들의 적대세력인 민족세력을 마치 면도사가 면도하듯이 밀어버리고 이것을 애국이라 하며 국민 앞에 큰소리 치고 정당화시켰다. 당시의 친일세력과 그 지지세력은 민족세력에 비해 비교가 되지 않을 정도로 열세에 있었는데도 말이다.

그들의 권력 앞에서 우리 민족지도자들은 6·25의 대학살에 순한 양처럼 끌려가 항의 한마디 없이 조직적으로 사라졌다. 여기에 항의하여 민족 궐기를 촉구하는 전단 한 장 뿌린 일이 없다. 물론 당시 이승만 정권의 발광적인 국민 탄압 앞에서는 어느 장사도 대항이 불가능하지 않았느냐는 주장도 있을 것이다. 그러나 조금이라도 민족의식과 민주운동을 사명으로 한 사람이 있었다면 이 논리는 성립될 수 없다. 이것은 민족 사명과 과업을 포기한 자기변명에 불과하다.

한 가지 사례를 들어 그러한 논리의 부당성을 살펴보자. 제2차 세계대전의 막다른 골목에 몰린 일제는 모든 수단과 방법을 총동원하여 전시 행정을 강행했다. 전시 행정이 최고조에 달했던 1943년 부산을 출발하여 만주와 중국 대륙으로 이송하는 3~4천명의 군인을 실은 군용열차가 대구역에 도착하였다. 정차 시간 동안 군인들에게 소위 애국단체가 제공하는 서비스를 받게 했다. 이 군용열차는 전방과 중앙에 기관차 두 대를 연결한 60칸짜리 긴 열차였다.

그 짧은 시간 동안 누군가 행했는지 모르지만 열차의 각 칸마다 반전 삐라와 우리 민족의 희생적 투쟁을 요구하는 전단이 뿌려졌다. 한 사람이 하기는 불가능했으므로 적어도 10명 내외의 인원이 동원되어 짧은 시간 동안 벌여야 가능한 일이었다. 당시 군용 열차에는 칸마다 정, 사복의 헌병이 타고 있었기 때문이다. 잠시 후 열차 내에 북적거리던 봉사 인원이 하차하고 군인만을 태우고 출발하려 할 때 이 문건들이 발견되었다.

대구의 14연대 병영 내에도 유사한 전단이 붙여지고 삐라가 뿌려졌다고 한다. 병영에 전단을 뿌린 이 투사는 다음에 검거되었다. 열차 내에 뿌려진 삐라, 전단 사건은 신문에도 보도되었다. 이와 같은 전쟁 반대 민족투쟁 사건은 언론에 보도가 되었지만 보도가 되지 않은 사건이 훨씬 더 많을 것이라는 것은 짐작하고도 남을 것이다. 이 투쟁을 감행한 애국자들은 자기 생명을 담보로 투철한 희생정신을 발휘한 사람들이다.

이러한 사실에 비해 6 · 25 전후 민족지도자 대학살에 대해 제대로 된 항의나 궐기조차 없었다는 사실의 근본 원인은 실천을 생명으로 하는 투철한 민족 자주의식이 없었기 때문이라고 밖에 볼 수 없다.

우리 민족의 완전한 자주독립을 위해서는 친일세력을 모든 권력의 자리에서 몰아내고 수탈한 부를 피해자인 국민에게 반환토록 해야 하는 한편 민족세력이 하나가 되어 자기희생적인 실천을 해야 한다. 또한 우리 민족이 내부 분열의 결과로 또 다시 학살, 말살당하지 않으려면 반드시 정권을 잡아야 한다는 교훈이 도출된다.

우리 민족은 민족 내부의 정치, 경제, 문화, 사상, 신앙, 예술과 기타 모든 이해관계 대립으로 분열되고 있는 모순을 완전한 자주독립이 이루어질 때까지는 부차적인 것으로 후퇴시키고, 우리 민족의 자주독립을 방해하며 원천적인 걸림돌이 되고 있는 친일세력과 그들의 정권 장악을 뒷받침하고 있는 외세와 싸워야 한다. 전 민족의 공동운명체인 자주조국 건설이 모든 것에 최우선하는 1차적인 기본 목적이므로 모든 반민족적 세력을 능가할 수 있는 민족역량을 조성하는 것이 그 어떤 것으로도 대체할 수 없는 유일한 방법이다.

그 방법이란 민족의 전 역량을 하나로 뭉쳐 강력한 민족통일전선을 결성하는 것뿐이다. 이것은 어떤 학설이나 지도자의 이론이 아니고 그동안 식민지에서 독립하여 여러 단계의 수난 속에서 완전 자주독립을 쟁취한 110여 개의 민족들의 역사가 웅변으로 증명해 주고 있다. 즉 민족통일전선 외에는 다른 방법이 없다는 것은 세계사적인 교훈이다. 어떠한 이유로든 민족통일전선을 분열하고 약화시키는 행위는 아무리 합리화시키려 해도 분명히 민족 반역세력과 그 뒤를 밀어주는 외세의 편에 서서 그들의 세력을 강화시키기 위해 보약을 먹여주는 것과 같다.

여기에서 우리는 식민지 지배로부터의 해방투쟁에서 정립된 대원칙을 상기하지 않을 수 없다. 식민지를 지배하려면 식민지 민족을 분열시키고, 반대로 식민지에서 독립하려면 식민지 민족은 내부의 다양하고 다원적인 대립과 분열을 민족 공동운명체라는 대전제 아래 후퇴시키고 하나의 세력으로 통일되어야 한다는 것이다.

한편 학살로 인한 민족지도자의 대량 말살은 그 후 정세 변화에 따라 달라진 각 분야의 조직 구성에도 중대한 악영향을 미쳤다. 인민군 진주 이후 수립된 지방의 각급 인민 정권의 모든 기관과 단체 지도자들은 종전까지의 민족지도자들이 거의 말살된 조건하에서 대체 인력으로 요직에 기용된 경우에 해당한다. 검거의 대상이 된 주요 인물들은 거의가 월북했거나 나머지 지도자들은 모조리 보도연맹에 가입시켜 말살해 버렸으므로 인민 정권의 지도자 대부분은 6·25 이전 투쟁의 외연에서 활동했거나 갑자기 승격한 사람들로 구성되어 있다. 물론 그렇다고 이 사람들의 인민 정권에 대한 활동과 공헌이 불충분하다는 말은 아니다.

또 한 가지 간과할 수 없는 일로, 인민공화국 역시 보도연맹 가입자들을 변절자로 규정했기 때문에 그나마 살아남아 있던 지도자급의 인력들도 전혀 활용하지 못하고 사장시켜버렸다. 보도연맹 사건은 대량 학살이라는 비극적 숫자를 넘어서 어느 모로 보나 우리 민족역량의 전반적인 추락을 가져온 사건이었음을 다시 생각하게 된다.

제9장 인민 정권의 그림자

1. 달라진 세상에서도 계속된 시련

1) 인민군 진주와 인민위원회 수립

내가 보도연맹 사건으로 한 달 가까이 수감되어 있다 구사일생으로 살아나 집에 돌아온 다음날인 7월 23일이었다. 아침 7시경 전남도 경찰국장의 경고 방송이 시작되었다. 공무원들을 대상으로 직장에서 이탈하는 자는 모두 사살하겠다는 엄포와 함께, 인민군은 절대로 광주에 들어오지 못할 것이므로 염려하지 말고 성실하게 임무를 수행하라는 당부의 말을 끝으로 방송은 끝났다. 나는 경찰국장의 방송을 들으면서 전황을 가늠해 보았다.

박격포탄 소리가 비아에서부터 점점 시내 쪽으로 가까이 들리자 시민들은 동요했다. 광주에 있는 모든 경찰과 공무원들이 모조리 부산을 향해 피난을 떠났다는 소문이 급속히 퍼졌다.

나는 8시경 정종채 등을 비롯한 이웃의 후배 세 명과 함께 시내 표정을 살피려고 나섰다. 시내 쪽으로 걸어오던 중 학동 앞 냇가의 둑 부근에서 장교들이 퇴각하는 장면을 목격했다. 그 때 졸병으로 보이는 군인 한 명이 다리를 다쳤는지 절룩거리며 걸어가고 있었는데 장교들이 탄 지프차가 그 앞에 멈췄다. 그 군인은 장교들에게 다리를 다쳐 걸을 수 없으니 태워달라고 사정하는 것 같았다. 장교들은 권총을 꺼내 위협하고는 그대로 가버렸다. 인정도 없는 놈들이었다.

이 광경을 목격하고 시내로 향해 걷다가 현재의 전대병원 입구 네거리에 이른 것이 9시경이었다. 네거리에는 교통순경 둘이서 교통정리를 하고 있었다. 이것을 본 후배 하나가 곁에 가서 경찰을 비롯한 공무원이 모두 두 시간 전에 다 도망가고 없는데 이 시국에 교통정리를 하고 있느냐며 빨리 피하라고 하자 처음에 어리둥절하던 그들은 건너편 가게에 가서 묻고 오더니 우리에게 감사하다는 인사를 하고는 재빨리 도망쳤다.

집에 돌아오는 길에 군인 5~6명씩을 실은 트럭이 전속력으로 화순 방면으로 달리고 있는 것을 보았다. 주변 사람들 얘기를 들으니 화순 방면의 도로에서 인민군의 사이드카 부대가 앞서 도망간 경찰들을 쫓아갔다고 했다. 집에 오니 아버지는 인민군이 시내에 진주했고 일부는 도피한 사람들을 추격하고 있다는 소식을 듣고 돌아왔다고 하셨다. 마침 그때 아이들이 저기 인민군이 온다고 하여 둑에 나가보니 인민군 1개 중대 병력이 행진해 오고 있었다. 부락민 2~30명이 나와서 인민군을 환영했다.

그때 나는 이 순간이 옛 역사가 지나가고 새 역사가 시작되는 역사적 순간이라고 느꼈다. 즉 역사의 단절과 함께 새 역사가 이어지는 역사시대의 교체가 눈앞에서 벌어지고 있는 현실을 보며 실감할 수 있었다. 이 역사의 단절과 교체를 피부로 느끼면서 직접 보고 있다는 것을 생각하며 잠시나마 향수적인 감정에 잠기기도 했다.

오후가 되어 시내에 나가보니 벌써 도인민회와 시인민회가 수립되어 있었다. 그리고 그 며칠 사이에 행정기관인 각급 인민위원회와 모든 관공서 및 정치 사회단체와 외곽단체까지 간판이 내걸렸다. 광주 시내에 경찰과 공무원들의 모습은 사라졌고 시민들은 시내를 활보하고 다닐 수 있었다. 인민군들이 들어오긴 했지만 자유스럽게 움직일 수 있었다. 인민군이 시민들을 무작정 죽인 것도 아니고 괴롭히는 장면도 찾아볼 수 없었다.

7월 24일 아침 나는 상황을 보려 도청 앞에 갔다가 우연히 조형표를 만났다. 완도 출신인 조형표는 전향을 한 후 월북하여 강동정치학교를 졸업하고 내려와 당시는 도 인민위원회 내무위원장을 맡고 있었다. 조형표가 나를 반갑게 맞아주면서 "도 인민위원장 김백동과 시 인민위원장 김영재 등 간부들은 진즉 내려왔는데 자신을 비롯한 다른 간부들은 풍랑을 만나 늦어졌다"는 얘기를 한 뒤 "무기나 탄약을 소지한 자는 자진신고하고 한민당에서 활동하는 사람들도 자수하게 하라"고 일렀다. 이 이야기는 나뿐만 아니라 조형표가 만나는 사람마다 했던 얘기다.

2) 또 달라진 세상, 자살하고 싶었다

인민군의 진주와 함께 한민당 활동자들에게는 신변의 위협이 도사리고 있었고 반면 좌익계 사람들에게는 다소 숨통이 트이는 상황이 되었다. 그런데 이런 상황이 그렇게 단순한 것이 아니었다.

계림동의 곡성약국 주인인 조윤준이라는 사람이 있었는데 그 역시 한민당 관련으로 곤욕을 치렀다. 당시 한민당의 전라남도 책임자는 장병준이었고 그의 동생은 광주역장을 하고 있었다. 조용준은 평소 장병준의 동생인 역장과 친분관계가 있었는데 서울 가는 차표 한 장을 부탁하자, 역장은 한민당 가입서 서류를 내밀며 도장을 찍어달라고 했다. 대수롭지 않은 일로 생각하고 도장을 찍어주었다. 그런데 이렇게 인민군이 들어와 치안을 장악하고 있던 때였으므로 한민당 활동과는 무관했던 그가 가입서 도장 찍어준 일 하나가 자수를 해야 할 정도의 큰 일이 되고 말았던 것이다.

사태가 심상치 않다고 느낀 조용준은 동아부인상회 김희찬 씨 집에 와서 나를 데려와 달라고 부탁했다. 김희찬 씨 부부는 조선노동당의 합당으로 제외되기는 했지만 예전에 남로당원이었고 그래서 나와도 자주 왕래를 하던 사이였다. 내가 김희찬 씨 집으로 가서 보니 앞서의 사정을 얘기하는 것이었다. 나는 조용준의 사정을 듣고 나서 내무위원장으로 와있다는 조형표에 대해 이야기하자, 그는 반색하며 함께 찾아가 자신의 처지를 설명해달라고 부탁했다. 별일이 아니라고 생각했던 나는 다음날 경찰국으로 찾아가기로 약속하고 25일 아침 조용준 씨가 써온 자수서를 갖고 경찰국으로 갔다.

내가 조형표에게 자수서를 보이면서 조용준의 한민당원 입당 건에 대한 경위를 설명하려고 하자 조형표의 태도가 돌변했다. 조형표는 내 얘기는 들으려고도 하지 않고 외나무다리에서 원수를 만난 듯한 표정으로 잘 왔다고 했다. 내가 무슨 뜻인지 영문을 몰라 잠시 주춤하는 사이 그가 나에게 소리를 질렀다. "이 반당분자 놈의 새끼! 바로 너희들이 사형당한 이주하, 김삼룡을 체포하는 데 정보를 제공했고 동지들 5명을 경찰에 넘겨 죽게 했으며, 특히 박헌영의 반당조직을 만든 장본인이다"라고 소리를 질러대는 것이었다. 그 소리를 들으니 참 어이가 없었다. 그래서 응수했다.

"여보시오. 근거를 갖고 말을 해야지 그게 무슨 말이오? 내가 경찰 스파이 노릇을 했다면 조직을 밀고해서 조직이 드러났을 것이고, 동지들 5명을 밀고해 죽였다면 피해자인 그 가족들이 있을 것 아니오? 근거를 말해 보시오. 그리고 내가 반당조직에 가담했다고 하는데 나는 그런 적이 없소!"라고 말했다.

바로 그때 조형표가 뭐라고 눈짓을 하자 젊은이 두 명이 나타났다. 이들은 따발총을 메고 사범학교 모자에 붉은 천을 두르고 있었다. 조형표가 다시 신호를 하자 이들은 내 멱살을 잡고 2층 난간으로 끌고 갔다. 나는 이들의 처사에 참을 수가 없었다. 피가 거꾸로 솟는 것 같았다. 내가 완강히 뿌리치자 이들은 포승줄로 마구 두들기더니 나에게 발길질을 해댔다. 그 바람에 나는 계단에서 굴러 떨어졌다.

도대체 무슨 일인지 도무지 알 수 없는 날벼락 같은 일이었다. 나는 곧바로 경찰국 유치장 11감방 중 제5감방에 수감되었다. 아는 사람의 부탁으로 그 지인의 한민당 입당원서 건에 대한 해명을 하려다가 졸지에 반당분자가 되어버린 셈이었다. 그날은 7월 25일이었다.

제5감방에는 장흥재판소 판사와 광주공업고등학교 교장, 모 상업고등학교 교장 지우선, 장성경찰서 사찰계 주임 등이 함께 있었다. 또 이곳 유치장에서 전남 건준의 부위원장을 지냈던 강석봉 선생과도 상봉하게 되는데 예전과 달리 참혹하게 변해버린 동지의 모습에 슬픔을 감추지 못했다. 그는 폐병 3기였다.

영광에 살던 동지도 한 명 있었다. 영광의 동지는 철도 경찰 속에 프락치 2명을 파견해 총과 탄약 등을 몰래 빼내 빨치산에 동조하도록 지시했다는 혐의로 고발당했다고 했다. 당시는 일반 경찰과 별도로 철도 경찰이 분리되어 있던 때였다. 그는 자신은 결코 그런 일을 한 적이 없다며 자해 행위를 서슴지 않았다. 보기에도 불쌍할 정도였다. 다행히 그는 10일 만에 영광의 군당에서 그런 일이 없다는 결백을 입증해주어 풀려나갔다. 무서운 세상이었다. 생각만 해도 치가 떨리는 시간들이었다.

　장흥재판소 판사는 한숨을 쉬며 "일제 때는 일제에 미움을 받아 징역살고, 미군정 때와 이승만 정권에서도 역시 미움을 받고, 이제는 인민 정권에서도 이렇게 잡혀 들어와 있는데 도대체 어떻게 된 일입니까?"라고 나에게 물었다. 나는 할 말을 잃었고 지금의 내 처지를 돌아보니 어이가 없었다. 그러는 동안에도 사람들은 끊임없이 잡혀 들어왔다.

　또 며칠이 지났을 무렵 예전의 동지였던 김갑년이 따발총을 뒤로 메고 감방을 둘러보다 나를 발견했다. 김갑년은 강진군 병영면 사람으로 나와는 전남운동협의회 활동을 함께 한 동지였고 목포형무소에 같이 수감되었던 사이였다. 그가 나를 보더니 이기홍 아니냐고 물었다. 나는 일부러 누군지 모르겠다고 대답했다. 자신은 전남 강진군 당책을 맡아 부임하게 되었다고 했다. 나는 잘하셨다고 축하해 주었다. 그러자 그는 나에게 왜 이런 곳에 잡혀와 있느냐며 이승만 정권 치하도 아닌데 잡혀온 데에는 그만한 이유가 있을 것 아니냐며 나를 힐난했다. 환장할 노릇이었다.

　감방에 수감된 사람들에 대한 조사가 시작되었다. 당원에 대한 조사는 특별히 정치보위부에서 맡았다. 당시의 정치보위부 사무실은 1980년 5월에 불타버린 세무서 자리에, 정치보위부 조사과는 현 중앙교회가 있는 자리에 위치하고 있었다. 나는 정치보위부의 조사과로 옮겨 보위부 과장에게 조사를 받았다. 그는 나에게 그동안 활동한 것을 양심껏 쓰라고 지시했다. 해방이 된 마당에 숨길 게 무엇이 있겠느냐 싶어 나는 그동안의 경력과 활동들을 자세히 썼다. 당원 활동을 하면서 주장했던 당내 민주주의 원칙에 관한 것도 적었다. 사실 나는 정치보위부의 지시를 받고 일한 적도 있었으므로 이들에게 잡혀와 조사를 받는다는 것이 참으로 어처구니없고 믿을 수 없는 일이었다.

내가 쓴 내용을 본 보위부 과장은 강석봉, 유혁, 김종선 등과 ML 당 모의를 하지 않았느냐고 물었다. 사실 우리는 ML당이라고 말해 본 적이 없었다. 그래서 전혀 그런 적 없다고 대답하자 똑같은 질문을 여러 차례 반복했다. 그때는 자살하고 싶은 생각밖에는 들지 않았다. 나는 더 이상 말하기도 힘들어 "여기에 나를 알고 있는 사람이 10여 명은 될 듯하니 이들에게 한 번 물어보라"고 말하고는 입을 다물어버렸다. 보위부 과장은 곧장 밖으로 나갔다.

오후 4시경 보위부 과장이 다시 들어왔다. 공습경보가 울렸던 때라 캐비닛 뒤로 몸을 숨기고 있던 나를 부르더니 말하기 시작했다.

"참 개새끼들입니다. 서로를 불신하고 모략하고 있습니다. 이 동지에 대해서 들어보니 잘못한 것이 없다고 하더군요. 내 마음 같아서는 당장에라도 풀어주고 싶지만 그럴 수가 없습니다. 신원보증이라도 해주고 싶은데 지금 보위부장이 서울로 출장 가서 없으니 나중에 해드리겠습니다. 일단 감방으로 돌아가서 감방 동무들에게 교육이나 잘 시키십시오."

보위부 과장으로부터 들은 말이다. 그러는 사이 강석봉 선생이 보위과로 잡혀 들어오는 것을 보았다. 따발총을 찬 사내애들 6명에서 오라에 꽁꽁 묶은 강석봉 선생을 끌고 왔다. 나는 강석봉 선생이 어린 청년들에 의해 비참한 모습으로 끌려오는 것을 보며 한없이 눈물을 흘렸다. 그분이 폐병 말기의 환자라는 것도 그랬지만, 어린애들이 더없이 선하고 어진 사람을 그런 식으로 끌고 오는 것을 보니 가슴이 찢어지는 아픔을 느꼈다.

강석봉 선생은 다시 보위부로 보내졌고, 나는 경찰국 유치장으로 돌아왔다. 나는 거기에서 우익계 청년동맹 활동을 하다가 잡혀온 젊은이들에게 교양을 시키기도 했다.

3) 생사의 고비를 지나

8월 중순쯤 되자 경찰국 유치장 감방은 더 이상 서있을 자리도 없을 정도로 가득 찼다. 각 지방에서 뿐만 아니라 대한청년단원과 학생들까지 한 감방에서 200여 명이 함께 있어야 할 정도였는데 그 와중에도 밤마다 등화관제로 실내는 불을 켤 수 없어 깜깜했다. 아수라장 속에 정신이 없던 어느 날이었다. 8월 20일경이었을 것이다.

이름을 부르는 소리가 들렸다. 공고 교장, 상고 교장, 장흥 판사 그리고 내 이름 등 7명이었다. 우리를 포승줄로 묶더니 7명을 한 줄로 엮었나. 이렇게 굴비처럼 묶인 사람들이 내락 150명 정도 되는 것 같았다. 누군가가 단상으로 올라오더니 호각을 불면 모두 엎드리라고 지시했다. 사람들은 벌벌 떨었다. 수류탄을 터뜨려 죽이려는 것 아니냐는 소리도 나왔고 여기저기서 하소연하며 웅성거렸다.

나는 혼자서 "세상에 내가 무슨 팔자길래 일제 때부터 옥살이를 하고 마침내는 죽게 생겼으니 전생에 무슨 죄를 지어서 이러는지 모르겠다"고 중얼거렸다. 그러자 경찰국의 관계자가 이를 듣고 반동분자는 총으로 죽이면 총알이 아까우니 칼로 찢어 죽여야 한다고 말했다. 소름 끼치도록 무서운 순간이었다.

이렇게 묶은 우리들을 데리고 노동청 삼거리쯤 가자 갑자기 호각을 불었다. 그 순간 모두 엎드렸다. 그런데 교장 등 몇 사람은 옷에 흙이 묻을까봐 엉거주춤하자 헌병들이 와서 이들의 등을 세차게 밟

아버렸다. 그러나 우리가 두려워하던 일은 일어나지 않았다. 다시 일어나 좌측을 돌아 개울 부근을 지나고 있는데 그 때 다시 호각소리가 들려 사람들은 일제히 엎드렸다.

나는 "이렇게 어디론가 데려가 죽이려나 보다. 틀림없이 우리는 죽는다"고 속으로 되뇌며 다시 일어나 걸었다. 그러나 아무 일도 일어나지 않았다. 우리가 끌려간 곳은 형무소였다. 나는 해방 이후 처음으로 형무소에 다시 들어왔다. 캄캄한 밤이어서 무서움은 더했다.

"경비대 동무들 집합!"

갑작스런 소리가 들리면서 헌병대의 헌병 하나가 칼을 빼는 모습이 눈에 들어왔다. 이제는 칼에 찔려 죽는구나 하는 생각이 스쳐갔다. 이쯤 되어서는 나도 모든 것을 포기하는 단계가 되었다. 교장 등이 두려움에 벌벌 떠는 것을 보며 나는 "우리는 죽습니다. 하지만 한 번 죽는 것 의롭게 죽읍시다!"하고 외쳐댔다. 묶인 사람들이 한 줄씩 어디론가로 이끌려 들어가는 것을 보고 꼼짝없이 죽게 생겼다며 지켜보는 사람들은 발을 동동 굴렀다. 마지막으로 나를 포함한 7명 역시 이끄는 대로 들어가 보니 그곳은 다름 아닌 감방이었다.

죽는 줄 알았는데 형무소 감방으로 옮겨지자 잠시나마 마음이 놓였다. 우리는 깡패들 4,5명과 함께 한 감방에 처넣어졌다. 그 안에는 송정리 광산경찰서의 최 모 경위가 잡혀와 있었다. 최 경위는 37만 원을 빚을 갚으려고 가지고 다니다 인민군에게 빼앗겼다며 하소연을 했다. 지옥을 오갔던 우리들에게는 한가하기 짝이 없는 얘기였지만 나는 그에게 "인민군은 단 한 푼의 돈도 인민의 돈을 빼앗지 않을 테니 걱정하시 마시오"라고 말하며 그를 안심시켜 주었다.

형무소 감방 생활이 이어졌다. 간수들은 긴 칼을 두르고 다니며 수시로 위협했다. 식사는 굵은 소금을 반찬 삼아 밀 삶은 것으로 밥을 먹었다. 제일 힘들었던 것은 간수들의 위협이 아니라 물이 부족해 한여름의 갈증을 해소할 수 없었다는 점이었다. 뚝배기 두 그릇에 담긴 물로는 그 많은 수의 사람들이 입술을 적시기도 힘들 정도였다. 이런 우리의 불만에 대해 간수들은 오히려 "우리 동지들은 이승만 정권하에서 뚝사발 한 개밖에 받지 못했다"며 큰소리를 쳤다. 그 말은 허언이 아니라 사실이었다. 어느 날 우리의 처지를 안타깝게 여긴 간수 하나가 감방에 있는 사람들에게 물을 주었다가 "적을 도운 놈은 역시 적이다"며 그 간수를 감방에 처넣어버렸다. 무서운 인간들이었다.

간수들은 대부분 빨치산 출신이었다고 하는데 그 중의 상당수는 보통의 인민들이었다고 한다. 한편 잡혀온 깡패들은 광주극장 주변에서 활동하던 사람들이었다. 그 중에는 강석봉 선생의 생질도 있었다. 그는 강 선생의 생질이라는 이유로 나름 많은 도움을 받았다고 한다. 한참 후 간수들이 소지품을 빼앗아가기 시작했다. 뿐만 아니라 다른 간수 한 명이 우익인 대한청년단과 경찰 등 수감자들을 무작정 한 사람씩 불러 두들겨 패는 바람에 그 감방에 있던 사람들은 돌아가면서 두들겨 맞는 꼴이 되기도 했다.

4) 갑자기 달라진 분위기와 석방

형무소에는 계속해서 잡혀오는 사람들과 그들에 대한 구타 소리로 정신이 없더니 9월 초순이 되자 모든 것이 조용해지기 시작했다. 형무소 내 방송을 통해 평양 인민정부에서 정식으로 광주형무소장을 임명했다는 사실이 알려졌다. 얼마 지나지 않아 형무소장이 감방 앞에 나타났다. 그는 앞으로 모든 일에 대해 법에 따라 처벌할 테니 걱정하지 말고 지금은 전시 상태인 만큼 다소 무질서한 것은 참아달라고 부탁했다. 그러면서 형무소장은 지금 가장 불편한 것이 무엇이냐고 물었다.

그러자 너도 나도 물! 물!을 외쳐댔다. 그는 원하는 대로 모두 해주겠다고 약속하며 먼저 물을 가져다주었다. 해초를 넣어 국도 끓여준다고 했다. 우리는 가져온 물을 정신없이 마셨다. 물만 마셨지만 그동안 먹은 것이 없었던 때문에 설사도 하지 않고 사나흘이 지나자 비로소 입안의 갈증도 잡히기 시작했다.

소장이 새로 임명된 후로 지난번에 있던 간수들 모습은 한 명도 보이지 않고 제복을 입은 사람들이 바쁘게 움직이는 모습이 눈에 들어왔다. 나는 좀 한가한 틈을 이용해 사복을 입고 감방 앞을 지나는 사람을 불러세워 할 말이 있다고 했다. 사복을 입은 사람의 직책이 어느 정도인지 알 수 없었지만 말을 해야겠다고 생각했다. 그래서 나는 몇 차례에 걸쳐 간수로부터 옷과 시계, 돈 등을 빼앗겼다고 말했다.

얘기가 전달된 것인지 그러는 사이에 부소장이라는 자가 왔다. 부소장은 전후의 얘기를 들은 후 빼앗긴 내용물을 모두 적으라 한 뒤 이에 대해 자세히 조사하라고 지시했다. 사흘 정도가 지나자 물품을 빼앗았던 관련자들을 모두 잡아와 나무랬다. 그는 "인민의 정권은 이유 없이 인민의 것을 가질 수 없다"고 말하고 이 점에 대해 상부에 보고한 뒤 모두 돌려받게 하겠다고 말했다.

그 후 나는 정치보위부로부터 호명되었다. 그 자리에서 나를 포함하여 상당수의 동지들을 석방할 것이라는 얘기를 들었다. 해가 질 무렵 정치보위부장이 연설을 하며 풀어주기 전에 마지막 다짐을 해

두었다. "우리가 남반부를 해방시키려는 것은 인민들을 죽이기 위한 것이 아니라 잘 살게 하려는 것이다. 솔직히 죽이려고 하는 자는 이승만과 조병옥 두 명뿐이다. 여러분들은 인민군을 위해 큰 것을 해주기 보다 길을 가르쳐주고 물을 끓여주는 것 등 작은 정성으로 인민군을 따뜻하게 대해 주길 바란다."

긴 시간 동안 이어진 정치보위부장의 연설 요지는 그런 것이었다. 죽음의 골짜기를 거닐다 석방된다는 얘기에 마음이 너그러워진 면도 있겠지만 정치보위부장의 온화한 말과 태도는 모두가 반할 정도라고 이구동성으로 얘기했다.

밤 9시가 넘어 형무소에 수감되어 있던 사람들은 경찰 30~40명과 함께 모두 풀려났다. 그때가 9월 8일경이었다. 나는 즉시 내가 운영하던 삼성당 서점으로 갔다. 오랜만에 아내와 눈물로 상봉했다. 그런데 서점에는 광주시 인민위원회 명의의 붉은 글씨로 '역산(逆産)'이라고 쓰여 있었다. 반역자의 재산이라는 뜻이었다. '역산'이라는 글씨에 분개하던 나에게 아내는 나를 달래며 가만히 있으라고 당부했다. 사소한 분란으로 내가 또 다시 잡혀가는 일이 생기지 않기를 원했기 때문이었다. 그러면서 아내는 "세상이 어쩌려고 이러는지 모르겠습니다. 당신이 죄를 지은 게 뭐가 있습니까?"라고 통곡하는 심정으로 말했다. 나는 아내와 함께 아버지의 집이 있는 학동으로 향했다.

5) 아무도 믿을 수 없는 세상

그 무렵 북쪽에서 지시를 받고 내려온 자들은 도청을 장악하고 치안 관계의 일을 담당하고 있었다. 식산은행 자리에는 '민주애국청년동맹(민애청)'이 활동하고 있었다. 내가 석방된 후 그곳에 잠시 들러 알아보니 노동당에서 각 동의 청년들을 모아두고 일주일간 교양을 시키고 있었다. 청년들은 거의 없었고 여자들만 있었으며 교육 대신 노래만 부르고 있었다.

'민애청'의 담당자가 나를 알아보고는 교육을 맡아달라고 부탁했다. 하지만 나는 거절했다. '반동'이라고 잡혀갔다가 이제 나왔는데 나는 자격이 없다며 거절한 것이다. 대신 일을 하는 데 내가 꼭 필요하다면 '민애청' 시 동맹으로부터 승인을 받아오라고 말했다. 그는 즉각 승인을 받아왔고 나는 그 일을 맡았다. 일주일 정도 청년들을 대상으로 교육을 시키는 동안 교육생은 50여 명으로 늘어났다.

하루는 내가 그날의 강의안을 준비하고 있었는데 안 아무개라는 농업학교 4학년생이 찾아와 나를 기다리는 사람이 있다며 같이 가자고 하는 것이었다. 그를 따라가 보니 앞서 얘기했던 도 인민위원회 내무부장으로 있다던 조형표가 기다리고 있었다. 어찌된 일인지 그는 종전의 별 4개에서 별 3개로 지위가 낮아졌고 사무실도 없어진 것 같았다. 나를 보자 조형표는 다짜고짜 어떻게 나왔느냐고 물었다. 법의 절차에 따라 정당하게 나왔다고 대답하자 자기가 있었으면 죽여버렸을 것이라고 말했다.

조형표는 묻길 또 반당 활동을 할 것이냐고 다그쳤지만 나는 그런 적도 없고 그럴 일도 없다고 대답했다. 그는 또 "유혁이 반당 조직을 하고 있다는데 알고 있지?"하면서 나를 추궁했다. 나는 정말로 모르는 일이었기에 모른다고 대답했다. 얘기에 진전이 없자 그는 내보내 줄 테니 월요일과 수요일에 보고를 하라며 나를 풀어주었다. 정말 속에서 욱하는 기운이 치솟아오를 만큼 더러운 기분이었다.

조형표를 만나고 난 이후 나는 민애청 관련 일도 아예 하지 않기로 결심했다. 누구도 믿을 수 없는 세상이었다. 아무도 모르게 죽어가는 세상이었으므로 더욱 조심하지 않으면 안 된다 생각했기 때문이었다. 결국 나는 아버지의 학동 집에서 은둔을 하기로 했다. 얼마 후 나는 한홍택으로부터 정치보위부 과장이 찾는다는 전갈을 듣고 오남열과 함께 정치보위부로 갔다. 정치보위부 과장은 반갑게 나를 맞더니 심각하게 말했다. "내부가 썩어가고 있소. 당 간부는 기생첩을 옆에 끼고 흥청거리고 있습니다. 그러니 여기에 대해 샅샅이 조사하여 보고해 주시오."

나는 한홍택과 함께 정치보위부 과장이 만들어준 '정치보위부 요원증'을 받아들고 당 간부들의 부조리에 대해 조사하여 보고했다. 이 일은 9.28 서울 수복과 인민군의 후퇴로 중단되었기에 오래 지속된 일은 아니지만, 이때 보고된 자 중 4,5명은 당으로부터 질책을 받고 구속되었을 것이라 생각된다.

2. 서울 수복과 인민군 퇴각

1) 인민군 철수 직후의 딜레마

9월 25일 무렵으로 기억되는데 나는 이른 시간에 입재갑 선생 댁에 국제뉴스를 들으러 갔다가 11시경 돌아오는 길에 삐라 2장을 발견했다. 그 삐라에는 조선 지도의 38선을 가위로 자르는 그림과 함께 밑에는 "독안에 갇힌 인민군"이라는 글귀가 쓰여 있었다. 이런 삐라가 광주에까지 뿌려지고 있다는 사실은 사태가 급변하고 있음을 말해주는 신호임에 틀림없었다.

　미군의 인천상륙작전으로 9.28 서울 수복이 되면서 전세는 다시 바뀌었다. 광주에서도 인민군들은 즉시 철수하였다. 나는 이 소식을 9월 28일 아버지가 외출해서 돌아오시더니 인민위원회를 비롯한 관계 기관이 모두 철수하여 텅텅 비었고 인민군도 모두 후퇴했다는 사실을 말해주셔서 알았다.

　당시 기력이 쇠하여 몸져누워 있던 나는 그냥 있을 수 없어 내가 운영하던 서점이 있던 충장로 3가로 가던 중, 인민위원회 각 기관에서 활동하던 사람들 가운데 몇몇 사람이 나에게 달려와 앞으로 어떻게 될 것이냐고 물었다. 그들은 어디에서 들었는지 모르나 인민군이 3개월 후에는 반드시 돌아온다고 했다며 그것에 대해 어떻게 생각하냐고 물었다. 나는 주로 투옥되어 있었기 때문에 상황이 어찌 돌아가는지 잘 모른다고 대답할 수밖에 없었다.

　그들은 적어도 두세 달 후에 인민군이 다시 온다는 말을 듣자 그 사이에 자신들의 신변에 위험이 생길까봐 조바심을 갖고 있었다. ML계 반당분자라고 구속당했던 사람들이 가장 큰 위험부담을 느끼고 있었다. 북에서 직접 내려온 사람들 외에는 모두 반당분자라 몰렸던 것을 알고 있기 때문이었다.

　내가 알고 있던 인민위원회 간부급 인사 중의 하나는 인민군의 철수에 대해 그것은 후퇴가 아니고 김일성 장군의 전술이므로 반드시 돌아올 것이라고 말하는 이도 있었다. 나는 뭐가 뭔지 모르는 상황에서 어리둥절할 뿐이었다. 당시 내 머릿속에 크게 떠오른 걱정은 엄청난 피해가 곧 닥칠 것이라는 불안이었다. 답답했던 나는 한홍택, 정종채와 만나 걱정을 나눴다. 일단 인민 정권이 들어선 후 잡혀갔다 왔기 때문에 군경으로부터의 위험은 없을 것 같았으나, 3개월 후에 인민군이 다시 온다면 다시 우리는 '경찰에 보호받은 자들'이라는 낙인이 찍힐 수 있을 것이기 때문이었다. 이래저래 진퇴양난의 처지가 될 것 같았다.

그렇다고 당을 찾아가기도 쉽지 않았다. 반당분자로 몰려 구속되었던 사실을 설명하기도 복잡했고 그것이 도리어 발목을 잡을 수 있었다. 그나마 한 가지 다행스러운 것은 정치보위부 과장으로부터 '요원증'을 받아 갖고 있다는 사실이었다. 그러나 이런 걱정은 인민군이 다시 돌아왔을 때를 가정한 것이었고 당장에 급한 것은 세상이 달라졌으니 우익세력으로부터 어떤 일을 당할지 모른다는 것이었다.

10월에 들어서자 아니나 다를까 우익세력에 의한 무서운 말살과 탄압이 시작되었다. 이것을 본 아버지는 남조선에 비참한 희생만을 남겨놓은 채 패주한 인민군과 인민공화국에 대해 분노와 함께 이들을 신랄하게 비판했다. 한치 앞을 보지 못하는 장님과 같은 어리석은 세력 집단이라고 말하시며 탄식하시며 우리 민족 앞에 다가올 막막한 전망에 한숨을 지으셨다.

1950년 10월 초순경이었다. 나를 포함해 ML계의 반당분자로 몰려 밀려났던 20~30명의 사람들이 모여 일주일 정도 심사숙고한 끝에 당을 찾아가기로 결정을 내렸다. 인민군이 다시 내려오면 그때는 가족이 모두 죽게 될지 모르니 우리가 먼저 찾아가자는 쪽으로 의견이 모아진 것이다. 이럴 수도 저럴 수도 없는 진퇴양난의 상황에서 어렵게 내린 결정이었다. 당이 어딘가에서 근거지를 두고 있을 것이라 예상하여 수소문한 결과 전남도당은 담양의 수북면 한재에 있다는 것을 알아냈다.

나는 가족들과 노대실(현 인성고 부근)에서 마지막 작별을 고했다. 생필품과 몇 푼의 돈을 챙겨 일단 한홍택의 집이 있는 나주의 산포면으로 갔다. 한홍택의 가족들과도 이별을 고했다. 이렇게 하여 우리만 희생하는 것이 나중에 가족들이 험한 일을 당하지 않는 최선의 방법이라 생각했다.

담양의 수북을 지나 강을 건너 십리 정도 걸으니 골짜기에 이르렀다. 조금 더 가자 수비대(전초선)원 12명이 서서 지키고 있었다. 우리는 정치보위부에서 발행해 준 요원증을 보여주고 통과되어 면위원회 분주서장(지서 주임)과 만났다. 역시 요원증을 보여주었다. 우리 외에도 많은 사람들이 산으로 가기 위해 몰려들었다. 남녀노소할 것 없이 장사진을 치고 있는 가운데도 장사꾼들은 한몫 하고 있었다. 분주서장의 도움으로 우리는 식사를 했고 여기에서 배 모라는 해군 대위도 만났다.

나는 담양에서 수북을 지나 한재까지 오는 동안 내가 지금까지 활동 속에서 터득한 이론에 비추어 이 상황에 대해 많은 것들을 생각해 보았다. 너도나도 산을 향해 들어가는 것을 보며 걱정스러웠고 이것이 지속될 수 있는 것일지 고민하지 않을 수 없었다.

1948년에 세계노동자연합 태평양지부 노조협의회가 북경에서 개최되어 서부태평양에 대한 결정서가 발표된 적이 있었다. 그 결의문 내용 중에는 미해방지구 게릴라전에 관해 언급된 것이 있는데 조선은 게릴라전이 불가능한 지역으로 지적되어 있었다. 그렇게 판단하는 근거는, 조선은 인민과 밀착된 당이 없고 사계절이 뚜렷하여 겨울에는 추워서 산 생활이 힘들다는 점, 그리고 산이 방화되면 7년 후에야 재생이 가능하다는 점 등이 제시되어 있었다. 나는 이런 점들을 돌이켜보고 게릴라전의 3대 원칙에 대해서도 되새겨 보았다. 첫째는 적의 질서와 세력을 분산 유린할 수 있도록 고도의 기동성이 발휘되어야 한다는 것, 둘째는 완전한 도피로가 반드시 보장되어 있어야 한다는 것 등이다. 내가 눈앞에서 보고 있는 광경은 위에서 언급한 어떤 기준으로 보더라도 가망이 없는 일이었다.

나는 이런저런 생각을 하다가 해군 대위에게 현재 산으로 올라가고 있는 아주머니, 아이, 노인 등은 행동이 민첩하지 못하여 기동성을 발휘하는 데 큰 장애가 되고, 게릴라전의 기본 원칙에도 어긋나는 일인데 어떻게 생각하느냐고 물었다. 그도 역시 같은 생각을 하고 있었다. 그는 우리에게 차라리 산에서 내려가 인민 속에서 활동하라고 하였다. 우리는 배 대위와 분주서장과 상의한 뒤 산 아래로 내려오기로 결정했다.

2) 내 서점을 빼앗으려 혈안이 된 사람들

우리는 나시 상을 선너서 오년 길을 뇌싶어 나주에 있는 한홍택의 집으로 돌아왔다. 여기에 돌아온 날 밤부터 나는 심하게 앓기 시작했다. 그동안의 여러 차례 투옥생활에다 건강을 돌볼 수 없이 무리한 탓이었다.

나는 앞에서 말한 것처럼 여름 무더위 속에서 보도연맹 관계로 1개월여, 또 살아나온 지 사흘 후에 반당 관계로 1개월여, 합하여 약 3개월간을 극도의 공포 분위기 속에서 투옥되었다. 인민위원회에서 반당분자로 잡혀 들어간 교도소 생활에서는 물도 제대로 못 먹으면서 겨우 생명을 유지할 정도였기 때문에 석방되어 나오자마자 약의 효력이 없을 정도로 쇠약하여 자리에 눕게 되었다. 그러다 다시 10월 초에 산을 찾아 갔다 오는 며칠간의 무리를 했으니 몸 상태가 거의 막바지까지 달해 있었던 것이다. 나는 급히 학동의 아버지 집으로 돌아왔으나 기력이 극도로 쇠한 탓에 자리에서 일어나지 못했다.
몸을 보신하기 위해 한동안 집에서 쉬어야 했다.

지금의 충장로 3가에 있던 삼성당 서점. 삼성당 서점은 일제 강점기 말년부터 1950년대 후반까지
이기홍과 아내가 운영했다. 당시 광주의 지식인들이 즐겨 찾던 문화센터였다.

그러는 사이 시내에서는 이상한 일이 벌어지고 있었다. 내가 운영하고 있던 삼성당 서점을 빼앗기 위해 여러 사람들이 혈안이 되어 있었다. 그중에서도 경찰부 경감이 가장 눈독을 들이던 사람이었다.

인민군이 물러간 당시는 소위 부역 나간 사람들에 대해 인민군에 협력했다 하여 갖은 탄압이 자행되던 시기였다. 그러던 어느 날 경찰들이 나에 대해 부역에 가담한 자라고 동사무소에서 서류까지 꾸미며 계엄사 민사부로 넘겼다. 경찰들의 이 같은 행위는 경감이 지시한 것으로 내 서점을 몰수하려는 음모였다.

결국 민사부로 넘어간 서류가 처리되어 삼성당 서점의 점유권이 경찰과 우익에게 옮겨질 위기에 처했다. 집에서 이 말을 들은 나는 가만히 있을 수 없었다. 인민위원회 시절에는 '역산(逆産)'이라는 빨간 글씨로 반역자의 자산이라는 낙인이 찍혔던 삼성당 서점이 불과 한 달 만에 이번에는 우익 세력들의 먹잇감으로 전락된 사실에 말할 수 없는 비감을 느꼈다.

마침 계엄사령부 민사부에 있던 조카사위 김채봉(金彩峯)에게 사정을 얘기하고 도움을 청했다. 김채봉이 알아본 결과 내가 인민위원회에 붙잡혀 투옥됐던 사실을 온전히 뺀 채 서류를 조작한 것임을 밝혀내고 경감을 나무랐다. 조카사위 덕분에 서점은 빼앗기지 않고 유지할 수 있었다. 많은 어려움 속에서도 가장 힘든 사람은 가족들이었다. 아내는 당시 만삭의 몸으로 서점을 운영하며 생계를 꾸려가며 굴곡 많은 내 뒷바라지를 하고 있었다.

3. 인민 정권에 대한 냉정한 평가

1) 민족운동의 맥락이 무시된 급조된 신진 조직

광주 인민위원회 수립에 대한 구체적인 내용과 구조는 내가 알 수 있는 입장이 아니었으므로 내가 직접 체험하며 관찰했던 내용 중심으로 간단히 기록한다.

인민군의 진주로 광주의 행정 사법 체계는 잠시나마 자유당 정권으로부터 인민위원회로 완전히 교체되었다. 그 사이에 강석봉 선생과 나를 비롯하여 소위 ML계로 지목된 사람들은 모조리 검거 투옥되었다. 그때 당한 수모에 대해서는 앞에서 언급했다. 나를 포함한 동지들은 7월 말을 전후하여 체포되어 검거 투옥되었다가 다른 동지들과 함께 9월 초에 석방되었다.

그러므로 당시 ML계로 지목된 사람들은 인민위원회 시절 각 기관의 고위 간부들이 누가 누구인지 거의 알지 못했다. 그렇다고 알기 위해 기웃거리는 일은 더욱 있을 수 없었고 소문을 통해서 전해들을 정도였다. 즉, ML계로 지목된 사람들은 인민위원회 정권에서 완전히 배제되었던 것이다. 또 보도연맹 가입자들 중 일부 기적적으로 살아남은 사람들도 인민 정권이 보도연맹 가입 자체를 변절로 규정하였기 때문에 거의 제외되었다. 따라서 인민 정권의 고위층은 거의가 월북했다가 남하한 사람들이고 나머지 중간 간부와 하급 간부는 고위층에서 임명 또는 보증한 사람들이다. 과거의 투쟁 경력과 능력은 완전히 도외시한 하향식 임명이었던 것이다.

일제에서부터 6·25 전까지 이론과 실천 및 대중을 기반으로 활동했던 지도자들은 이승만 정권에 의해 거의 전멸되다시피 살해되었고 그중 살아남은 지도자들도 ML계 또는 보도연맹 가입자라는 이유로 배제되었다. 즉 인민 정권의 조직은 과거의 전통과 인맥을 통해 이어지는 실천의 맥락이 단절된 것이었다. 이는 역사를 조금이라도 깊이 연구, 분석한 사람이라면 도달할 수 있는 결론이다.

이를 통해 그간 남조선 민족해방전선의 구조와 여기에 앞장서 대중과 연결시킨 지도자들은 자연히 물갈이가 된 결과를 가져왔다. 급하게 수립된 인민 정권은 8·15 이후 6·25 전까지의 민족운동사를 도외시하고 급조된 신진 인사들을 통해 당면한 정책과 노선만을 근시안적으로 강력하게 내세웠다. 이는 민족사의 맥락을 부정하는 것이었다. 민족사는 과거의 역사와 지도자들의 정신을 교훈으로 이어받아 되새기면서 역사 발전에 창조적인 지침으로 삼아야 한다. 다음에 이어지는 역사가 과거에 축적된 역사의 경험과 교과서 같은 교훈에서 벗어난다면 그것은 그 민족과 유리된 역사가 된다.

단시일 내에 급격하게 수립된 각급 기관은 수많은 간부와 임원들이 필요했으므로 상부의 임명과 보증으로 채용되었다. 당시 유능하고 진실한 민족지도자들은 이승만 정권에 의해 대량 살해되었기 때문에 인민의 지지를 받은 지도자는 극소수였고 이 사람들마저도 ML계 또는 보도연맹 가입의 이유를 빌미로 버려졌다. 그 전부터 활동하던 지도자는 북에서 남하한 극소수를 제외하고는 그들의 투쟁 경력이나 의식이나 능력이 확인될 수 없었기 때문에, 각 기관의 책임자와 고위층으로 임명된 신진 인사들은 그대로 인민 지도자로 부각되었다. 그 결과 이들의 확인되지 않은 과거까지도 지도자의 역량을 갖고 활동한 것으로 소급 적용됨으로써 그 이전부터 줄곧 조국 앞에 몸 바친 유능한 지도자들을 가려버리는 결과를 가져왔다.

이와 같이 소급 적용된 평가는 오늘날까지도 일부에 이어져 내려오고 있다. 즉 바르지 않은 역사가 이어져 오면서 민족 자주운동에 영향을 주고 있으므로 내가 여기에서 문제를 삼는 것이다.

또 한 가지 여기에서 밝혀둘 것은 9.28 후퇴 후 빨치산 투쟁에서 혜성과 같이 나타난 빨치산 군 지휘 간부 및 당과 민애청(민주애국청년동맹) 책임자와 간부들의 지위와 역할이다. 이 간부들은 각 책임지역의 인민과 연결된 투쟁 및 조직의 실천과는 완전 유리된 채 명목상의 지위를 갖고 있던 데 불과하다는 것은 누구도 부인하지 못할 것이다. 빨치산 투쟁 과정에서 형성된 지도자들 역시 6·25 이전의 수많은 유능하고 투철한 민족지도자의 맥락을 가려버리고 있고, 마치 역사 속에서 지속적으로 활동을 해왔던 지도자인양 일부 진보적인 민주세력에 의해 존경과 지지를 받고 있는 것도 오늘의 현실이다. 이는 우리 역사에 대한 올바른 평가가 아니라고 필자는 믿고 있다.

따라서 6·25 후의 자주민주 운동과 지도자는 민족사의 법칙에 따라 재평가되어야 한다. 6·25 이후에 형성된 지도 체계와 지도자는 민족 대중의 의사와 유리된 관료적인 존재였다. 이와 같은 민족사적 모순이 올바르고 객관적인 민족사 본위로 시정되지 않으면 자주독립의 반대세력에 막대한 이익을 가져다줌으로써 우리의 자주독립은 예측할 수 없을 정도로 멀리 미루어지게 된다는 것을 분명히 밝혀둔다.

2) 관료제적 인민 정권 수립은 위험한 처사

6·25 사변이 발발하여 인민군이 일방적 파죽지세로 남하하면서 인민 정권을 수립하고 반대로 미군과 대한민국 국군은 퇴각당하여 결국은 손바닥만한 대구와 부산을 잇는 선까지 퇴각해 버티고 있는

전세가 고착되고 있는 것을 본 아버지는 자신과 동지들의 운명이 직결된 문제이므로 지혜를 총동원하여 정세 판단을 쉬지 않았다.

내가 강석봉 선생 일행과 함께 ML계로 지목되어 소위 해방된 인민 정권하에서 검거 투옥되었다가 40여일인 9월 8일경에 석방되어 이튿날 아버지를 찾아가 걱정을 끼쳐서 죄송하다고 인사했더니, 풀려나오니 다행이라며 강석봉 선생 등 동지들의 안부를 묻고 기가 막힌 일이라고 한탄했다. 우리 민족의 가장 큰 망국적 모순이며 결함인 적대적인 파벌과 분파가 이렇게 분명하게 나타날 줄은 몰랐다고 하시며 인민 정권이 계속된다면 이승만 정권 못지않은 독재와 탄압이 될 것으로 보았다. 아버지는 사회주의 일당 독재가 무엇인지 잘 알고 있었기 때문이다.

아버지는 조급한 인민 정권 수립을 근시안적인 무모한 처사로 판단했다. 인민위원회의 발족과 함께 각 당과 단체의 조직 및 외곽 지원단체까지 조직하면서 그 인원을 자랑삼아 공개하고 또 일제에 기용된 사람들도 기꺼이 받아들이면서 확대 과장하는 과정을 아버지와 나는 여러 번 보았다. 아버지는 인민의 의사를 도외시하는 관료적인 인민위원회 수립을 보고 이것은 일제와 미군정 및 이승만 정권 치하에서 인간의 자유와 권리를 짓밟고 억압하던 체제의 연장이 될 것이라고 우려하였다.

아무리 자주독립이 이루어진다 해도 어떠한 형태로든지 민족의 기본권과 자유가 무시된다면 강요당한 지지가 있을 뿐이지 자발적인 지지는 있을 수 없다. 민족 각자의 기본 권리와 자유가 도외시된다는 것은 정권 유지만을 위한 탄압과 억압을 가져오기 때문이다. 인민 정권이 수립되면 인민의 생명과 권리가 완전히 보장되고 민주주의적 자유가 이루어질 것이라는 것을 7년 가뭄에 단비 같이 기다리고 바라고 있었는데 사실은 그와 반대로 나타난 것이다. 인민의 기본 권리를 완전히 무시하고 인선을 하향식으로 했기 때문에 그 인사들 가운데는 생활 대중으로부터 지지를 받지 못했던 사람이 많을 수밖에 없었다. 인민위원회 정권의 가장 믿을 수 있고 튼튼한 기반 역량은 인민이 기꺼이 참여하는 지지뿐이라는 사실을 간과한 처사였다.

아버지가 본 인민 정권의 구조와 인선은 일제 총독부, 이승만 정권과 조금도 다른 점이 없었다. 즉 대중들이 참여하는 회의를 개최하여 지도자의 주장과 구호에 합창하여 만세를 부르고 한 목소리를 내도록 강요한 것은 일제와 이승만 정권 치하에서 관료적인 행사 때마다 늘 보았던 일이다.

따라서 인민 정권이 제일 먼저 했어야 할 일은 하부 기관인 마을, 동, 시군에 걸쳐 주민의 민주적 선거로 지도자급의 인선을 하는 일이었다. 당시는 전시하의 긴박한 상황에 있었기 때문에 초기의 관료적 임명은 불가피하다 하더라도, 그 후에라도 선거를 거쳐 인민과 밀착된 인민의 정권으로 인정받아야 할 터인데 그와는 정반대로 관료제가 계속 강행되었다. 이것은 독재로 이어지는 예고편으로 볼 수밖에 없었다는 게 아버지의 진단이었다.

특히 아버지는 인민위원회와 모든 기관의 지도자 및 책임자와 조직원을 완전히 공개적으로 노출한 것은 위험천만한 어린애 불장난 같은 처사로 생각하며 분노했다. 즉 인민군이 진주한 각 지방에 있던 자유당 정권의 모든 기관과 관공리를 그대로 두고 지도자 몇 사람만 배치하여 지휘 감독하면서 인민군의 관리하에 두었다면 인민의 편에 서는 과도적인 행정을 할 수 있다고 보았다. 이러한 과도적 과정을 거쳐 인민군이 남조선을 완전히 점령하고 이것을 보장하는 국제정세가 조성되어 어떤 세력도 이를 뒤집을 수 없는 시기가 올 때 각급 선거에 따라 각급 기관의 장을 선출 임명해야만 인민의 지지를 받게 되는 튼튼한 기반을 갖는 강력한 정권이 된다고 본 것이다. 무엇 때문에 서둘러서 이승만 정권과 똑같은 관료제적 정권을 수립하는지 모르겠다며 위험천만한 일이라고 했다. 성급하게 만들어진 각 지방 인민위원회의 지도자를 비롯한 지지 세력을 완전 노출시킴으로써 정세 반전과 함께 이들이 우익세력에 의해 모조리 말살되었다는 사실은 우리가 역사 속에서 확인할 수 있는 일이다.

3) 미국은 절대 한국을 포기하지 않을 것

아버지와 그 동지들은 미국이 동북아시아에 대한 정치, 경제, 군사, 외교의 초점을 한반도에 맞추어 진진기지로 심았던 깃은 러일전쟁과 3·1 독립운동에서 보여준 미국 태도의 연장선에 있다고 보았다. 제2차 세계대전이 끝난 뒤 미국의 절대적인 적국이었던 일본에 달러와 시설과 원료를 퍼부어 일본을 부강하게 만드는 것 역시 서태평양에서 소련과 중공에 대한 방파제로 삼으려는 확고한 정책의 일환이며, 때문에 지정학적으로 일본에 한발 앞서 있는 방파제인 남조선 대한민국을 절대로 포기하지 않는다고 보았다. 미국이 역사적으로 일관되게 추진해온 서태평양 정책은 앞으로도 절대 후퇴하지 않을 것이라는 것이 오늘날 국제정세에 있어 상식이다.

6·25 전쟁이 발발하여 인민군이 남하하자 미군과 대한민국 군은 모든 꾀 중에 "삼십육계가 제일이다"라는 속담과 같이 인민군이 보이기만 하면 표면으로 싸우는 척 하면서 비워주고 내려왔다. 여기에

따라 인민군은 전쟁의 주도권을 잡고 무인지경(無人之境)으로 진격하여 7월 말경에 무서운 속도로 인민 정권을 수립하였다. 그러나 아버지는 미군이 부산 지역으로 후퇴하여 물러서지 않고 대항하면서 전선을 고착시키고 있는 것은 인민군을 유도하여 남하시키는 미국의 함정으로 보았다. 즉 전술적인 후퇴라고 보신 것이다.

미국의 서태평양 정책은 오늘에 이르기까지 강력하게 계속되고 있다. 그러므로 한반도를 비롯한 서태평양에 대한 미국의 정치, 외교, 군사 정책은 이 정책의 토대 위에서 바라보고 평가해야 한다. 미국은 제2차 세계대전 후 세계에서 가장 강력한 군사력을 보유하고 세계질서 유지를 담당하고 있는 초강력의 군사력을 보유하고 있었다. 또 제2차 세계대전을 계기로 세계경제를 지배하게 되었고 달러 패권이 형성된 것도 이때였다. 이처럼 경제적으로 부강하고 군사적으로 막강한 미군이 인민군에 몰려 부산 한 귀퉁이로 쫓겨 내려와 버티고 있다는 사실은 절대로 패전의 결과가 아니라 더 큰 승리를 위한 전술이라고 파악했던 것이다.

그러나 그 당시 남조선의 민주 지도자들은 그렇게 보지 않았다. 나와 가까운 동지들도 인민군이 미군을 퇴각시킬 수 있는 군사력의 우위를 발휘한 결과로 보았다. 그러므로 당시 국민의 대부분은 승리한 인민군에 의해 수립된 인민위원회에 대해서도, 미국이 인민군보다 조금이라도 우세했다면 자신들의 국제적 체면을 감안해서라도 이렇게 당하지는 않았으리라 생각하는 것이 일반적인 견해였다.

그러나 아버지와 그 동지들은 남조선을 전진기지로 확보해야 하는 것이 미국의 기본 정책이므로 반드시 반격하여 남조선을 확보할 것이라고 예측하셨다. 그러므로 전략적 후퇴 후에 미국이 대대적인 반격을 가할 것이며 이 반격이 1950년 말 이내에 있을 것이라고 예견했다. 따라서 인민군이 파죽지세로 남하하는 것은 미군이 유인하는 전략적 함정에 빠져들어 가고 있다는 것이 이 어른들의 확고한 견해였다. 아버지는 이러한 생각을 노출하는 것은 생명과 직결되는 것이므로 가까이 하는 사람에게도 절대 함구하도록 신신 당부하셨다.

4. 아버지가 받은 김일성 주석에 대한 교양

1) 교양을 받게 된 경위

광주에는 7월 23일에 인민군이 진주함과 동시에 단시일 내에 당과 인민위원회가 즉각 수립되었다. 인민군이 진주한 3일 후인 7월 25일부터 소위 ML계 인사들을 반당 분자로 규정하여 강석봉 선생과 나를 비롯한 관계자들을 검거하기 시작했고, 나는 7월 25일에 도청 앞에 있는 전 자유당 정권의 경찰국에 자리 잡은 도 인민위원회 보안부에 의해 검거 투옥되었다.

앞서 언급했듯이 경찰국 유치장에 감금되어 있던 나는 약 1개월 후인 8월 20일경 자정이 지난 밤 한 시경에 구속자 중 150여 명과 함께 알 수 없는 곳으로 끌려간 끝에 광주교도소에 수감되었다. 내가 갑자기 사라진 이후 아버지가 제일 궁금한 것은 나의 생사 여부와 살아있다면 어디에 잡혀있는가 하는 것이었다. 물론 무슨 죄로 끌려갔는지도 도무지 짐작할 길이 없었다.

부모가 자식의 생사를 알아보고 구속당한 죄목이 무엇인지 알아보려는 것은 부모의 당연한 마음이므로 아버지는 출입할 수 있는 기관은 거의 찾아가셨다. 나는 별 존재가 아니었지만 당시 광주 시내와 도 내에서도 아는 사람이 많았으므로 아버지가 찾아가는 기관마다 나를 아는 사람이 2~3명은 있었다고 한다. 기관에 들어가서 방문한 목적을 말하고 이기홍의 아버지라고 하자 아버지와 대화하는 것을 큰 반역 행위로 보았는지 이곳은 이기홍의 아버지와 같은 사람이 출입할 수 없는 곳이므로 나가라고 하여 문전에서 쫓겨났다고 한다.

또 한 곳에서는 "인민공화국은 이승만 정권이 아니오. 이승만 정권처럼 죄 있는 사람이나 없는 사람이나 투망식으로 검거 구속하는 정권이 아니오. 30만 광주 시민 중 이기홍을 검거할 때는 분명한 죄가 있기 때문일 것이오. 인민공화국은 죄 없는 사람은 단 한 사람도 구속하거나 탄압하지 않고 반대로 죄가 있는 사람은 단 한 사람도 빠져 나가지 못하오. 그것이 인민 공화국의 법이요. 그러므로 공정한 판결이 날 것이니 돌아다니지 말고 기다리시오"라면서 추방했다.

또 어떤 곳에서는 이기홍의 죄가 반당 행위임을 아느냐고 묻자 아버지가 무슨 영문인지 모르겠다고 대답하니 "반당 행위는 인민공화국의 참모본부인 당을 반대한 것이오. 우리 당은 위대한 김일성 주석의 교시를 가장 철저히 받드는 기관이므로 우리 당을 반대하는 것은 위대한 김일성 수상을 반대하는 것이고 동시에 이것은 인민공화국을 반대하는 것이므로 인민공화국의 법 중에 가장 크고 무거운 죄를 지었음을 알아야 한다"면서 노인에게 몸서리칠 언행으로 협박한 뒤 나가라고 했다고 한다.

한 달도 채 되지 않은 사이에 세상이 완전히 달라져 있었던 것이다. 돌이켜보면 아버지는 1934년에 내가 전남운동협의회 사건으로 검거되어 전국적으로 유명한 친일경찰 5인 중의 하나로 악명 높은 노주봉에게 11개월간에 걸쳐 고문 취조를 당하는 동안에도 주변을 돌며 내 소식을 알기 위해 애를 태운 적이 있었다. 그때 조선인 경찰 중에는 아버지를 딱하게 여겨 약과 등의 과자를 주기도 했고, 일본인 경찰 중에도 그런 동정적인 태도를 보인 사람이 있었다고 한다. 그 때만 해도 최소한 부모의 심정을 이해해주는 분위기였다고 한다.

그러나 인민위원회 등 각 기관을 찾아다니며 아버지가 받은 대우 는 서릿발 치는 얼음장보다 더 냉혹한 언행과 냉대였음을 회고하며 아버지는 분개하셨다. 인간미는 털끝만큼도 없고 피도 눈물도 없는 자들이라며 아버지는 이 정권 밑에서 살아야 할 인민들이 참으로 불 쌍하다고 한탄하셨다.

자식의 소식을 알아보려고 매일 돌아다니던 중 아버지는 8월 20 일경 현재 광주 우체국 앞을 지나 내려오면서 식산은행(現 산업은 행) 앞에서 민주애국청년동맹 등 여러 단체의 간판이 걸려 있고 사 람들의 출입이 빈번한 모습을 보았다. 건물 앞의 게시판에는 "전시 회를 개최하고자 하니 그 동안 남조선의 투쟁에서 사용했던 삐라, 전단, 비밀문서와 책자, 사진과 사용했던 물품을 이곳에 제시해 주 라"는 내용이 민주애국청년동맹 위원장 명의로 적혀 있었다.

이것을 본 아버지는 그 전의 남조선에서의 투쟁도 인정해주는 것 으로 보고 마음속으로 기쁘게 생각하면서 그동안 남조선에서 전개 했던 민주운동을 국민 앞에 더욱 정확하게 알리기 위해 여기에 도움 이 되는 조언을 해주겠다는 명분을 내세워 여기에 들어가셨다. 위원 장을 찾으니 한 청년이 별실로 들어갔다 나오면서 들어오라고 하여 들어갔다. 들어가 보니 꽤 큰 공간이었다. 위원장이 대화중이라 곧 끝나니 앉아서 기다리라 했다.

아버지가 대화의 내용을 들어보니 동(洞) 청년 지도자들이 1주일 간의 지도를 받고 각자 동에 돌아가 교양하려고 동네 청년들을 모으려 하고 있으나 참가하는 수가 적다며 어떻게 해야 좋을 것인지의 문제에 대해 의논하는 내용이었다. 청년들은 곁의 큰 의자에 앉은 40세가량의 남자를 국장 동무라고 부르며 자문을 구하고 있었다. 국장과의 대화가 끝나자 청년들은 인쇄물을 받아가지고 돌아갔다.

이어 위원장이 아버지를 불러 여기 온 이유를 물었다. 아버지는 남조선의 투쟁을 국민 앞에 알리기 위해 전시회를 개최한다니 참으로 반갑고 고마운 일이라면서 여기에 조금이라도 도움이 될 수 있는 참고 의견을 말하려고 왔다고 했다. 그 참고 의견의 내용이 무엇이냐고 묻자 아버지는 대답하셨다. 요약하면 이런 내용이었다.

"우리 민족은 일제 치하에서 치열한 독립운동을 했다. 8·15 후에 남조선에서는 반 이승만 투쟁을 그치지 않고 계속해 왔다. 그 과정에서 수많은 지도자와 지지자들이 무자비한 탄압으로 검거 투옥되었고 목숨을 빼앗긴 사람도 많다. 그러나 이 애국자들은 시간이 지남에 따라 유명한 지도자 몇 사람 외에는 거의 이름도 투쟁 내용도 국민의 기억에서 사라져 가고 있다.

특히 그중에서도 인민군이 남하하여 급속도로 진격하자 이승만 정권은 민전 산하 각 조직원을 강제 가입시켜 만들어 놓은 수많은 보도연맹 조직원들을 잠재적인 저항세력으로 보고 총살 또는 기타 잔인한 방법으로 살해했다. 그들 중 유명한 지도자 몇 사람 외에는 조직에 가입했다가 살해당한 일반인은 이름조차 알려지지 않고 망각되어 가고 있으므로 이것을 밝혀 후세에 전하는 것이 우리가 해야 할 임무 중 하나라고 본다.

그 방법으로 각 군 조직에 지시하고, 군은 면에 지시하여 희생당한 애국자들에 대해 조사하면 지금도 자손이 살아있고 면민이 잘 알고 있는 사실이므로 모든 내용을 하나도 빠지지 않고 조사할 수 있다. 일제 이후 오늘에 이르기까지 투쟁한 애국자들을 모조리 기록에 남기기 위해 개인별 인적 사항과 투쟁 경력을 요약하여 기록한 책자를 발간하는 것이 오늘 인민위원회와 민주 청년 동맹이 해야 할 큰 임무라고 본다.

이와 동시에 국민이 이를 갈고 몸서리치던 친일 인사들에 대해서도 철저히 조사하여 같은 책자에 수록하여 발간해야 한다. 이 책자는 군과 면 각 부락의 조직마다 배부, 배치시키고 자손들에게도 나누어 주고 원하는 사람에게 전한다면 이것만을 읽어봐도 애국이 무엇이고 반역이 무엇인가를 어떠한 이론과 설명 이상으로 피부로 느끼며 인식하고 기억하게 될 뿐만 아니라 이 책자는 대를 이어가며 영원히 전해지는 기본 자료가 될 수 있다. 그리고 비용은 배부한 자손과 배부받은 사람들에게서 대금으로 받으면 충분히 충족할 수 있다."

위원장은 이 말을 듣고는 매우 긍정적인 태도로 나오며 그것이 가능할 것이냐고 물었다. 그때 모든 대화 내용을 듣고 있던 국장 동무라고 부르는 사람이 "동무 이리 오시오"라며 아버지를 불렀다. 아래 내용은 그 국장과 아버지 간에 나누었던 대화의 내용을 정리하여 대화체로 기록한 것이다.

2) 교양의 내용

이 문제는 우리 민족이 앞으로 이뤄야 할 통일론 중 북조선 인민공화국의 고려연방론을 이해하려면 북조선의 정책과 지도이론에 대한 이해가 선행되어야 하기에 여기에서 다룬다. 즉 김일성 주석의 자주 노선과 숭배를 이해해야 한다. 광주에 인민위원회가 수립된 후 아버지는 나의 행방을 찾던 중 앞서 말한 우연한 기회에 당시 북조선에서 내려온 고급 관리로부터 김일성 주석에 대한 숭배 이론과 그 근거에 대한 교양을 받았고 그것을 기록하여 나에게 남겨 주었다. 아버지가 받은 교양 내용은 김일성 주석의 유일사상을 이해하는 데 있어 참고가 될 것으로 생각되어 여기에 기록한다.

앞서 말했듯이 아버지의 제안과 대화를 들은 고위 관료, 즉 국장이 관심을 가지면서 아버지와 긴 대화가 이어졌다. 주 내용은 김일성 주석에 대한 교양이었다. 나는 아버지가 남긴 기록과 내 기억을 종합하여 두 사람 사이에 이루어진 대화 내용을 남겨본다. 편의상 대화체로 기록해 보겠다.

국　　장 : 동무 고향이 어디오?

아버지 : 완도입니다.

국　　장 : 언제 광주로 왔소?

아버지 : 고향에 살면서 나 나름대로 독립운동을 했소. 미군정과도 싸웠고, 이승만 정권과도 쉬지 않고 싸우다가 탄압의 대상이 되어 탄압과 박해가 가중해 오던 중 둘째 아들과 큰 사위가 경찰에 끌려가 행방불명으로 살해되었소. 이것이 나에게 곧 닥쳐올 일이라 예감하여 금년 4월에 광주로 이사했소.

국　　장 : 완도에서도 보도연맹 가입자가 많이 살해되었다고 말했는데 보도연맹이 무엇인지 잘 알고 있소?

아버지 : 보도연맹은 세상이 다 아는 바와 같이 민전 산하의 민주 단체 조직원들이오. 이 명부를 입수한 경찰은 이 사람들을 찾아가 강제로 가입서에 서명 날인시켜 거처를 감시

해 오다가 인민군이 남하하자 모조리 검거하여 완도에서
는 배에 태워 철사로 손을 묶어 돌을 채워 바다에 던져
죽였소. 보도연맹뿐 아니라 그 외에 이승만을 반대한 인
물이라고 인정된 사람들도 살해해 버렸소. 이 사람들은
경찰에 의해 가입을 강요당했을 뿐 단 한 번도 집회나
서면을 통해 이승만 정권을 지지했거나 만세 한 번 부른
적이 없는 사람들이오. 그리고 끌려가 죽었습니다.

국　장 : 보도연맹은 이승만이 만들지 않았소? 이승만이 보도연맹
을 만들었을 때에는 우리 인민군이 언제 남하할 지 또는
않을 지도 모르는 정세하에서 만들었던 것이오. 그러다
가 우리 인민군이 남하하니 살해했을 따름이오. 이승만
이 보도연맹을 조직한 근본 목적은 인민 세력을 분열 약
화시키기 위해 이 사람들을 가입시켜 이용할 목적으로
만들었음을 모르오?

아버지 : 보도연맹에 대해서는 앞에서 설명한 것 외에는 전혀 모
릅니다.

국　장 : 보도연맹에 가입한 사람들은 이승만이 보도연맹을 조직
한 목적을 알고 조금이라도 탄압에서 벗어나 안심하고
살면서 이승만 정권의 정책에 따르기 위해서 가입한 변
절자들입니다.

이 말을 들은 아버지는 속으로 깜짝 놀라 큰일 날 뻔 했다고 생각
하며 이제부터는 국장의 말을 긍정하는 사교적인 태도로 바꾸기로
했다고 한다.

국　장 : 보도연맹에 가입했다가 죽은 사람들은 생전의 공적뿐만
　　　　아니라 죽은 귀신도 우리 민족사에 설 자리가 허용되지
　　　　않을 죄를 지은 귀신이 되어 허공을 영원히 헤맬 것이
　　　　오. 동무와 아들 사위도 보도연맹에 가입했소?

아버지 : 가입하지 않았소.

국　장 : 천만다행이오. 죽은 아들과 사위의 귀신은 우리 애국자
　　　　들과 함께 역사 위에 서게 될 것이오. 그리고 보도연맹
　　　　원이 변절자라는 규정은 내가 하는 말이 아니고 우리 당
　　　　이 결정한 것이오. 우리 당과 인민정부는 위대한 수령
　　　　김일성 주석의 유일사상을 절대적인 애국의 신조로 받
　　　　들고 그 교시에 따라 모든 것을 운영하고 있으므로 보도
　　　　연맹에 대한 우리 당의 결정은 김일성 수령님의 결정인
　　　　것이오. 이 결정을 부인하는 것은 바로 김일성 수령을
　　　　부인한 것이므로 결국 우리 인민 공화국을 부인한다는
　　　　것임을 분명히 알아야 합니다.

아버지는 굽실거리면서 감탄하는 태도를 취했다.

국　장 : 완도에서도 투쟁을 많이 했소?

아버지 : 완도는 전국에서 손꼽히는 항일투쟁을 했고 유명한 지도
　　　　자와 희생자도 많이 나왔소. 그리고 8·15 후에도 반 이승
　　　　만 반미 투쟁을 남조선 어떤 지역보다 치열하게 하였소.

국　장 : 동무는 무엇을 했소?

아버지 : 나는 배우지 못하고 연로하므로 지도자들의 뒷바라지를
　　　　하는 정도로 간접적인 투쟁을 계속해 오다가 이승만 정

권의 미움을 받아 탄압을 받게 되었소.

국 장 : 일제시대의 전국적인 항일투쟁에 대해 잘 아시오?

아버지 : 신문에 보도된 것만 알고 있소.

국 장 : 그럼 동무에게 하나 묻겠소. 항일투쟁을 계속한 결과 일
제를 몰아내고 독립했소? 아니면 미국과 싸워서 미국을
몰아냈소? 이승만 정권과 싸워서 인민 정권을 수립했소?

아버지 : 하지 못했소.

국 장 : 동무가 보기에 광주와 인민군이 지도한 지방에 일본 놈
이나 미국 놈 또는 이승만 잔당이 있다고 보시오?

아버지 : 하나도 없소. 인민군이 주둔하고 인민군이 진주하여 인
민위원회가 수립된 지역은 광주뿐만 아니라 친일, 친미
와 이승만 지지 세력은 단 한 사람도 없이 순수하고 깨
끗한 투철한 인민 대중만이 남아 있는 것을 모르오?

국 장 : 북조선 인민공화국은 물론이고 남조선의 인민위원회가
수립된 지역은 투철한 인민들만이 남아있는 증류수와 같
이 맑고 깨끗한 인민 정권이 수립되었다는 것을 확실히
인식해야 하오. 그리고 우리 인민군이 남하하자 미군과
이승만 정권의 군은 인민군을 보기만 하면 마치 고양이
에게 쫓기는 쥐처럼 쫓겨 달아나고 있는 것을 동무도 알
지요?

아버지 : 잘 알고 있소.

국 장 : 동무는 그동안 남조선에도 애국투사가 많았다고 했는데
인민군과 함께 서서 싸우는 사람은 하나도 없소. 그리고
인민군에 직접 가담하지는 못할지라도 빨리 섬멸하기
위해 적의 퇴로를 막아야 하므로 철도, 도로, 교량과 터

널을 파괴하거나 적의 무기고나 군사시설을 파괴하여 피해를 입힌 일이 단 한 건도 없다는 것을 동무는 알고 있소?

아버지는 그렇다고 대답할 수밖에 없었다.

국　장 : 그렇다면 미군과 이승만을 패주시키는 것은 우리 인민군 만의 힘으로 이루어졌다는 것을 알아야 하오. 인민군의 막강한 전투력은 인민군만으로 된 것이 아니오. 김일성 수령은 항일투쟁을 하기 위해 소년 시절에 만주로 건너 가 애국 청년들로 무장 게릴라를 조직하여 300만의 관동 군을 상대로 게릴라 작전을 하여 백전백승한 천재적인 전술과 전략이 뛰어난 지도자요. 당시 만주에는 김일성 장군 외에 여러 무장 독립군이 있어 통일하지 못하고 따 로따로 싸웠으나 그 중에서도 김일성 장군이 지휘한 독 립군만이 단연 두각을 나타낸 대표적인 독립군이었음은 다른 독립군뿐만 아니라 만주에 있는 우리 민족들이 다 알고 있는 사실이오. 그러므로 만주의 독립군이라면 김 일성 장군의 부대가 대표적이었소. 김일성 수령이 지휘 한 독립군은 관동군을 기습하여 엄청난 피해를 주었소. 또 만주에 있는 우리 인민들에 대한 수탈과 탄압이 심하 면 반드시 보복적인 공격으로 막대한 피해를 반드시 주 었으므로 김일성 장군 게릴라 부대에 가까운 지방에 있 는 우리 민족에 대한 수탈과 탄압을 감소시켰던 것도 세 상이 다 아는 일이오. 그리고 백주에 함경북도 해산진에

150여 명의 김일성 장군 무장 부대가 두만강을 건너 습격하여 그곳에 있는 모든 총독부 기관들을 불사르고 파괴해 버리고 경찰을 모조리 무찌른 뒤 한 사람의 희생자도 내지 않고 만주로 건너왔음은 만주뿐만 아니라 전 세계에 알려진 영웅적인 전투였소. 이것이 국내에 알려지자 우리 민족의 민족의식과 독립의지를 높이는 데 있어 국내의 어떤 독립운동보다도 비중 높은 영향을 미쳤음은 우리 민족사가 증명해 주고 있는 사실이오. 그러므로 김일성 수령은 일제 때 만주에서 가장 우수하고 실력 있는 지도자이며 독립군 영장이었던 사실은 오늘 알려져 있는 것보다 훨씬 많다는 것을 알아야 하오. 여기에 대해서 들은 바가 있소?

아버지 : 김일성 장군이 만주에서 우리 독립을 위해 관동군과 일본 경찰과 싸우고 있다는 것을 알고 있는 정도요.

아버지는 덧붙여 국장 동무가 말하는 내용을 처음 들었다고 했다.

국　장 : 위대한 김일성 수령님의 탁월한 민족지도 역량과 해박한 지혜는 우리 민족뿐만 아니라 식민지 민족과 식민지에서 독립하여 아직 미완성한 약소민족들에 대해 교과서와 같은 교훈과 경험을 전해주고 있어 이 민족들은 위대한 김일성 수령을 따르라는 구호와 함께 김일성 장군의 유일사상을 받아들여 그 나라 민족들에게 학습시킴과 동시에 그 나라 모든 신문들은 예외 없이 김일성 수령의 사진과 함께 찬사를 아끼지 않고 보도하고 있소. 뿐만 아니라 김

일성 수령은 탁월하고 유능한 이론가이며 공산주의 이론
과 만주에서 세련된 지도역량을 가지고 있음을 전 세계
가 인정하고 있소. 사회주의 국가들의 신문도 위대하고
영웅적인 김일성 수령의 사진과 함께 이론과 역량 및 공
적을 높이 찬양하고 있소. 이 나라들의 신문은 우리 인민
공화국이 간직하고 있으므로 부인할 수 없는 분명한 사
실이오. 김일성 수령은 우리 민족뿐만 아니라 전 세계 약
소민족의 우수한 교사이며 희망인 동시에 세계 공산주의
의 탁월한 이론가임은 누구도 부인할 수 없는 분명한 사
실이오. 그리고 우리 민족이 조선반도에 자리를 잡고 오
늘에 이르기까지 살아오면서 김일성 수령과 같은 위대하
고 탁월한 지도자가 나타난 적이 단 한 번도 없고 김일
성 수령이 처음이오. 당신은 조선 민족의 역사를 아시오?

아버지 : 초보적인 내용은 서적을 통해 다소 지식을 갖고 있소.

국　　장 : 그러면 나의 물음에 대답해 보시오. 기원전은 그만두고
삼국 시대에 와서 비로소 국가를 형성했으나 3국으로 분
열 대립하여 아웅다웅 싸우며 분열하고 있음을 아시오?

아버지 : 알고 있소.

국　　장 : 신라가 처음으로 통일했으나 국토의 전부가 아니고 당나
라의 눈치를 보는 반식민지적 통일이었고 고려는 신라를
이어받아 통일했으나 처음에서 끝까지 원나라의 지배하
에서 왕의 사생활에서부터 지방에 이르기까지 원나라가
간섭하는 준 식민지적 독립이었고, 이조가 중국 천자정
권의 식민지였음은 상식적인 사실이오. 그리고 일본 식
민지 지배와 미군정 및 친일세력 집단인 이승만 정권에

의해 우리 민족이 완전히 짓밟혀 밑바닥에 깔린 식민지 지배하에 있었음을 동무도 아시오?

아버지 : 그건 알고 있소.

국　장 : 김일성 수령이 통치하는 북조선 인민공화국과 인민군이 진주하여 인민 정권을 수립한 남조선에 일본 놈 미국 놈과 친일세력이 하나라도 있소?

아버지 : 하나도 없소.

국　장 : 우리 전 국토와 정권에서 어떤 외세의 지배나 영향이 털 끝만치도 없는 완전 독립은 영웅적인 위대한 김일성 주석에서부터 비로소 시작되었다는 것을 알고 있소?

아버지 : 국장님의 말을 들으니 비로소 알게 되었소.

국　장 : 지금 부산의 손바닥만한 지역을 미군이 점령하고 있으나 내가 보기에는 김일성 주석이 미군을 그곳에 더 불러들여 섬멸하려는 전략이라고 보오. 그러므로 머지않아 조선반도에는 외세나 반민족세력은 단 한 사람도 찾아볼수 없는 문자 그대로 완전 자주독립이 될 것이라는 것을 강조해 두오. 전 국토의 완전 통일과 외세를 비롯한 반민족세력이 하나도 없는 완전 자주독립 국가인 인민공화국 수립은 김일성 주석에 의해 처음 시작되었음을 이천 년의 우리 역사가 증명해 주고 있음은 동무도 알 것이요.

아버지 : 국장 동무의 설명을 들으니 위대한 김일성 주석께서 비로소 완전 독립의 첫발을 내디뎠음을 알겠소.”

아버지의 대답에 국장은 만족하는 기색이었다.

국　장 : 또 한 가지 묻겠소. 동무는 아까 위원장 동무에게 일제
　　　　이후 오늘에 이르기까지 계속한 독립투쟁에 앞장섰던
　　　　지도자들과 그 지지자들의 투쟁 사실을 기록한 책자를
　　　　발간하여 전 국민에'배포하는 것이 자주독립 의식을 교
　　　　양하고 투쟁력을 강화시키는 데 있어 어떤 교양서적보
　　　　다 효과적이며 강도 높은 민족의식 함양에 결정적인 역
　　　　할을 할 것이라고 했지요?

아버지 : 그것이 가장 효과적이라는 생각에서 말했습니다.

국　장 : 동무의 말 뒤에는 엄청난 반동적인 과오가 담겨 있음을
　　　　아시오?

이 반문에 아버지는 어리둥절하면서 위협적인 공포감을 느꼈다.

국　장 : 앞에서 내가 설명한 위대한 김일성 주석의 사상만이 우
　　　　리 민족이 절대적으로 따르고 지켜야 할 유일사상보다
　　　　더 우수하다는 말을 부정하는 내용이 동무의 말 속에 숨
　　　　겨져 있음을 아시오?"

아버지는 정색하며 말했다.

아버지 : 나는 그 점에 대해 완전 무식한 사람이므로 거기까지는
　　　　깨닫지 못하다가 국장 동무의 말을 듣고 비로소 알게 되
　　　　었으니 이해하고 용서해 주시오.

국　장 : 나도 그렇게 알았기 때문에 동무와 평화적인 대화를 하
　　　　고 있는 것이오. 만일에 동무가 의식적으로 그런 말을 했

다면 동무는 김일성 주석의 유일사상과 인민공화국을 반
대하는 최고의 범죄자가 되었을 것이요.

아버지는 여기에서 1분이라도 속히 벗어나려면 국장의 말을 긍정
하며 받아들이는 태도를 취해야겠다고 생각하면서 감동하는 태도로
대화를 했다고 한다.

국　장 : 내 말을 이해했다고 하고 역사를 안다고 하니 이상의 설
　　　　명에서 조선반도와 조선민족이 문자 그대로 완전 통일과
　　　　함께 독립되었음은 우리 민족은 물론이고 세계에서도 인
　　　　정받고 있는 위대한 김일성 주석에서부터 처음으로 시작
　　　　된 것임을 알겠소? 김일성 주석이 지도하는 인민공화국
　　　　의 간판을 높이 내세우고 민족사가 새로운 출발점에서
　　　　힘차게 출발하며 그것은 어떤 세력으로도 막을 수 없는
　　　　우리 민족의 위대한 역량이며 이 역량은 오로지 김일성
　　　　주석님의 올바른 지도에 의한 것임을 알겠소?
아버지 : 국장 동무의 말을 듣고 노후에 비로소 새로운 사람으로
　　　　태어난다는 것을 각성하게 되었습니다. 감사합니다.
국　장 : 위대한 김일성 주석이 우리 민족뿐만 아니라 세계 공산
　　　　주의 운동의 탁월한 이론과 함께 역량을 가지고 있음은
　　　　내가 하는 말이 아니오. 이것은 내가 오늘의 소련뿐만 아
　　　　니라 전 세계 공산주의 지도자였던 레닌 선생의 뒤를 이
　　　　어 받은 제 2의 레닌인 소련의 스탈린 대원수께서 증명해
　　　　주었소. 앞에서 말한 바와 같이 만주에는 여러 개의 독립
　　　　무장군이 있었고 또 독립단체도 많았을 뿐만 아니라 중

국 북부에는 대 병력으로 일본 관동군과 싸운 독립 동맹군도 있었고 국내에는 8·15 후 북부 남부를 막론하고 내로라하는 유명한 지도자들이 많이 나타났소. 조선반도는 미국 세력과 접경하고 있으므로 우리 민족뿐만 아니라 소련의 이해관계에서도 아시아에서 가장 중요한 지역이오. 소련은 앞으로 우리나라에 수립할 정권의 지도자 물색에 노심초사했고 여러 사람의 의견을 받아들여 김일성 장군을 유일한 조선 인민공화국의 주석으로 하라는 것이 당시 북조선에 주둔하고 있던 소련군 사령관의 지시였소. 김일성 장군을 주석으로 하는 조선인민공화국을 수립하는 데 적극적으로 지원하고 안정된 것을 보고 물러간 사실이 이것을 증명한 분명한 증거가 아니겠소? 동무는 앞에서 위원장 동무에게 일본 식민지에서 오늘에 이르기까지의 독립운동을 높이 평가해야 한다고 하지 않았소? 그러나 지나간 이 운동들과 이 운동을 이끈 지도자들이 앞에서 설명한 바와 같이 위대한 김일성 주석의 계시만을 받들고 남하한 인민군이 남조선을 해방시키는 데 있어 조금의 도움을 주지 못했고 앞으로도 도움이 되지 못한다는 것을 내 말을 들은 동무도 이해할 것이요.

아버지 : 충분히 이해하겠소.

국　장 : 동무는 앞에서 지나간 독립 투쟁사를 높이 평가하며 영원히 기념해야 한다고 하지 않았소? 이것은 마치 곡식을 얻기 위해 심은 벼에 비유하면, 곡식을 얻어 민족을 먹이려 가꾸어 자라게 하던 벼가 일제의 서리를 맞고 또 미군정과 이승만 정권의 서리를 맞아 열매도 맺기 전에 말라 빈 포기로 서있는 벼에 대해 열매를 맺기 위해 자랐다는 점만을 높이 평가하여 여기에 물을 대주고 비료를 주며 이것을 영원히 우리 민족사에 전하기 위해 기념비를 세우고 훈장을 걸어 주라는 말과 같은 의미에서 한 말이 아니오?

아버지 : 나의 천박한 역사 지식에서 한 말이니 이해해 주시오.

국　장 : 우리 민족뿐만 아니라 모든 민족은 자기 국토를 굳게 지키고 외침을 막으면서 일체의 외세를 배제하고 주권을 그 민족만이 잡아야 한다는 목표를 세우고 발전해 나가고 있소. 불행하게도 우리 민족은 북조선은 완전 독립해 있으나 외세와 친일세력의 무대가 되고 있지 않소. 그러나 이번에 천만다행으로 우리 민족이 축복받아 위대한 영웅인 김일성 수령님이 우리 민족에 나타나 수령님의 유일사상으로 민족을 굳게 단결하여 여기에 따른 결과 북조선은 일찍이 해방되었고 남조선은 오늘에야 완전 해방이 거의 되어가고 있지 않소? 이것은 우리 역사상 불행한 과거 역사를 털어내고 전 민족에게 기쁨과 만족과 희망을 고루 가져다주게 하는 새로운 방향으로 발전해 가고 있다는 것을 내 말을 들은 동무도 알고 있소?

아버지 : 알겠소.

국　장 : 그동안 이어져온 우리 민족사에서 볼 때, 이 시점에서부터 우리 국토와 민족이 우리 민족의 의사에 따라 우리가 주권을 잡고 통치하는 완전 자주독립의 첫발을 내딛고 있지 않소? 기록에 남아있는 우리 민족사의 전통과 발전 단계에서 볼 때 오늘부터 비로소 우리 민족이 주권을 잡는 출발점이 아니오? 이것은 앞에서 설명한 바와 같이 위대하고 유능한 영웅인 김일성 주석이 우리 민족을 지도했기 때문이오. 만일에 김일성 주석이 우리 민족 앞에 나타나지 않았더라면 상상조차 할 수 없는 일이요. 그러므로 우리 역사를 정직하게 객관적으로 평가한다면 김일성 주석은 우리 민족의 중흥(中興)의 조(祖)를 넘어선 실질적인 개국의 시조라고 해도 과언이 아닐 것이요. 이것은 내가 하는 말이 아니고 우리 과거의 역사와 오늘의 현실이 객관적으로 증명해 주고 있는 분명한 사실임을 동무도 이해할 것이오.

아버지 : 충분히 이해하겠소.

국 장 : 북조선 인민들은 4년 전부터 위대한 김일성 주석의 교시와 유일사상을 받들어 생활화하고 있으나 남조선 인민들은 지금부터 시작해야 하오. 위대하고 영웅적인 우리 민족의 해방자이며 지도자인 김일성 주석의 유일사상을 깊이 있게 학습 교양하여 사생활에서부터 사회 국가 생활에 이르기까지 일체를 여기에 맞추어 생활해야 하며 지금까지 가지고 있던 잡다한 사상과 사고를 깨끗이 씻어 없애고 김일성 주석의 유일사상과 교시로 완전히 바꾸어야 하오. 그러므로 남조선 인민들은 지금부터 생활과 사고의 초점을 여기에 맞추어 노력해야 하오. 즉 생활과 정신을 여기에 집중해야 하오. 그럼에도 동무가 앞에서 말한 바와 같이 지금까지 남조선의 완전 독립에 조금의 도움도 되지 못하고 서리를 맞고 말라진 풀잎과 같은 과거의 투쟁사를 잊지 못하고 집착하여 여기에 연연

하면서 그 운동을 후세에 전하기 위해 노력한다는 것은 앞에서 말한 절대적인 김일성 주석의 사상과 이론의 학습에 모든 열성과 행동을 집중하는 노력을 분산시키는 결과를 가져오므로 이것은 유일사상에 대한 불성실이며 동시에 위대한 김일성 주석과 인민 공화국에 대한 불종이오.

아버지는 이 자리에서 1분이라도 빨리 벗어나기 위해 국장의 교양을 적극적으로 긍정하면서 한걸음 더 나아가 여기에 대해 더욱 노력하겠다는 의사를 표시하기 시작했다.

아버지 : 오늘 국장 동무를 만난 것이 나를 잠에서 깨어 진정하고 가치 있는 민족의 한 사람으로 새로 태어나게 했소. 오늘의 교양만으로는 부족하니 앞으로 국장 동무를 자주 만나 교양을 계속 받기로 결심했소. 어떻게 하면 국장 동무를 자주 만날 수 있겠소?

국 장 : 앞으로 나는 여기에 오지 않소. 그러므로 저 위원장 동무를 자주 만나시오. 부족하고 모르는 것을 가르쳐 줄 것이오. 그리고 교양 문건을 받아 가지고 와서 잘 읽고 동무의 친구들에게도 전하시오. 그리고 앞으로 대중 집회에는 동무의 친구와 함께 반드시 참가하시오. 모든 대중 집회는 김일성 주석의 교시를 받들어 설명하며 그 교시를 그 지역의 실정에 맞추어 해석할 것이므로 가장 큰 교양 장소가 되니 반드시 참고하시오.

아버지 : 꼭 참석 해야겠소.

국장은 위원장에게 참고문건이 있으면 이 동무에게 주라고 하자 위원장은 조그만 책자 두 권을 아버지에게 주었다.

국　장 : 앞으로 될 수 있는 대로 이곳에 자주 들러 위원장을 만나
시오. 그러면 새로운 소식도 참고문헌도 얻을 것이고, 그
리고 동무 친구들에게 열심히 전하시오. 그것이 남조선
인민이 위대한 김일성 수령의 교시를 받드는 가장 충실
한 생활일 것이오. 바쁘니 동무 먼저 가시오.

이렇게 진땀나는 긴 대화 끝에 아버지는 이 자리에서 비로소 벗어났다. 국장 동무와도 악수하고 위원장 동무와 악수를 나누고 그곳을 나서자 해방감을 느꼈다고 한다. 말 한마디 잘못했다가는 큰일날 뻔 했다, 마치 용궁에 갔다가 살아 돌아온 토끼 같다고 하셨다. 국장의 소속은 중앙선전부 소속인 듯했다. 어디에 있느냐고 물어보고 싶었으나 잘못하면 트집을 잡을까봐 묻지 않았다고 하셨다.

3) 우자를 지도자로 받드는 국민의 슬픔

그날 소위 국장으로부터 진땀나는 교육을 단단히 받은 뒤 아버지는 집으로 돌아가면서 세계정세와 미국의 확고한 아시아 정책에 대해 이 사람들이 완전히 장님이 되어 있는 것을 보고 앞으로 닥쳐올 우리 민족의 불행에 대해 걱정했다. 아버지는 집에 돌아와 들은 그대로를 기록하여 광주에 있는 동지인 임재갑 선생을 찾아가 이 기록을 함께 읽고 검토했으며 계속 동지들과도 만나 검토했다고 한다.

여기에서 아버지와 동지들은 앞에서 말한 바와 같이 우자(愚者)를 지도자로 받들고 따라야만 하는 국민의 말로는 비참하다고 했다.

아버지와 동지들이 가장 분개한 것은 강제로 가입당한 보도연맹 관계자들을 변절한 반역자라고 평가한 것이었다.

김일성 유일사상만이 최고의 애국 사상인 것으로 만들기 위해, 남조선 독립운동에 헌신한 투사와 지도자들에 대해 역사적 물갈이를 한 것이라고 보았다. 독립과 반독재 민주투쟁에 참여한 투사들은 옛이야기와 같은 것으로 되어 버렸으므로 앞으로는 여기에는 관심을 갖지 말고 김일성 주석의 유일사상을 배우고 받드는 데 모든 정신과 생활을 집중하라는 말이었다. 그것은 그 이전의 민족사와 자주독립을 위해 싸운 투사들을 내세우지 말라는 뜻이었다. 김일성 주석만이 국토와 민족을 완전 독립으로 이끄는 유일한 지도자임을 돋보이게 하기 위해 그 이외의 민족 자주독립 운동과 지도자들은 부정해야 했고 이와 같은 교시를 국민에게 강요한 것이라고 단정했다.

여기에서 아버지와 그 동지 어른들은 인민공화국이 남조선에서 이승만에 의해 무자비한 방법으로 학살된 보도연맹 가입자들을 변절한 반역자로 몰아 민족사 앞에서 부인하려는 목적과 그 논리의 근거를 찾을 수 있었다. 그러나 어떤 목적으로 이를 폄훼하든 보도연맹 관계로 학살당한 투사들은 자기 일생을 조국의 독립과 반독재 민주 조국 건설을 위해 고스란히 바친 위대한 민족의 혁명적인 전위들이다. 이것은 어떤 이론으로도 부인할 수 없는 분명한 사실이다. 보도연맹 관계자들을 변절자이자 반역자로 평가한 것은 김일성 주석 이전의 역사와 그 외의 민족 자주 운동사와 지도자들을 과소평가 또는 부정하려는 논리와 직결된 것이었다.

당시 풍문에 따르면 보도연맹 사건으로 학살된 사람들이 70만 명이라고 했다. 이러한 추정이 옳다면 남조선의 200여 개 시군과 면에서 각각 수백 명씩이 학살당했다는 셈이 된다. 이 사람들은 면 단위 대중의 지지를 받으며 투쟁하고 실천했으므로 그들에 대해 면민들이 누구보다 잘 알고 있으며 지금도 살아있는 증인들이 많을 것이다. 만약 그들이 변절하여 이승만 정권에 협력했다고 한다면 그 여부 역시 누구보다 먼저 그 면민들이 알게 되었을 것이라고 생각한다.

김일성 주석의 영웅적인 지도역량과 유일사상을 확대 평가하기 위해 그 동안 몸 바친 지도자들과 그 지지세력 및 민족사를 부인하려는 것이야 말로 민족세력을 1인 1당 지배에 종속시키려는 의도가 아닐 수 없었다. 이것은 북조선과 일부 남조선의 지지자들에 의해 인정될 뿐 우리 민족사 위에서는 허용되지도 않고 역사의 뒤안길로 사라져버려야 할 것이다.

아울러 대중들은 투쟁보다도 변절에 대해 더욱 큰 관심을 가지고 분개한다는 것을 알아야 할 것이다. 나는 일제 때부터 계속해온 내 나름대로의 투쟁 관계로 전남도 내와 제주도에 이르기까지 전 시군에 아는 사람이 한 두 사람 반드시 있으나 보도연맹 관계자 중 변절자가 있었다는 사실은 들어본 적이 없다. 때문에 내가 알고 있던 사람들이 모두 변절자라는 것은 더더욱 상상조차 할 수 없다. 아버지와 그 동지들은 이런 변절 논란 자체가 천벌을 받을 일이라고 분노했다.

아버지가 국장과 만난 것이 8월 20일 경이었다. 나는 앞에서 말한 바와 같이 ML계로 선배들과 다른 동지들과 함께 투옥되었다가 9월 10일경에 석방되어 돌아왔다. 그때 아버지는 나에게 국장과의 대화에 대한 기록을 보여 주면서 여기에 대해 비판적인 말을 전파하면 생명과 직결된 탄압을 받을 것이므로 굳게 입을 다물고 누구에게도 말하지 말라고 당부했다. 나는 이 말을 강석봉 선생과 다른 동지들에게도 말하지 않았다.

지금 현재 남한에는 김일성 주석의 유일사상과 북조선의 모든 정책을 절대 진리로 받들면서 보도연맹으로 학살당한 사람들을 변절자로 보는 인사들이 있다고 한다. 그렇다면 거기에 관해 구체적인 인물과 증거를 제시해야 할 것이다. 만일에 그런 사실이 있었다면 개밥에서 도토리 가려내는 것보다 더 분명하고 손쉬운 일이기 때문이다. 그러나 실제로는 없었던 일인데도 북조선 정권이 그렇게 결정했다는 이유만으로 그대로 따르는 것은 마치 방울소리를 듣고 따라가는 군맹(群盲)과 같은 우매한 것이라고 나는 분명히 말할 수 있다.

아울러 인민군 철수와 대한민국 군경의 수복이 이루어진 이후 이루어진 차마 눈으로 볼 수 없는 생명의 말살과 탄압은 자세히 알려져 있으므로 더 이상의 설명이 필요 없다.

내가 여기에서 아버지가 교양 받은 내용을 쓴 것은 앞에서 말한 바와 같이 우리 민족의 통일에 대한 이론과 정책이 다양하게 제시되고 있는 가운데 그 중에서도 북조선 인민공화국이 제시한 고려연방 통일론은 북조선의 유일한 통일론이기 때문이다. 즉, 북의 사회주의와 남의 자본주의적 민주주의를 그대로 인정하고 존속시키는 연방이라는 말이다. 북조선에는 주체사상과 유일사상이 기본 지도이론이며 모든 정책이 여기에 근거하고 있다. 그리고 김일성 주석의 주체사상인 유일사상과 절대 숭배론은 오늘도 그대로 이어져 내려오고 있으므로 북조선의 고려연방 통일론을 이해하는 데 조금이라도 참고가 될 것이라고 판단해서 여기에 기록한 바이다.

제10장 이승만 정권 이후 투쟁과 투옥

1. 구국투쟁동맹 사건 연루로 투옥

1) 휴식은 과오다

1953년 7월 휴전협정이 조인되면서 마침내 6·25 전쟁의 막이 내렸다. 전쟁은 멈췄지만 해방된 조국의 길은 더욱 멀어졌다. 미국의 힘을 등지면서 친일세력들은 구세주를 만난 듯 고개를 치켜세웠다.

휴전이 된 후 얼마 되지 않아서였다. 최충근이 찾아와 나에게 책임 있는 일을 맡아달라고 부탁했다. 최충근은 광주사범학교를 졸업하고 초등학교 선생을 하다가 당 활동에 가담했던 사람이었다. 자세히 물어보니 6·25 때 월북한 뒤 전쟁이 끝나자 북쪽의 과업을 지시받고 내려온 노장환(盧章煥)이 나를 만나고 싶다는 것이었다. 나는 노장환을 신임할 수 없다고 말하고 최충근을 돌려보냈다. 그가 말하는 노장환은 국제프락치 사건으로 유명한 노일환의 동생으로 전라북도 순창의 대단한 지주로 소문난 집안의 아들이었다.

얼마 후 이호면이 나를 찾아왔다. 그 역시 노장환의 지시를 받고 나를 방문한 것이었다. 나는 이호면에게 노장환이 과업을 받고 내려왔다면 그 선이 어떤 것인가를 물어봤다. 북의 김일성으로부터 직접 구국투쟁동맹을 조직하라는 지시를 받고 2명이 내려왔는데, 그 중

한 명이 노장환이라는 것이었다. 노장환은 전라남도 도 조직 책임자를 맡고 있었다고 했다. 아울러 구국투쟁동맹은 당의 역할을 대신하는 것으로, 통일이 되면 심사 평가하여 가입자는 모두 당원으로 인정해준다고 덧붙였다. 나는 그들이 목적하는 바가 그르지 않다고 생각하는 한편 "휴식은 과오다"라고 여겨 그들의 뜻을 받아들였다.

그러나 일을 함께 하는 과정에서 많은 문제점들이 드러나기 시작했다. 나는 노장환의 지시에 따라 많은 사람들을 구국투쟁동맹에 가입시켰다. 문제는 이들 모두를 각각 노장환이 확인한 후 승인한다는 데 있었다. 내 생각으로는 어떤 조직이든 공개 조직체계가 되는 것은 위험하다고 믿고 있는데 노장환은 이를 전혀 고려하지 않는 것을 보고 의구심을 갖게 되었다.

나는 조직은 절대 공개되면 안 된다고 생각했다. 만약 한 사람이라도 잡혀 들어가면 모두가 발각될 수 있다. 사람이란 자기가 모르면 모른다고 버틸 수 있지만 알고 있으면서 함구하기란 참으로 어렵기 때문이다. 이때부터 나는 비밀을 지키며 조심스럽게 조직을 유지시키기 위한 방편을 나름으로 유지시켰다. 노장환이 구국투쟁동맹에 가입한 사람들에 대해 보고하라고 해도 나는 거기에 응하지 않았다.

내가 이 조직에 끌어들인 사람은 국세청 관제국에 다니던 장일동(張日東)과 가구점을 경영하던 이철훈(李鐵熏) 등 여러 명이 있었다. 나는 특히 발각될 이후를 대비하여 서로 말을 맞추어 피해가 없도록 해두고 노장환에게 보고를 했다. 그러는 동안 노장환은 일의 진행 정도를 북에 보고하고 다시 지시를 받아왔는데, 그가 지시받은 내용이 너무도 어처구니없는 것이었다.

예컨대 구국투쟁동맹이 결성되면 그 신호로 삐라를 뿌리라는 지시를 받았다는 것이었다. 내 경험으로 볼 때 그러한 지시는 경찰에게 잡혀가 죽으라는 말과 똑같다고 판단했다. 이런 식으로 계속한다면 가망이 없으니 구국투쟁동맹에서 탈퇴하겠다고 말했다. 그러고 난 이후 나는 노장환에게 더 이상 보고를 하지 않았다.

한편 노장환과 함께 내려왔던 다른 한 사람이 경찰에 붙잡혀 말썽이 생겼다. 서울시 경찰국 분실 특수수사부에 끌려간 그는 수사관들에

1950년대 중반 무렵의 이기홍

게 굴복하여 노장환 체포에 함께 나섰다. 노장환의 고향인 전라북도를 중심으로 뒤지다가 1년 만에 노장환의 딸이 광주의 전남여고에 다닌다는 정보를 알아냈다. 그때 노장환은 성을 오 씨로 바꾸고 변장하여 전남여고 뒤쪽에 살고 있었다.

이 사실을 확인한 그는 서울로 올라가 특수수사부에 보고했고 형사들이 내려왔다. 1954년 초 노장환의 집 주변에 수상한 사람들이 있는 것을 발견한 면사무소 반장이 이 사실을 노장환에게 알려 가까스로 몸을 피했다. 하지만 광주 전역을 에워싸고 있는 형사들의 눈을 끝까지 피하기는 어려웠다.

노장환이 잡히면 우리까지 위험해질 것은 당연한 일이었다. 그래서 함께 활동하여 서동열과 상의하여 최충근으로부터 5만 원을 빌리고 승용차를 대여하여 노장환을 장성으로 피신시키는 데 성공했다. 노장환에게는 일단 광주에서 벗어나 서울로 가라고 했다. 노장

환이 광주에서 벗어난 것을 안 경찰은 주민증에 붙은 노장환의 사진을 확대하여 전국적으로 검거령을 내렸다.

한참 후 노장환으로부터 생활비가 떨어졌다는 연락이 왔다. 당시 노장환은 서울에서 서점을 운영하던 박종태의 집에서 은거하던 중이었다. 음력 설 무렵 내가 광산 관계 일로 서울에 올라갔을 때 노장환을 다방에서 만났다. 그는 나에게 생활비를 달라고 애원했다. 나는 냉정하게 말했다. 엿장수를 하든지 노동을 하든지 무엇이든 일을 하면서 살아야지 이게 뭐냐고 윽박질렀다. 부잣집 아들로 태어난 그가 해본 일이 별로 없을 듯싶었다. 그는 내가 머물던 여관까지 따라왔다. 그런데 노장환은 진즉부터 형사들에게 미행을 당하고 있었다.

2) 국가보안법 위반 혐의로 수감

다음날 아침 내가 투숙하던 여관에 형사들이 들이닥쳤다. 노장환은 이미 체포되었고 내 주변 사람들까지 특수수사부 사무실로 잡혀갔다. 사무실에는 주식회사 간판이 걸려있었다.

나는 서울 중부경찰서로 이송되었다. 내가 여기에 와있는 동안 깡패들이 잡혀와 사방이 북적거렸다. 노장환과 나는 각

구국동맹사건 체포 기사(동아일보 1955.3.10.)

각 독방에 수감되었다. 간혹 경찰서장이 순시하며 동태를 파악했다. 우리가 수감되어 있던 감방 앞에는 각각 "이 자는 중대한 사건에 관계되어 수사중이니 서울시 경찰국 정보과장의 지시 없이는 누구도 면회할 수 없다"는 푯말이 붙었다.

소위 구국투쟁동맹 전남지회 사건으로 불리는 이 사건으로 총 19명이 국가보안법 위반 혐의로 검거되었다. 당시 광주시장을 하다가 자유당 국회의원으로 출마하기 위해 선거운동을 하던 노인환도 노장환과의 금품수수 관계가 있다는 죄명을 쓰고 잡혀왔다. 조대부고 교감 신용근도 검거되었다. 수사 결과 이 중 12명을 제외한 7명은 풀려났다.

나는 최충근에게서 빌린 돈 5만 원에 대해 말썽이 생기지 않도록 후속조치를 해두었다. 그런데 서정각이라는 검사가 나에게 혐의를 씌우기 위해 무진 애를 썼다. 서장각 검사는 수사 과정에서 뜻대로 되지 않자 장일동으로 하여금 나에 대해 불리한 증언을 하도록 매수하였다. 결국 장일동이 최후진술에서 검사의 의도대로 진술을 하였다. 나는 1심에서 징역 10년을 선고받았고 최종 3년 6개월의 형을 언도받았다. 노장환은 10년 형을 받았다. 나는 1958년에 형을 마치고 만기출옥했다.

3) 여전히 의문인 이 사건

나는 형무소에서 목공 기술을 배우며 3년 6개월 동안 마음속의 울분을 삭이는 시간을 보냈다. 이 사건이 나에게 미친 상처는 매우 컸다. 미심쩍은 부분이 한두 가지가 아니어서 잘못 엮였다는 생각을 지울 수 없었다. 검찰에서도 구국투쟁동맹 활동에 대한 구체적인 설명은커녕 누구의 지시에 의해 무엇 때문에 그런 일이 조직되었는지 명확히 언급되지도 않았다. 단지 개인선에 의한 사건이라고 종결지었기 때문이다.

나로서는 당시의 앞뒤 상황을 객관적으로 검토해 볼 필요가 있었다. 1948년 남북 노동당의 합당 당시 소위 ML계라 하여 당에서 배제해버린 일부 민족지도자들에게 북조선 정권이 정치보위부선을 통해 임무를 하달한 적이 있었다. 그러나 6·25 전쟁이 터지자 그간 자기 희생적으로 활동한 동지들의 성과는 묵살되었다. 이런 내용은 앞서 6·25 직후 나와 강석봉 선생 등이 인민위원회에 의해 체포 감금된 사실에서 설명했다.

휴전협정이 이루어진 후 일부 신문과 잡지 등에서 정치보위부선은 북쪽에서 하달된 공식 선이 아니라 일부 개인들에 의해 이루어진 사조직의 선이라는 보도가 있었다. 너무 어이없는 얘기라서 우리는 하늘을 보고 웃었다. 어떻게 개인이 북한 인민 정권의 주요 부서인 정치보위부를 들먹이며 이런 엄청난 일을 할 수 있다는 것인지, 있을 수 없는 일이었기 때문이다.

그런데 구국투쟁동맹 활동을 하면서도 몇 가지 밝혀지지 않은 의문점이 있는 것은 사실이었다. 상부에서 반드시 하부선을 확인하고 승인했다는 점, 그리고 동맹이 조직된 지역에서는 반드시 삐라를 뿌려야 한다고 지시한 점 등이었다. 이런 일은 앞에서도 언급했듯이 조직을 모조리 노출시킬 위험이 있는 일이라서 도무지 이해가 안 되던 문제점이었다. 민주운동의 지도부를 확립하고 보호하기 위해서는 조직의 비밀이 절실히 요구됨에도 상부에서 지시하는 조직 구성 방법이나 활동 지침은 오히려 정부기관에 조직의 실체를 적극적으로 드러내라는 말과도 같았기 때문이다.

그래서 구국투쟁동맹 활동은 남조선에서 민족민주운동 지도부의 안정과 조직의 강화, 발전에 그 목적이 있는 것이 아니라 북조선 정권을 지지하는 조직이 활동하고 있음을 대외적으로 선전하려는 의도가 숨겨진 북측의 공작이 아니었나 하는 의심을 하게 되는 것이다. 다시 말해 활동가의 주류를 이루었던 ML계를 반당조직으로 규정하고 이들의 공로를 말살시키고 세력을 노출시켜 없애버리는 한편, 북의 정권에 대한 지지세력이 여전함을 선전하는 효과를 노린 것이 아닌가 한다. 배후에 당파성의 성격이 짙은 사건이었다. 남로당계 중심의 좌익 활동이 왕성하던 시기에 그 분파로 규정된 바 있던 ML계를 최종적으로 쓸어버리기 위해 북측이 설치해놓은 함정과 같은 사건이라는 합리적 의심을 지울 수 없었다.

1959년경 삼성당 서점 안채 뒤뜰에서, 부인 오수덕, 이기홍, 넷째 아들과 함께. 이기홍은 어느 셋방에 살더라도 작은 땅만 있으면 퇴비 주고 씨 뿌려 풍성한 화단 가꾸기를 좋아했다.

4) 민주운동의 지도부 결성에 대한 이견

그 후 남한의 민족세력은 이승만 정권에 반대하는 반독재 민주운동의 확대, 강화를 위해 끊임없이 고민하고 연구했다. 몇몇 지역들을 중심으로 개별적으로 의견수렴을 통해 민주역량을 발전시켜나가자는 의견이 자주 오고갔다. 이러한 모임은 전남 지역뿐만 아니라 서울, 강원도, 경북, 전북, 충남 등에 형성된 사적인 연락관계로부터 비롯되었다. 서울에 있는 동지들은 지방 동지들의 의견을 반영하고 다시 검토 분석하여 사상적 견해를 통일시키는 데 주력하고 있었다.

서울의 대표적인 인물로는 김정규 선생을 중심으로 한 20여 명의 그룹이었다. 전남 지역은 강석봉 선생을 중심으로 50세 미만의 동지들이 선배들의 지도에 따라 정세 분석을 했다. 나도 여기에 포함되어 있었다. 전북 지역은 김철수 선생이 활동하고 있었다. 이러한 내용은 모두 김정규 선생으로부터 직접 이야기를 들은 것이다.

당시 이 지역적 모임을 토대로 전체 민주역량을 지도할 만한 중앙당 조직을 구성하느냐의 문제가 크게 대두되었다. 한편에서는 조선노동당이 남조선 민주운동의 지도부임을 선언하고 남쪽의 지도부를 와해시켰기 때문에 당연히 조선노동당 중앙부에서 내려와 지도를 하고 있을 것이라고 추정하는 입장이 주류를 이루고 있었다. 이들은 당의 지도부 없이는 발전적 역사 투쟁이 있을 수 없다고 보는 입장이었다. 반면 강원도 지역의 동지들 입장은 달랐다. 현재의 상황은 이승만 정권에 항거하여 투쟁의식을 고도로 상승시켜가야 하는 시점인데 합당 당시 북쪽의 선언만 믿고 무작정 지켜보며 기다리는 것은 결과적으로 우리의 과업을 포기하는 것과 같다는 주장이었다. 서로의 의견이 양분되어 있었지만, 이러한 탁상공론도 잠시였다. 1960년 4·19 학생의거로 이승만 정권에 대항하는 전 국민적 저항이 퍼져나가고 있었기 때문이다.

만약 당의 지도부가 어딘가에 존재하고 있었다면 학생운동은 통일된 사상과 조직 형태로 표출되어야 하는데 4·19의 양상은 전혀 그렇지 않았다. 그 예로 서울, 대구, 부산, 광주 등지에서는 학생들이 대대적으로 시위에 가담했지만 그 외의 지역은 조용했다. 또한 시위의 내용에서도 미군이 시위 진압에 나서지 않았다는 점만으로도 미국에 감사한다는 시위가 전개되기도 했다. 예컨대 민족민주세력을 한데 묶어세우는 지도당이 부재하다는 것을 절실히 느꼈다.

2. 내가 경험한 광주의 4·19

1) 광주에서 4·19 시위로 수감

부정선거에 대한 규탄과 이승만 정권 타도를 외치는 성난 군중 시위는 순식간에 전국적으로 확대, 격화되어 갔다. 광주의 시위도 동일했다. 이 시위에 한 사람으로 참가했던 내가 전국 시위의 구체적인 실상의 인식에 도움을 주기 위해 광주 시위의 투쟁 내용과 양상을 여기에 참고로 기록한다. 모든 민중 운동은 준비와 진행 과정 및 운동의 양상과 결과에 대한 구체적인 인식이 있을 때 비로소 다음으로 이어지는 교훈과 지침을 제시해주기 때문이다.

일자는 미상이나 광주에서도 부정선거 반대 시위가 일어나 이승만 정권 타도 운동으로 발전했다. 이는 전국의 다른 지역과 동일했다. 처음에 산발적인 시위가 계속되다가 4월 중순에 이르면서 학생 시위를 중심으로 확대, 강화되어 시위는 매일 계속되었다. 나도 임시로 구성된 지도부에 가담하여 시민과 함께 지정받은 2개 고등학교 학생 대표와 야간에 만나서 시위 궐기에 대해 교양 선동을 한 결과 한 학교는 학부형과 교사들의 강력한 반대로 하지 못하고 다른 한 학교는 거의 전교생이 참가하여 대규모 시위로 발전되었다. 당시 시위는 평화시위였다. 그러나 흥분한 학생의 일부가 상점의 유리와 시설을 파괴하는 행위가 간혹 일어났다. 이와 같은 시민에 대한 피해는 시민과의 유대를 파기하는 결과를 가져오므로 폭력의 금지는 불문율적인 지침이었다. 나뿐만 아니라 시위 지도자들은 이것을 막기 위해 행렬의 앞뒤를 뛰어다니며 금지시켰던 기억이 오늘도 생생하다.

드디어 4월 19일 0시를 기해 전국 5개 도시에 계엄령이 선포되었다. 광주도 그 중 하나였다. 이승만은 계엄 선포 이유를 설명하면서 3·15 총선은 부정이 없는 공명한 선거였으나 공산당이 나라의 혼란을 목적으로 뒤에서 국민을 선동한 것이 시위의 원인이라고 밝히고 경찰은 주동자와 시위 대중을 강력하게 처벌 진압하라는 명령을 내렸다. 이러한 대통령의 계엄령에 따라 경찰은 4월 19일 경무대 앞에서 학생 143명을 비롯하여 190명을 사살했다.

광주에서도 4월 19일 새벽 3시를 전후하여 주동자 일제 검거가 시작되었다. 나도 회의를 끝내고 새벽 4시경에 집에 돌아오자 기다리고 있던 경찰에 의해 체포되어 충장로 파출소로 연행되었다. 가서 보니 먼저 14~15명을 검거하여 꿇어 앉혀놓고 있었다. 우리를 감시하고 있는 경찰뿐만 아니라 그곳에 들른 경찰관마다 "이놈들은 대통령 지시에 따라 모조리 총살할 수 있으나 총알이 아까우니 살점 하나하나를 떼어서 죽여야 한다"고 했다. 경찰은 경무대 옆에서 학생을 사살한 경찰과 똑같이 시위 군중을 철저하게 적대하면서 사살을 해서라도 시위를 진압시키는 것이 대통령에 대한 경찰의 충성이라고 확신하며 살기가 등등했다. 파출소에 들른 놈마다 무조건 머리와 허리, 다리를 차고 짓밟기도 했다. "너희들에 대한 사살 결정권은 우리 경찰관 마음에 달려있다. 이놈들 모조리 총살하고도 보고서 한 장이면 그만"이라는 말을 퍼부으며 살기가 등등한 살벌한 분위기였다.

그러다가 날이 밝고 아침 8시경에 무장한 트럭이 와서 그동안 계속 검거된 20여 명을 싣고 광주 경찰서로 가서 2층 옥상에 모아 놓았다. 당시 구속 인원은 80명 내외였다. 이 사람들은 주로 경찰이 평소 사찰 감시하고 있던 소위 좌경 용공분자들이 대부분이었고 당시 야당 인사도 4~5명 끼어있었다. 오후 4시가 지나도 아침도 점심도 주지 않고 물도 얻어 마시기 어려울 정도로 학대했다. 그 중에 한 동지가 "사람을 죽인 죄인도 먹여놓고 죽인다는데 우리가 무슨 죄가 있어 아침도 점심도 굶기느냐"고 항의하자 헌병 중사 하나가 일어서더니 "너 같은 반역자를 기다리는 것은 밥이 아니라 총알뿐"이라며 그 동지를 차고 따귀를 때렸다. 정말로 살기가 등등했다. 당시는 계엄령 상황이었으므로 치안의 실권을 가진 헌병이 사찰 감시 대상인 좌익 인사들의 명부를 들고 이 놈, 저 놈 하면서 속히 검거하라고 지시하는 것을 보았다.

그날 오후 5시경 그들은 우리를 아침도 점심도 굶긴 채 트럭 2대에 나눠 태워 광주 교도소로 가서 인계했다. 그곳에서도 헌병이 지휘하고 있었다. 헌병들은 우리를 4열로 나눠 땅위에 앉혀 놓았다. 우리가 바닥에 앉자마자 느닷없이 번개가 번쩍이며 천둥소리가 요란하더니 소낙비가 퍼붓듯이 쏟아졌다. 우리가 비를 피하려 일어나자 헌병이 들이닥치더니 일어나는 놈은 총살한다며 일어나지 못하게 했다. 더 이상 참을 수 없어 나와 또 한 동지가 "아무리 계엄령 상황이라 할지라도 우리를 법에 의해 다루어야 한다. 소낙비를 일부러 맞추는 것은 인권 유린이 아니냐?"며 일어서자 따라서 몇 동지가 일어섰다. 어디선가 헌병 4~5명이 달려오더니 "무엇이 어째? 너 같은 놈들은 총알이 마땅하나 불쌍해서 살려준다"면서 끌어내어 물이 흠뻑 고인 진흙 위에 발로 차서 넘어뜨렸다. 그 다음 양쪽에서 번갈아 배와 허리를 차서 이리저리 굴려 비 맞은 옷은 실 한 올도 보이지 않을 정도로 흙투성이가 되었다. 이 장면을 목격한 형무소장을 비롯한 형무관은 함구하고 바라보고만 있었다.

인수인계가 끝나자 헌병은 어디론가 가버리고 그 자리에 책상을 옮겨놓고 우리에 대한 입소 수속을 하기 시작했다. 교도소장은 앞으로 정세 변화의 전망을 의식했는지 묵묵히 왔다 갔다 하더니 우리의 번호는 형무소의 일련번호를 사용하지 말고 가번호를 붙이라고 했다. 그러므로 '가일번'부터 시작되었다. 그때 교도소장은 흙투성이가 된 나와 다른 동지 5명을 데리고 가서 몸을 씻기고 형무소 관복으로 갈아입혀 올라가라고 형무관에게 지시했다. 몸을 씻고 옷을 갈아입고 나니 소낙비가 개인 푸른 하늘과 같이 기분이 상쾌했다. 우리가 벗어놓은 진흙으로 범벅된 옷은 다른 재소자를 부르더니 가지고 가서 깨끗이 세탁하여 말리라고 지시하면서 우리에게는 소지품을 꺼내라고 했다. 그리고 나서 광장으로 나와 입소자 수속을 했다. 수속 절차는 일반 입소자에 대해서와 같이 세밀했다. 그때 내가 받은 번호는 '가60번'으로 기억된다.

수속이 끝나자 10개 감방으로 나눠 수감하고 젖은 옷을 교도관복으로 갈아입은 다음 저녁식사를 했다. 아침도 점심도 굶었으므로 보리가 섞인 콩밥 맛은 일미였다. 10시경에 교도소장이 일일이 감방문을 열고, 각별한 존칭어를 쓰면서 "여러분들은 여기에서 고생을 하는데 나는 집으로 돌아가게 되어 죄송합니다. 여기에 근무하는 교도관들 중 혹시 불순한 언행을 하는 사람이 있더라도 상대하지 말고 다음날 간부가 찾아올 것이니 그때 말하라"고 했다. 당시 광주 교도소장은 인수인계와 입소 후의 행동으로 보아 분명히 앞으로의 정세의 변화를 미리 알고 있는 것이 분명했다.

이상이 광주 시위에 대한 세밀하고 구체적인 내용의 설명이다. 광주 시위도 전국 각지의 내용과 양상 진행 과정이 대동소이한 것이기 때문에 전국 시위에 대한 구체적인 인식을 위해 광주시에 대한 설명으로 가름했다.

나는 4·19가 의거로 규정된 후 5일만에 풀려났다. 풀려난 뒤 충장로 3가에 있는 서점에 있다가 500~600명의 전남대생들이 "민주주의를 소생시킨 미국에 감사하자"는 플래카드를 들고 시위하는 것을 목격했다. 너무 기가 막혔지만 그냥 보고만 있을 수 없어 옷을 갈아입고 시내로 나갔다. 벌써 도청 앞에서는 미군에게 감사하는 내용의 결의문을 낭독하고 있었다. 나는 학생들이 들고 있던 플래카드를 빼앗고 학생들에게 지금의 시위가 크게 잘못된 것임을 지적하고 설명했다.

2) 희생자 중심의 4·19 평가는 재고돼야

이승만 정권의 붕괴를 가져온 4·19 의거는 1개월간 지속된 전국적인 민중항쟁의 결과였다. 이 운동에 대한 오늘의 평가는 최후의 단계에서 희생당한 학생들의 투철한 반독재 민주의식과 자기희생적인 숭고한 정신에 대한 것에 집중되어 있고 앞으로 민주지향의 우리나라가 전통으로 이어나가야 할 교훈으로 삼고 있다. 이 운동을 기념하기 위한 장소와 기념 영조물들도 민주 조국을 위해 아낌없이 생명을 바친 희생자 중심으로 이루어지고 있다.

4·19 의거에 앞장서서 희생당한 이들의 숭고하고 위대한 투쟁 정신은 당연히 높이 평가되고 역사에 기록되어 이어져야 하며 이 운동을 기념하기 위한 시설과 이 영령들이 잠들고 있는 묘역을 성역화하는 것은 당연한 것이다. 즉, 이 학생들이 이루어놓은 국가적, 민족적 유공은 앞으로 전통으로 이어져 조국의 민주지향 발전에 지침이 되는 교훈으로 받아들여져야 한다는 것은 너무도 정당하고 당연한 일이다.

그러나 1개월 이상 확대, 강화된 부정선거에 대해 분노를 폭발시킨 성난 민중 시위가 뒷받침되었기 때문에 이승만 정권이 타도되었다는 것은 상식적인 판단이다. 그러므로 항쟁을 마지막 승리로 이끈 학생 중심의 희생자에 대한 평가와 함께 시위에 참여하여 항쟁을 해 온 민중에 대한 평가도 반드시 이루어져야만 4·19 의거의 교훈이 앞으로 국민의 생활 속에서 숨 쉬며 더 한층 강력하게 새겨질 수 있을 것이다.

당시 전국 각지에서 궐기한 3·15 민중항쟁 운동은 규모와 횟수의 차이는 있을지언정 이승만 독재 정권의 영구집권을 타도하고 민주 조국을 반드시 수립하고야 만다는 민중의 결의로 이뤄진 것이었다. 희생당한 투사들의 자기희생적인 각오와 크게 다를 바 없는 동일한 격분이 폭발한 것이었음은 전국 각지 시위의 치열한 계속성으로 알 수 있다. 계엄령 선포 후의 무자비한 검거 투옥과 탄압이 이뤄졌었음은 광주의 사실에서도 입증해 주고 있다.

그리고 당시 전국적으로 궐기한 민중의 의식은 단순한 반독재 민주의식만이 아니었다. 8·15 해방 15년 후의 시점으로 친일세력의 독재정권 타도를 위한 운동이었으므로 순수한 민족 자주정권 수립이라는 민족의식과 결합한 자주 민주운동이었다. 친일 인사들과 그 지지 세력이 중심이 된 친일 정권의 연장과 안전을 목적으로 한 부정선거에 항거하여 일어났으므로 민중의 의식 속에는 항일 독립운동에서 부터 이어져 내려오는 민족자주 의식이 본능 형태로 마음속에 잠재해 내려왔다.

즉 이 운동은 친일세력 정권의 모순이 축적되어 국민이 반대세력으로 증가해가자 수단과 방법을 가리지 않고 저지른 부정선거에 대해 전 애국 민족이 총궐기하여 이승만 정권을 물러나게 하는 4·19 의거로 발전, 강화, 승화된 애국운동이었다. 그러므로 전국적으로 1개월 이상 계속된 민중봉기가 없었더라면 이 운동의 마루인 4·19 의거는 있을 수 없었을 것이다.

이승만 정권을 물러나게 한 결정적이고 원동력적인 역량은 민중의 봉기 역량이었음은 누구도 부인할 수 없는 엄연한 역사적 현실이었다. 그래서 4·19 운동에 대한 평가는 민중 봉기 중심으로 해야 한다는 논리에 도달한다. 오늘날 이 운동이 희생자 중심으로만 평가되고 있는 현실은 이 운동이 지닌 민족적인 전체성을 반영하지 못한다. 희생자들에 대한 존경과 숭배와 국가 서훈적인 평가는 정당하고 당연한 것이지만 이것만으로는 국민의 감탄과 존경의 테두리를 벗어나 생활화하는 구체적인 내용의 교훈은 도출되지 못한다. 그러므로 민중봉기를 이 운동의 결과를 가져오는 데 있어 부차적이고 종속적인 것으로 평가하는 것은 본말이 전도된 것이다. 이 운동에 대한 정당한 평가는 민중봉기를 바탕으로 한 총체적이고 구체적인 것이 되어야 보편적인 민족사적 의의가 확대됨과 동시에 영향력을 더욱 강화시킬 것이다.

3. 사회대중당 사건으로 다시 구속

4·19를 지켜보았던 혁신세력은 전 민족세력을 하나로 묶어세우는 운동이 필요하다는 점에 공감했다. 그리고 이미 우리나라는 미국의 군사적 보호하에 친일세력과 반민주세력이 결탁한 식민지 상태에 있다고 규정했다. 예컨대 남조선의 기본모순은 민족모순에 있으므로 민족 내부의 계급적, 종교적 차이 또는 빈부격차 등의 기타 이해관계에서 발생하는 모순들을 일단 접어두고 외세에 의한 직간접의 영향에서 벗어나 자립구조를 형성시켜 나가야 한다는 것이 큰 현안이 되었다. 민중의 의사에 따라 우리 민족의 이익을 실현하는 정부가 서야 한다는 것이었다.

그리하여 1960년 6월 초순 진보당 계열이 흡수된 사회대중당이 결성되었다. 사회대중당원의 자격은 과거 공산당에 가입한 자는 제외한다는 것을 기본 방침으로 삼았다. 그 직후 사회대중당 전라남도 지도부가 구성되었다. 위원장은 강석봉 선생이 맡아야 했지만 당의 원칙을 지킨다는 취지에서 국기열 선생이 맡았다. 나는 도당 외에 군의 지방조직을 결성하기 위해 동분서주였다. 자금 부족으로 어려움이 많았지만 열심히 뛴 결과 나주와 고흥에 각각 군당을 조직했다. 당시는 일제 때부터 독립운동을 했던 사람들과 그 이후까지 생존하고 있던 뜻있는 분들이 있어 많은 도움을 받았다.

6월 말경이었다. 내가 나주 군당을 조직하고 바쁘게 돌아가는 길이었다. 돈이 없어서 어렵사리 요기를 하고 당사로 갔다. 당사는 도청 부근에 있었다. 사무실에는 아무도 보이지 않았고 심부름 하는 아이가 본정파출소(현 충장로파출소) 뒤의 식당으로 가보라고 해서 갔다. 가보니 뜻밖의 광경이 눈에 들어왔다. 당원들이 고급 음식을 시켜놓고 술판까지 벌이고 있었다. 돈이 없어 식사도 제대로 못하며 돌아다니고 있는데 이게 무슨 일인가 싶었다. 나에게 들어오라고 했지만 들어갈 마음이 내키지 않았다.

본래 이번 선거에서 공천을 받는 자는 30만 원을 내놓기로 되어 있었는데 그 중 10만 원은 중앙당으로 보내고 나머지 20만 원은 지방당에서 쓰도록 되어 있었다. 그런데 강진의 아무개가 공천을 받기 위해 당원들을 미리 매수하기 위해 자리를 만들었다는 생각이 들어 석연찮은 기분이었다.

나는 무등극장 앞을 지나다가 광주 지역의 참의원으로 출마하려고 준비하던 김주섭을 만났다. 김주섭은 나를 보자마자 대뜸 "당을 팔아먹은지 모르요?"라고 묻는 것이었다. 이런 말을 들으니 참으로 어이가 없어 아무 말도 하지 못했다.

자유당에서 활동하던 자들이 사회대중당 광주지구를 등에 업고 다시 나왔다고 했다. 을구의 후보 박흥규로부터 돈을 받고 선거운동을 하고 있다는 것이었다. 박흥규는 자유당의 원내총무까지 했던 사람이었다. 속에서 천불이 날 지경이었지만 나는 그 근거를 잡기 위해 조용히 지켜보고 있었다. 며칠 후였다. 구례군당의 당원 2명이 광주도당에 찾아왔다. 당무위원회의 공문을 갖고 와서는 박철웅을 지지하기로 결정했다는 것이었다. 갈수록 태산이었다.

다음날 급히 당무위원회를 열었다. 열두 명의 위원들이 특별조사위원회를 구성하고 조사위원에는 나를 포함하여 서동열, 정 모 등 5명을 지명했다. 나는 김주섭이 얘기한 사실을 확인하기 위해 자금관계를 조사하던 중 150만 원이 수표로 제일은행 계좌에 입금되어 있는 것을 발견했다. 특별조사위원회 활동이 강화되자 박흥규는 500만 원으로 서동열을 매수하려 했다. 추잡하기 그지없는 일이었다. 박철웅 역시 50만 원을 은행계좌에 입금시켜 놓았음이 확인되었다.

선거운동 과정의 비리는 사실로 드러났다. 특별조사위원들이 당무회의를 소집하여 관련자들에 대한 제명 처분을 요구하였으나, 관계된 도당원을 평당원으로 강등시키기는 선으로 결정되었다. 도당원들의 횡령으로 도당 사무실의 임대료는커녕 공천자금까지 모두 바닥이 났고, 간사의 월급도 주지 못하고 신문구독료도 못 낼 형편이 되었다. 사회대중당 전남도당의 선거전략은 실패로 끝나고 7월 29일 열린 선거 결과 역시 참패였다. 참의원과 민의원 각각 단 한 명의 당선자도 내지 못했다. 전국적으로도 당선된 사회대중당 의원 수는 참의원 1명, 민의원 4명에 불과했다.

그 후 사회대중당 대회가 열렸으나 나는 참석하지 않았다. 그러는 사이 각 도당과 군당에 당원들의 생활태도와 비리 등을 파악하여 적은 서류가 보내졌고, 이로써 문제 있는 당원들의 행동은 모두 폭로되었다. 8월경에는 사회대중당을 와해시키려는 움직임이 진보당 계열에서 일기 시작했고, 9월 초순에는 윤길중, 김달호, 이동하, 박기출 등을 중심으로 통일사회당을 결성한다는 내용이 신문에 보도되었다. 이미 서울에서는 최근우를 중심으로 사회당이 결성되었다는 소식을 들을 수 있었다. 사회대중당의 주축 인사들이 그렇게 제각각 분열되고 있었다.

우리는 이 소식을 듣고 서울로 올라가 사회대중당으로 복귀해야 한다고 주장했다. 어른들에게는 간부직을 맡게 하고 그 외는 평당원으로 남아 대중과 결합해 나가자고 제안했다. 이러한 내용의 호소문을 작성하여 각 도당에 보냄과 동시에 서울에서 사회대중당 단합대회를 개최하기도 했다. 그러나 이미 판은 기울어진 때였다.

이렇게 진보 진영이 갈갈이 찢기고 있을 무렵 나는 수원에 있다가 군사쿠데타 소식을 들었다. 나는 서울로 급히 올라왔다. 서울역에 내리자 남대문경찰서 앞을 지키고 있는 헌병들을 보면서 쿠데타가 현실임을 피부로 느낄 수 있었다. 화신백화점 앞에 가보니 게시판에 "조선의 박정희 쿠데타를 지지한다"는 글이 있었다.

박정희는 즉각 장면 정부를 무력화시키고 전권을 장악했다. 5월 22일에는 포고령을 통해 정당 사회단체를 모두 해산시키는 한편 주요 진보진영의 인사들을 체포하여 혁명재판소에 넘겼다. 6월 22일에는 3년 6개월 이전까지 소급 적용할 수 있는 특별법을 만들어 소위 진보세력들을 반국가단체로 규정하여 모조리 잡아넣을 수 있는 올가미를 만들었다. 검거 선풍이 불면서 사회대중당과 진보당 계열 등 8천여 명이 체포되었다.

그 당시 사회대중당 중앙 간부인 윤길중 씨도 7년 언도를 받고 복역했다. 대중 집회소와 모든 직장 및 버스와 전차, 기차 등 모든 교통수단에는 용공분자를 색출하여 고발하는 것이 최고의 애국운동이라는 전단이 붙었다. 그것은 시내에도 자주 뿌려졌고 모든 언론은 앞장서 대서특필로 선전을 계속했다.

나도 검거를 피해 서울로 도피하여 전세방을 얻어 은신하던 중, 1963년 음력설이 되었는데도 귀향하지 않고 서울에 머물러 있으면 이웃으로부터 의심받을 것이 두려워 설 전후에 잠시 묵고 있을 은신

사회대중당 사건으로 투옥되기 전 각지를 전전하던 중 방문한 해인사에서(1963)

처를 물색했다. 그러다가 전남 영광 출신으로 영등포 구청에 계장으로 근무한 뒤 정년퇴직하고 영등포에 살면서 행정서사를 하던 조광석 동지가 자기 집에 있으라고 하여 설 이틀 전에 그곳에 가서 약 일주일간 머물렀다. 그 후 나는 3년여 동안 각지를 전전하며 피해 다닌 끝에 1964년에 검거되어 광주고등군법회의에서 6년형을 선고받고 서울 서대문형무소에 투옥되어 1년 이상 독방 생활을 했다. 그 후 1년 2개월 만에 소급법이 폐기되어 나는 1965년에 면소 판정을 받고 석방되었다.

여기서 잠시 조광석 동지 집에 있는 동안 있었던 일 하나를 기록해 두겠다. 당시 조광석 동지는 세계적으로 성능이 높은 트랜지스터 라디오를 가지고 있었다. 일본, 중국, 북한의 방송은 물론이고 런던, 미국, 호주 등 세계 각국의 방송이 이웃에서 말하는 것과 같이 선명히 들려왔다. 나는 참 다행이라고 생각하여 그 라디오를 애용했는데, 당시 세계사적 이슈가 되었던 중소 이념분쟁에 대한 양측의 이론들을 전부 들을 수 있었다. 북경과 모스크바에서는 하루에 아침과 저녁 2회씩 일본어와 우리말 방송을 했다. 내용인 전문만 정확히 60분을 방송했으므로 하루 4번을 들을 수가 있었다. 나는 3일간 방송을 듣다가 노트에 기록하기 시작했고, 그 뒤에는 하루 4번씩 방송하던 내용을 글자 하나 빼지 않고 정확하게 전문을 기록했다.

내가 이때 들었던 중소 이념분쟁 관련 내용들은 베트남을 둘러싸고 요동치는 세계정세에 대해 더욱 관심을 갖는 계기가 되었다. 나는 베트남 문제에 대해서는 1954년 베트남이 디엔비엔푸 전투에서 프랑스의 대병력을 격퇴시키고 실질적인 독립을 쟁취했다는 소식을 들으면서 깊은 관심을 갖고 다양한 자료들을 입수하여 공부했다. 그 후에도 우리나라와 닮은꼴의 역사와 운명을 겪고 있던 베트남 민족에 대해 깊은 관심을 갖고 외국 방송은 물론 일본의 암파서적에서 발간되던 잡지 '세계'와 일본 불교대학 교수의 저작 등을 탐독하며 베트남 민족의 독립투쟁 역사와 그 후 미국과의 베트남전에 대한 상황, 그리고 베트남 민족이 거대한 제국주의 세력에 맞서 전쟁에 승리를 거두고 마침내 자주독립을 이루는 과정을 주의 깊게 분석했다.

철저한 민족주의자인 호지명의 지도노선과 계급투쟁 노선 대신 민족통일전선을 이루어낸 전략, 그리고 이를 뒷받침해주었던 베트남 민족의 민족의식의 원천과 불교도가 국민의 80%를 차지하던 나라에서 종교가 민족역량으로 전화되는 과정을 감명 깊게 느꼈다. 식민지 지배, 남북 분단, 외세의 침공 등 우리 민족과 판박이의 운명을 겪었던 두 나라의 다른 결과에 대해서는 상당히 긴 내용이므로 본 선집의 다른 별권에서 상세히 다루겠다.

제11장 민족의식 교육과 지도자의 덕목

1. 어린 시절 네 분의 스승들이 끼친 영향

내가 고금 공립보통학교에 입학하자 일본인 교장이 다른 곳으로 전근하고 영광 군내의 다른 학교에 있던 제주 출신의 조선 사람 조태연 교장이 부임했다. 당시 조선 사람이 교장이 되려면 일본인보다 실력과 경력 등 모든 면에서 월등해야 했다. 6학년 말 내가 광주고보에 합격하자 가장 기뻐하고 반겨준 사람이 조태연 선생님이었다.

당시 우리나라 보통학교에는 일본인 교사가 반드시 한두 명 있는 게 보통이었다. 중앙에서 멀리 떨어져 있는 섬 지역이라 그럴 수도 있지만, 내가 졸업할 때까지 일본인 교사는 단 한 사람도 없었고 모두 조선인 교사였다. 보통학교 교사를 훈도(訓導)라고 했는데 일종, 이종, 삼종으로 구별되어 있었다.

가장 기억에 남는 선생은 제주 출신으로 1학년과 3학년 때 담임을 맡았던 김지호 선생님이었다. 선생님은 공부를 잘 못하면 매를 많이 때렸으므로 학생들 간에 뚝보(폭력교사)라 불렸다. 학생들 중 그날 배운 것을 잘 이해하지 못하는 학생들에 대해서는 방과 후에 따로 모아 놓고 이해할 때까지 밤늦도록 석유 등불에 불을 켜놓고 가르치기까지 했다.

그 선생님이 매일 내주는 숙제를 하지 못해서 두려워 등교하지 못하는 학생들도 종종 있었는데, 그럴 때면 선생님은 첫 수업 시작 후 학생들에게 자습을 시킨 다음 자전거로 7,8킬로미터의 먼 거리를 달려가 그 아이를 기어이 끌고 왔다. 때문에 당시 고금면에 살면서 이 학교에 다니는 누구든 공부를 하지 않으면 안 되었고, 결석도 절대 불허하였으므로 선생님 밑에서 배운 학생들은 성적이 고루 높아지지 않을 수 없었다.

지금도 기억에 생생히 남아있는 선생님의 말씀이 있다. "나라조차 잃어버린 이 불쌍한 놈들아. 너희들에게 힘이 되고 믿을 수 있는 것은 글을 배워 아는 것뿐인데 무엇을 믿고 공부를 하지 않느냐"며 꾸짖으신 일이었다. 그 중 특별히 게으른 학생은 볼기가 터지도록 매를 맞기도 하였다. 그 선생님은 가장 무서운 호랑이 선생이 되었다.

선생님은 고금면이나 완도군에서 교육자들의 회의 후 연회가 끝나면 남는 음식을 물이 흐르는 것을 제외하고는 보자기에 싸가지고 와서 그 다음 날 점심시간에 가난하여 잘 먹지 못하는 학생들을 숙직실에 불러 함께 나누어 먹기도 했다. 머리 깎는 바리깡을 구입하여 돈이 없어 머리를 못 깎는 학생들의 머리를 방과 후 손수 깎아주었다. 아주 가난한 학생들에게는 돼지새끼 한 마리씩을 사준 뒤 키운 다음에 새끼를 낳으면 그 중 한 마리만 가져오라고 하여 가난한 집 아이들에게 실질적인 도움을 주었던 열정적인 교육자였다.

선생님은 종종 말씀하시길 "너희들이 앞으로 사는 데 힘이 되는 것은 배우는 것뿐이다. 그것 이외에 너희들에게 힘이 되는 것은 하나도 없다"면서 간접적으로 민족의식을 교육시켰다. 이러한 교육이 되풀이되면서 어린 학생들도 알게 모르게 민족의식과 자신들의 책임감에 대해 눈을 뜨기 시작했다.

세월이 흐른 뒤 고금 보통학교 8회 졸업생인 우리들은 김지호 선생님을 은사인 동시에 지도자로 받들면서 성장할수록 감사하게 느꼈다. 그 분은 우리가 3학년을 마친 후 후 타 군으로 전근을 가셨다. 그 뒤 1938~1939년경에 영광군 내에 있 섬인 낙월도 보통학교 교장으로 부임하셨다. 이즈음 내 1년 후배이자 김지호 선생님으로부터 매맞으며 배운 오오석 동지가 낙월 어업조합 이사로 부임하자 제자 몇 사람들과 상의하여 이 기회에 우리에게 애국심을 일깨워주고 자비를 들여 아이들을 돌봐준 김지호 선생님께 뭔가 도움을 주어 은혜를 갚자고 의기를 투합하고 오오석이 이를 앞장서기로 했다.

당시 영광군 앞바다는 새우 생산이 풍부하였다. 말린 새우를 남의 명의로 어업조합에 위탁하여 경매하는 것은 금지되어 있었기 때문에 사람을 시켜 김지호 선생님 사모님 명의로 새우를 사들여 어업조합에 납품시켜 판매 경매함으로써 이익을 얻도록 해주었다. 새우를 사들이는 자금은 어업조합의 돈을 이용했다. 3년 후 김지호 교장선생님이 이곳을 떠나 전근할 때에는 3천 원 이상의 큰돈이 사모님 명의로 저축되었다. 오늘날의 가치로 환산하면 4~5천만 원에 해당될 것이다.

후일에 광주에서 몇몇 제자들과 선생님을 초대하여 만들어진 자리에서 선생님은 "너희들은 나한테 매를 많이 맞아 나를 많이 미워할 줄 알았는데 나를 이렇게 도와주느냐. 너희들 덕택에 노후에 편하게 살게 되었다며 내가 교육자가 되어 너희들을 가르친 것을 큰 보람으로 느끼고 자랑스럽게 생각한다"는 말씀을 한 적이 있다. 이 선생님 밑에서 매 맞으며 배운 학생들은 그 후 6학년이 되어 고등보통학교 진학 시험에서도 합격률이 가장 높았고 항일투사들도 여러 배출되었다. 지금도 그 선생님의 기억이 또렷하기에 여기에 기록을 남긴다.

그리고 또 한 선생님은 역시 제주도 출신으로 광주 도립사범학교를 졸업한 김성함 선생님이었다. 도립사범학교는 중학교 2학년을 수료하거나 수료 검정시험에 합격한 학생을 교육하는 3년제 사범학교였다. 당시 조선에는 서울, 평양, 대구에 5년제 사범학교가 있었고, 그 외에는 3년제 도립 사범학교였다. 나는 보통학교 4년, 5학년을 이 선생님 밑에서 배웠는데 이 선생님도 김지호 선생 못지않게 투철한 민족의식을 가졌다는 것을 그 후 성장하면서 확실히 알게 되었다.

　선생님은 한일합방의 망국 과정과 3·1 운동과 그 후에 계속된 전국 각지의 항일운동과 상해임시정부에 대해서도 뉴스 또는 이야기 형식으로 세련된 방법을 동원하여 자세히 알려 주었다. 우리 민족의 애국심이 담긴 문장들도 몇 구절씩 흑판에 써서 읽게 하면서도 노트에는 절대로 기록을 하지 못하게 하셨다. 역시 우리 민족의 힘은 배우는 것뿐이라는 점을 앞에서 말한 김지호 선생과 마찬가지로 강조해 왔다. 그리고 이 선생님은 우리의 망국 원인은 우리 민족이 단결하지 못했기 때문이라는 것을 다른 사례들에 비유하여 교묘하게 계속 가르쳐 주었다. 김지호 선생에 이어 김성함 선생의 교육을 받은 제자들의 성적은 뛰어날 정도로 고르게 우수했다. 선생님을 생각하면 오늘에 와서도 감상적인 회고감에 잠기기도 한다.

　또 한 분은 함경북도 갑산 출신으로 함경북도 경성 고등보통학교를 졸업하고, 경성 사범학교 연습과 1년을 수료하고 이종 훈도가 된 뒤 고금 공립보통학교로 부임하여 그해 졸업반인 우리 6학년을 담임한 분이다. 이 선생님도 간접적으로 애국정신을 고취하면서 주로 두만강 국경을 넘나드는 독립군과 만주에서 싸우는 독립군들의 생활과 활동에 대해도 이야기 형식으로 말해주었다. 만주에서 싸우고

고금보통학교 졸업 기념 사진 1928년

있는 우리 독립군 지도자 중 김좌진, 이청천 등 유명한 민족 지도자들에 대한 업적을 알려 주기도 하면서 참으로 성실하고 열성적으로 우리를 가르쳐 주셨다. 선생님이 지도하던 그 해에 지금까지 그 학교에서는 꿈에도 생각하지 못했던 광주고보, 서울 제일고보, 제2고보, 중앙고보 등 명문학교에 10여명의 합격자를 내기도 했다.

그리고 앞에서 말한 조태연 교장 선생님은 내가 광주고보에 원서를 제출하고 응시하러 가자 합격하면 꼭 전보를 치라고 당부하셨다. 합격자 발표날 광주에서 가서 고보 합격을 확인한 뒤 나는 즉각 우체국에 달려가 "합격되었습니다"라는 전보를 자랑스럽게 쳤다. 이틀 후에 학교에 가서 친구들 얘기를 들어보니 조회 시에 학생들 앞에서 그 전보를 몇 번 계속 읽으며, 이기홍이가 오면 내가 업고 운동장을 한 바퀴 돌겠다고 까지 말씀했다고 한다. 조태연 교장선생님은 그 후 계속해서 고금 보통학교에서 근무하다가 1928년 겨울에 급성 폐렴으로 타계하여 고향인 제주도에 옮겨 장례를 지냈다. 교장 선생님도 우리들에게 노골적으로 민족의식을 자극하는 말을 하지 않았으나 그분의 생활과 태도에서 우리는 그것은 충분히 느낄 수 있었다.

위에서 말한 네 분 선생님은 나뿐만 아니라 모든 학생들에게 간접적으로 민족의식을 각성시켜주는 교육을 일관되게 해주시던 분들이었다. 훗날 이분들에게 배운 제자들이 모인 자리에서 우리는 그분들에 대해 은사인 동시에 민족지도자로 여기며 마음속에 새겨두고 있다는 회상을 하곤 했다. 이 선생님들이 어린 시절의 우리에게 남긴 인상과 교육의 영향은 아주 오랜 세월이 흐른 지금까지도 여전히 남아있다는 것을 깨닫는다. 교육자들이 지닌 애국심의 유무가 제자들의 애국정신 계몽에 얼마나 큰 영향을 주고 그 인생을 바꿔놓는 것인지를 새삼 느끼게 되는 것이다.

그 증거의 하나로 보통하교 내 동창생 중에는 독립운동에 투신한 친구들이 많다는 것을 들 수 있다. 완도군 지도자인 최창규와 나 외에 2명, 고금면 지도자가 된 박노호, 김진호, 황인철, 송기체, 4인 부락 지도자인 박병률, 신병희와 1년 후배인 오오석, 오창석 외 23인이 있다. 우리가 독립운동 지도자가 된 것은 이 선생님들이 교육 과정에서 민족의식을 각성시켜 주었기 때문이었다. 오늘도 나는 그 분들에 대해 계속 회상하며 감사하고 있다.

이 분들은 세상에 알려지지 않은 민족 교육자이므로 이 기회에 여기에 기록하면서 추억하는 한편 그 선생님들의 명복을 빈다. 의식 형성 과정인 청소년 시절에 민족의식을 깨닫게 하는 교육자의 영향이 결정적인 역할을 한다는 것을 나와 그 동지들은 언제나 높이 평가하고 있었다. 당시 고금 보통학교에는 감시자 역할을 하는 일본인 교사가 8년 이상 한사람도 없었다는 것도 큰 도움이 되었다.

2. 지도자의 덕목

지도자는 생활권의 대중과 밀착되어 앞장설 때 본연의 역할을 제대로 할 수 있다. 나는 완도에서 태어나 초등교육 과정에서 민족의식 각성에 눈뜨기 시작하여 농민운동에 가담한 이래 면과 군 책임자의 단계를 거쳐 중앙 지도부의 한 사람이 되기까지 단계적인 발전 과정에서 대중과 밀착된 실천 속에서 지도자는 무엇을 어떻게 해야 하느냐는 것에 대해 객관적으로 인식했다. 하부에서 상부에 이르기까지의 각급 지도자가 자기 생활권의 대중과 밀착하여 정직하고 충실한 대중의 심부름꾼이 되어 앞장서 실천할 때에만 각급 조직은 생명력 있는 역량을 발휘할 수 있다. 각급 지도자는 지도자의 역할에 충실함과 동시에 생활권의 대중 지도에도 더욱 많은 시간과 노력을 집중시켜 충실해야 한다. 지도부의 임무를 위해 소요하는 시간보다 생활권의 대중과 함께 있는 시간이 훨씬 많기 때문이다.

세계 각국 혁명운동의 각급 지도자들은 생활권의 일선 지도자를 계몽했다. 생활권 내에는 반드시 해결해야 할 그 지역의 모순과 대립이 있기 마련이다. 개인들 간의 난제도 많다. 지도자는 이런 문제의 해결에 충실하게 실천하는 심부름꾼이 되어야 한다. 이때 지도자가 자기만이 그 지역의 유일한 지도자라는 소영웅주의적 태도를 갖는 것은 절대 금물이다. 이것은 의식 대중과 일반 대중을 유리시키는 결과를 가져온다.

그 생활권에는 반드시 대중이 존경하고 대중의 편에 서있는 유지 한두 사람이 있기 마련이다. 생활권의 난제 해결에 앞장선 지도자는 반드시 유지와 상의하고 자문과 동의를 얻어 그 문제 해결에 이 유지들의 지시를 내세우며 지도자는 여기에 따라 심부름한다는 것을 분명하게 내세워야 한다. 이 때 비로소 그 생활권의 대중은, 의식화된 조직 대중뿐만 아니라 극소수의 반동 인사를 제외한 나머지 대중도 지도자의 지도에 공감대를 형성하여 무형적으로 조직화되어 조직의 저변을 확대한다는 것을 나는 실천을 통해 인식했다.

이 원칙은 나만의 인식이 아니라 세계의 모든 혁명운동에 공통된 원칙이다. 지도자가 어떠한 형태의 대가도 바라지 않고 대중을 위해 충실한 심부름꾼임을 생활과 행동과 처세로 보여주면 원치 않아도 대중은 그를 가장 가깝고 가장 믿을 수 있고 모든 것을 상의할 수 있는 가까운 지도자로 받들게 된다. 대가를 요구하지 않는 자기희생적인 실천만이 대중이 밑으로부터 받드는 지도자가 되는 요체다.

대중 지도의 이론과 지도부의 지시는 실천을 전제로 한 것이다. 실천과 유리된 이론과 지도는 빈 드럼통이 굴러갈 때 내는 요란스러운 소리처럼 내용이 없는 것이다. 실천은 반드시 실행해야 하므로 부지런함을 전제로 한다. 실천은 근면과 같은 뜻이다.

이상과 같이 나는 고향에서 민족의식 각성과 함께 대중과 밀착된 지도자상을 각성하여 이 의식을 노년에 이르기까지 실천의 기준 척도로 정립하여 여기에 맞추어 실천해 왔음을 말해둔다.

3. 민족의식 교육의 중요성

1) 전인교육을 넘어 민족의식 교육으로

의식 형성 과정인 소년 시절에 초등학교 과정에서 교사의 역할이 절대적인 것임을 나는 내 경험을 통해 알고 있다. 이 경험과 여기에서 도출된 이론을 바탕으로 오늘 한국 교육의 일선에 서있는 초, 중등 교사들이야말로 의식 형성 과정에 있는 소년들의 민족의식 각성에 결정적인 역할을 하는 위치에 있다는 것을 말하고 싶다.

오늘날 한국의 교육계에서 내세우는 교육의 목표는 전인교육이라고 한다. 실용적인 지식이나 출세주의를 넘어 인간으로서 바람직한 넓은 교양과 건전한 인격을 육성하려는 것이다. 거기에는 윤리, 도덕, 정의로운 사회질서 등의 가치관이 내포되어 있다. 그런데 전인교육은 구체성이 결여된 범주적인 개념이다.

전인교육 가치관의 내용인 윤리, 도덕, 정의로운 사회질서 의식 등은 민족의식이 요구하는 역사발전 과정에서 확립된 내용이다. 민족국가 내에 있는 모든 물질적, 문화적인 것은 민족국가를 위해 존재하는 민족적인 것이다. 민족 외적인 것은 존재 가치가 없다는 말이다. 그중에서도 교육은 대표적으로 민족을 상징하는 분야다. 그러므로 윤리, 도덕, 사회 질서의식 및 정의와 양심은 민족을 위해 도움이 되고 보탬이 될 때에만 존재가치가 있다. 따라서 오늘날 교육의 목표를 전인교육에서 민족의식 교육으로 차원을 높여야만 교육이 민족과 국가 앞에서 제자리에 서게 된다.

예컨대 절도, 강도, 사기 등을 일삼는 범죄 집단이 불법적으로 강탈 편취한 장물을 분배할 때 그들도 정직, 공평, 양심 등의 윤리 규범을 내세운다. 사후에 이런 가치를 내세운다 해도 그들의 원천적인 범죄 사실이 덮여지는 것은 아니다. 8 · 15 후 마치 신라의 성골계급과 같이 높이 평가되어 최고의 애국 지도자로 둔갑한 친일 인사들의 경우로 이를 확대 해석해 보자.

이들은 민족 앞에 민족 반역에 대해 단 한마디 사과도 없이 일본

천왕의 만세를 부르던 입에서 침도 마르기 전에 대한민국 만세를 부르고 애국가를 부르며 국가의 주도권을 잡고 모든 분야를 주름잡으면서 일제가 남긴 이권을 손아귀에 넣고 주름잡으며 권력을 배경으로 치부하였다. 그들은 교육사업과 여러 형태의 사회사업을 하면서 자신들의 행적을 합리화하고 미화하고 있다.

그러나 이들이 아무리 윤리 도덕적인 가치관으로 합리화시키려 해도 앞서 범죄 집단의 윤리의식과 마찬가지로 민족 반역의 범죄 행위를 대가로 얻은 권력과 부의 부당성이 가려지는 것은 아니다. 이들은 단지 교육과 언론을 통해 애국과 윤리도덕의 간판을 내세워 권력 유지와 치부의 수단으로 이용하고 있을 뿐이며 이들의 의식은 우리 민족의 최고 가치관인 민족의식과 단절되고 있을 뿐만 아니라 그 반대에 서있다. 민족의식이라는 구체적 기준에 위배되는 보편적 가치는 공허할 뿐만 아니라 실체의 진실을 왜곡하는 역할만 하게 된다. 내가 민족의식 교육을 중시하는 것도 그러한 이유에서다.

윤리 도덕적인 가치관은 이론과 설명이 아니고 실천을 위한 지시다. 윤리, 도덕적 사회의식을 종합한 민족의식은 학설이나 이론이 아니라 민족의 안정과 발전을 위한 실천의식이다. 동시에 투쟁의식이다. 실천과 유리된 윤리도덕 의식과 민족의식은 민족의 존재와 발전에 도움을 줄 수 없는 공염불과 같은 것이다. 민족의식은 민족공동체의 운명의식이므로 전 민족이 한 사람이 생각하는 것과 같은 민족 통일의식이다. 민족의식은 실천해야만 존재가치가 있으므로 민족 역량 조성을 위한 통일의식이다. 그러므로 민족 내부에서 어떠한 이유와 명분으로든 분열은 반민족적인 것이다.

민족의식과 민족역량의 통일이 그 민족의 존망을 좌우하는 기본적인 진리임은 16세기에 시작된 열강의 약소민족 식민지 강점에서 열강이 내세운 "식민지 민족을 지배하려면 먼저 분열시켜라. 반대로 해방하려면 통일하라"는 논리가 뒷받침해주고 있다. 예컨대 우리 민족 내부에서 여러 가지 이유와 명분으로 분열된 자주민주 운동은 이를 아무리 합리화 시키려고 해도 결과는 독재세력에 이익을 가져다준다는 현실을 직시해야 한다.

2) 일선 교사에게 바라는 점

사회적인 인간은 초기의 사회생활을 시작한 이래 오늘날의 민족 단계에까지 이르는 수백만 년의 역사를 통해서 사회의 구성원 각자가 그 생활과 권리와 자유를 보장해 주는 공동체인 권력 모체가 있어야만 생존하고 발전할 수 있다는 것을 각성해왔다. 그렇게 공동체에 종속해야 한다는 의식이 민족의식의 원형으로서 이는 인류의 본능의식이다. 약소민족의 경우 이 의식은 표면화되지 못하다가 열강의 억압에 따라 잠재적인 형태에서 현재적인 형태로 전환되어 표면에 드러나기 시작했다.

민족의식의 일부는 각성되어 있으나 대부분은 잠재의식의 형태로 존재한다. 이 의식은 타고나면서부터 갖고 있는 본능의식이며 이는 지식으로 배우는 것이 아니라 각성, 즉 깨우침에 의해 발현된다. 스스로 깨달아 각성된 민족의식은 민족과 조국을 우선하고 여기에 다른 것을 종속시키는 자기희생적인 실천의식으로 연결된다. 민족이 국난에 처했을 때 이 실천의식은 폭발하는 투쟁의식이 된다. 이는 모든 약소민족의 해방의 역사, 그리고 일제 합방 이후 우리나라의 독립운동의 역사가 여실히 말해주는 진실이다. 그러므로 우리 교육의 사명과 목적은 전인교육의 범주적 개론적 표현보다 한 차원 더 높은 민족의식 교육으로 향하는 것이 더욱 효과적이라고 나는 본다.

특히 오늘날 일선 교육 현장인 학교와 교실에서 교사들의 민족사적 역할은 그 누구보다도 무엇보다도 결정적으로 중요하다. 우리 사회에 만연한 수많은 부조리, 부의 편재, 친일세력의 득세 등의 배경에는 어김없이 민족공동체가 최우선이라는 민족의식의 부재가 놓여 있음을 알아야 한다. 민족 전체가 아니라 나만 잘 살면 된다는 의식이 나라를 팔아먹은 세력의 매국 동기가 되었고, 우리 편만 이기면 된다는 의식이 우익과 좌익으로의 분열과 엄청난 희생의 근본 원인이 되었다는 사실을 누구도 부정하지 못할 것이다. 따라서 교육을 담당한 일선 교사들은 민족의식의 함양과 함께 스스로가 철저한 민족주의자가 되어야 한다.

나뿐만 아니라 우리 민족의 통일과 자주민주 국가 완성을 염원하는 사람이라면 누구나 일선 교사들의 사명과 역할이 그 어떤 정치 사회 문화 운동의 역할보다 크다는 사실을 알고 있다. 민족의식 교육에는 가정교육과 사회교육도 그 나름대로 역할을 해 왔지만 이것은 간접적인 것이고 주종을 이룬 것은 학교 교육이다. 그러므로 일선 교사들의 역할이 절대적이라는 결론이 나온다. 일선 교사들만이 우리 민족의 존재와 발전을 좌우하는 민족역량을 창조해 낼 지도자를 길러내는 최초의 원천적인 역할을 하는 위치에 있기 때문에, 그들 스스로가 먼저 민족지도자가 되어야 한다는 점을 강조해 두고 싶다.

내가 완도 한구석에서 태어나 소년기의 초등교육 과정에서 받은 교육에서 민족의식 각성에 눈을 뜨기 시작하여 독립운동에 투신하게 된 경험을 바탕으로 우리 독립운동과 기타 약소민족의 해방에서 민족의식 교육이 절대적인 역할을 해왔음을 보고 앞으로 우리 민족이 해결하지 못하고 있는 문제의 해결에 민족 교육의 중대성을 고취하기 위해 이 글을 쓴 것이다.

여기에서 말한 민족주의를 혹자는 국수주의, 즉 패권적인 독재로 이어지는 전 근대적인 보주수의라고 보는 사람이 있을지도 모른다. 하지만 그러한 견해는 민족주의가 민족의 발전과 함께 발전하면서 창조적 역할을 하고 있음을 보지 못하고, 지나간 역사 시점에 고정시켜 놓고 보는 데서 오는 그야말로 보수적인 편견이다.

오늘날 세계 각 민족이 추구하고 있는 민족주의는 세계주의를 바탕으로 한 것이다. 그 내용은 국가의 대소와 국력의 강약을 막론하고 이 나라들의 주권과 국경을 자기 나라의 것과 똑같이 존중하고 수호하면서 대응하고 동등한 자격과 위치에서 유무상통하며 우호적인 외교 관계를 맺는 것이다. 이는 민족주의가 국수주의와는 정반대라는 것을 입증해주는 사실이다. 아직도 독일의 나치즘이나 이스라엘의 시오니즘, 일본의 야마토이즘이 간간히 국제 뉴스거리로 보도되고 있으나 이것은 역사발전의 뒷전에 남은 지난 역사의 보잘 것 없는 유물이자 사라져가고 있는 한시적인 잔재일 뿐이다. 여기에서 우리 일선 교사들의 투철한 민족주의는 세계주의적인 민족주의라는 점을 분명히 말해 둔다.

제12장 청산해야 할 친일세력의 문제

1. 친일세력이 주장하는 공통된 논리

   인류역사는 새로운 사회제도로 계속 바뀌면서 또 정권이 교체되면서 발전해 왔다. 어떤 사회제도 또는 정권에서 지배 권력층에 속하여 부귀영화와 권력을 누려왔던 사람들은 사회제도와 정권이 바뀌어 그들의 세력 기반이 없어진 후에도 과거에 누렸던 권세에 대한 미련과 집념을 상상 이상으로 강력하게 갖고 있다. 이것은 인류 역사가 발전해 오는 과정에서 반드시 나타나는 공통된 역사 현실이다.

   과거의 권세와 영화에 대한 집념은 그 당대에 그치지 않고 대를 이어 전통을 이룬다. 이러한 원칙적인 역사적 사실은 조선 망국 후 일제 침략에 영합하여 민족분열에 앞장서 철저히 친일세력화 한 유림세력이 광복 후에도 미국을 등에 업고 친일세력의 편에 서서 민족자주세력과 대립해온 사실이 여실히 말해준다.

   이를 입증하기 위해 광복 후 그들이 국민 앞에 추호의 반성이나 사과 없이 친일 행위를 합리화시켜 항일 독립운동가들 이상의 유공자로 평가되어 애국자로 둔갑한 사실을 기록해 두려 한다. 총독부의 조선인 관리들은 주어진 직책과 권한 이상으로 일제에 지나칠 정도로 충실했다. 일제가 패망한 8·15 후 미군정은 일제의 총독부 통치

제도와 기관을 그대로 받아들여 과거 일본인이 차지했던 자리에 총독부의 조선인 관리들을 대폭 승진시켜 기용했다. 이들은 민족 앞에 반성도 사과도 없이 친일 행위를 당연시하면서 애국자로 둔갑하여 우리나라의 주권 세력이 되어 각 분야를 장악했다. 해방 후 이들은 일제시대보다도 몇 백 배 확대 강화된 세력이 되어 우리나라의 주권을 잡았던 것이다. 이것을 본 아버지와 동지들은 우리 역사가 거꾸로 흘러가고 있다고 개탄하며 이들에 대해 일제 이상으로 분개했다.

이들의 확고부동한 매국 반역 의식을 증명하기 위해 8·15 이후 필자가 대중들로부터 들은 말을 전하려 한다. 8·15 후 나는 일선 대중 속에서 조직 활동을 했으므로 대중과 밀착되어 있었고 그 당시 친일세력에 대한 동태와 정보도 수집 정리했다. 친일 인사들은 나의 존재를 알고 있었으므로 그들과 나와의 직접적인 접촉은 있을 수 없었다. 그러나 여러 지방의 대중을 통해 그들의 활동과 언행을 자주 전해 들었다. 그중에서 가장 확고부동하게 그들의 정체와 본질을 드러내 주는 의견이 다음과 같은 것이다. 그들은 자신들과 또는 그들의 영향하에 있는 대중 앞에서 공공연하게 말했다.

"우리들이 총독부의 관리로 적극 협력한 것은 선견지명이 있는 현명한 일이었다. 우리가 적극 친일했기 때문에 미군정과 대한민국에서 우리를 우대하여 국가 각 기관의 요직에 앉히고 권력을 잡게 해주지 않았느냐! 독립운동 한다며 우리들을 증오하고 욕하며 자기 가족들을 거리로 방황케 하고 자식들 교육도 변변히 시키지 못한 독립운동자들은 광복된 오늘에 와서 우리보다 쓸모가 없으니까 제외시키지 않았느냐! 우리가 없었다면 미군정은 우리가 하고 있는 일을 미국인을 데려다가 시킬 수밖에 없었을 것이다. 그 결과는 총독부의 일본인 관공리와 같은 숫자가 되었을 것이다. 우리가 없었더라면 군정에서 정권을 이어받을 능력 있는 인물이 없으므로 대한민국 정부의 수립도 늦어졌을 것이다. 누가 뭐라고 해도 우리는 광복과 동시에 우리나라의 주권세력이 되고 있지 않느냐. 총독부 관공리가 최우선으로 평가받고 있지 않느냐. 그리고 광복 후에 민족으로부터 가장 존경과 우대를 받는다는 확신을 갖고 독립운동을 하던 독립운동자들은 앞으로 먹고 살려면 우리 앞에 머리를 숙여야 하는 것이 오늘 누구도 부인할 수 없는 사실이지 않느냐!"

나는 그들이 이렇게 서슴지 않고 하는 말을 여러 사람들로부터 들었다. 이것은 친일 인사 중 몇 사람의 말이었지만 대중을 통해 들은 것이기에 여기에 기록한다.

친일세력의 이러한 논리에 대해 우리들은 증오와 분노로 받아들이지 않고 뜻 있는 여러 동지들과 냉정하게 분석 검토 평가했다. 이들의 이러한 주장은 해방 후 정세와 역사를 예견하고 자신들의 친일 행위에 대해 그들 본위로 합리화시킨 공식과 같은 말이다. 오늘 어떠한 학설과 이론으로도 친일세력의 본질과 속성에 대해 이와 같이 분명하게 설명하는 말은 없을 것이다.

이 말의 근저에는 일본제국이 존재하여 우리나라를 침략하고 총독부 통치를 함으로써 그들이 광복 후 주권세력이 된 기본 원천이 되어주었으므로 그들은 일본제국에 대해 누구보다 감사하고 무엇보다도 받들고 존경해야 할 절대적인 가치를 부여한다는 뜻이 깔려있다. 따라서 오늘날 2세, 3세로 이어지는 그들의 후예는 이와 같은 선조의 친일 때문에 출세하고 영광을 받았으므로 선조의 친일을 감사하며 전통을 이어가겠다는 뜻을 확실하게 나타내고 있는 것이다.

혹자는 그들의 친일 전통에 대한 나의 주장이 피해망상에서 나온 것이며 사실과 유리된 확대 해석이라고 말할지도 모른다. 그러나 이는 현실을 총체적으로 인과적으로 보지 못하고 눈앞의 현상만 보는 근시안적인 시각이다. 여기에 대한 설명은 이론보다도 오늘날 100만 명이 넘을 것으로 추정되는 친일세력의 자손 중 단 한 사람도 선조의 친일 반역에 대해 민족 앞에 속죄하는 사람을 눈을 씻고 보아도 찾을 수 없다는 점이 웅변해준다. 그들의 생활과 태도는 선조들의 친일 행위를 자신들의 현재를 위해 긍정적으로 받아들이고 있음은 물론이고 앞으로도 그러한 전통을 영원히 이어가려 할 것이라는 점을 예감케 한다.

친일세력과 그들의 후예로 이어지는 반민족적인 역사는 민족정기를 바탕으로 한 철저한 민족사적 결산에 의해 그들의 행적과 오늘의 실태를 민족 앞에 투명하게 밝히고 부각시켜 민족에 대한 부정적인 요소의 제거라는 차원에서 다뤄져야만 할 것이다.

당시 고향에 살고 있던 아버지도 이 말을 전해 듣고 민족 해방이 된 광복의 결과가 일제의 앞잡이인 친일세력의 손에 권력을 고스란히 넘겨 그들에게 막강한 권세와 영화를 가져다준 현실에 대해, 식민지 치하의 악조건에서도 독립을 위해 자신과 가족의 희생까지 무릅쓰면서 싸웠던 애국자들이 과연 무엇을 위해서 누구를 위해서 그렇게 싸웠느냐는 반문을 하지 않을 수 없다고 개탄하셨다. 아버지는 지도하고 있던 청년 몇 사람에게 언젠가는 우리 민족사가 올바르게 결산될 것이니 후일의 증거를 위해 언행을 구체적으로 기록하여 정리하라고 하셨다.

자신들의 친일 행위가 선견지명이었다는 식의 논리는 몇 사람을 통해 전해들은 것이지만 그것은 친일세력 전체의 본질과 속성을 그대로 드러내는 그들의 의식의 표현인 것이다. 즉 친일세력 전체에 공통된 보편의식을 보아야 할 것이다.

2. 면면히 이어오는 친일세력

1) 대를 이어오는 친일세력의 부와 권력

이 글을 읽는 독자 중에는 무엇을 근거로 친일 인사들의 후손이 한 사람의 예외도 없이 민족의식의 반대편에 서있는 부정적인 존재라고 단정하냐며 반문할 사람도 있을 것이다. 나는 그들이 부정적인 존재임을 논리적으로 설명하기보다는 누구도 그 어떤 것으로도 부인할 수 없는 객관적인 사실을 근거로 자신 있게 이 글을 썼다.

사회적 존재인 인간이 객관세계를 인식할 때 현상과 외형만을 보고 판단하는 것이 보통이다. 객관적 현실이 나타낸 외형적인 현상과 자체의 본질적인 진리 사이에는 차이가 있다. 그러므로 객관세계에 대한 과학적인 인식은 현실 자체가 지니고 있는 본질과 속성을 바탕으로 합법칙적으로 인식해야 한다. 현상과 본질의 차이를 일상생활에서 그 사례를 하나 들어본다.

지구 표면에 나타나는 주야 명암의 현상은 지구가 자전, 공전하는 과정에서 일어난 현상이다. 지구 표면의 일부가 태양과 맞바라볼 때는 광선이 비춰 밝은 낮이 되지만 태양에 등을 돌린 반대편은 어두운 밤이 된다는 말이다. 이것은 지동설을 주창한 갈릴레이에 의해서 시작되어 지금은 초등학생도 다 아는 과학으로 되어 있다. 이것이 태양계 우주 자체의 객관적 본질이다. 그러나 이 현상에 대해 인간이 일상생활에서 느끼는 인식은 정반대이다. 갈릴레이 이전의 천동설의 입장에서 보자. 날이 새면 해가 동쪽에서 떠서 중천을 지나 서산으로 넘어간다고 보았다. 즉 지구는 움직이지 않고 태양이 움직이는 것으로 보았고, 달과 별에 대해서도 똑같은 방식의 인식을 갖고 있었다.

사회 문제를 바라보는 인식도 마찬가지다. 예컨대 "친일 인사들의 후손들이 국가 각 기관과 사회, 경제 언론 문화 등 요직에 기용되어 복무하면서 한국을 발전 강화시켜가고 있는 주역의 대부분을 담당하고 있지 않느냐. 이것이 애국이 아니냐. 투철한 민족의식의 함양 없이 국가를 위해 충성할 수가 있느냐"고 주장하는 사람들도 있을 텐데 이는 앞에서 말한 동쪽에서 떠오르는 태양에 대한 논리와 같이 본질을 보지 못하고 현상만을 보는 것에서 나온 큰 착각이다.

친일 인사들은 일제 식민지 치하에서는 권력과 부를 누렸고 8·15 후에는 세상이 다 아는 바와 같이 일제가 떠난 자리와 버리고 간 이권을 친일세력과 그들의 지지 동조세력이 거의 독점하다시피 차지하였다. 그러므로 친일 인사들의 자녀들은 여유 있는 경제력과 권력을 배경으로 세상에서 말하는 일류대학에 들어가 출세할 확률이 그 외의 사회 계층에 비해 월등했음은 누구도 부인하지 못할 것이다. 그들이 국가의 요직에 기용되어 사회질서 확립과 국가의 발전을 위해 불철주야 노력하고 있음은 민족의식을 바탕으로 한 애국이 아니냐고 반문할지도 모르지만 이는 국민이 친일세력의 본질을 보지 못하도록 눈을 가려 현혹시키려는 친일세력 후예의 대변인과 같은 생각이라고 나는 단정한다.

친일 인사들의 후예들이 차지하고 있는 국가의 요직과 그들이 쥐고 있는 권력은 국민의 복리와 국가의 발전 강화를 목적으로 반드시 집행을 강행해야 할 막강한 권력이다. 그러나 그들은 군정 이후 6공화국에 이르기까지 국민 본위로 국가를 위해 집행해야 할 지위와 권력을 장악하는 순간부터 국민과 국가의 이익은 뒷전으로 물리치고 자신들의 권력 강화와 치부에만 급급했음은 이번 김영삼 정부가 강행한 금융실명제와 고위 공무원 재산 공개에서 속속들이 드러나고 있는 사실이 웅변으로 증명해 주고 있다.

김영삼 대통령은 아직도 막강한 영향력과 조직 형태의 역량을 가진 이들에 대해 혼자의 힘으로 대응하면서 수구세력의 반동적인 실존 역량을 의식하며 가능한 범위 내에서 그들의 목을 조르면서 순차적으로 말살해가고 있다. 이것이 국민의 눈에는 소극적이며 한계성이 있는 것으로 보일 수도 있다. 하지만 6공화국에 이르기까지 유지된 권력구조를 특권계급 본위에서 국민 본위로 개조하면서 역사의 흐름과 방향을 바꾸는 것은 우리 민족사의 지각 변동이 일어나게 하는 기폭제 역할을 하는 의미 있는 일이다.

하지만 이는 기회를 엿보며 언제든 역량을 조직화하여 반전을 노리는 수구세력을 대상으로 한 민족 혁명이므로 고도의 전략과 능숙한 전술이 필요한 일이다. 수구세력을 지나치게 몰아붙이면 남미와 중남미의 카브리해 지역, 아프리카 국가의 일부에서 벌어진 사례처럼 승리한 민주세력이 수구세력의 역량을 무시하고 조급하게 개혁을 서두르다가 수구세력에게 뒤엎어져 다시 군사독재로 돌아간 사실이 있음을 알아야 한다. 우리나라의 수구세력이 조직을 역량화하여 상황을 반전시키는 것은 결코 불가능한 일이 아니라는 점을 명심해야 한다.

2) 친일세력의 후예도 예외 없이 반민족적

지금까지의 역대 정권에서 국가권력을 장악한 군사 독재하의 각급 기관 요직에 있는 공직자들은 사리사욕을 위해 국가와 국민의 재산과 인권을 닥치는 대로 먹어치우는 수단으로 국가권력과 관직의 지위를 사용했다. 그들은 기회만 오면 오는 대로 또 기회가 오지 않으면 기회를 만들어 법과 권력을 부정축재에 이용하여 닥치는 대로 먹어 치웠다. 관권과 권력은 그들이 먹기만 하면 쇳덩이도, 바윗덩이도 녹여 흡수시키는 초강력 소화제 역할을 했다. 논도 밭도 산도 그들이 먹기만 하면 녹아서 치부의 피가 되고 살이 되었다.

6공화국에 이르기까지의 역대 정권은 이들이 부정한 행위를 돕는 소화제 역할을 했고, 법과 정의와 여론은 그들의 소화에 장애가 되는 독극물이므로 무참하게 짓밟아버렸다. 김영삼 대통령이 국민의 편에 서자 소화제 공급이 단절되었다. 그 결과는 한국의 모든 오늘 언론이 요란스럽게 보도하는 바와 같이 뱃속에 들어간 불법 부정으로 이루어진 부와 권력의 음식물을 토하고 설사하고 던져버리고 있다. 칼날이 서슬 퍼렇던 감투도 추풍낙엽같이 스스로 벗어 던지거나 벗겨지고 있는 모습이 가관이다.

이들 세력의 주축은 친일 매국의 전통을 이어 받은 그 후예와 여기에 편승 동조했던 지지 세력이라는 사실은 누구라도 알 수 있다. 여기에서 친일세력의 후예와 그 동조 세력들은 예외 없이 민족의식과 단절된 존재라는 사실을 증명해주는 예를 들어보겠다.

일제 때 직접적인 친일세력은 각급 공무원 약 20만 명과 재야 친일세력을 조직화환 국민총력연맹 및 여기에 적극 동조한 지지 세력과 또 편의와 안전을 위해 여기에 편승하여 관공리 이상으로 날뛰었던 세력을 30만 명으로 보면 도합 50만 명이 될 것이다. 일제가 패망한 지 반세기 가까이 지난 오늘에 와서는 친일세력의 후예가 2세, 3세에 도달했으므로 그 수는 2배~3배로 증가했을 것이다. 최소한 2배로 보아도 100만 명의 친일세력과 그 후예가 있다는 계산이 나온다.

그들은 타 계층에 비해 교육 수준이 높으므로 자기 선조들이 범한 용서받을 수 없는 친일 행위가 무엇인지 이론적으로 파악하고 있는 사람들이다. 또한 그들은 우리 민족과 한 하늘 아래서 결코 함께 살수 없는 선조들의 반역이 애국으로 둔갑하여 권세와 영화를 누렸던 과정을 누구보다도 잘 알고 있다. 그러므로 그 후예들은 자기 선조의 친일 행위가 그들이 오늘날 누리는 출세와 영달을 가져온 유일한 원인임을 자랑삼아 영광으로 평가하고 있다. 이에 대해 혹자는 감정에 치우쳐 현실과 유리된 지나친 혹평이라 할지 모른다. 나의 주장이 허구적인 것이냐 진실이냐는 것을 다음의 사실에서 찾아보도록 하자.

총독부 통치하에서 조선인의 관직은 최고가 총독부 국장(現 장관급)이었고, 각도의 도지사도 몇 사람, 그리고 도 이하의 행정기관과 교육계 기타에도 고등관이 많이 있었다. 판사, 검사도 법원마다 한두 사람씩 있었고 경찰서마다 조선인 경부보와 경부가 한 사람씩 배치되어 있었다. 일본 경찰도 하늘의 별따기처럼 어렵다던 서장에도 조선인 몇 사람을 임명했다. 전남 담양 출신의 조선인 서장도 한 사람 있었다. 그리고 군수는 모조리 조선인이었고 직급은 고등관이었다. 우리 민족경제 착취 수탈의 일선 기관인 금융조합의 책임자인 이사는 우리 민족의 경제 사정을 잘 아는 인물이어야 했으므로 거의가 조선인이었다.

이처럼 높은 지위에 있던 조선인 관공리는 친일 협력의 측면에서 다른 사람보다 월등하므로 매국을 판단하는 척도로 보아야 할 것이다. 이상의 고위층에 속한 관공리뿐만 아니라 말단에 이르기까지의 공무원들과 앞에서 언급한 국민총력연맹 이사와 간부들은 8·15 광복 후 각급 관직과 사회 진출을 위해 제출하는 이력서에 총독부에서 받은 관직과 이력을 자랑삼아 기재했다. 이 친일 관직을 유리한 이력으로 평가해 주는 것은 오늘에도 여전히 효력을 발휘하고 있다.

그리고 그 자손들은 자기 선조들이 친일의 대가로 받은 관직과 사회적 지위를 대를 이어 내려갈수록 정당화하고 합리화하면서 미화시켜 출세의 후광으로 자랑삼아 내세우고 있다. 이는 거의 예외를 찾아보기 어려운 공통된 현실이다. 민족정기의 빛으로 조명하여 민족의식의 척도로 평가할 때, 투철한 민족의식을 가진 애국자라면 땅을 치고 통곡해야 할 통탄스러운 현실인 것이다.

앞에서 언급한 바와 같이 100만 명이 넘을 것으로 추측되는 그들의 후예들 중에 친일 반역자의 후손으로 태어난 것에 대해 수치로 생각하거나 우리 민족에 대한 그들 선조들의 죄악을 보상하기 위해 민족을 위해 더 한층 공헌해야겠다는 민족 충정을 표시한 사람은 오늘에 이르기까지 단 한 사람도 없다. 혹자는 이것에 대해 근 반세기의 세월이 경과했으므로 망각한 결과가 아니냐고 두둔하고 나설 사람도 있을 것이다. 그들이 선조에 대해 망각하고 일체의 언급이 없다면 그러한 논리가 성립할 여지도 있다. 그러나 불행하고 증오스럽게도 그 후예들은 친일의 대가로 얻은 선조들의 관직을 자랑삼아 내세우며 출세의 후광으로 삼고 있기 때문에 그 논리는 성립될 수 없다. 이상의 객관적인 현실로 볼 때 친일세력의 후예는 한 사람의 예외도 없이 민족의식과 단절된 존재라는 논리가 객관적으로 입증되는 것이다.

앞에서 언급한 이들의 생활과 태도는 민족의식의 단절에만 그치지 않고 현재와 미래의 정상적인 민족사를 가로막는 반민족세력이 되고 있음을 말해준다. 이들이 선조의 대를 이어 나라의 중추세력으로서 권력을 장악하고 모든 분야를 주름잡으며 그들의 사적 목적 달성에 매진한 결과, 광복 반세기에 이르는 동안의 우리 역사는 국민이 바라는 민주주의적인 자주독립 전망이 희미해진 가운데 외세를 등에 업은 이들의 농간으로 휘청거리고 있음은 누구도 부인하지 못할 것이다. 우리 민족은 앞으로 이들에 의해 거꾸로 흐르고 있는 민족사를 바로잡고, 민족정기를 바탕으로 한 애국의 척도로 준엄한 심판을 내리는 민족사의 결산을 이뤄내야만 민족 본위의 자주민주 사회를 만들어갈 수 있을 것이라 본다.

3) 반민족세력 제거는 자주독립의 선결과제

제2차 세계대전 후 식민지에서 독립한 민족 중에는 우리보다 소수인 약소민족들이 많다. 이들이 자주독립을 이룬 것은 식민지 침략에 앞장섰던 반민족세력을 철저하게 배제하여 민족사 앞에 놓인 장애물을 제거했기에 가능한 일이었다. 우리 민족은 강력한 저력과 역량을 갖고 있다. 이것을 분열시키고 약화시킨 친일세력은 자신들의 약소한 힘만으로는 부족하다고 판단하여 미국을 등에 업고 그 힘으로 국가의 주권을 잡고 애국 민족을 다양한 방법으로 묶어놓음으로써 스스로 주권세력이 되어 권력을 유지하고 있다.

오늘날 민족해방과 혁명의 수단은 폭력이나 폭동이 아니라 민주주의에 의한 선거다. 식민지에서 독립한 100여 개 국가들에서도 같은 방법으로 선거혁명을 이루어냈다. 식민지 종주국을 등에 업은 반민족세력이 강고하게 정권을 장악하고 있는 조건과 정세하에서 무력이나 폭력으로 대항하는 것은 승산이 없는 싸움이며 기분풀이로 공중에 주먹을 휘두르는 것과 같은 것이다. 이러한 상황을 냉철하게 판단한 민족들은 자유 민주주의 선거를 통해 반민족세력을 하나둘씩 몰아내고 결국은 그들의 설 자리를 무너뜨려 완전 자주독립을 이룩한 것이다.

이것은 이론이나 정책으로 되는 것이 아니다. 식민지 치하에서 민족 내부의 다양한 대립과 모순 및 상이한 사상과 견해 차이에서 오는 분열은 자주 독립국가 건설이라는 대명제 앞에서는 부차적인 것에 불과함을 철저하게 각성하는 것이 선결과제가 된다. 즉 민족세력은 반민족세력이 장악하고 있는 정권 앞에서 빈틈없이 한 덩이의 바위와 같이 단결하여 각급 선거에서 승리를 쟁취함으로써 독립국가 건설을 이룩해낸 것이다.

오늘날 세계 각국이 민주주의적으로 발전을 이룩하는 수단과 방법은 폭력과 폭동이 아니라 다당제 민주주의를 통한 선거이며, 이것이 실질적인 혁명의 수단임을 세계 각국의 사례가 증명해주고 있다. 그리고 이것을 이룩할 수 있는 기본 바탕은 투철한 민족의식의 각성이 유일한 원동력이라는 점을 말해둔다.

3. 반민족세력에 면죄부를 준 대한민국

1) 반민특위 활동의 와해

지금 대한민국의 법으로 친일반역 행위는 범죄가 되지 않고 합법적 행위로 정당화되고 있다. 그것은 8·15 후 미군정의 시작과 함께 싹이 틔워졌다. 미국은 친일세력을 보호, 육성, 강화하면서 이 세력을 토대로 3년간의 군정을 실시했다. 반면 민족세력에 대해서는 반공정책의 칼날을 휘두르며 귀에 걸면 귀걸이 코에 걸면 코걸이 식의 법을 만들어 민족세력의 운신을 제약하였고, 친일세력이 정권을 잡기에 충분한 3년간의 정지작업을 완료한 다음 친일세력을 뿌리로 한 이승만의 자유당에 정권을 넘겨주었음은 익히 알려진 사실이다.

당연히 민족세력이 잡아야 할 주권을 미군정을 등에 업고 가로채 정권을 잡은 친일세력은 국가의 주도세력이 되어 국내외 정세에 따라 외형으로는 민주주의의 옷으로 치장했으나, 그 몸체는 친일반역세력 및 그 동조세력을 핵심으로 삼아 6공화국에 이르기까지 권력을 향유했다. 해방 이후 우리 민족사는 친일세력을 중심으로 거꾸로 흘러왔음은 누차 지적한 바다.

민족세력에게 있어 친일 민족 반역세력은 원천적으로 부정의 대상이었고, 이들과는 같은 하늘 아래 함께 살 수 없는 철저한 적대적 존재였다. 친일세력이 민족세력을 말살 또는 탄압, 약화시키려 함은 자신들의 존재에 대한 합리화와 권력의 영구화를 위한 당연한 귀결이었다. 친일세력은 자신들을 애국세력으로 합리화, 미화시키기 위해 국가권력 및 법과 모든 정책을 동원했고 지도자급에 속한 학자와 언론인, 교육자 등을 통해 이러한 합리화 작업을 지속적으로 전개했다. 그 사례를 하나하나 기록하자면 엄청난 양이 되므로 대표적인 몇 가지 사례만 들어보겠다.

1948년 대한민국 정부가 수립하자 초대 제헌국회에서는 '반민족행위자 처벌 특별법'(반민법)을 만장일치로 가결했다. 이 법에 의하면 국권 피탈에 적극 협력한 자는 사형 또는 무기징역, 일제로부터 작위를 받거나 제국의회 의원이 된 자, 독립운동가 및 그 가족을 살상하거나 박해한 자는 최고 무기징역 최하 5년 이상의 징역, 직간접으로 일제에 협력한 자는 10년 이하의 징역이나 재산몰수에 처하도록 규정되어 있었다.

이 법에 따라 각 도청 소재지에 반민족 범죄자의 검거와 수사를 목적으로 한 '반민족행위 조사 특별위원회'(반민특위)가 설치되어 조사관과 직원들을 임명하고 반민족 행위자의 검거 수사에 박차를 가하였다. 이 기관은 검찰청과 똑같은 국가의 수사기관이며 조사관의 임무와 권한은 이 분야에서 검사와 동일한 권한을 갖고 있었다. 이에 따라 먼저 그 지방의 국민들이 앞을 다투어 고발한 거물급 친일 행위자부터 검거하기 시작했다. 서울에서는 유명한 배정자를 비롯한 거물급 친일 인사들이 속속 검거되었다. 그중에는 유명한 이광수 선생도 포함된다.

위기의식을 느낀 반민족세력 진영에서는 위원회의 활동을 저해하기 위해 갖은 노력을 다했다. 반민특위에 무장경찰을 난입시켜 해산시키는가 하면 업무상 필요에 의해 수집된 각종 서류를 없애 증거를 인멸하고 기물을 파손하였다. 이는 이승만 대통령의 특명에 의해 조선총독부 출신의 경찰 간부 지휘하에 이루어진 일이다. 특위 조사관을 비롯한 직원들은 생명의 위협을 느껴 피신하는 일이 벌어졌다.

뿐만 아니라 구속된 1급 친일인사를 석방하고 보호하여 국가의 요직에 승진 임명하였다. 반민특위의 영장에 의해 검거 투옥된 친일 인사들은 대통령의 특명에 의해 석방되었고, 신변 보호차 고급 호텔에 투숙시켜 두고 무장 헌병이 보초를 서도록 하여 이들을 보호했다. 이후 이승만과 자유당 정권은 거물급 친일인사에 대해 우리 민족 중 가장 우수한 행정, 경찰 기타 각 분야의 기술자들로서 앞으로 대한민국 정부 각 분야에 필요한 사람들이라는 이유를 들어 일제 총독부에서 받은 지위보다 2, 3급 또는 그 이상으로 진급시켜 국가의 요직에 기용하여 막강한 권력을 장악하게 했다. 이들을 중심으로 친일세력은 우리 주권을 장악하고 공고하게 세력화되었다.

배정자를 비롯한 거물급 친일인사들은 모조리 석방되어 철저한 보호를 받았으며 이승만 정권을 지지하는 각계각층의 인사들은 여기에 대해 일언반구도 하지 않았고 일부에서는 지지하고 나섰다. 당시 뜻있는 사람들은 민족정기에 비추어 볼 때 친일 행위를 정당화시킨 이들은 우리민족 앞에 친일인사들보다 더욱 악랄한 민족반역 행위를 한 자들이라고 분개했다. 친일 반역자에 대한 이승만 대통령의 강력한 옹호정책은 친일인사들에게 확실한 메시지가 되었다. 그들은 이 정부가 친일세력을 위한 정부라는 것을 확신하고 이때부터 그들의 행위를 더욱 노골화하면서, 반공정책을 앞세워 민족인사들을 대대적으로 검거하고 투옥하기 시작했다.

2) 반민족 행위자 처벌 특별법의 폐기

그 후 이승만 정권은 6·25 전쟁 중이던 1952년 2대 국회에서 제헌국회가 만장일치로 가결했던 '반민족 행위자 처벌 특별법'을 다수당인 자유당 의원들의 힘으로 밀어붙여 폐기시켰다. 반민법의 폐기로 민족 반역자들은 면죄부를 얻고 이들의 행위는 정당한 것으로 합법화되었다.

이 문제는 우리 민족이 앞으로 민족을 본위로 한 민족사 결산에 있어 결정적인 증거가 되는 사안이었음에도 당시 각 분야의 지도자라고 자칭하던 인사들은 이에 대해 단 한마디의 반대나 항의를 표시하지 않았다. 친일 반역자들은 날개를 달았고 이들은 이승만 정권의 절대적 지지세력이 되었다.

이때 사회 지도자급 인사들이 친일세력의 편에 서서 지지세력이 되었던 사실은 언론의 자유가 거의 박탈되었던 당시 각 신문의 논설과 보도에도 잘 나와 있다. 이들은 친일세력이 정권을 잡고 국가의 각 분야를 좌지우지하고 있는 정세와 조건하에서는 그들을 지지해야만 자신들도 지위와 감투를 얻을 수 있고 부와 명예도 보장된다고 판단했던 것이다. 이들의 행위는 총독부 통치하에 친일세력이 일제의 편에 섰던 것과 조금도 다름없는 반민족 행위다.

반민족 행위자 처벌 특별법의 폐기는 영원히 용서할 수 없고 반드시 응징해야 할 친일인사들, 즉 민족 말살에 앞장서서 우리 민족의 생명과 재산 수탈에 앞장섰던 이들의 행위를 대한민국의 법으로는 절대 처벌할 수 없게 만들었다. 친일파 세력의 사회적 지위와 권리는 애국민족과 조금의 차이가 없는 것으로 복권되고 말았다. 이 법이 폐기됨으로써 그들은 기고만장하여 앞에서 언급했듯이 자신들의 친일 행위가 곧 선견지명이었다는 뻔뻔한 논리가 나오게 된 것이다.

반민법이 이승만의 자유당 독재정권에 의해 폐기되는 것이 불가피했다 하더라도 민족정기와 애국의식이 마음 한 구석에 살아있는 사람들이라면 이 법의 부활을 계속 주장하여 국민의 동조를 받게 했을 것이다. 그러나 독재정권에 반대하면서 국민의 자유와 민주권리를 대변한다는 야당에 몸담은 정치인들도 오늘에 이르기까지 국회에서 이 법의 부활을 주장한 사람이 없고, 뿐만 아니라 각 언론 기관에 논설과 평론을 쓰는 학자도 교육자도 언론인도 이 문제를 다룬 사람은 전혀 없다. 이는 오늘에 이르기까지 우리 민족사가 누구를 위해 무엇을 위해 흘러 왔는지를 알 수 있는 객관적인 증거라 할 수 있다. 특히 야당에 몸담아온 정치인들의 정책이 거듭되는 수난에 의해 휘청거리고 있는 우리 민족을 위해 무엇을 했는지 묻고 싶다.

3) 총독부 근무 경력까지도 퇴직금에 산정

지구상 모든 국가공무원은 일정한 보수를 받으며 복무하고 퇴임 후에 월급 이외에 퇴직금을 지급받는다. 퇴직금은 장기간 국가를 위해 헌신한 공로에 대한 일종의 포상인 것이다. 그러므로 정년퇴직한 공무원에 대해서는 퇴직금 이외에 국가훈장이나 대통령을 비롯한 각 기관장이 표창장을 수여한다. 훈장과 표창을 받은 퇴직 공무원들은 이것을 가장 명예롭게 여긴다. 공무원 표창의 절대적 조건은 그 나라 그 민족을 위해 바친 노력이다. 부정과 비리로 사욕을 취한 탈선 공무원에 대해서는 아무리 장기간 복무했어도 퇴직금을 주지 않는다. 퇴직금의 성격과 원칙은 앞으로 공무원의 사기 고무와 애국의식의 함양에 절대로 필요한 정책의 하나이기 때문이다.

그런데 우리나라는 총독부 관공리로 우리 민족을 희생의 제물로 바치는 데 있어 일본인 이상으로 충성했던 총독부 출신 관공리들이 후일 대한민국 공무원으로 봉직한 뒤 퇴직할 때 이들의 근무기간 계산에 총독부 근무 기간을 합산시켜 주었다. 이들의 근무연한을 일제 총독부가 임명한 시일까지로 소급하여 가산해주었다는 얘기다. 도저히 있을 수 없는 일이었다. 하지만 이것은 박정희 정권에 이르기까지 착실하게 시행되었다. 믿을 수 없지만 이것은 엄연한 사실이었다.

이 사실은 설명할 필요도 없이 친일을 위한 총독부 근무 기간을 우리 민족을 위한 봉사의 기간으로 국가가 인정했다는 말이 된다. 이런 국가가 제대로 된 나라라고 할 수 있겠는가. 반민법 폐지와 동일한 선상에 있는 반민족적 행위라고 밖에는 말할 수 없다. 나는 이 사실이 당시 언론에 여러 번 보도된 것을 보았다. 5공화국 말기에 이르기까지 우리나라의 내로라하는 학자, 교육자, 언론인, 법률가, 예술인 중 단 한 사람도 여기에 대해 그 부당함을 지적하고 나온 사람이 없었다. 나는 당시 언론을 이 잡듯 뒤졌으므로 이 사실을 분명히 알고 있다. 친일 행위가 이런 식으로 합리화되는 나라의 정체가 도대체 무엇인지 당시 분개했던 기억이 생생하다.

4) 반역자 척결 대신 애국자로 둔갑시키는 나라

식민지에서 독립한 민족국가 중 아직도 전(前) 종주국의 입김이 강하여 반역세력이 권력의 일부 또는 전체를 장악하고 있는 국가에서는, 자기 민족을 식민지의 희생물로 제공하고 권력과 영화를 누리는 매국세력과 이를 반대하는 애국세력 간에 서로 융화될 수 없는 대립이 계속되고 있는 나라들이 있다. 어떤 현재의 세력이 권력을 갖고 있느냐에 따라 각 세력에 대한 평가는 달라진다. 우리 민족처럼 매국세력이 완전한 주권세력으로 둔갑하여 이들의 모든 매국 행위가 합법화되고 정당화되는 조건에서 민족세력은 반국가적으로 평가될 수밖에 없다.

민족국가가 존속하려면 그 국가를 안정시키고 발전시키기 위한 합당한 질서가 확립되어 있어야 한다. 그것을 규정하는 기준이 그 나라의 법이다. 민족공동체를 위해 국민들이 꼭 지켜야 할 질서의식은 유구한 역사를 통해 정의와 윤리, 도덕 등 다양한 형태의 공동체 의식으로 정립되어 있다. 이러한 사회질서를 최소한으로 규범하고 이에 대해 국가의 강제력을 부여한 것이 이른바 국법이다.

그러므로 그 나라의 법은 민족국가의 존재를 위해 필수적인 정의와 도덕, 윤리, 양심과 사회 규범이 지녀야 할 최소한의 본질적인 표현이자 그것의 실천을 강요하는 규범이다. 현실적으로 인류 역사의 발전과정에서는 부와 권력을 독점한 세력이 그들의 세력을 보호하기 위해 자의적으로 법을 만들어 이용했다. 국민 전체에 돌아갈 복리가 법과 제도의 이름을 내세워 인민에 대한 착취와 억압으로 이어질 때 이를 악법이라 했다. 이러한 현상은 영구적으로 지속될 수 없고 역사 발전의 과도기에서 일어나는 현상이다. 결국에는 민족 본위로, 국민 본위로 바로잡혀간다는 게 역사의 진실이다.

그럼에도 불구하고 해방 후 우리나라의 역사는 법의 실행 측면에서 보더라도 여전히 바로잡혀지지 않았다. 앞서 말한 반민족 행위자 처벌 특별법이 온갖 수난을 받으면서 친일세력과 그 비호세력에 의해 실질적으로 무력화되었고, 끝내 그 법은 이승만 정권에 의해 6·25 전쟁이 끝나지도 않은 전쟁의 틈바구니에서 폐기되었다. 친일파 청산의 기회는 법적 토대마저 잃어버렸고 그 후 사회지도층이 당장 자신들이 누릴 혜택을 감안하여 이를 묵인, 동조하여 친일세력의 화려한 재기를 지원했다. 그 후 등장한 박정희 군사정권은 서로의 이해관계가 맞았던 친일파와 결합하여 가장 반민족적인 권력의 행사로 민족사의 올바른 흐름을 완전히 역전시켜버렸다.

나는 법률 전문가도 아니고 다만 법학 개론 정도의 상식을 가지고 있는 사람이지만, 우리나라의 법조문 어디에서도 그리고 민족의 간부가 될 판사, 검사를 목표로 법을 배우고 있는 법과대학의 4년 과정 어디에서도 일제가 우리 민족 말살을 목적으로 한 식민지 정책에 앞장서 엄청난 생명과 재산을 강탈하는 데 있어 일본인 이상으로 협력했던 친일 인사들의 행위가 범죄가 된다는 것은 배우지 못하고 있는 것으로 알고 있다. 이게 우리나라의 엄연한 현실이다.

그간 우리나라는 반민족 행위자를 철저히 응징하는 대신 이들을 최고의 애국자들로 둔갑시켰다. 우리나라에서는 8·15 이후 6공화국에 이르기까지 민족 자주세력과 그 운동에 대해 귀에 걸면 귀걸이 코에 걸면 코걸이 식의 반공정책을 내세워 이 반대세력들을 모조리 반국가적 범죄자로 판결하여 전과자를 양산하고 있음은 누구도 부인할 수 없는 엄연한 사실이다. 민족사가 거꾸로 흘러가고 있는 반민족적인 역사에 대해 철저하게 결산하여 청산하지 않으면 지정학적으로 세계 4대 강국의 틈바구니에 끼어 곡예사와 같은 연기를 하고 있는 우리 민족이 명실상부한 완전 자주독립 국가로 갈 수 있을지의 장래는 확실하게 보장되지 않을 것이다.

민족에 대한 반역 행위는 원초적인 범죄다. 합방 이후 친일세력과 그 전통을 이어받은 역대 정권의 친일세력 합리화와 정당화는 동일선상의 범죄다. 민족국가라면 마땅히 친일 반역세력에 대해 처벌하는 법률이 우선적으로 만들어지는 것이 당위적인 사명이다. 반민족 행위자를 척결하지 못하는 것은 친일세력에게는 천만다행의 행운이지만 우리 민족 전체를 위해서는 한강물보다 더 많은 눈물을 흘려도 해소될 수 없는 비통한 일이자, 민족공동체의 존재 이유를 부정하는 통탄할 노릇이라고 밖에 말할 수 없다.

5) 반민족 행위는 준엄한 응징을 받아야

대한민국의 어떤 법조문을 들여다보아도 친일 반역 행위를 한 자를 처벌한다는 규정은 하나도 없다. 당연한 일이다. 이승만 정권의 제2대 국회에서 반민족행위자 처벌 특별법이 폐기되었기 때문이다. 이 법의 폐기로 친일 행위자는 처벌의 대상이 될 수 없게 되었음은 물론 애국 행위자와 동등하고 대등한 인권과 권리와 자유를 갖는다는 보장을 해주었다. 우리 민족을 말살 직전까지 몰고 가는 데 앞장 섰던 친일반역 행위자들은 법적으로 면죄부를 받았던 것이다.

식민지로부터 독립했던 대다수 민족의 경우 자기 민족의 예속에 앞장섰던 민족 반역세력에 대해서는 추호의 관용도 용서도 없이 민족사의 심판대에 올려놓고 민족정기를 바탕으로 한 준엄한 응징을 했다. 이것은 앞으로 성장해 가는 후세 민족 앞에 역사를 투명하게 부각시켜 또 다시 그 민족 내부에서 외세와 영합한 반민족세력의 발생과 준동이 반복되지 않도록 이들을 뿌리째 뽑아야 했기 때문이다.

나는 그동안 여러 나라의 민족이 발간하고 공표한 민족자주적인 정치노선에 대한 책자를 읽을 기회가 많았다. 그중에는 민족세력이 승리하여 자주정권을 수립하고 발전, 강화시켜가고 있는 상황에서 반민족세력은 그대로 소멸해가는 운명에 있기 때문에 이들에 대해 지나친 관심을 갖거나 강력하게 응징한다는 것은 불필요하다는 이론도 있었다. 그러나 투철한 민족주의자들은 달리 생각했다. 아무리 죽어간다 해도 독사는 그래도 독사임에 틀림없다며 그들을 민족 앞에 철저히 부각시켜 설 자리를 없게 하고 그들의 자손에 대해서도 일정한 한계선을 설정해야 한다는 것을 강력히 주장했다. 친일 반역세력은 그들에게 유리한 기회만 오면 박테리아 같이 번식하면서 외세와 결합한 반민족세력으로 성장하는 속성을 가지고 있기 때문이다.

민족은 영원하다고 말하지만, 민족의 영원은 스스로 이루어진 것이 아니고 전 민족이 굳게 단결하여 강력한 민족역량으로 뒷받침될 때 비로소 보장된다. 앞으로 민족을 이끌어갈 주역은 청소년이다. 그들에 대한 민족의식 교양에서 막연한 내용의 이론 교양만으로는 실천과 결부된 생활화된 민족의식을 파악시킬 수 없다. 그들에게 애국이 무엇이며 민족 반역이 무엇인가를 구체적인 사례와 인물을 제시하여 자기 민족이 받은 피해를 구체적으로 교육시켜야 하고, 반민족세력과 그 후예들에 대해서는 어떠한 형태로든지 응징과 제약이 있어야 함을 현실적으로 보여주어야 한다. 과거의 민족 반역 행위에 대해 인간적인 관용을 베풀어 애국민족과 동등시하여 합리화시킨다는 사실은 앞으로 그 민족의 발전에 있어 언제 터질지 모르는 시한폭탄을 안고 가는 것과 같다고 하겠다.

6) 프랑스의 철저한 친독세력 응징

반역세력에 대한 철저한 응징을 시행한 대표적인 나라는 세계에서도 가장 문화 수준이 높은 프랑스다.

제2차 세계대전 중 히틀러 나치군이 전 프랑스를 점령했을 때 반역세력은 친독 인물들을 중심으로 괴뢰정권인 비시정권을 수립했다. 비시 정권은 독일의 승리를 위해 프랑스의 모든 것을 이용하도록 철저히 협력했고 독일 점령 기간 중 특히 유명한 것은 독·불 친선협의회와 여기에 가입한 인물들이었다. 이들은 마치 합방 전후의 우리나라 일진회 이상으로 독일 편에 섰다고 한다. 연합국에 의해 나치 군이 격퇴되자 본국으로 돌아온 드골 장군이 다시 프랑스 정부를 수습, 재건하여 질서를 회복함과 동시에 앞에서 말한 독일 협력자들을 단 한 사람의 예외도 없이 샅샅이 가려내어 응징했다.

친독 반역 행위의 지도자급은 모조리 사형시켰고 그 다음의 반역자중 43명을 골라 피부 깊숙이 스며드는 화학약품으로 반역을 표시한 단어 머리글자 두 자를 이마에 침투시켜 수술로도 지워지지 못하게 했다고 한다. 그리고 독일군의 총칼 앞에 몸을 바친 윤락 여성들도 모조리 찾아내어 머리를 깎아 죄질에 따라 처벌했다.

이것을 본 연합국 기자들이 달려와 "나치군은 프랑스에서 완전히 패망하여 없어지고 해방되지 않았느냐. 완전히 폐허가 된 국토의 재건을 위해 프랑스 국민은 하나로 합쳐도 부족하지 않느냐. 독일군의 무력 앞에 협력한 것은 불가피한 일로 받아들여야 할 것이다. 친독인사들을 철저하게 가려내어 처벌, 말살한다는 것은 프랑스의 재건에 막대한 손해를 가져온다"고 동정론을 제기했다. 이에 대해 프랑스 지도자들은 이렇게 대답했다.

"프랑스 민족은 영원하다. 앞으로 우리 민족의 주역은 자라는 청소년 2세이다. 친독세력 처벌은 이들에게 프랑스 국민이 우리 조국을 어떻게 지켜 나가야 하느냐를 똑똑히 보여주는 교과서적인 산 교훈이다. 그들은 독일군이 프랑스를 점령하자 거기에 협력하여 안전하고 편리하게 잘 살았다. 독일군이 패망하여 조국이 해방되자 폐허가 된 조국 재건을 위해 과거의 친독 행위는 불가피한 일이었으므로 해방된 오늘에 와서 민족적인 아량으로 손을 잡고 재건에 노력하자고 한다면 그들의 과거 친독 반역 행위는 묻혀버릴 것이다. 친독 행위자들의 반역이 합리화되고 정당화된다면 프랑스가 또 다시 적국 앞에 존망의 위기에 처했을 때 누가 목숨을 바쳐 조국을 사수할 것이냐. 적국에 투항하여 목숨을 살리고 전후에 조국으로부터 응징당하지 않고 용서받는다면 빗발같이 떨어지는 적의 포화에서 조국의 국토를 지키려고 싸울 사람이 어디 있겠느냐.

또 전선에서 매일 3~4천명이 나치군의 총탄 앞에 쓰러져 가고 있는 것을 뻔히 보면서 자신의 안정과 편리를 위해 독일군에 몸을 바쳐 윤락 행위를 한다는 것도 용서할 수 없는 반역 행위다. 독일군에 대한 위로는 독일군의 전력 증대를 뜻하는 것이다. 그러므로 일체의 친독 행위에 대해서는 당연히 처벌해야 한다. 이것을 2세 국민에게 보여주어 민족의식이 무엇인가를 파악하도록 해야 한다. 그래야 조국이 또 다시 위기에 처하면 이들은 조국의 수호를 당연한 사명으로 알고 자진해서 나올 것이며 모든 것을 조국 앞에 몸을 바치며 싸울 것이다. 이때 비로소 프랑스 조국과 민족은 영원히 존속하는 민족의 강력한 뒷받침을 받게 되어 조국은 영원할 것이다."

나는 위의 내용을 제2차 세계대전 중 전쟁 현지에 나가 있는 미국의 여성 종군 기자가 쓴 '불란서는 패망했다'라는 책자에서 읽었다. 나는 이 글을 다시 한 번 더 읽은 적이 있다. 우리 역대 정권이 오늘의 반세기 동안 친일 매국 세력에 대해 너그럽게 용서해주고, 용서받은 친일세력은 반역의 상태에서 오히려 국가의 주권을 갖게 되어 그들의 친일행위를 합법화시키고 미화시켜 우리민족 앞에 떵떵거리는 우리 역사와 대조할 때 너무도 이질적인 차이였다.

4. 이완용 재산에 대한 대법원 판결

이 문제는 지난 1992년에 있었던 일로, 민족반역 행위에 대한 응징이 민족정기의 발로임을 밝히는 과정에서 대법원 판결 문제를 참고로 다루게 된 것이다. 대법원은 친일 반역의 상징 인물인 이완용이 매국의 대가로 받은 토지를 정당한 것으로 인정하고 그 종손이 청구한 소유권 이전 청구소송에 대해 합법적이라고 승소 판결했다.

한 나라의 권력구조는 행정, 입법, 사법부 삼권으로 분리되어 있다. 이 기관들이 분립된 권력기관이라고 해서 완전 독립한 것은 아니다. 다른 권력의 간섭이나 영향을 받지 않는다는 독립일 뿐 국가와 민족에는 절대적으로 종속된 독립기관이다. 삼권분립은 제2차 세계대전 후 독재 정권이 무너지면서 보편화된 민주국가의 국가 권력구조 형태다. 그 목적은 당시의 비 민주주의적인 독재를 막고 국민의 민주적 기본 권리를 수호하기 위해서 취해진 권력구조다. 이 권력들의 존재와 목적은 국가와 민족, 즉 국민을 위해 민주 권리를 수호하고 능률적으로 국가와 국민에 봉사하기 위해서 분립된 것이다.

따라서 삼권의 존재가치와 목적은 국가와 국민을 위한 것이라는 점이 상식화된 사실이므로, 이 삼권은 언제나 국가와 민족을 위하고 그 편에 서 있다는 투철한 국가관과 민족의식에 초점을 맞추어 그 권력을 독립의 입장에서 행사하는 것이다. 만일에 삼권 중 단 하나라도 국가와 민족의식의 본질을 망각하고 법과 정책의 조문에만 맞추는 형식 논리적인 법 운영을 한다면, 그 권력은 민족이 주인인 국가와 민족 간의 관계가 단절된 그 권력 자체의 존재만을 국가와 민족에 우선한 것으로 되어 삼권분립의 기본 정신과 목적에 위배된다. 삼권의 독립은 다른 권력에 대한 독립일 뿐 국가와 민족 사회에 종속된 권리를 사용해야 한다는 절대적인 한계선 내의 독립을 말한다. 즉, 국가와 민족에 종속된 독립권이다. 그러므로 국가와 민족의 제약을 벗어난 독립권은 그 나라와 국민과 유리된 자체만의 독립권으로 된다.

1) 이완용이 일제에서 받은 돈은 민족을 강탈한 장물

이완용이 일제 침략에 협력한 친일세력의 대표자로서 합방의정서에 국왕과 각부 대신들의 서명에 앞장섰던 자다. 이완용은 친일세력의 상징이며 대표자적 위치에서 일제를 위해 가장 큰 공을 세운 자다. 일제는 이완용을 앞세워 합방의정서 조인에 성공하자 거대한 군사력을 투입해야만 가능한 2천만 우리 민족과 3천리 국토를 종이 한 장으로 수탈하여 식민지 통치를 하게 되었다.

이완용에 대해 일제는 높은 지위와 금전적 포상을 아끼지 않았다. 귀족의 작위와 함께 합방 공로금으로 당시의 일본 화폐 3천만 원을 주었다. 합방 후 조선의 중앙은행인 조선은행의 총 자본금이 2천만 원이었음 감안하면 엄청난 액수다. 이 자본금은 1930년대 중반까지 그대로였다. 일제는 조선 민족에 대한 경제적 수탈의 총 본산인 조선은행 자본금의 한 배 반을 이완용에게 주었던 것이다.

나는 성장 후 어떤 기회에 합방 후 총독부 말단 기관인 면서기 임명장을 본 일이 있다. 거기에는 월급 3원이라고 적혀 있었다. 또 군의 재무를 담당하는 말단 공무원의 월급이 6원으로 기입된 임명장을 본적이 있다. 그에 비견하면 이완용이 받은 3천만 원은 어마어마한 금액이다. 그러나 삼천리금수강산과 그 위에 있는 모든 자원과 2천만 동포를 지배하는 이권에 비하면 이 금액은 구우일모(九牛一毛)에도 턱없이 미달한 금액이다. 일제는 이완용을 우두머리로 한 친일인사를 앞세워 우리 국토와 모든 자원 및 우리 민족을 군화소리로 위협하고 총탄 몇 발로 압박하여 거저먹은 날강도였다.

이완용은 3천만 원 외에도 총독부의 국유화된 토지를 엄청나게 받았다. 1948년 대한민국이 수립된 제헌국회에서 제정된 반민족 행위자 처벌 특별법에 의해, 이완용의 재산은 일제가 우리 국권을 강탈한 장물이므로 대한민국이 수립된 이 마당에 당연히 대한민국의 소유로 되어야 한다고 만장일치로 가결하여 대한민국 소유로 만든 것은 민족정기에 근거한 합법적인 처사였다. 강도, 절도, 사기꾼이 강탈한 것은 모조리 장물이며 범인이 잡히면 그 장물은 반드시 원소유자의 소유로 된다는 것은 세계 각국의 법에 규정된 공통된 법이론이다.

2) 이완용의 토지에 관한 대법원의 판결

언론보도에 따르면 이완용의 후예인 종손이 이완용의 토지가 대한민국 명의로 이전된 것은 정식 매매계약에 의한 것이 아니고 법의 절차에 따른 것도 아니므로, 원인 무효이기 때문에 종손인 자기에게 소유권 이전 등기를 해야 한다고 청구하는 소송을 제기했다고 한다. 대법원은 그 종손의 소유권 이전 등기 청구 소송이 이유가 있다 하여 그 토지의 소유를 대한민국 소유에서 종손 명의로 이전 등기를 하라는 승소판결을 내렸다. 그 종손이 승소한 토지는 1993년 초까지 금액으로 64억 원이라고 하며 그 외에 동일한 소송이 수십 건 각 법원이 계류 중이라고 한다. 대법원의 판례는 법에 우선한 효력을 가지기 때문에 이완용의 종손은 유사한 소송을 계속 제기할 것이다.

민주주의 제도 아래 삼권으로 분립된 사법권 독립에 따른 법의 해석과 판결은 법관의 독립된 판단에 따라 결정하는 것이 원칙이지만 그것이 민족과 국가 이익의 한계선을 넘어서는 안 된다. 이완용의 토지를 우리 국가가 소유한 것은 정당성의 원천적인 표시이므로 합법적인 것이다. 그 이유는 사법권은 우리 국민이 위임한 권리이며 민족을 위해서 존재하는 것으로서 민족과 국가의 정당한 권리를 벗어날 수는 없기 때문이다. 사법권의 독립은 삼권 중에서 입법권과 행정권의 간섭을 받지 않고 독립된 입장에서 법의 운영을 한다는 말이다. 삼권의 분립은 국가 권력구조의 최고 형태이므로 사법권은 국가와 민족에 절대 종속된 권리이다. 그러므로 사법권의 독립은 국가와 민족에 대해서까지 독립된 권력을 의미하는 것은 아니다. 국가와 민족에 절대 종속해야 하는 것이 사법권 독립의 본질이다.

삼권의 권력 집행의 방향과 입장은 민족과 국가의 이익에 반드시 종속해야 하므로 권력의 행사에 있어 절대적인 제한선 안에서의 독립권이어야 마땅하다. 즉 이 삼권의 분립은 민족과 국가를 위해 존재하며 여기에 최고 목적을 두고 운영되어야 하는 것이 불변의 본질이다. 국가의 민주적 발전과 국민의 합법적인 권익과 민주주의 권리 수호만을 위해서 존재해야 하는 것이다.

만일 법관이 사법권의 독립권만을 기계적으로 받아들여 교조적인 법 해석으로 재판을 한다면 사법권 독립의 기본 사명인 국가와 국민을 망각하는 경우가 생길 수 있다. 우리나라의 6법을 비롯한 기타법 전체의 조문만으로는 우리 4천 3백만 국민의 생활 속에서 이루어진 각각의 행동과 관계 및 결과를 하나하나 규제할 수 없으므로 중심이 되는 대표적인 것만을 요약하여 법으로 규제할 수밖에 없다. 국민의 생활과 공적, 사적 관계와 거기에서 도출된 결과 하나하나는 각각 특수적인 독자성이 있으므로 이것 하나하나를 규제하기 위한 법조문을 만든다면 수천만 개의 법조문이 제정되어야 할 것이다. 이것은 불가능한 일이므로 근사치적으로 집약 축소하여 유추 적용한 것이 오늘의 법조문이다.

법관들의 법과 양심에 따라 소신대로 재판하지만 법 적용 대상의 폭과 범위가 넓으므로 법관에 따라 다르게 나타나는 판결도 있을 수 있다. 동일한 사건에 대한 판결이 법관에 따라 나타나는 차이는 흔히 볼 수 있는 일이다. 이것은 재판에서 법관의 독립이 보장된 권리이기 때문에 합법화된다. 그러나 재판 대상의 법적 가치 판단은 아무리 독립성이 보장되었다 할지라도 민족정기와 민족적 가치관에서는 한 치도 벗어날 수 없는 당위적인 민족 사명에 따라야 한다. 이러한 강제성은 어느 나라에서나 엄격한 불문율이다. 법관들은 먼저 법관이기 이전에 법률 분야에서 민족 지도자적 위치에 있는 엘리트이라는 점을 우선적으로 생각해야 한다.

우리 민족의 대다수는 민족정기와 사명을 실천 생활화하는 지침 의식인 민족의식을 가지고 있다. 이완용 후손이 제기한 토지 이전 등기 청구 소송에 승소 판결을 내린 대법원 판결에 대해 민족의 입장과 시각으로 지대한 관심을 갖는 것은 민족의 당위적인 태도이다. 법은 정의, 윤리, 도덕과 양심의 최고 표현 형태이므로 우리 국민이 존경하고 받들어야 할 국민 생활의 성역으로 되어 있다. 그러므로 국민들은 독재정권하에서 국민의 민주 권리와 자유가 휘청거리고 있는 정세에서도 법만은 국민의 편에 서서 엄격하고 확고하게 수호해 주는 최후 보루로서 신앙과 같이 굳게 믿고 있다. 그 중에서도 대법원과 대법관은 그 대표적인 상징이라는 의식이 국민의 마음속 깊이 자리 잡고 있다. 즉 법과 법원과 법관은 민주 국민의 최후 수호자라는 말이다.

이런 점에서 볼 때 이완용 재산에 대한 대법원의 판결은 법적 절차상에 하자는 없을지 몰라도 국민적 기대를 저버리는 것은 물론 반민족적이라는 것만은 말하지 않을 수 없다.

3) 대법원 판결에 대한 민족사적 고찰

이번 대법원 판결의 대상은 악명 높은 매국의 수괴 이완용이 일제가 우리 국토와 주권 강탈에 앞장서는 대가로 받은 재산이기 때문에 국민의 관심이 높은 것도 당연하다. 이완용이 소유했던 모든 재산은 매국의 대가이기 때문이다. 그러므로 이완용의 토지가 대한민국의 소유로 된 것은 법적으로는 물론이고 민족정기에 입각한 애국충정의 통념에 비추어도 너무도 정당한 일이다. 대법원은 대한민국의 소유로 된 토지를 이완용의 후손에게 이전 등기해주라는 판결을 내렸다는 점에서 친일세력을 제외한 전 국민을 놀라게 하고 있다.

나도 민족의 한 사람으로서 우리 민족사와 함께 영원히 잊지 못할 친일 망국의 우두머리가 일제의 찬양을 받으며 친일의 대가로 받은 재산을 정당화시킨 대법원 판결에 대해, 민족정기를 바탕으로 한 애국의식의 척도로 민족사적 입장에서 분석 검토하지 않을 수 없어 이 글을 쓰게 된 것이다.

나는 법조문 적용과 재판 과정 및 수속 절차에 있어서의 결함이나 잘못된 점을 지적하려는 것이 아니다. 대법관들은 법률의 최고 권위자이며 법외의 모든 분야에서 수준 높은 국민의 지도자 역할까지 담당하고 있다. 이번 판결은 모든 분야에서 풍부한 경험과 해박한 지식인인 대법관에 의해 철저한 법과 양심을 바탕으로 하여 소신 있게 내려진 판결이다. 법조문의 적용이나 재판 과정 및 수속 절차에서 이의는 추호도 있을 수 없는 완전무결한 법 운용을 통해 도달한 판결임은 법의 테두리 안에서는 당연한 것이다. 그러므로 정당한 판결이라는 논리가 성립된다. 나도 이 판결에 대해 위의 맥락에서만은 추호도 이의나 불만을 제기하지 않는다는 점을 시인한다.

다만, 그럼에도 불구하고 법관이 내린 판결은 재판의 대상자에게 만 국한되는 것이 아니고 동일 사건에 대해서는 전 국민에게 반드시 여기에 따라야 하는 강력한 영향을 준다. 그 중에서도 대법원 판결 은 동일한 사건에 대해 각급 법원의 재판에 있어 법관은 반드시 여 기에 따라 재판을 해야 하는 기준 지침이 된다. 대법원 판례의 절대 성에 비추어볼 때 국가가 소유한 이완용의 재산을 그 종손에게 소유 권을 이전하라는 대법원의 판결은 이완용 외에도 합방 전후 일제에 영합하여 우리 민족에게 몸서리치는 분노를 안겨준 헤아릴 수 없이 많은 친일 인사들 후손들의 재산에 관련된 재판에 반드시 영향을 미 치게 되어있다. 매국노들이 망국에 앞장선 공로에 비례해서 받은 재 산과 이권이 오늘에 이어져 그 후손들이 이완용 증손처럼 선조의 재 산을 찾겠다는 재판을 제기할 때 모든 법관은 반드시 이 판례에 따 라 재판해야 한다. 친일 인사들이 일제로부터 받은 재산은 예외 없 이 합법적이고 정당한 것으로 여겨 그 후손에게 넘기라는 판결을 할 수밖에 없다.

4) 과거 청산의 핵심은 친일세력 청산

이 판결이 언론에 보도된 뒤 정당과 사회단체, 교육 문화의 중심 지인 서울이 아닌 부산에서 궐기 집회가 일어났고 서명운동을 한다 는 소식을 알았다. 그러나 그것도 일시적인 것에 그쳤고 그 후의 진 행과정은 언론에서도 다루지 않고 있다. 정계 일부에서는 친일 행위 를 처벌하기 위한 법 준비를 하고 있다는 보도도 있었지만 그 후의 진행상황은 보도되지 않고 있다.

놀라운 것은 언론자유가 군사정권 시대에 비해 엄청나게 보장되었다고 언론 스스로 말하면서도 이 판결에 대해서는 초기의 몇 차례 보도로 그치고 그 외에는 붓을 멈추고 있다는 점이다. 당면한 정치, 사회 문제에 대해서는 불철주야 보도에 열중하면서 민족문제의 기본적 범주에 속하는 중대한 이 문제는 언론의 사각지대가 되고 있다.

오늘날 문민정부에서 척결 대상의 초점이 되고 있는 정경유착에서 비롯된 모든 비리와 부정, 그리고 검은 돈인 비실명 자산과 국가재산의 횡령은 각각 개별적인 것이 아니라 깊은 뿌리를 갖고 있는 것들이다. 이는 언론인이라면 누구나 잘 알고 있다. 이 모든 부정과 비리와 부정축재의 결과인 검은 돈과 권력의 남용은 해방 이후 주권을 장악한 친일세력의 찬란한 전통에 깔려 민족정기와 애국의 전통이 이어지는 민족사가 빛을 보지 못한 때문이다.

오늘날 문민정부에서 언론이 요란스럽게 보도하는 부정과 비리는 누구든 고관 지위에 앉기만 하면 국가와 국민을 위해 부여된 권력을 자기의 권력 강화와 치부를 위한 기회로 삼아 닥치는 대로 먹어치우는 불법이 전통적으로 용인되고 합리화되었기에 가능했던 것이다. 개인인 자신들의 이익을 우선해야 한다는 것은 반민족적, 반사회적 의식이다. 위 문제는 국가의 발전과 국민의 복지 증진을 목적으로 해야 마땅한 국가의 권력구조와 지위를 내가 잘 살기 위해 이용하는 것이 가장 현명한 처세라는 사고와 의식이 바탕에 깔려있었기에 나타난 필연적 결과였다. 이들의 사고는 국가와 민족보다 자기를 우선한다는 점에서 완전히 반민족적이고 반사회적인 것이다.

그리고 독점재벌의 행동과 권력을 장악한 정부 각 기관의 고위층 인사들의 행동은 따로따로 분리된 별개의 것이 아니다. 그들의 목적 달성을 위해서는 국가권력과 기구를 유리하게 악용하고 기회를 조성해야 하므로, 공통 이해관계자인 그들은 유유상종으로 조직화되어 국가권력 구조의 지배권을 장악하고 있는 것이다.

동시에 이들의 권력을 배경으로 한 비리와 부정은 그동안 바뀌어온 각 정권 아래서 각각 별개로 일어난 단편적인 것이 아니라, 각 정권의 통치 기반으로 이어져 내려온 친일세력의 전통을 바탕으로 면면히 이어져온 것이다. 해방 후 미군정으로부터 오늘까지 이어져 내려오는 각 정권에서 국민의 불평과 원한의 대상이 된 부조리와 불법 사건들은 친일세력 전통의 뿌리에서 싹이 트고 자라나 성장한 표면화된 현상이다. 친일세력이 전통의 권력구조 밑바닥에 도사리면서 민족사를 거꾸로 돌려놓은 오늘의 정세하에서 국가의 각 분야에 부정과 비리가 독버섯처럼 솟아나는 것은 친일세력이 국가의 주도세력으로 국가를 장악하고 있기에 발생하는 인과적인 필연성을 갖고 있는 것이다.

따라서 민족정기를 척도로 한 민족사의 철저한 개선 없이는 민족을 중심으로 한 민족 본위의 국가와 사회는 결코 달성될 수 없다. 과거청산을 올바로 할 때 비로소 진정한 자주적인 민주사회가 이룩되고 이때 비로소 유착구조가 청산됨으로써 독버섯 같은 개인 본위의 부정과 비리와 부패가 필연적으로 사라지게 된다.

오늘날 야당이 정책의 하나로 제시한 "과거청산 없이 정치발전은 없다"는 정책과 구호의 주된 대상을 5공화국에서 이루어진 부정 비리에만 국한시켜 두 정권의 최고 책임자인 대통령에 대해서만 책임을 물으려고 하는 것은 그야말로 숲 전체는 보지 못하고 나무 하나 하나만을 보는 격과 같다. 오늘날 문민정부에 들어오면서 척결의 대상이 되고 있는 굵직굵직한 문제들은 모조리 친일세력의 국권 장악 이래 민족사가 역전되고 있는 데서 그 근본 뿌리를 찾아야 한다. 여기에 손을 대려 하지 않고 표면화된 것만을 척결하려 하고 있는 것이 오늘날의 현실이다. 그것마저도 국민 여론과 언론 및 국가 각급 사정기관이 포착한 범위 내에서만 이루어지는, 극히 제한적인 범위를 넘어서지 못하고 있다.

8·15 이후 오늘에 이르기까지 그들이 취한 부와 이권은 막대하며 거기에는 반드시 피해 대상이 있기 마련이다. 최종 피해자는 물론 국민이었다. 그러므로 이들의 부정 비리 하나하나에 대해 국민 중 누군가는 알고 있다. 하지만 무력한 국민들은 그들이 가할 보복과 불이익이 두려워 꿀 먹은 벙어리로 그들의 무서운 눈총의 그늘에서 움츠리고 살아온 것이 오늘까지의 실정이다. 그들의 엄청난 부정 비리에 비해 오늘날 국가와 사회가 포착한 사건들은 빙산의 일각이다. 아니 빙산의 일각이라는 표현을 쓰기에도 부족하다. 빙산의 일각이라는 표현은 10% 이내의 비유이기 때문에 구우일모(九牛一毛)라는 비유가 타당하다. 그러므로 야당이 내세우는 과거청산은 5공화국과 6공화국에 국한하지 말고 우리 민족사를 민족 본위로 결산하는 데 초점을 맞추어야 할 것이다. 이 기본 문제를 도외시한 채 지엽적이고 말단적인 어떤 하나의 정권이나 하나의 사건에 초점을 맞추는 것은 본말이 전도된 것임을 알아야 할 것이다.

그리고 또 하나의 문제는 오늘에 이르기까지 반독재 민주운동의 중추로 자처하고 있는 재야 민주단체들의 투쟁 대상이 되고 있는 문제 하나하나가 예외 없이 앞에서 언급한 기본 원인에서 파생되었음을 모르고 문제 하나하나에만 초점을 맞추고 있다는 점이다. 친일 전통과 그 지지 동조세력 편에 서있는 한줌도 안 되는 세력 외의 전 국민이 추구하고 있는 우리나라의 발전 방향과 달성해야 할 국가 사회는 강대 외국의 지배나 영향과 간섭에서 벗어나 우리 민족 각자의 본능의식으로 민주적 자유적 의사로 이루어진 민족자주 국가이며, 그 국가는 국민을 본위로 하고 여기에 맞추어 운영되는 자주민주 국가와 사회다.

오늘날 우리 민족이 이것을 이루지 못하고 몸부림치며 다양한 자주민주 투쟁을 전개하고 있는 것은 이것을 완고하게 반대하는 세력이 엄연히 강고하게 자리 잡고 있기 때문이다. 우리가 염원하는 민주자주 국가 사회를 이룩하려면 여기에 반대하는 세력을 능가하는 민족역량의 형성이 반드시 선행되어야 한다. 이 민족역량은 우리 민족 내부의 다양하고 다원적인 차별과 대립, 이해관계와 신앙과 정견의 차이를, 민주정권이 수립되어 무엇으로도 움직일 수 없을 정도로 안정이 될 때까지는 부차적인 문제로 보아 뒤로 후퇴시키고, 이것을 초월하여 민족자주 국가 수립을 목적으로 한 민족통일전선 결성을 최우선으로 삼아 여기에 민족의 당위적인 사명을 종속시킬 때 형성 가능하다. 이것은 우리 민족의 당면한 과업이다. 이것이 이 글의 핵심 과제이므로 되풀이하여 강조하는 것이다.

이 장에서는 선조 이완용의 토지가 대한민국 소유로 된 것은 원인무효이므로 그 후손인 자기에게 소유권이 있다는 소송에 대해 대법원이 이유가 있다 하여 승소 판결을 내린 것을 중심으로 친일세력과 관련된 몇 가지 논점들을 민족적 입장에서 살펴보았다.

여기에서 참고로 한 가지 짚고 넘어가야 할 것이 있다. 이번 대법원 판결은 임기를 넉넉히 남겨놓고 대법원장의 자리에서 물러난 김덕규 대법원장의 관리하에서 나온 판결이다. 대법원장의 자리는 군에 비교하면 오성장군과 대등한 직위이며 모든 법관이 선망하는 사법부의 가장 큰 별자리다. 김덕규 대법원장이 정부 사정의 폭풍우인 고위공직자 재산 공개에서 그 대상이 되자 결정이 나기 전에 엄청난 대법원장의 자리를 버리고 물러났다는 점이 특이하다. 이완용 후손 승소 판결과 대법원장의 자리에서 물러난 사실이 전혀 무관한 것이 아니라 불가분의 함수관계가 있음을 의심케 하는 대목이다. 이 사실 은 민족사적 고찰의 계산에 넣을 수도 있을 것이다.

제13장 망각되고 있는 항일 독립운동

1. 외면되고 있는 항일 독립투사

민족의 독립을 위해 싸웠던 항일 독립투사의 일부는 해방을 보기 전에 세상을 떠났고, 8·15 이후까지 생존한 독립투사 중에 일부는 친일 정권과의 투쟁에는 일정한 선을 긋거나 일부는 그 정권의 편에 서 있는 경우도 상당수에 달한다. 그러나 항일 독립운동을 지도해온 중심인물들은 일제 강점기에 조국의 주도권은 우리 민족의 애국세력이 장악해야 한다는 정신으로 일제에 싸웠듯이, 해방 후 친일세력과 이어지는 군사독재 정권에 대해 저항하고 투쟁했다. 독립투쟁의 연장선에 있다고 보았기 때문이었다.

한일합방 당시 민족 말살의 하수인으로 일본인 이상으로 일제에 충성했던 친일 인사들이 해방이 된 후에도 과거 자신들의 행적에 대해 민족 앞에 일말의 반성도 사과도 없이 애국자로 둔갑하여 나라의 주도권을 잡는 현실은 용납될 수 없었던 것이다. 이러한 친일세력이 장악한 국가권력에 대해 투쟁한다는 것은 애국 민족이라면 누구라도 민족 사명을 달성하기 위한 정당한 독립운동의 연속으로 보는 것이 당연하다. 그럼에도 불구하고 이러한 친일 정권에 대해 투쟁한 독립투사들은 예외 없이 반공 국시를 위배한 범죄자로 처벌받고 그 이후에도 반국가적 전과자로 낙인 찍혀 규제받거나 격리된 것이 우리 현대사의 비통한 현실이다.

광복회 발표에 따르면 국내외에 알려진 항일투사는 11만 명이 넘는다. 독립유공자들의 상당수는 이러저러한 이유로 용공좌경의 딱지가 붙여져 반공 국시를 위배한 국사범으로 규정되었다. 독립투사들 스스로가 대접을 받겠다고 본인들이 바라는 것은 아니지만 독립유공자 포상에서 보류되어 제외되는 것은 물론 낙인까지 찍혀 매장시키는 일은 있어서는 안 될 일이다. 그럼에도 8·15 이후 지금까지 이러한 작태가 반복적으로 이어지고 있다. 이게 대한민국의 현실이다.

뿐만 아니라 이것으로도 부족하여 법외적인 8촌까지도 철저한 연좌제를 적용하여 자손은 물론 가까운 친척들의 활동까지 규제하고 직장에서까지 추방시키는 등 생활을 파탄에 이르게 하는 행위는 용납할 수 없는 민족사의 치부다. 이러한 일은 독립운동의 전면에 나섰던 애국투사들은 친일 군사독재 정권과 공존할 수 없는 최고의 적대적 인물들로서, 그들의 공적을 인정하여 포상하는 것은 정권의 자기 부정이므로 그들을 말살시켜야만 자기들이 안전하다는 논리에서 벌어진 일이다.

이 때문에 오늘날 국민 앞에 떳떳하게 살아야 할 항일 독립투사들의 대부분은 국가적으로 또 사회적으로 소외되어 법외적인 불문율적 규제, 소외의 피해자로 사회 저변에 깔려 빛을 보지 못하고 살고 있다. 이유는 단 한 가지, 친일 군사독재 정권과 투쟁했다는 이유 때문이다. 그리고 친일 독재 정권이 이들을 인정하지 않는 까닭은 자신들의 존립 기반을 위협할 수 있다고 보기 때문이다.

정권이 이어지면서 계속된 이러한 냉대와 모멸에도 불구하고 항일 독립투사들은 현재의 생활 주변, 그리고 과거 투쟁의 현장인 고향의 주민들에게는 세대가 몇 번 바뀐 후손들에게까지도 그 공적이 전해지면서 민족의식 고양에 영향을 주고 있다는 사실이다. 이러한 일들은 앞으로도 이어져야 하고 또 이어질 것이라고 나는 믿는다.

그 구체적 사례의 하나로 내 자신의 경우를 참고로 들어본다. 나는 광주 학생독립운동이 일어난 1929년 이듬해인 동맹휴학을 주도하여 퇴학당해 낙향하여 농민운동을 하다가 3천여 명의 조직원이 검거된 전남운동협의회 사건으로 4년 반의 옥고를 치렀다. 그 후에도 여러 가지 형태의 투쟁을 계속하면서 8·15 직전까지 검거와 거주제한을 당하면서 살아왔다. 8·15 해방이 되어 일제가 패주하자 이제는 우리 민족이 피 흘려 싸우면서 바라왔던 조국의 독립이 실현된 것으로 알고 나의 항일투쟁에 보람을 느끼면서 당시 내 주변의 인민들과 함께 얼마나 기뻐했는지 모른다.

평생을 옥바라지에 고생한 부인 오수덕과 함께(1977년)

그러나 그것도 27일 간이라는 단명의 꿈으로 끝나고 말았다. 쥐구멍도 찾지 못할 줄 알았던, 몸서리칠 만큼 혐오했던 친일 반역 인사들이 미국을 등에 업고 떵떵거리면서 조국의 주권을 장악하며 민족사를 역전시키는 정세가 조성되었다. 이들에 대한 분노와 적개심은 일제에 대한 것 이상이었음은 그 당시 투쟁했던 항일투사라면 누구라도 예외 없이 느꼈다. 그리고 그러한 분노와 애국 정열의 표현이 친일 군사독재에 대한 투쟁으로 이어졌다.

미군정에서 자유당 정권으로 이어지는 동안 국가의 정권을 장악하고 애국자로 둔갑한 친일세력의 민족반역 행위에 대해 털끝만치라도 애국심이 있는 사람이라면 이 세력들을 그대로 보고 넘길 수 없고 투쟁해야 했던 것이 애국정신의 본질이다. 그러므로 6공화국에 이르기까지 군사독재 정권과의 투쟁은 자주 민주운동으로 그 방법과 형태만 바꾸었을 뿐 그 본질은 독립운동의 연장이었다. 나의 항일 독립운동이 8·15 후 군사독재에 대한 투쟁으로 이어진 것은 일제로부터의 독립운동을 이어받은 자주민주 투쟁의 연장선이었다. 그러한 계속된 투쟁의 결과와 대가는 지속적인 검거 투옥이었다.

오늘에 와서 기억을 더듬어 헤아려 보니 사건별로 내 팔목에 쇠고랑이 15회 이상 채워졌고 1개월 이상 3년간의 검거 투옥이 있었고, 일제 옥고까지 합하면 도합 12년 6개월의 감옥 생활을 했다는 계산이 나온다. 검거 투옥이 공적이 될 수 없다는 것을 나는 잘 안다. 그것은 내가 갖고 있는 정직하고도 확고한 평가다. 그럼에도 여기에 나의 투옥 기간을 기록한 것은 군사독재 정권의 항일투사에 대한 탄압의 구체적 사례를 알리기 위함이다.

8·15 이후 과거 독립운동을 했던 수많은 항일투사들은 이후 반공을 국시로 내세운 군사독재 정권 등장과 함께 용공분자로 규정되어 독립유공자의 포상에서 보류 처분되어 제외되었다. 속설에 "독립운동을 하면 3대가 망한다"는 말과 같이 반독재 투쟁에 앞장섰던 항일투사들은 다양한 형태의 정치, 사회, 경제적 제약으로 인해 생활고에서 벗어나지 못하고 있다. 우리 현대사의 최대의 모순이 이러한 가치의 전도(顚倒)다. 이것을 증명하기 위해 나와 생활의 사례를 들어보겠다.

8·15 해방 이후 계속된 투옥과 도피 생활은 내 가족과 내 삶의 뿌리를 뽑아 파탄시켰다. 그 결과 나는 40년간 사글세 집을 전전하다가 81세인 1992년에 와서 나의 생활 양상을 보다 못한 동사무소에서 나를 극빈자인 영세민으로 지정하여 정부의 복지주택 정책으로 지어진 광주시 우산동에 있는 주공 영구 임대 아파트 13평에 들어가게 되었다. 작은 공간인 여기 한 칸에 들어오니 그나마 지금까지 되풀이되어온 집세 인상으로 집 없는 생활의 낭떠러지 벼랑 위를 걷는 것과 같은 불안이 해소되어 안도의 숨을 내쉴 수 있게 되었다. 나는 그 이후 재벌도 부럽지 않은 안정감을 갖고 살고 있으며 여기에서 안주하면서 여생의 종착역에 도착하여 저승으로 이어지는 마지막 버스를 탈 것 같다.

이것은 나뿐만 아니라 투철한 애국의식으로 독립투쟁을 하면서 해방 이후 반일 반독재 투쟁에 몸담았던 수많은 동지들이 인생의 말년이라도 자기 생의 보람을 느끼며 여생을 보냈으면 하는 바람에서 하는 회고다. 많은 동지들은 이미 세상을 떠났고 세상을 떠나지 못한 동지들 중에는 내가 누리는 말년의 안식도 취하지 못하고 있다는 지금의 현실이 여전히 마음에 아프다.

문제의 심각성에 비추어 강조하는 뜻에서 요점만 간추려 말하려 한다. 엄청난 수의 항일 독립투사는 거의가 타계하고 불과 몇 천 명만 생존해 있다. 광복회 발표에 따르면 8·15 후 친일정권에 대해 투쟁을 계속한 항일투사는 11만여 명이다. 나는 광주 학생독립운동이 일어난 1929년에서부터 3천여 명의 조직원이 검거된 전남운동협의회 사건으로 2년 반 형의 언도를 포함한 검거 예심을 합하여 4년 반의 옥고를 치렀다.

일제가 패주하자마자 미군정이 이어졌고 자유당 정권이 권력을

장악했다. 자유당 정권이 물러서자마자 일제 때 민족 탄압의 전위에
섰던 박정희가 권력을 장악했고 애국자로 둔갑했다. 이런 세력들을
그대로 보고 넘길 수 없는 것이 민족의 양심이다. 그래서 일제 항일
투쟁 이상의 애국정신으로 싸웠다. 민족에 충성하는 것을 사명으로
한 투철한 민족의식을 가진 사람이라면, 독립된 조국의 근처에도 와
서는 안 되고 절대 허용될 수 없는, 우리 민족이 몸서리치는 친일
반역 인사들 및 그 지지 세력과의 싸움을 멈출 수는 없었다.

막내딸 이경순의 문학박사 학위 수여식에서 박사모를 쓰고(1986년 2월 27일)

2. 독립유공자 포상 절차의 모순

1) 국가유공자 공적 사실 발굴과 조사는 국가가 해야

인류 역사에서 국가 수립 단계 이후부터, 즉 지배세력의 권력기관인 국가가 성립한 단계 이후부터 줄곧 동일한 사회 내에서 국가의 교체가 되풀이되었다. 즉 국가의 흥망성쇠가 반복되었다. 국가의 흥망과 교체는 정치세력 간의 투쟁의 결과였다. 이전의 국가를 타도하고 들어선 신흥국가는 세력이 강했기 때문에 승리했다. 새로운 세력을 중심으로 신흥국가가 형성되기까지는 백성의 지지를 모으기 위해 충정을 다한 인물들의 공적이 반드시 있었다.

신흥국가는 공적이 현저한 자를 충신으로서 서훈 포상으로 표창하여 국민 앞에 애국의 본보기로 내세웠다. 이는 봉건제도하에서 국가가 흥망을 되풀이하는 과정에서 반복된 기본 정책의 하나였다. 이 과정에서 충신의 공적 사실은 국가가 찾아내어 업적에 상응해 서훈해온 것이 불변의 절차였다. 국가가 아닌 자기 자신이 스스로 공적을 내세워 국가에 공신 서훈을 요청한 경우는 정신이상자가 아니면 있을 수 없는 일이었다.

조선왕조의 경우에도 마찬가지였다. 조선왕조는 건국과 함께 공이 많은 개국공신과 그 후 외침에 따른 국난 및 천재지변 등의 재난 수습에 공이 있는 사람을 찾아내어 서훈 포상했다. 이 절차는 국가의 해당 기관이 구체적 공적을 찾아내어 서훈했지, 본인이나 그 문중에서 자화자찬 격으로 공적서를 작성하여 서훈을 요청한 사례는 꿈에서도 찾아볼 수 없는 일이었다.

다른 나라의 경우도 마찬가지다. 인류가 국가를 형성한 이래 각 역사단계의 국가들은 충신에 대한 서훈의 근거를 국가의 해당기관이 현실 속에서 공적을 발굴 조사하여 그 비중에 따라 서훈을 해왔다. 국가가 공적을 발굴 조사해야만 공정성을 기하고 국민 앞에 권위가 서고 지지를 받기 때문이다. 산업혁명 이후 자본주의 국가들이 반봉건세력을 형성하는 과정에서 드러난 유공자와 그 후 되풀이된 열강간의 전쟁에서 뚜렷한 공을 세운 유공자들에 대해서도 역시 국가가 주도하여 서훈 포상해 왔고 앞으로도 그러할 것이다.

국가유공자에 대한 공적 사실 조사는 국가기관만이 담당해왔고 유공자 본인의 공적 신청이나 청원에 의한 서훈 포상은 있을 수 없는 상식 밖의 일이다. 특히 식민지 민족에서 독립한 오늘날 110여 개 독립 민족국가들의 독립유공자에 대한 포상은 국가가 매우 중시하는 기본 정책의 하나이다. 독립유공자의 공적 사실 발굴과 조사는 당연히 국가기관만이 담당하며, 독립운동의 역사 사실과 현실 속에서 이를 철저히 찾아내어 민주적인 심사 평가 끝에 포상하고 있다. 이와 같은 절차를 거쳐야만 유공자의 권위와 존경이 객관적으로 증명되어 국민에게 마치 역사 기념 경조문과 같이 영원히 애국정신과 충성의 본보기로 영향을 주기 때문이다.

2) 공적서 변조가 초래할 민족사의 왜곡

1948년 건국 이래 대한민국의 역대 정권은 오늘에 이르기까지 '독립유공자 포상에 관한 법'을 제정하여 서훈 포상하고 있다. 포상 업무 담당기관은 처음에 원호청이 맡았다가 현재 보훈처로 승격시켰다. 그런데 웃기는 일은 독립유공자와 그 공적 사실 조사를 국가가

해야 하는 당위적인 업무임에도 남의 일같이 집어던져버리고, 독립유공자 자신과 유가족 및 그 사실을 아는 사회단체 또는 개인이 작성 제출하도록 규정하고 있다.

　신청서에 첨부되는 공적서에는 그 사실을 증명할 수 있도록 총독부 관헌이 작성한 독립운동 사건을 증명한 문건과 공부상 기록등본, 그리고 이 사람의 독립운동 사실을 알고 있는 인물의 일제 증인서를 첨부하게 되어있다. 이 증거 문건의 첨부는 독립운동 사실을 증명하는 것임은 분명하다고 보아야 할 것이다. 독립유공자의 범위는 일제 식민지 시대에서 행한 국내와 해외의 항일독립투쟁에 가담한 독립투사에 한하고 있다. 독립유공자로 지정되면 포상금과 함께 자녀의 교육비 부담 문제와 교통비 면제 등 여러 가지의 우대와 원조가 주어지므로, 신청하는 사람이면 누구든 유공자 포상 심사에 반드시 통과될 수 있도록 모든 수단과 방법을 다해 기록과 형식을 맞추려고 하는 것은 당연한 일이다. 여기에서 독립 유공 사실에 대한 허위 날조를 가능케 하는 허점이 생긴다.

　그리고 해외 항일운동의 경우는 거의가 일제에 검거되지 않아 재판을 받지 않았고 언론 보도에도 없어 증거 문건이 없으므로 오늘 보존되어 있는 상해임시정부의 문헌에 기록된 이외의 독립운동은 독립운동 사실을 인정받은 인물 2인 이상이 증명하면 사실로 인정받는다. 이것이 사실 그대로라면 하등의 문제가 될 수 없다. 그리고 해외 독립운동자들의 포상은 거의가 사실 그대로지만 그중에도 간혹 본인이 작성한 공적서에 증인의 증명만으로도 심사에 통과한다는 수속심사 절차로는 사실을 과장, 왜곡 또는 전혀 없는 것을 있는 것으로 바꿀 수 있는 허점과 모순된 가능성이 있을 수 있다고 본다. 해외의 독립운동 사실은 증인의 증언 외에 다른 방법이 없으므로 여기에 따를 수밖에 없다. 그러나 국내의 독립운동에 대해서도 동일하게 증거가 없음에도 포상 받은 유공자 2인 이상의 증언만으로 유공 사실을 인정하는 절차에는 앞에서 말한 사실의 날조와 허위 왜곡을 가능케 하는 큰 구멍을 뚫어 놓은 점이 문제가 된다는 말이다.

독립유공자에 대한 서훈에 있어 공적 사실은 자기희생적인 투쟁 사실과 완전히 일치해야만 후세 국민의 애국심 함양에 교사적인 영향을 주고 권위와 존경이 따르는 것이다. 만에 하나라도 없었던 사실이 공적으로 평가된다면 이것을 안 국민들은 전체에 대해 신빙성과 권위가 감소된다는 것은 너무도 당연한 결론이다. 독립유공을 비롯한 역사 사실에 있어 지금까지 알지 못해 하나 둘이 빠진 것은 다음에 보충 가능하므로 부정적인 영향은 주지 않는다. 그러나 단 하나라도 없는 공적을 있는 공적으로 평가하여 유공자로 포상한 사실이 국민 앞에 알려진다면 국민의 의식에는 어디까지가 진실이고 어디까지가 허위냐는 불신으로 이어지는 의심이 생겨 부정적인 인식이 확대되어 간다. 따라서 역사의 기록은 단 한 건이라도 사실에 따라야만 민족사를 근거로 한 의식이 국민 의식 함양에 심도와 폭을 넓히고 원천적인 교양을 촉진시킨다. 앞에서 설명한 바와 같이 항일 투사의 공적을 본인이 작성 제출한 공적서만을 근거로 하여 증빙 문건과 증인의 증언을 근거로 인정하는 과정은 물 샐 틈 없이 완벽하지는 못한 실정이다. 그 결과 공적 사실이 허위, 날조, 변경 가능성을 허용하는 계기를 준다는 것은 상식화된 논리이다.

없는 공적을 있는 공적으로 확대 변조한 구체적인 사례 몇 가지를 알고 있다. 관계자들의 명예가 있으니 구체적인 설명은 하지 않는다. 내가 알고 있는 변조 사실은 확고한 근거와 양심으로 말할 수 있다. 또 한 가지, 있을 수도 없고 허용될 수도 없는 모순은 항일투쟁에 일시 가담, 투옥당하고 나온 후 사상 전향을 하여 친일 행위를 한 사실은 문제 삼지 않고 그 이전의 공적만을 인정, 표창한 사례이다. 이 사람들은 예외 없이 포상 받아 훌륭한 독립유공자로 인정되고 있다. 여기에 대한 구체적 사실도 몇 가지 알고 있다. 그리고 전혀 근거가 없는 독립유공 사실을 8·15 이후 잡지에 항일투쟁 사실을 그럴싸하게 발표하여 이것을 근거로 훈장을 받은 사람들에 대해서도 알고 있다. 참으로 이해하기 어려운 일이라고 하겠다.

이와 같은 사실을 가능케 한 것은 공적서 작성과 심사 과정이 허술하기 때문이다. 내가 알고 있는 모순된 사례만도 이상과 같으므로 남한 전체에서 본다면 그 범위와 숫자가 얼마나 될 것이며 가짜가 진짜로 둔갑한 것이 어느 정도 될 것인가는 우리 민족사에 조금이라도 관심이 있는 애국시민이라면 능히 추측할 수 있을 것이다. 이러한 사실들이 단 하나라도 국민의 눈에 띈다면 우리 민족사의 꽃이며 존경과 숭배의 상징이며 성역적인 존재인 독립유공자 포상에 대해 불신풍조를 조성케 하는 원인이 된다. 그러므로 독립유공의 공적 발굴 조사와 증거의 수집은 처음부터 끝까지 국가가 하고 심사 과정과 절차 및 최종 결정에 이르기까지 어떠한 허점도 절대 불허하는 법의 제정과 제도 확립을 촉구하는 마음에서 이 글을 썼다.

3) 누락된 독립유공 사례들도 반드시 국가에서 찾아야

독립유공자 포상 공적서 작성 신청에 있어 각자가 제출한 것에만 한한다 함은 정부가 사전에 유공자를 빠짐없이 찾아내어야 하는데도 불구하고 본인이 제출하게 하는 것이므로 지나친 모순이다. 항일투사 유가족 중에는 극심한 생활고로 이곳저곳 전전한 사람이 상상 외로 많다. 이 사람들 중에는 자기 부형이 항일투쟁한 사실은 분명하게 알고 또 귀동냥으로 표창의 사실도 알고 있으나 수속 절차와 그 기관이 어딘지도 모르고 있는 경우도 많다. 또 자기 부형의 동지 중에 신청했으나 거부당한 사실을 알고 있으므로 절차도 모를 뿐만 아니라 제출해도 소용없다는 생각으로 아예 포기해버리는 사람이 많고 포상 사실조차 모르고 있는 사람도 있다.

그 구체적인 사례를 들면 전남운동협의회 강진군 위원으로 옥고를 치르고 나와 세상을 뜬 동지의 자제들이 1992년 4월에 나를 찾아와 포상 사실을 처음 들었다고 하면서 수속 절차를 문의한 사실이 있었다. 그리고 자손이 없는 사람도 상당수 있다. 이와 같은 일은 전국적으로 볼 때 상당한 수에 달할 것으로 본다.

항일 독립운동사에서 항일투사 중 단 한 사람이라도 탈락되어 민족사에서 매몰되어 가는 것을 막고 완벽한 항일 독립운동의 역사를 만들려면, 항일투사의 존재와 투쟁 사실의 조사 평가는 처음부터 끝까지 국가의 권위 있는 기관에서 할 때에만 비로소 가능하다. 이와 같은 탈락과 소외를 막고 빠짐없이 찾아내는 방법은 국가가 각급 기관을 통하여 항일투사의 고향과 탄압을 피해 전전했던 거주지와 투쟁의 현장과 함께 싸웠던 대중과 그 후손을 조사하면 한 사람도 빠짐없이 찾아낼 수 있을 뿐만 아니라 구체적인 투쟁 사실도 사실 그대로 확인할 수 있다. 현재 정부 각 기관이 보관하고 있는 재판 관계 기록과 신문 잡지를 비롯한 간행물과 기타 일제 때 작성된 항일투쟁 관련 문건은 풍부하게 보관되어 있고 학자들과 기타 뜻있는 사람들이 보관하고 있는 물건도 상상 이상으로 많다.

그러므로 우리 민족사의 가장 중요한 역사 단계이며 오늘의 역사와 밀착되어 맞물려 돌아가면서 가장 큰 영향을 주고 있는 항일 독립운동사의 정확한 작성과 주역이었던 항일투사들의 공적 조사는 앞에서 언급한 바와 같이 국가가 해야만 가능할 뿐만 아니라, 이를 통해서야만 단 한 사람의 탈락도 없이 모조리 수록하는 것이 비로소 가능하다. 오늘날 독립유공 공적의 증거는 주로 당시의 재판 판결문과 신문 보도, 그리고 수사기록 등 총독부가 작성한 문건

이기홍이 초안을 작성한 모 동지의 공적서. 지금은 기록도 없고 아무도 증언해줄 수 없는 동지들의 공적서를 작성하면서 정부가 주도적으로 나서지 않는 독립유공자 선정 방식에 대해 개탄했다.

등이다. 그밖에 증빙 문건이 없는 공적에 대해서는 이것을 아는 사람의 증언에 의존하고 있다는 것은 앞에서 말했다.

3·1 독립운동 이후 8·15 직전까지 계속된 항일투쟁이 예외 없이 조직적인 투쟁이었음은 세상이 다 아는 사실이다. 항일투쟁을 지도한 기본 조직은 외곽적인 대중단체 외에는 예외 없이 지하 깊숙이 들어가 있는 비밀 조직이었다. 이러한 조직들은 당시 모든 지하 조직의 보안을 위해 철저하고 강력한 규율로 통제되어왔다. 그렇기 때문에 계속된 검거에서도 항일투쟁은 통일된 중앙 지도체계하에서 계속될 수 있었던 것이다. 3·1 운동 이후 8·15에 이르기까지 중앙과 지방의 수많은 지하 조직이 발각 검거되었으나 1920년 이후의 조직의 발각 검거는 100%가 불가능했고 일부는 검거에서 벗어났던 것이 그 당시 조직의 속성이다. 내가 조사하여 알고 있는 조직의 발각

검거의 경우에도 대부분 조직원의 1/3은 검거에서 살아남아 조직의 재건을 계속할 수 있었던 것이다.

이와 같은 규율 강화에 의해 조직 일부가 검거에서 제외된 사실을 전남 각 군에 걸쳐 구체적으로 설명할 수 있다. 지하 조직의 발각에서 살아남은 지도자들은 거의가 항일투쟁의 중심인물들이다. 이 사람들은 검거되어 재판을 받지 않았기 때문에 판결문과 신문 보도에 명단이 없는 것은 당연한 일이다. 그 결과 오늘까지 군사독재 정권이 계속해왔듯이 본인 각자가 작성한 공적서와 그것을 증명하는 증빙 문건과 증언으로는 찾아낼 수 없는 항일투사들의 존재와 공적은 그림자로 남아버리는 결과를 가져오고 있다.

그리고 경찰에 발각되지 않은 투사의 일부는 검거를 피해 만주와 일본으로 도피하거나 지하 깊숙이 파묻혀 끝까지 노출되지 않으면서 간접적인 영향을 주어온 사람도 많다. 일제가 패망하자 만주를 비롯한 중국 각지와 일본에 도피했다 돌아온 사람과 지하에서 비로소 표면으로 드러난 항일투사의 수가 2만 5천여 명이었다는 사실이 이를 방증한다. 이 투사들의 공적에 대해서는 총독부 시대에 작성된 어떠한 문건에도 기록이 없다. 남아 있는 것이라고는, 투사의 고향과 투쟁을 계속했던 거주 지역과 투쟁의 현장에서 함께 투쟁하고, 또 직접 보았던 주민 대중과 그것을 계속 전해 들어 알고 있는 후손들의 증언뿐이다. 이처럼 지금의 독립유공 포상의 공적 증명 평가 방법으로는 아직 생존해 있거나 유능한 자손이 있는 사람 외에는 수많은 사례들이 거의 흔적도 없이 역사의 뒷전으로 사라져가고 있다. 안타까운 일이다.

3. 축소된 독립운동사는 반쪽짜리 역사

1991년 보훈처 발표에 따르면 당시 극도로 범위가 국한되었던 독립유공자의 공적만으로 항일 독립운동 1집의 발간 계획을 세우고 5억 원의 예산을 책정하여 편집 중이라고 한다. 6공화국에 이르기까지 보훈처에서 심사 포상한 독립유공자는 3천 명이다. 그러므로 공적서가 3천 통이 된다는 말이다. 이 숫자는 실제 항일투사의 3%에도 미달할 것이다.

위 총서의 발간 목적은 독립유공자의 항일투쟁 사실을 정확하게 알려 국민의 민족의식 고양을 위한 정확한 역사 교과서를 만드는 데 있다고 한다. 그러나 이것만으로는 독립운동의 내용과 독립운동자의 대부분이 탈락되었을 뿐만 아니라 그 중 일부는 사실과 다른 불확실한 공적이 있음에도 모조리 정확한 독립운동으로 인정, 출판한다는 데에 문제가 있다.

지금까지 보훈처에 제출한 공적서 중 국가보안법 위반으로 처벌받은 독립투사들의 공적서는 정부 심사 기준 미달이라는 이유로 보류 처분하여 완전 탈락, 소외시키고 있다. 구체적 사례를 들면, 광주학생독립운동의 조직과 시위의 총 지도자로 4년여의 옥고를 치르고 나온 뒤 검거 투옥을 계속 당한 장재성 선생이 있다. 장재성 선생은 당시 국내뿐만 아니라 국제적으로도 알려진 광주 학생독립운동의 최고 지도자 중 한 사람이다. 장재성 선생의 독립유공 공적서도 광복 후 국가보안법을 위반하여 심사 기준 미달이라는 이유로 보류 처분되었다. 그 결과 수만 명의 항일투사들과 함께 오늘에 이르기까지 포상에서 제외되고 있다. 포상을 요구하는 뜻있는 인사들의 계속된 진정과 언론의 보도에도 여전히 묵살되고 있는 실정이다.

또 하나의 사례로는 1933~34년 사이에 조직원 3천명이 검거된 당시 전국 최대 독립운동 조직의 지도자로서 4~5년 옥고를 치르고 나온 전남운동협의회의 중앙위원 4인의 공적도 동일한 이유로 제외되어 오고 있다. 박정희 대통령은 1929년 광주 학생독립운동의 이름으로 전국학생운동을 조직 지도한 중앙지도부인 학생전위동맹의 조직과 전남운동협의회 관계자는 앞으로 영원히 포상에서 제외하라는 특별 지시를 당시 보훈처에 내린 일도 있다. 제외된 수만 명의 항일투사들은 대부분이 우리 독립운동의 중심 지도자이며 이 사람들의 투쟁 사실은 항일투쟁의 중심 부분을 이루고 있다.

비록 군사독재 정권의 정책에 따라 보류되었다 할지라도 이 분들의 공적을 제외한 항일 독립운동사는 내용이 공허한 형식적인 것이 될 것이다. 이 분들은 포상에서는 정책적으로 제외되었지만 이들의 독립운동 사실은 우리 항일 독립운동사에서 결코 제외시킬 수 없는 엄연한 사실이다. 이 분들의 공적은 무엇으로도 어떠한 힘으로도 부정될 수 없는 항일 독립운동사의 주요 부분을 형성하고 있다. 이들의 공적을 제외하면 진정한 항일 독립운동사는 성립될 수 없다.

합방 후 우리 민족의 말살을 지향하여 감행하던 일제의 가혹하고 간교한 탄압 아래 독립을 위해 투쟁한 애국자들의 자기희생적인 항일투쟁의 역사는 우리 민족사의 어느 시대보다도 높이 평가되어야 마땅하며, 이러한 역사는 오늘에 연결되어 우리 민족 앞날의 발전에 귀중한 교훈과 지침이 되고 있다. 그러므로 항일 독립운동사의 편찬은 객관적으로 증명된 모든 항일투쟁을 예외 없이 수록해야 한다는 것은 민족사의 초보적인 상식이다. 6공화국에서 진행하고 있는 항일 독립운동사 편찬에 있어 포상 받은 3,000명 내외의 공적 기록에만 국한하여 발간한다는 것은 빛나는 항일 독립운동사의 축소가 아니라 부정이라고 해도 과언이 아닐 것이다. 따라서 그 동안 군사독재 정권에서 명예스러운 애국자로 평가받은 포상자의 공적 기록과 함께 반공 국시를 위반한 전과자의 독립운동 사실도 객관적으로 인정된 확실한 증거가 있는 이상 별도로 분류해서라도 항일 독립운동사 발간에 수록해야만 올바른 독립운동사가 될 수 있다.

그렇지 않고 이 사람들의 공적을 반공 국시를 위배한 불명예스러운 국사범의 전과자라 하여 제외하는 것은 군사독재 정권의 정책으로는 가능하지만, 그 결과는 항일 독립운동사의 참모습을 국민의 눈앞에서 덮어버리려는 용납할 수 없는 반민족적 행위라는 사실을 엄중하게 알아야 할 것이다. 따라서 현재 진행 중인 독립운동사 발간은 군사 독재정권 정책의 입장에서 벗어나 민족정기에 조응한 민족의 입장에서 발간하도록 재고해야 한다. 현재의 방식으로 진행 중인 독립운동사의 발행 절차는 반드시 재평가해야 할 민족사의 중대 문제이다.

4. 반독재 투쟁은 항일 독립운동의 연장선

민족의식은 민족 존재를 구성하는 양측면의 일면으로서 사고와 이론의 테두리 안에 머무는 것이 아니라 실천을 전제로 한 민족의 지시 명령이다. 우리 민족에게 현대적 의미의 민족의식 각성은 3·1 독립만세운동을 기점으로 시작되었다. 우리 민족은 일제가 강행한 민족 말살 지향의 가혹한 탄압 속에서도 굴하지 않고 대중과 더불어

1972년 함석헌 장준하 홍순남 선생과 함께(아래쪽 가운데 함석헌, 우측 홍순남, 뒷줄 좌에서 두 번째 장준하, 뒷줄 오른쪽 끝 이기홍)

자기희생적으로 투쟁한 민족지도자들의 독립투쟁을 통해 다른 민족보다 투철하고 높은 수준의 민족의식을 각성하며 생활해왔다.

식민지 시대에 우리 민족은 한 줌도 못되는 친일 반역세력을 제외하고는 전부가 일제 식민지에서 해방되어야만 권리와 자유, 복지를 누리면서 살 수 있다는 생활화된 의식을 가슴 깊이 간직해 왔다. 다만 민족 구성원 각자의 위치와 정세에 따라 그에 맞는 실천이 좌우되었을 따름이다. 일제가 패망한 8·15 이후에도 남한의 대중운동은 반독재 민주운동의 형태로 이어졌으며 이는 본질과 내용에 있어 민족 자주독립 운동의 연장선에 있었다.

우리 민족은 불행하게도 8·15 이후 일제가 패주한 뒤 민족정기 앞에서 마땅히 응징되어야 할 친일 인사들이 정치 세력화하여 미국을 등에 업고 주권을 강탈하고 6공화국에 이르기까지 반세기간 그 위세를 떨치는 반민족적 역사를 겪었다. 그러므로 군사독재 정권을 상대로 한 민주투쟁은 친일세력과의 투쟁이기도 했다.

오늘 한국의 민주운동을 자주 민주운동이라 하는데, 여기서 자주는 주로 한국에 지배적인 영향을 주고 있는 외세에 대한 반대를 뜻한다. 그러나 이와 같은 견해는 우리 민족이 지향한 자주 민주운동의 일면만을 보고 더욱 본질적인 다른 측면을 보지 못한 편견이다. 주된 대상은 친일 전통을 이어온 군사독재 정권이다. 그러므로 군사독재 정권과의 민주투쟁은 항일 독립운동의 전통이 외형적인 투쟁의 형태와 수단이 바뀌었을 뿐 그대로 이어져 온 것이다. 따라서 오늘 민주 운동을 뒷받침한 사고와 의식은 민족의식을 기반으로 하고 모체로 하는 표현이다. 우리 민족이 예외 없이 간직하고 있는 잠재형태의 민족의식은 항일 독립운동의 전통을 이어오면서 오늘날 국내외에 조성되어 가고 있는 모든 반민족세력에 대한 다양한 형태의 투쟁의식으로 발전해 온 것이다.

그러므로 오늘 우리의 민족의식은 항일 독립운동에 대한 정확한 이해 없이는 파악하지 못할 뿐만 아니라 민주운동의 역량 조성과 방향도 올바르게 판단할 수 없다. 우리 민족의식의 형성과 발전은 일제식민지 치하의 피해의식을 통해서만 형성된 것이 아니다. 오늘날에도 여전히 엄연히 존재하고 있는 일제 식민지 치하의 잔재에 의한 피해는 타오르는 불길에 기름을 부어넣는 것과 같이 우리 민족의식을 투쟁 지향으로 가열, 발전시켜가고 있다.

이것은 나의 주관적인 추상으로 표현하는 피해망상적 사고가 결코 아니다. 일제가 전시에 소모품으로 끌고 간 노무자의 일부가 사할린에 억류된 이후 지금도 수만 명이 후손과 함께 당연히 가져야 할 국적도 갖지 못하고 돌아가야 할 조국에 가지 못한 채 멀리서 바라보면서 한숨과 눈물로 만리타국에서 생애를 마치고, 그 비참과 불행은 자손으로 이어져 내려오고 있다. 또 일본에 남아있는 60만 명 이상의 노무 징용자와 그 후손들이 지문 날인 등의 인종차별과 취학과 취직에서 차별 대우를 받고 있는 사실에서 알 수 있듯이, 민족 모멸적인 식민지 지배의 잔재는 오늘도 이어져 내려오고 있다.

또 악명 높은 여자 정신대로 끌려가 일본군 위안부로 투입되어 견딜 수 없을 정도의 혹사를 당한 우리 여성들은 짐승 이하의 취급을 당하였고 종전 후까지 살아남은 수많은 여자 정신대들은 그들이 풀려나와 돌아가면 자신들의 비인간적인 만행이 세계에 폭로될 것을 두려워한 일제에 의해 모조리 살해되었다. 그중 몇 사람이 탈출하여 구사일생으로 살아남아 있는 것이 오늘날 국내 언론이 보도하는 정신대의 비참한 실상이다. 우리 민족이 겪은 이 비참한 역사에 대해 우리 민족은 초등학생에 이르기까지 이 엄연한 사실을 보고 듣고 느끼면서 민족의식 각성의 강도를 높여가고 있다.

이처럼 밝혀지는 사실들은 우리 민족이 또 다시 민족 존망의 위기에 처하게 될 때, 가해 세력을 타도하기 위한 폭약을 차곡차곡 축적하고 있는 것과 같은 믿음직한 현실로 보아야 할 것이다. 그러나 이와 같은 민족의식의 각성이 어떤 정당 또는 민주 사회단체와 그 지도자에 의한 조직적인 노력의 결과가 아니고 자연발생적인 것이라는 점이 참으로 아쉽다.

민족의 자발적인 각성이 통일된 지도체계의 조직과 결합된다면 여기에서 필연적으로 조성되는 민족의 역량은 산수적인 총화가 아니라 기하급수적으로 확대 강화될 것이다. 민족역량 조성의 원천적인 기폭제인 민족의식 고양의 위대한 교사는 항일 독립운동과 그 운동을 지도하고 투쟁에 앞장섰던 애국 투사들의 구체적인 투쟁 사실이다.

세계의 각 민족국가가 중요
한 국가정책의 하나로 정확하
게 시행하고 있는 것이 바로
독립유공자에 대한 포상이다.
이 포상에는 반드시 독립운동
의 구체적 사실이 객관적으로
증명되어야 하기 때문에 생생
한 교과서가 된다는 말이다.
역사의 인식은 통사적인 개념
의 총론적인 지식 형태이지만
역사의 사실 하나하나는 구체
적이다. 이 사실이 뒷받침될
때 민족의식은 이론이나 학설

신안 비금도에서 산판일을 하던 1974년 무렵

등 지식의 범주에서 벗어나 민족을 위해 무엇인가를 해야 하는 실천
의식으로 발전하는 것이다.

　민족의식의 함양에 결정적인 역할을 하고 있는 또 하나의 사실은
독립유공자의 공적을 역대 정권이 아무리 감추어 소외시키려 해도
항일투쟁의 현장과 애국투사들의 고향에는 그 사실이 자손과 친척
을 통해 또는 이웃을 통해 보고 들었던 사실들을 토대로 그 지방과
가문의 미담으로 그대로 전해져 오고 있다는 점이다.

　항일 독립운동의 상징인 독립유공자에 대한 포상 정책은 앞에서
설명한 바와 같이 대부분의 독립투사들이 배제되는 모순투성이의
것이었다. 이러한 반민족사적인 포상 정책에 대해 반독재 민주투쟁
의 사령탑으로 자처하는 야당은 반세기 동안 이것을 민족사 본위로
바로 잡기 위한 현행법의 개정을 시도하지도 않았고, 이에 관해 국

1980년대 사회운동 단체 사무실에서

회에서 단 한 번이라도 발언한 사람은 최고 지도자를 비롯한 전 야당 국회의원 중 단 한 사람도 없었다.

이 문제에 관해서는 야당보다 더욱 진보적이라고 자처하는 수많은 민주 사회단체와 지도자들의 무관심도 동일했다. 그러한 무관심은 이 문제를 정당 및 단체와는 관계가 없는, 마치 타인의 일과 같은 관심 밖의 일로 간주했다는 것을 뜻한다. 무관심은 사실의 부정으로 이어지는 의식 상태를 말한다. 민족정기를 바로세우는 데 있어 이처럼 중요한 문제에 대해 지나칠 정도로 무관심한 야당과 민주단체들의 민주운동은 과연 누구를 위해 어디를 바라보고 가는 것인지 묻고 싶다.

항일 독립운동에 대한 깊은 연구 분석과 평가의 뒷받침이 없는 민주운동은 민족 대중과 유리되어 허공에서만 메아리치게 된다. 우리 민족의 자주 조국 건설을 지향하는 정당과 단체와 지도자들은 오늘의 현실로 연결되는 항일 독립운동에 대한 철저한 인식과 함께 자주독립 정신을 이어받아야 마땅하고, 그 전통의 연장선상에서 이루어지는 민주운동만이 일선 대중의 지지를 받게 된다는 사실을 각 민족 국가의 역사와 작은 나의 실천 경험을 통해 자신 있게 말하는 바이다. 오늘날 한국의 민주운동은 민족 자주독립운동인 것이다.

이 책을 저술한 나는 본래 문학의 문외한으로 문장력이 대단히 부족하고 묘사와 표현이 세련되지 못하고 졸렬함을 솔직히 인정한다. 그러나 이 책의 저술 방법과 태도는 어떤 학설의 논리적인 이론에 맞추어 쓴 것이 아니다. 나의 주장은 이론 학습과 강의를 바탕으로 한 것이 아니고, 조직 대중과의 실천 과정에서 행한 분석과 검토, 그리고 질문과 토론을 통하여 구체적인 현실에 합법칙적으로 적용, 파악하는 휴식 없는 40여 년간의 실천을 통해 확인, 증명된 객관적인 사실을 합법칙적으로 정리하여 쓴 것이다.

그러므로 나의 주장은 반드시 객관적인 사실을 말하고 있으며, 추호도 주관적 관념론이나 어느 당파에 편중된 편협적인 것이 아니다. 객관적인 역사발전 법칙을 실천에 합법칙적으로 적용하여 나오는 사실을 바탕으로 썼다고 나는 자신한다. 그러나 서술과 표현 방법의 부족과 졸렬함으로 인해 잘못된 점이 지적당하면 달게 받아들여 원칙에 맞추어 시정하겠음을 분명히 말해둔다. 이 책의 내용이 오늘 우리 민족이 반드시 달성해야 할 민족사명인 우리 민족을 본위로 하고 중심으로 한 자주민주 정부의 수립과 분단된 조국의 평화적 통일을 뒷받침하는 역량 조성에 다소라도 도움이 된다면 다행으로 생각한다.

제14장 종교의 사명과 민족의 미래

1. 사회주의 붕괴와 내 인식의 전환

나는 75세가 되던 1986년까지 어느 누구보다도 ML사상을 진리로 확신하면서 심도 있는 이론을 탐구하고 진리성에 의심을 두지 않던 사람이었다. 대중과의 실천운동에서 주로 ML사상을 교양의 주제로 하여 의식화에 역점을 두며 평생을 살아왔다. 나는 ML사상만이 인류를 해방시키고 미래 지향의 공평한 복지 생활을 담보해주는 유일하게 과학적이고 객관적인 진리라 믿고 이해와 각성의 차원을 넘어 맹신적인 절대 진리로 받아들였다.

그러던 중 1985년 고르바쵸프 소련 공산당 서기장이 개혁을 표방하고 이후 1990년 대통령으로 선출되기까지의 과정에서 소련의 공산당이 국민에 의해 폐기하고 그 이후 여타 사회주의 국가들이 여기에 따르는 것을 보면서 나는 지각변동과 같은 충격을 받았다. 그 후 나는 ML사상을 객관화하여 냉정한 사회과학자 입장에서 2년 가까이 분석하고 검토한 끝에 소련 공산당을 비롯한 여러 나라의 공산당이 국민들의 지지를 받아 사회주의를 폐기하고 ML사상을 부정하는 것이 역사발전 법칙에 따라 필연적으로 일어난 역사 발전으로 인식하게 되었다.

그동안 ML사상을 영원불멸한 진리로 맹신했던 의식으로부터 마치 꿈에서 깨어난 것과 같이 눈을 뜨고 보니 그간 고집스럽게 유지하였던 나의 우매함에 놀라울 따름이었다. 지금까지 내가 확고하게 지켜온 역사관과 그것을 뒷받침해 준 ML사상에 대한 무비판적이고 무조건적인 맹신의 암흑에서 깨어나 지금 83세라는 뒤늦은 나이에나마 객관세계를 새로운 입장에서, 바로잡힌 의식으로 과거와 오늘 그리고 미래를 역사 자체의 법칙에 따라 객관적으로 제대로 보게 된 것을 다행으로 생각한다.

여기에서 우리가 똑바로 인식해야 할 것은 소련을 비롯한 15~16개 사회주의 국가가 사회주의의 문을 닫아버리고, 생산력을 후퇴시켜온 사회주의의 정치, 경제, 사회의 모순에서 벗어나 자본주의적인 시장경제 도입과 민주주의를 받아들여 개방 개혁정책으로 생산력을 높이면서 자유와 복지 지향으로 전 국민이 자신을 갖고 발전해 가고 있다는 점이다. 이러한 변화를 정부와 당과 국민의 뜻이 하나로 합쳐 이루어냈다는 점에서 사회주의 폐기가 역사발전 법칙에 따른 필연적인 결과임을 증명해 주고 있다.

ML사상을 바탕으로 수립된 사회주의 국가의 붕괴가 필연적이었다는 사실을 간단히 요약하면 다음과 같다. 소련 혁명에서 시작된 사회주의 국가는 제2차 세계대전 후 주위의 나라들로 확산되어 단기간에 20여 개 사회주의 국가가 수립되고 자본주의 세력에 대항하는 다른 한편의 국제세력을 이루고 대립하면서 발전해왔다.

그러나 오늘날 이미 폐기된 사회주의 국가와 아직 몇 개 남아있는 사회주의 국가를 막론하고 사회주의 사회는 예외 없이 생산력의 발전을 가로막고 후퇴시켜 국민 생활을 춥고 배고프게 만들었다. 이에 따라 필연적으로 발생하는 국민의 불편과 불만을 억압하기 위해

1인 지배 체제의 독재를 강화하면서 인간이 당연히 누려야 할 개인의 인권과 자유를 억압하며 통제 일변도의 정책을 시행했다.

생산력 발전을 가로막는 사회제도는 반드시 타도되어 생산력 발전을 뒷받침하는 새로운 제도로 바뀐다는 것은 ML사상에서도 기본 명제에 속한다. 그러나 현실 세계에서는 공산주의 사회

광주학생독립운동 64주년 기념식 참석 후

를 지향하는 사회주의 사회만이 생산력 발전을 가로막는 일체의 장애를 제거하여 생산력의 확대 발전을 영원히 보장해 주는 유일한 사회제도라고 강조하며 생산력이 정체된 사회의 실상을 감춰왔다. 사회주의 국가 국민들은 무조건 여기에 따라 생산하고 일상생활을 하며 일당 독재 권력에 순수하게 순응했다.

사회주의 국가들은 권력을 통해 국민으로 하여금 예외 없이 이 제도를 지지하고 따르도록 강요했다. 그 결과 예컨대 제3국 사람이 사회주의 국가에 사는 국민들에게 자신들의 생활 상태에 대해 물으면 한 목소리로 풍족하고 만족하며 어느 나라보다 행복한 낙원에서 살고 있다고 답했다. 이들은 마치 녹음테이프를 다시 틀어놓듯이 자신들이 행복한 이유가 지도자와 당과 정부의 덕택이므로 지도자와 정부를 절대적으로 지지하고 따른다며 한 목소리를 냈다. 국민들의 자유로운 의사 발표는 완전히 감춘 채 정부가 지시하는 일만 하고

정부가 지시하는 말만 해야 하는 것이 사회주의 국가의 국민생활이었고 의사 표현의 현실이었다. 이 나라들의 지도자와 당과 정부는 그러한 국민들의 목소리가 자유의사에 따른 것이라고 애써 주장하며 사회주의만이 국민을 평등하게 잘 살게 하는 낙원이라고 말하는 이들을 앞에 내세웠다.

아울러 정권을 장악하고 있는 지도자와 당과 정부는 인민을 본위로 인민을 위한 민주주의를 실천하고 있다며 스스로를 미화시켜왔다. 이러한 자기 미화는 스스로가 얼마나 우매한 존재인지를 증명해주는 일에 불과하다. 국민들이 미처 표현하지 못하고 있던 부정의 목소리를 애써 무시하려 한 것이기 때문이다. 객관세계의 모든 물질적 정신적 존재와 작용과 발전은 긍정적인 것과 부정적인 것의 대립과 통일의 형태로 존재하고 있다는 현실을 가려 버린 것이다. 즉, 모든 것은 상대적이라는 것을 모르는 데서 나오는 주장이다.

나는 25세 때에 아버지께서 주신 병서인 '육도삼략' 중 석공명(石工英)이 저술한 육도 가운데 왕도, 무도, 용도, 호도, 표도, 견도 중 왕도의 편에서 "군왕의 현우(現愚)가 국민의 생존을 좌우한다"는 구절이 새삼 기억난다. 절대권력을 장악하고 전 국민이 한 목소리를 내게 하는 사회주의 국가의 1인 독재자의 권력에 비유되었기 때문이다.

사회주의 사회에서는 외견상 아무리 억제되었다 하더라도 국민의 현실과 생활 속에 존재하는 불편과 불만, 부자유가 에누리 없이 폭발 지향으로 축적되어 왔다. 이것은 부인할 수 없는 사실이다. 이 모순의 폭발이 결국에는 영원할 것 같던 사회주의 폐기를 가져온 것이다. 다시 말해서 생산력의 발전을 가로막는 기본 모순에서 파생된, 숨 막히는 독재와 여기에 따른 국민의 불만 불평 부자유가 억제된 상태에서 축적되어 양의 증대는 질의 변화를 가져온다는 유물 변증법의 발전법칙에 따라 필연적으로 폭발한 결과가 사회주의 폐기라는 결론으로 귀결된 것이다.

정확하게 인식해야 할 사실은 소련을 비롯한 사회주의 국가 국민들의 공산주의 사상에 대한 의식수준과 자본주의 국가 내에 있는 독실한 ML사상 신봉자인 공산주의자의 의식수준 사이에는 엄청난 차이가 있다는 점이다. 자본주의 사회에 있는 공산주의자들의 의식수준은 교양 책자와 방송 또는 학습한 이론을 바탕으로 한 관념적인 것이다. 이들의 의식은 사회주의 사회에 대한 희망적인 상상과 추측의 범위에서 이루어진 의식수준이라는 것이다.

여기에 비해 소련 국민들은 현실과 결부된 다양하고 다각적인 수단과 방법이 총동원된 가운데 일생 동안 중단 없이 ML사상에 대한 교양을 받아 왔다. 또한 이 소련 국민들의 의식은 사회주의 정책이 직접 실행되는 생활의 현실 속에서 각자가 피부로 느끼면서 축적된 이론이다. 반면 비사회주의 국가에 존재하는 공산주의자들은 사회주의 사회에서의 구체적인 생활 경험은 전혀 없이 관념적으로만 사회주의를 알고 있던 사람들이다. 단지 지지와 찬양의 지향만을 갖고 있으면서 경험도 없이 추측만 하던 공산주의자들이 소련 사회주의 폐기를 부정적으로 보면서 사회주의가 다시 복원해야 한다는 방향으로 부정적인 비판을 하고 있는 것이다. 이는 완전히 객관성을 떠난 주관적이고 희망 섞인 기대에 불과하다는 것을 분명히 말해둔다.

소비에트 연방에 통합되어 통치되어 오다가 사회주의 붕괴와 함께 독립한 크고 작은 130여 개의 민족국가들은 자본주의 시장경제와 함께 개인의 권리와 자유가 보장되는 민주주의 지향으로 발전하고 있다. 특히 그간 억압된 사회에서 누리지 못했던 민주주의적 자유와 신앙의 자유가 허용되자 억눌려있던 신앙의식이 종교인을 중심으로 부활하여 각 나라의 민족종교가 폭발적으로 확대되는 계기를 맞았다. 그러한 현상은 사회적 정치적 지위고하를 막론하고 일선 국민으로부터 각계각층으로 확대되어 가고 있다.

이러한 종교 부활 현상이 국가 권력의 강요나 외세에 의한 것이 아니라 자연발생적인 순수성 속에서 벌어지고 있다는 점을 유의해서 볼 필요가 있다. 특히 이전의 사회주의 국가에서 일생 동안 중단 없이 종교는 인민의 아편이자 반사회적 존재라고 귀에 못이 박히도록 교양을 받아오면서 평생 종교 사원에 들어가 본 적도 없고 종교 행사에 참여해본 적도 없는 국민들에게서 이러한 움직임이 일기 시작하여 날로 확대되고 있다는 사실이 놀랍다.

사회주의 국가의 국민들 사이에 벌어지고 있는 본질적인 변화를 모른 채 자본주의 국가에서 생활하면서 뉴스 또는 여행자의 말을 듣고 그 나라들의 변화된 모습을 접한 충실한 공산주의자들은 그 나라들의 종교 부활이 국민들의 자연발생적인 표현이 아니라 정치권력에 의한 강요나 외세의 작용에 의한 것으로 단정하고 싶어 할 것이다. 왜냐하면 사회주의 국가에서 장기간 동안 반종교 교양을 받아왔고 여기에 따라 생활해온 국민들이 자발적으로 종교 신앙을 갖는다는 것은 있을 수 없는 일이라고 볼 것이기 때문이다.

또 한편으로는 이러한 생각들도 가질 수 있다. 이 나라 국민들이 태어난 이래 예외 없이 줄곧 절대 진리인 ML사상에 바탕을 둔 반종교 교육과 생활에 흠뻑 젖어왔던 만큼 갑작스레 찾아온 사회주의 사회의 붕괴와 뒤이은 자본주의 경제 도입 및 민주주의 제도로의 급속한 전환 과정에서 빚어지는 혼란과 고통을 벗어나고자 전문적인 종교인을 통해 정신적 위안과 안정을 얻기 위해 일시적으로 종교를 받아들이는 것으로 해석하고 싶어 할 수도 있다. 따라서 이 나라들의 사회질서와 생활이 조만간 정상을 되찾아 안정되면 종교는 다시 발붙일 곳이 없이 사라질 것이라는 기대와 해석도 나올 법하다.

다시 말해서 종교의 본질은 대중의 혁명의식을 말살하는 아편이며 인민의 입장과 반대인 정권의 편에 서서 그 정권을 지지하는 시녀가 되는 것이 종교가 가진 불변의 본질이며 속성이므로 국민들이 냉정을 되찾아가면 종교는 결국 국민 앞에서 발붙일 곳이 없어질 것이라고 판단할 여지도 있다. 이 같은 논리는 종교에 대해 여전히 부정적인 논리를 고수하며 이 사태의 변화를 보고자 하는 태도에 불과하다.

이들은 아직도 사회주의를 폐지한 대부분의 국가가 정치, 경제, 사회, 문화의 전 분야에서 민주주의 지향으로 발전하면서 종교를 억압하던 공산주의 정책이 설 자리를 완전히 잃어버렸음은 물론, 종교의 자유가 반종교적 권력의 자리를 대체하고 있음을 깨닫지 못하고 있다. 이와 같은 교조주의적 공산주의자들은 종교를 철저히 부정하는 ML사상의 동굴 깊숙이 들어가 동굴 밖은 내다보지도 않고 보려고도 하지 않는 편견을 여전히 갖고 있다고 하겠다. 이 대목에서 나는 플라톤이 말한 소위 동굴의 우화를 떠올리게 된다.

소비에트 연방이나 사회주의 각국에서 분리 독립한 여러 민족국가들에서 종교가 부활하는 것은 국가 정책에 의한 것도 아니고 강요에 의한 것도 아니다. 국민의 저변으로부터 일어나 지위고하는 물론이고 생활과 직업의 차이를 초월하여 보편화되고 있는 현상이다. 이 나라들에서 부활하는 종교가 누구를 위한 아편이고 누구를 속이고 누구를 억압 착취하기 위해 권력의 시녀 노릇을 하는 것인지 ML사상의 종교관으로는 설명할 길이 없다.

생애 말년의 이기홍

　민주주의적 권리와 자유가 보장되고 군사 독재정권과 결탁한 독
점재벌의 존재가 헌법으로 금지, 부정되고 있는 이 나라들의 현실에
서 ML사상에 따른 종교의 부정이 설 자리는 없다는 것이 현실이다.

이 나라들에서 종교가 급속도로 부활한 것은 민족종교 없는 민족은 분열 약화되어 분산된다는 사실, 그리고 민족적 신앙은 본능의식으로 잠재되어 있다가 어떤 역사적 계기를 통해 분출된 것이라는 측면에서 이해하는 것이 타당할 것이다. 위에서 말한 이런 내용들이 내가 평생 지켜왔던 사회주의의 신조를 버리고 새롭게 눈을 떠서 객관세계를 다시 바라보게 되었던 결정적인 계기가 되었다는 점을 솔직하게 인정하는 이유들이다.

2. 민족역량 결집의 최대 잠재력은 종교세력

민족과 종교 문제를 다룬 이 장에서 나는 종교는 반드시 민족적인 것이라야 하며 종교가 해야 할 민족적 사명과 책무에 관련하여 종교를 긍정 시인하며 민족적 존재가치를 인정하였다. 이 글을 본 일부 교조주의적인 공산주의자들은 종교의 긍정과 시인은 마르크스-레닌주의를 부인하는 것이므로 반동이론이라고 비판하며 필자를 반마르크스-레닌주의자로 규정할 사람들도 있을 것이다.

나는 소련이 페레스트로이카 정책을 시행하기 전까지는 ML사상이 절대적인 과학적 진리를 담고 있는 영원한 것으로 믿고 무비판적으로 맹신했다. 사회주의 국가 소련이 개방을 택하고 신사고를 도입하여 사회주의를 폐기하는 변화 앞에서 사회과학자의 한 사람으로서 나는 내가 신봉했던 ML사상의 진리성에 대해 비판적인 분석 검토와 평가를 해야 한다는 필연적인 사명의식을 느꼈다.

그 중에서 사회주의 폐기 이유와 과정에 대해서는 다른 곳에서 자세히 설명했으므로 여기에서는 되풀이하지 않고, 종교와 민족에 관련된 내용만 간단히 설명하겠다. 나를 가장 놀라게 한 것은 1991년 12월에 소비에트연방이 폐기되고, 각 민족이 독립 또는 준(準)독립적인 민족국가로 돌아오면서 사회경제적인 변화 외에 그동안 억눌렸던 각 종교가 비약적으로 부활한 점이었다.

사회주의 국가 내에서 종교에 대한 탄압과 억압은 기본 정책의 하나였다. 소련 성립 이후 70여 년간 종교의 신앙은 물론이고 종교에 대한 지식조차 차단당해왔던 소비에트연방 내의 각 민족국가와 민족사회에서 마치 화산이 분출하듯 종교가 표면으로 등장하기 시작했다. 종교에 대한 탄압과 제약이 제거되고 종교에 대한 자유가 보장되자 각 민족의 민족역량이 신앙의 형태로 일시에 통일되는 현실이 전개되었다.

이러한 현실을 목격하면서 지금까지 ML사상에 충실하여 종교에 대해 사회 발전에 부정적인 존재로만 확신했던 나의 고정관념은 철저히 파괴되었다. 그 때까지 나에게 있어 종교란 인류의 역사발전 과정에서 국가 형성과 함께 지배계급의 정신적 지주가 되어 국민의 혁명정신을 마비시키는 역할을 하는 상부구조에 지나지 않았다. 그러한 내 인식에 근본적인 회의가 왔기 때문에 나는 인류의 역사가 시작된 초기의 사회생활부터 오늘에 이르기까지 종교의 긍정적인 역할을 각 단계의 역사 현실 속에서 찾아내어 분석, 검토, 평가해보기 시작했다. 그 결과 현재 문명화된 각국의 존재와 독립적인 발전에 있어 종교의 긍정적인 역할을 찾아낼 수 있었고, 객관적인 역사 발전 법칙에 충실한 사회과학자의 한 사람으로서 그리고 민족의 한 사람으로서 종교와 민족의 관계에 대해 좀 더 객관적으로 검토 분석한 결과 종교는 통일된 민족역량 형성의 원천임을 알게 되었다.

모든 민족에게 있어 억압과 예속적 상황에서도 민족성은 말살될 수 없었고 그 가운데 민족의식에 기반을 둔 종교의 역할은 절대적이었다. 각국의 역사를 살펴볼 때 종교에는 가장 거대한 민족역량 형성의 가능성이 담겨 있었다. 우리나라의 경우도 2대 종교인 불교와 기독교가 민족성과 그 사명을 각성하여 민족 자주 지향으로 단결하는 역량을 발휘한다면 다른 민족국가들이 종교세력을 근간으로 이루어낸 것과 마찬가지로 지금까지 숙제로 남겨 있던 국가의 난제를 해결할 수 있을 것이라고 생각한다.

　다만 종교가 민족성의 기반에서 멀어지면 자기 중심, 자기 본위의 신앙생활로 되돌아가게 되고 그 역량은 잠재적 형태로 축소되어 가능태(可能態)의 형태로 존재할 수밖에 없다. 종교가 민족성을 확고히 갖느냐 아니냐에 따라 민족역량의 폭발적 분출과 잠재적 형성의 갈림길에 서게 된다고 본다. 여기에 대한 판단은 종교 자체 및 종교인들 스스로의 인식과 각성에 달려있다.

　종교의 민족적 역량화는 종교 자체의 확산과 발전을 위해서도 반드시 필요하다고 나는 생각한다. 종교의 가장 큰 기반인 민족의 역량을 끌어냄으로써 종교 활동이 더욱 단단한 발전을 이룰 수 있다면 민족과 종교는 서로 모순되기는커녕 상승의 효과를 거두게 되기 때문이다. 하지만 이것은 어디까지나 종교 내부에서 결정할 사항이지 추호도 외부 세력의 간섭적인 강요로는 절대로 이루어질 수 없다는 점을 분명히 말해둔다.

　세계 각국의 역사는 민족역량 형성의 가장 큰 잠재력을 갖고 있는 주체가 종교라는 것을 말해준다. 그런 의미에서 종교인들의 각성을 바라면서 그 가능성에 기대를 걸면서 민족의 한 사람으로서 이 글을 쓰게 된 것이다.

이상의 내 주장에 대해 민족적 보편성을 떠나 특정 종교의 선전을 목적으로 자신이 고수하는 신앙인의 입장을 대변하는 것 아니냐는 비판을 하는 사람도 있을 것이다. 하지만 나는 평생 어떤 종교에도 속한 적이 없는 사람이다. 부디 그런 분들에게 부탁하건대, 종교를 부정하는 고정관념을 떠나 객관적인 입장에서 인류 역사와 함께 발전해 왔고 고도로 문명화된 오늘날에 와서도 여전히 존재하고 있는 종교가 수행하는 역할을 냉정하게 분석하고, 종교가 앞으로 우리 민족의 앞날에 어떤 역할을 해야 하느냐를 고민하는 차원에서 이 문제를 바라보길 희망한다.

그것이 뒤늦은 깨달음을 얻은 나의 솔직한 고백이자 기대다. 기독교, 불교 등 주요 종교가 분파로 분열되고 있음은 자체 역량의 약화뿐만 아니라 민족역량의 통일에도 부정적 영향을 주고 있다는 점만을 추가로 지적하고 싶다.

3. 우리 종교계에 바라는 민족적 요망

신라의 대학자이며 고승인 원광법사는 주술의 힘에 크게 의존하고 있던 당시의 시대에 주술을 불교의 법으로 대체시킴으로써 불교의 토착화를 꾀한 인물이다. 그는 그때까지의 무속적이고 주문적인 가지(架持)불교를 삼보(三寶) 중심의 본래 불교로 바꾸어 놓았고, 삼국 통일의 주요 인물들인 김춘추, 김유신 등 중심인물들과 원효대사를 비롯한 고승들과 상급 군사지휘관인 유명한 장군들을 자신의 문하생으로 두었다. 이러한 사실은 원광법사가 삼국 통일 직전의 최고

인물이었음을 말해 주고 있다.

왕위에 오른 무열왕은 당시 고구려와 백제가 연합하여 공동의 적인 신라를 타도하고 분할 합병하려는 계획을 착착 진행하고 있음을 알고 있었다. 이것을 막고 반대로 고구려와 백제를 격파하고 삼국통일을 하려면 신라만의 힘으로는 역부족이므로 중국 당나라에 군사 원조를 받는 길 밖에 없다고 판단하였다.

이에 따라 대국인 중국의 황제에게 청병(請兵)을 해야 하는데 당태종이 감동하여 군대를 보낼 수 있도록 하는 내용의 훌륭한 글을 누가 쓰느냐가 문제였다. 이 일은 고승이며 대학자인 원광법사에게 맡길 수밖에 없었다. 무열왕은 원광법사에게 당태종에게 보내는 청병원서를 쓰라는 왕명을 내렸다. 왕명을 받은 원광법사는 왕명을 받들겠다는 뜻을 담은 상소문에서 이와 같이 썼다.

"부처님의 가르침은 살상을 가장 큰 금기로 하는데 불제자인 사문(沙門)이 대량 인명 살상을 하는 전쟁을 하기 위해 당나라에 군대를 보내달라는 청병원서는 절대로 쓸 수 없습니다. 그러나 나는 사문 이전에 대왕의 나라에서 태어났고 대왕의 국토에서 나는 양식을 먹고 가사를 입고 대왕의 땅에 가람을 지었습니다. 또한 중생에게 불법을 전하는 모든 사문들도 대왕의 나라에 살면서 여기에서 나는 곡식과 옷을 입고 부처님 가르침을 전하고 있습니다. 대왕의 나라가 없으면 오늘 신라의 불교도 사문도 있을 수 없습니다. 그러므로 사문은 대왕의 신하인 동시에 불제자이므로 나라와 대왕에 충성을 바치는 것이 그 나라 사문이 먼저 해야 할 충성이므로 대왕의 신하로서 청병원서를 쓰겠습니다."

원광법사가 국가와 종교의 관계에서 신자인 사문이 우선순위를 두어야 할 관계가 무엇인지를 분명히 밝혀준 유명한 말이다. 신라라는 나라가 없으면 신라의 국교인 불교도 존재할 수 없다는 말이다. 즉 국가가 망하면 그 나라의 종교도 함께 망한다는 뜻이다. 원광법사가 밝힌 이 글은 1930년대 일본 경도 제국대학 이견안웅(사도미기시오) 박사가 신라 연구에 일생을 바쳐 연구한 뒤 발표한 논문집인 '신라 연구'에 나온 내용인데 나는 이 내용을 정독하며 감명을 받았기에 오늘에도 기억이 생생하여 여기에 전하는 것이다.

원광법사의 국가와 종교에 관한 견해는 불교뿐만이 아니라 모든 종교가 이 기준에 따라야만 종교도 발전하고 국가도 발전한다는 국가 우선의 교호관계를 말해주고 있다. 내가 이 글에서 일관적으로 주장한 민족의 테두리 안에 있는 정치, 경제, 사회, 문화적인 모든 것은 민족적인 존재라는 말과 일맥상통하는 내용이다. 지금으로부터 1300년 전인 기원 648년에 밝힌 원광법사의 종교와 국가관에 대한 소신은 앞으로 종교와 국가의 관계에 대한 기본 원칙이 될 것이다. 즉 모든 종교는 그 나라 안에 있는 한 민족적인 것이라는 원칙을 신라사의 한 대목에서 발견할 수 있었던 것이다.

우리 민족운동사에 있어 3·1 독립운동은 민족의 공동체의식 발전이라는 측면에서 볼 때 종전까지의 충군, 충국이라는 전제군주 중심의 종속 형태에서 처음으로 자주 민주사상으로 바뀌는 민족의식 각성의 분수령이 되었다. 3·1 운동은 세계 역사의 발전 흐름에 맞추어 우리 민족의 독립과 발전 역량 조성의 기본이 되는 민족의 의식구조와 발전 방향을 밝혀준 위대한 민족 독립운동이었다.

항일 독립운동의 표현인 3·1 운동은 혁명운동이었다. 일제의 식민지 사회 제도를 없애고 우리 민족에 의한 자주적 독립국가를 수립하려는 사회혁명이었던 것이다. 우리가 독립하면 식민지 통치에 기반을 둔 사회제도는 뿌리째 뽑혀 타도되기 때문이다. 그러므로 사회

제도의 근본적 변혁을 목표한 3·1 독립운동은 사회혁명인 것이다.

3·1 독립운동의 준비와 투쟁의 전국적인 파급과 결과에 대해서는 역사가 자세히 전해주고 있다. 그 준비 과정은 민족대표 33인이 주동이 되었으나 그 가운데도 불교와 기독교, 천도교가 중심이 되었음을 역사는 말해주고 있다. 기독교인은 준비 과정과 인원 동원에 있어 중심이 되었다. 빈손으로 태극기를 흔들고 만세를 부르는 평화운동에 대해 총칼을 동원한 일제의 잔인무도한 탄압으로 가장 많은 희생을 당한 것이 기독교인들이었다.

조국의 독립은 교회 안에서 성경을 읽고 설교를 들으며 기도와 찬송을 하는 것만으로는 이루어질 수 없는 것이므로 하나님의 뜻을 이 땅위에 실현하기 위해서는 민족에 앞장서서 최전선에 나와 적극적으로 싸우는 독립운동의 선도적인 주도세력이 되어야 한다는 것을 자신들의 목숨과 바꾸어 보여준 것이 기독교인들이 보여준 위대한 교훈이었다. 이러한 교훈을 지킬 때 비로소 우리나라의 기독교는 우리 민족과 밀착된 민족적인 종교로서 민족적인 존재가치가 있다는 것을 당시의 기독교인들이 몸으로 보여주었다.

3·1 독립운동에서 기독교인이 보여준 교훈 중의 하나는 오늘날 범죄와 부조리로 얼룩진 현실에 대해 '우리와 무슨 상관이 있느냐'는 냉담과 무관심으로 일관하며 민족의 아픔을 보지 못한 듯이 현실을 뛰어넘어 하나님과 직접 교제로 각자의 영적 구제에만 급급하고 있는 오늘의 기독교인 일부와 그 외의 무관심한 인사들에게 통렬한 반성을 촉구한다는 점이다. 자신만의 영적 구원의 울타리에서 나와 사고와 생활을 민족 지향으로 바꾸고 민족의식을 영원히 지켜야만 우리 민족이 또 다시 망국의 비운을 당하지 않고 발전 강화될 수 있다는 것을 분명히 밝혀준 진리적 교훈이다.

오늘날 빗나간 복음 전도에 안주하며 안전한 껍데기 속에 들어가 있는 기독교인들이 3·1 운동 당시 선배 신앙인들이 몸소 실천했던 행동을 기독교인인 동시에 민족의 일인으로서 크게 반성하여 그간 벗어났던 자리에서 제자리로 돌아와 하나님의 진리를 지키면서도 민족의 사명을 다하는 역할을 해주기를 절실하게 소망하는 바이다. 그리고 이러한 소망은 기독교인뿐만 아니라 불교, 천도교 및 우리나라에 민족과 더불어 존재하는 모든 종교인들이 똑같이 받들어 실천해야 할 지침이라는 점을 깊이 인식해야 할 것이다.

3·1 운동에서는 기독교, 불교, 천도교가 민족종교라는 투철한 민족의식으로 뭉쳐 전 애국세력과 함께 우리 민족의 최대 과제인 식민지로부터의 해방을 목적으로 한 독립운동에 헌신하여 자기희생적인 투쟁을 벌였다. 종교의 차이를 초월하여 엄청난 희생을 대가로 치루면서 이룩한 투쟁은 후세의 교훈이 되고 있다. 각 종교를 비롯한 애국세력이 일치단결하여 투쟁한 3·1 운동의 교훈을 바탕으로 오늘날 우리의 자주 민주 운동과 종교의 역할에 대해 민족의 입장에서 검토하여 분석 비판해 보려 한다.

3·1 독립운동은 전국적인 체계의 조직이 아닌 지방별의 비조직적 분산된 운동이었으나 각 지방 독립만세운동의 준비와 동원 과정 및 독립만세 제창은 대중을 중심으로 조직적으로 이루어졌음을 각 지방의 운동 기록이 말해주고 있다. 이 내용은 이 책의 서두에서 내 어린 시절의 고금면 3·1 운동 체험에서 그대로 기록한 바 있다.

특히 지방 분산적인 운동이었음에도 불구하고 여기에 참여한 대중들의 투철한 민족의식과 독립을 달성하려는 목적의식 및 행동과 투쟁 방법에는 조금의 대립 또는 분열, 분파 없는 일치단결의 양상을 보여주었고 투쟁 지도에 대한 공로 표창적인 명예욕의 욕구 같은 것도 추호도 없는, 순수하게 조국 앞에 자신을 바치기만 하는 자기 희생적인 것이었다. 비록 어린 시절이었지만 역사의 현장을 생생하게 체험한 내 경험이 있었기에 지금 이런 글을 솔직하게 남길 수 있는 것이 다행스럽다고 생각한다.

이처럼 대중을 중심으로 한 조직적인 동원, 그리고 조금의 분파와 대립이 없는 가운데 종교나 사상의 차이에 관계없이 이루어진 전국적인 통일적 행동의 양상과 순수하게 자기희생적인 실천은 3·1 독립만세운동이 우리에게 남긴 민족의식과 행동 통일에서의 교훈이다. 앞으로 우리 민족이 완전 자주 민주국가의 실현을 위한 민족역량 확보를 위해서는 의식과 행동의 통일이 되어야만 가능하다는 것을 3·1 운동이 예시해주었다. 3·1 운동은 당초부터 비조직적인 운동으로 시작되었기 때문에 조직 역량의 통일 문제가 제기될 사안이 아니지만, 그러한 가운데도 이루어낸 조직 역량은 우리 민족이 자주독립을 위해 영원히 이어가야 할 위대한 민족사적 교훈인 것이다.

오늘날 민주운동의 궁극적인 목적도 완전한 자주 조국의 수립과 인권과 자유가 보장되는 민주사회 건설이다. 이 운동은 어떠한 형태의 장애가 없는 평탄한 대로를 가는 것이 아니고 친일세력의 전통이 중심이 된 군사독재의 막강한 세력을 상대로 한 투쟁이다. 따라서 군사 독재세력을 능가하는 민주세력이 형성될 때에만 그 목적 달성이 가능하다. 여기에서 말한 민주세력은 통일된 민족역량을 바탕으로 형성된 세력을 말한다. 즉 통일된 민족 조직역량을 말한다.

이 역량이 투쟁적인 실천운동으로 되려면 3·1 운동의 교훈이 보여준 의식과 행동의 통일이 절대적으로 요구된다. 이와 동시에 분파와 분열이 없는 조직 통일이 전제조건이 된다. 의식과 행동의 통일을 떠난 민주역량의 조성은 실현 불가능한 망상일 뿐이다. 오늘의 민주운동에서 여러 갈래로 분열된 분파의 본질을 그대로 둔 채 임시방편으로 내세워 연대하는 방식의 연합이나 연맹 또는 협의회 형태에서는 어떠한 혁명도 창출해낼 수 없다.

대립되는 조직의 출현과 탈퇴를 막지 못하는 연합세력이 어떻게 강력한 군사독재와 대항하여 싸울 수 있는 역량을 형성할 수 있겠는가. 목소리만 높이지 말고 냉엄한 현실을 정확하게 관찰 분석하여 독재를 능가할 수 있는 통일된 조직역량이 무엇이며 이 역량의 조성을 위해서는 무엇을 어떻게 해야 하는가를 민족적 입장에서 객관적으로 분석 검토한다면 답은 스스로 나올 것이다.

오늘날 분파를 일삼고 있는 기독교와 불교의 분열은 종교 내부의 문제에 그치지 않고 민족 자주세력의 분열로 이어진다는 것을 민족적 입장에서 진지하게 반성하여 종교를 비롯한 모든 민주세력이 당면하고 있는 민족적 난제 해결에 종교가 서야 할 위치와 과업을 찾아야 할 것이다. 이것은 교리의 해석이나 또는 학설과 이론에서 찾지 않아도 3·1 독립운동에서 보여준 종교의 교훈이 분명하게 가르쳐주고 있다.

민족의 운명과 장래가 좌우되는 문제의 해결을 위해서는 모든 종교는 교리의 차이와 분열을 초월하여 민족 자주세력의 중심이 되어 모든 민중에 앞장서 실천해야만 종교가 민족적 종교로서의 사명을 다함과 동시에 종교 발전을 위한 토대가 반석과 같이 형성된다는 교훈을 명심해야 한다. 오늘날 우리 민족이 당면하고 반드시 해결해야 할 민족적 난제 앞에서 종교를 비롯하여 다양한 형태로 존재하고 있는 정치 사회세력은 통일된 민족의 입장에서 무엇을 어떻게 해야 하는지에 대한 사상의 통일이 선행되어야 비로소 통일지향의 거대한 민족 조직역량이 형성될 수 있음을 자각하고 깊이 반성하여야 할 것이다. 즉 3·1 독립 운동에서 보여준 교훈을 현대적으로 발전적인 해석을 해야 한다는 말이다.

오늘날 자타가 걱정하고 한탄하는, 날로 중대해가고 있는 전무후무한 범죄와 도덕적 타락에 따른 사회 부조리의 양적 증대 및 질적 악화는 그것을 뒷받침하는 세력이 존재하고 그러한 행동들을 묵인하는 사회분위기가 조성되어 있기 때문이다. 그 중 반민족적이고 반사회적인 대형 부조리와 범죄는 거의 공공연하게 나타나고 있고 그 중에 극히 일부만이 적발되어 사법처리의 대상이 되는 것은 빙산의 일각도 건들지 못하는 미봉책에 지나지 않는다.

대형 부조리와 불법은 권력기관의 그늘 밑에서만 이루어진다는 것은 상식에 속한 일이다. 그러므로 오늘의 범죄와 부조리의 척결은 그것을 방조하고 조장하는 세력의 역량에 비해 더 큰 자주적, 민주적인 도덕 역량이 형성되어야 가능하다는 사실은 오늘날 세계 각국에서 반민주적인 독재 및 그로 인해 조성된 사회악과 싸우고 있는 민주세력의 승리 과정이 웅변적으로 증명해주고 있다.

오늘날 1,200만 명으로 공칭되고 있는 기독교 신자와 1,500만 명으로 공칭되는 불교신자가 자신들의 신앙과 함께 종교의 민족성을 자각하여 우리 민족이 반드시 달성해야 하는 자주독립을 뒷받침할 민족역량을 형성한다면, 지금까지 자주 민주 국가 수립을 가로막고 있는 반민족, 반민주, 반사회적인 부정과 부조리 무질서는 해결되고 국민 대중을 중심으로 한 자주조국이 수립될 것이라고 믿는다. 그 결과는 사회가 평등과 공평 지향으로 발전하면서 질서 유지와 평화가 이루어져 균형을 이룬 복지정책의 중대와 함께 지상천국 건설의 목표에 한발 가까이 다가갈 것이다. 민족종교는 민족의 정의사회 구현을 위한 가장 강력한 역량이 될 것이다.

민족역량의 통일은 민족 구성원 모두가 민주와 자주에 초점을 맞추어 둘이 아닌 하나의 의식으로 한 사람과 같이 생각하며 하나의 바위 덩이와 같이 빈틈없이 단결할 때만 가능하다. 이와 같은 나의 주장에 대해 무지개의 찬란한 아름다움에 현혹되어 실현 불가능한 것을 꿈꾸는 주관적인 이상론이라고 말하는 사람들도 있을 것이다. 그러나 내가 이런 얘기를 하는 것은 객관적인 현실과 역사, 그리고 종교 자체의 교리 및 역사적 활동에 담겨있는 민족성을 찾아내 살펴보면 그것의 현실성과 비현실성을 구분할 수 있을 것이다.

하나님은 하나이고 부처님도 하나이고, 죄인인 인간을 구제하러 온 예수도 하나다. 복음도 하나다. 또 우리 민족도 하나요, 민족정기가 담긴 우리 전통도 하나다. 민족을 본위로 민족 중심으로 국토와 주권을 생명처럼 아끼고 존중하며 모든 것에 우선하여 지켜야 할 것도 민족의식 하나뿐이다. 앞으로 우리 민족이 가야 할 방향과 그 방법도 민족 본위로 전 민족이 빠짐없이 그 속에 담겨 함께 생활하는 복지사회라는 목적도 역시 하나다.

이와 같이 종교가 민족적 차원에서 존재하고 앞장설 때 우리 사회는 더욱 발전한다는 희망을 가질 수 있다. 모든 형태의 압력과 지배의 영향에서 완전히 벗어나고 우리 사회의 온갖 부정과 부조리와 불법을 타개하여 완전한 자주 독립국가로서 민주 복지지향적인 온전한 민족국가로서 자리 잡을 때 비로소 기독교도 불교도 우리 민족 속에서 존재를 인정받으며 지속적인 존속과 발전을 기할 수 있다. 민족과 종교 간에 공감대가 형성되어 협력한 결과는 반드시 민족과 종교 모두의 발전으로 귀결될 것이라는 것이 내 생각이다.

이러한 원칙은 학설과 이론이나 추측이 아니라 세계 각 민족의 역사와 우리 민족의 역사가 증명해주고 있는 객관적 사실에 근거하여 말하는 실현가능한 추정이다. 우리나라에 존재하고 있는 모든 종교는 모두가 민족성과 결부된 민족적인 민족종교라는 사실을 정확히 인식해야 한다. 우리 민족과 무관하게 하늘에서 떨어져 내려온 종교는 없다. 우리 민족에 요구되는 과업과 대업을 함께 수행하는 것이 이 땅에 존재하는 모든 종교 및 종교인들의 사명이자 존재 이유다.

우리 사회에서 지금 활동하고 있는 기독교를 비롯한 모든 종교는 오늘날 우리 민족이 지향하고 있는 독립된 조국의 수립과 민주사회 건설을 뒷받침하는 민족역량 결집의 원천이 되어야 한다. 민주세력의 분열과 분파가 필연적으로 스스로의 세력을 약화시켜 군사 독재 세력의 안전과 장기화에 보약을 먹여주는 역할을 하는 것과 마찬가지로, 분열된 종교는 우리 사회가 요구하는 사회적 역할을 수행할 수 없게 만든다. 종교의 분열과 분파의 생성은 종교 내부의 문제에 그치지 않고 민족역량의 약화와 직결된다는 점을 종교 지도자와 신도들은 명심해야 한다. 종교는 결국 민족을 바탕으로 존재하고 있는 민족적인 것이기 때문이다.

제15장 5·18 광주민주항쟁에 대한 평가

1. 제자리를 찾아가는 5·18의 의의

1) 시민의 단결은 항쟁의 최대 성과이자 꽃

전두환 군사 정권은 독재에 항거하여 민주주의를 외치는 광주 전남대 학생들의 평화 시위를 마치 전쟁에서 적군을 무찌르는 것과 같은 무장 군사력을 동원하여 진압하였다. 생명 말살을 목적으로 한 무자비, 무차별적인 총살로 엄청난 희생의 피를 본 광주 전 시민과 경찰을 비롯한 전 공무원은 계엄군의 반대편에 서서 직접, 간접적인 다양한 형태의 민중항쟁을 벌였고, 시위는 전 광주 시민을 비롯하여 인근 시의 시민들로까지 확대되었다. 이 운동의 발단에서 막을 내리기까지의 진행 과정과 투쟁의 양상에 대해서는 언론과 보도기록을 통해 상세히 전해지고 있으므로 구체적인 설명은 추가하지 않는다.

5·18 민중항쟁은 시민들의 무자비한 희생으로 대단원의 막을 내렸으나 이 운동에 앞장선 전위투사들은 용감하게 독재정권의 무장 군사력과 끝까지 굴하지 않고 투쟁하였다. 민중의 항쟁 의식을 고무하면서 희생한 투사들의 애국적인 민주의식과 자기희생적인 용감성은 민족사적 교훈으로 높이 평가해야 할 것이다.

그리고 이 항쟁에서 보여준 시민의 일치단결은 우리 민족만이 아니고 전 세계 어느 나라에서도 찾아보기 어려운 시민의 단결된 항쟁 의식과 행동이었다. 야수와 같은 무자비한 군사독재 계엄군의 만행 앞에서 광주시민 전체는 사회적 지위와 성분 및 빈부, 유무식과 모든 이해관계를 초월하여 빈틈없는 한 덩이 바위와 같이 단결하고 끝까지 행동하였다. 이는 광주 민중항쟁의 최대 성과이자 꽃이다.

2) 망월동 묘지 성역화의 의의

불법적인 쿠데타로 정권을 장악한 전두환 정권에 대한 반대와 민주 정권을 강력하게 바라는 국민의 요구가 거세게 일어나 국내정세가 전두환 정권을 부정하는 방향으로 급속도로 조성되어가자 명분이 없는 군사정권은 정권 유지를 위해 무력 말살의 방법을 택하는 것 외에 다른 방법이 없었다. 이에 군사정권에 대한 국민의 반대 의식은 각지에서 조직적인 행동으로 발전하기 시작했다.

부산과 마산에서 일어난 독재 정권반대 시위를 무자비하게 무력으로 무찌르고 김대중 선생 등 야당 지도자들을 합당한 이유 없이 체포 투옥하기 시작하자 언제나 불의와 부정에 항거하는 군중 항쟁에 앞장섰던 전통을 이어받은 광주 지방의 대학생 시위에 전 시민이 가세하여 일치단결하고 일어섰다. 이에 계엄군은 적대국의 군대를 무찌르는 것과 같은 적개심으로 광주시민을 총칼로 진압하여 알려진 것만도 2백여 명의 고귀한 민주애국 운동의 선봉대가 총칼로 희생되었고, 확인되지 않은 무명의 사상자도 2천 명 또는 4천 명이라는 풍설도 전해지고 있다.

이 고귀한 희생자들에 대한 장례식은 광주시민뿐만 아니라 전 국민의 애도 아래 영광스럽게 치르는 게 마땅했다. 그러나 전 국민의 추모하에 이루어지는 장례식은 독재정권에 대한 반대를 인정하는 것과 같다고 본 계엄군은 이를 불법적인 범죄 행위로 단정하여 금지하였다. 그리하여 시신들을 쓰레기 운반차에 실어 망월동에 집중적으로 매장한 것이 우리 역사에 남을 망월동 묘지이다. 망월동 묘지는 그 후 계속된 반독재 민주 투쟁에 앞장섰다가 독재정권에 의해 희생당한 민주 애국자들의 묘역으로 승화되었다. 6공화국에 이르기까지 독재정권은 망월동 묘지의 참배와 여기에서 거행된 모든 행사를 범죄적인 불법행위로 간주하고 수많은 전투경찰을 동원하여 감시하고 탄압했다.

독재정권에 짓밟혀 빛을 보지 못하던 광주 민중항쟁은 문민정부 출범과 함께 민족사적 가치가 재평가되고, 망월동 묘지 역시 성역화되어 조경을 새로이 하고 기념 영조물도 건립한 가운데 확장되었다. 뒤늦은 감이 있지만 이 영령들의 고귀한 희생을 전 국민 앞에 알리고 5 · 18 민중항쟁이 민족사의 맥락에서 제자리를 찾게 되었다는 데 의미가 컸다.

돌이켜보면 이 묘역의 존재가 국민의 자주, 민주 지향의 의식 함양에 교과서적인 영향을 주고 있다고 본 독재정권이 이 묘역을 국민의 눈앞에서 없애기 위해 희생자 가족을 일일이 찾아가 수천만 원의 돈을 준다고 약속하면서 묘지를 그 고향이나 선산으로 이전할 것을 강요하였고 그 중 20여 개가 강제 이장한 것도 알고 있다.

5공화국, 6공화국의 독재정권이 적대시하고 없애버리려 한 망월동묘지가 성역화되어 전 국민의 애국적 민주의식 고취의 민족사적인 교육장으로 승화의 계기가 된 데 대해 높이 평가한다. 문민정부의 일부 비능률적인 결함의 측면을 확대해석하여 부정하려는 시각

도 있으나 망월동 묘지에 대한 정책의 극적인 전환은 독재정권에서
민주정권으로 바뀌는 민족사 발전의 분수령적인 척도의 일단면임을
역사 앞에 선포한 것으로 보아야 할 것이다.

3) 5·18은 본능적 애국의식의 자발적 발현

5·18 민주항쟁은 1980년 5월 18일에 광주 학생의 평화 시위에서
시작되어 5월 27일에 전두환 군사독재의 금수와 같은 무자비한 총
칼 앞에 역부족으로 대단원의 막을 내렸다.

광주 민주항쟁이 남긴 최대의 성과는 무엇보다도 전 광주 시민이
다양하고 각이한 입장과 견해의 차이와 이해관계를 초월하여 민족
자주 민주 지향의 민주항쟁 운동을 실천했다는 점이다. 단지 광주시
민을 위한 운동이 아니라, 전 국민이 간절히 바라는 민주화 달성을
위한 운동이라는 공감대와 사명의식 아래 행동을 감행하여 일부는
계엄군의 총칼에 맞서 싸우다 희생되었다. 또한 광주의 전 시민은
물론 인근 시의 시민들까지 일치된 항쟁의식으로 참여하여 정신적,
물질적 생활을 여기에 종속시키며 빈틈없이 단결하여 투쟁 역량을
발휘하였다.

당시 광주시민 누구 한 사람 예외 없이 독재정권은 반드시 타도
되어야 하고 자주적인 민주 조국과 민주 사회가 반드시 이루어져야
한다는 생각이 마치 한 사람의 생각처럼 통일되어 있었고 이것을 표
현하는 말 역시 한 사람의 입에서 나오는 말처럼 완전히 일치했다.
참으로 놀라운 민주 시민의식과 역량의 표현이라고 높이 평가할 만
하다. 정의로운 항쟁 앞에서 당시 광주시민이 보인 단결 역량의 표

시는 세계 어느 나라의 대중해방 투쟁에서는 물론, 항일운동에서 이어지는 우리나라의 여러 민주항쟁 운동에서도 그 예를 찾아보기 어려운 본보기가 아닐 수 없다.

광주시민의 단결은 어떤 권력에 의한 강요나 조직의 지도에 의한 것이 아니고 민주의식의 자각에 의해 자발적으로 자진하여 동참한 단결이었다. 즉, 강풍 앞에 서있는 모든 초목이 바람의 방향에 맞추어 고개를 숙이는 것과 같은 형식적인 종속이 아니고, 맹목적으로 쫓아가는 무리와 같은 자아의식이 완전 배제된 피동적인 맹신도 아니었다. 이 항쟁에 동참한 광주시민을 비롯한 민중의 가슴속 깊이 뿌리박혀 잠재해 있던 본능적인 애국의식이 각성을 촉구하는 외적 정세가 조성되자 본능화된 의식으로서 자발적인 실천행동으로 나타난 것이었다.

2. 광주민주항쟁에 대한 바른 평가를 위해

1) 면면히 이어온 민족운동의 발현

나는 이 글에서 모든 역사적 사건은 원인 없이는 발생하지 않는다는 것을 강조했다. 이 원칙에 따라 당시 광주시민이 취한 의식의 자각과 자발적인 자진 형태의 적극적인 단결의 원인을 역사 속에서 찾아보고자 한다. 그것은 광주를 중심으로 한 근방 지역은 합방 이후 6·25 전까지 통일된 중앙 조직체계하에서 중단 없는 해방투쟁을 계속해 왔다는 점이다.

이 지역이 식민지 치하 3·1 운동과 우리 민족독립운동의 최고봉을 이루었던 광주 학생독립운동, 그리고 8·15 이후 친일 반역정권과의 투쟁에 이르기까지 중단 없는 민족운동을 계속해 왔음은 잘 알려진 사실이다. 특히 광주를 중심으로 전남 여러 지방에는 대중의 생활 속에서 대중을 조직 지도하고 투쟁에 앞장섰던 유능한 역량을 가진 지도자들이 다수 있었고, 이들의 지도하에서 대중 투쟁이 계속되었다.

인류 역사의 발전 과정에서 대중 해방을 목적으로 한 운동은 가장 정의로운 민중해방운동이므로, 그 영향력은 그 생활권 내의 전 대중에 깊은 감명을 주면서 직접, 간접으로 여기에 따라야 한다는 의식 교양적인 역할을 하게 된다. 이는 대중운동의 실천 경험이 있는 사람이라면 누구도 알고 있는 사실이다. 유능한 지도자가 중심이 되어 그 지방의 운동을 적극적으로 지도하고 조직을 확대 강화하면 그 생활권의 대중들에게 영향을 주어 투쟁의 전통으로 이어진다는 사실은 전남의 대중조직과 투쟁이 중단 없이 이어져온 사례가 증명해준다.

한편, 지도자와 조직의 영향력은 통일된 지도체제를 갖춘 조직하에서 분파와 분열이 없을 경우에만 실현된다는 것은 우리나라뿐만 아니라 세계 각국의 대중해방 운동의 역사가 증명해준다. 전국적이든 지역적이든 분파와 분열의 편에 선 지도자는 학식 수준과 이론이 아무리 뛰어나다 할지라도 대중에게 실천 조직 지향의 영향을 절대로 주지 못할 뿐만 아니라 생활권의 대중으로부터 유리 고립된다. 이러한 사실은 지도자와 조직의 관계를 결정해주는 수학방정식처럼 절대적인 것임을 여기에서 분명히 밝혀둔다.

2) 희생자 위주가 아니라 민족사적 맥락에서 평가돼야

대중이 지닌 역사 지식은 다양한 형태의 구체성이 배제된 총론적인 개념 형태를 띨 경우가 일반적이다. 그러나 역사적 사건으로서의 운동은 객관 세계의 존재와 같이 시간과 공간, 운동의 지도자와 군중, 그리고 운동의 내용에 이르기까지 다른 운동과 구별되는 독자적인 구체성을 갖는다. 즉 하나의 역사 사건은 선행하는 역사 사건과 후속되는 사건들에게는 찾아볼 수 없는 독자성을 갖는 구체적인 역사 사건이다. 기억은 추상적인 개념 형태지만 인식은 구체적이다. 구체성이 배제된 개념은 그 운동만이 갖는 고유한 경험과 교훈을 전달할 수 없는 공론이 되어 버린다. 이는 역사 지식의 초보적 상식이다.

5·18 광주민주항쟁에 대한 인식도 이러한 원칙에 비추어 10일 간의 항쟁 진행 과정을 발생학적으로 검토 분석하여 그날그날 벌어진 항쟁의 양상과 계엄군과의 역량 관계를 구체적으로 파악해야 한다. 그래야만 이 항쟁이 남긴 교훈이 앞으로의 대중 민주운동을 뒷받침하는 교훈과 전망과 방향을 제시하는 구체적 지침 역할을 할 수 있다.

5·18 민주항쟁에 대한 일반 국민의 인식과 평가는 총론적으로 광주민주항쟁이라는 것, 그리고 내용에 있어서도 독재정권 하 계엄군의 야수와 같은 만행과 이에 대한 정당방위로 무기를 들어 항쟁에 앞장섰던 희생자들의 거룩한 희생에 초점이 맞춰져 있다. 운동에 대한 원론적인 존경과 찬양 및 추모와 숭배가 총론을 이루고 있다.

그런데 오늘날 한국의 민중운동은 자주민주 조국의 수립과 민주사회가 완성될 때까지 계속되어야 할 진행 과정이라는 점을 놓치지 말아야 한다. 따라서 민중항쟁에 대한 평가가 긍정적인 측면만을 부각시켜 찬양하거나 존경할 만한 내용을 서훈적으로 평가하는 것만으로는 구체성이 결여되어 앞으로 계속될 민중운동에 대해 지침이 되는 경험과 교훈을 제시할 수 없게 된다.

모든 민중운동은 긍정적이든 부정적이든 객관적인 경험과 교훈을 통해 앞으로 계속되는 운동에 대해 창조적으로 적용할 수 있을 때 비로소 이 운동의 민족사적인 연관성과 맥락을 갖는 의미를 부여받는다. 이것이 결여된 지지, 찬양, 숭배적인 과거지향적 평가에 한정되어서는 민족사의 발전 선상에서 적극적이고 긍정적인 존재가치가 상실되고 만다는 것은 과학적인 역사관에 있어 원론적인 원칙이다.

이러한 원칙에 비춰볼 때 14년이 지난 오늘에 이르기까지 광주민주항쟁의 숭고한 희생정신만을 찬양하는 것이 이 운동의 정신 계승이라는 총론적인 평가는 문제가 있다. 뿐만 아니라 이 항쟁의 주체를 계엄군의 총칼 앞에 희생당한 희생자, 그리고 구속 폭행 등의 피해를 당한 집단으로만 집약하여 국한시키고, 항쟁에 다양한 형태로 동참했던 일반 시민들의 투쟁적인 지지에 대해서는 거의 배제되거나 매몰되고 있다는 점은 더욱 큰 문제다. 5·18 민주항쟁은 고귀한 생명을 바치면서 싸운 희생자와 피해를 당한 시민들은 물론 이들을 포함한 일반 시민들의 공고하고 일치단결한 지지와 동참이 있었기에 민족사적 의미가 있는 대중 항쟁이 되었다는 점을 놓쳐서는 안된다. 내가 이렇게 주장하는 이유에 대해 당시 운동에서 시민이 참여한 구체적 사례를 몇 가지 들어 보려고 한다.

3) 시민의 단결로 이룬 완벽한 치안과 질서유지

광주항쟁 기간 동안 항쟁세력이 장악한 광주 시내의 치안과 질서가 평상시보다 더욱 완벽하게 유지되었다는 점은 오늘에 이르기까지 가장 위대한 교훈적인 미담으로 전해지고 있으며, 앞으로도 전해질 민주 질서의식의 표현이었다. 실제로 당국의 통계에 따르면 그 기간 동안 평상시보다 범죄는 감소했고 준전시 상황에서 으레 발생하는 방화나 약탈 같은 일은 광주 시내에서 전혀 발생하지 않았다.

세계적으로도 유사한 극한 상황에 처하는 경우 생필품의 매점매석과 물가 폭등이 당연하게 발생하는 일이었지만 광주에서는 상업과 생산 등의 경제활동은 물론 시민생활도 평상시와 다름없이 정상화되었고, 부족한 물품은 조금씩 나누어 고루 판매되었다. 모든 상점과 서비스업은 평상시대로 운영되며 시민에게 조금의 불편도 주지 않았다. 병원과 약국을 비롯한 의료기관도 평상시 이상으로 깨끗하게 관리되어 어느 한 구석에서도 전시 상태가 엿보이지 않는 질서 정연한 평화 도시의 모습을 유지했다. 이러한 사실들은 당사자인 광주 시민들은 물론 당시 세계 각국의 외부 언론인들까지 감탄해 마지 않았던 광주의 모습이었다.

이와 같은 질서는 민주항쟁 세력이 장악하고 있는 조건하에서 어떤 형태의 강제도 없이 시민 스스로 자진한 자발적인 질서의식이 생활화되어 발현된 것이었다. 진정한 공동체 의식이란 진정한 민주사회 질서하에서만 가능하다는 것을 방증하는 사례가 아닐 수 없다.

4) 항쟁 단체에 대한 시민들의 자발적 지원의 의미

또 한 가지 놀라운 일은 전 시민이 민주항쟁 전위 투쟁세력에 대해 필요한 생활필수품을 자발적으로 수집하고 공급한 일이었다. 나는 당시 3일간 광주 시내를 샅샅이 돌아보고 양동시장과 남광주 시장 및 기타 상업지대를 일일이 찾아보며 시민의 의견을 들어보기도 했다. 시장에 있는 규모가 크고 작은 상점과 기업체, 노점상까지도 항쟁단체에 필요한 필수품을 수집하자 수량과 금액의 차이는 있으나 누구 한 사람 거부하지 않고 기꺼이 호응하여 제공하는 것을 보았다.

유흥업소가 집중되어 있는 황금동과 불로동도 두 차례나 둘러보았다. 여기에 종사하던 종업원들이 중심이 되어 쌀을 걷어 밥을 지어 김밥을 만들고 또 우유와 빵 등을 거두자 단 한 사람도 불평 없이 기꺼이 호응하였다. 이 사람들에게 무엇을 위해 이것을 하느냐고 물으니 군대의 침입을 막아 준 학생에게 보내기 위해서라는 말을 했다. 이 말은 어디에서나 공통된 말이었다. "모든 것은 계엄군을 막아 준 사람들에게로"라는 구호하에 물품 수집과 공급이 계속되었다.

또 백운동과 사동을 비롯한 3~4개 동네도 돌아보았다. 동네마다 반드시 몇 사람이 나서서 금품과 물품을 거두어 밥을 짓고 부식을 만드는 것을 보고 크게 감탄했다. 이와 같은 금품과 물품의 수집은 민주항쟁 단체에서 강요하거나 지시에 따른 것이 아니고 자발적이고 자진적인 행동임을 확인했다. 이 사실은 당시 광주 전 시민의 보편화된 의식적인 호응이었다. 광주시민의 의식은 독재정권이 파견한 계엄군의 타도와 민주항쟁 단체의 승리를 바라고 기대하는 마음으로 완전히 일치하고 있었음을 나는 피부로 느끼고 실감할 수 있었다.

이상의 몇 가지 사례에 비추어 나는 당시 광주시민의 단결이 말과 구호가 아닌 자기희생적인 생활로 이어지고 있음을 뼈저리게 느꼈다. 나는 광주시민의 잠재의식 속에는 부정과 싸우는 정의의 편에 서서 지지해야 한다는 의식이 마음 깊이 잠재해 있다가, 독재냐 민주냐를 선택하는 항쟁의 순간을 맞아 단호하게 민주항쟁의 편에 서야 한다는 의무화된 사명의식으로 발현되고 있음을 역력하게 엿볼수 있었다. 광주시민의 이와 같은 사명의식은 강력한 민주역량 조성을 위한 조직화의 가능성으로 늘 잠재하고 있었던 것이다.

당시 계엄군과 맞서 싸운 무장 전위세력과 이를 연락 뒷바라지하는 투사들에 대한 식사를 비롯한 생필품 보급은 광주시민들의 자발적인 참여에 의해 전 항쟁 기간 동안 부족함 없이 이어졌다. 만약 시민들의 자발적인 참여 없이 항쟁세력 스스로가 생필품 등의 문제를 스스로 해결해야 했다면 그 불편은 상상 이상이었을 것이다. 시민들의 일치단결한 물심양면의 지지는 무력항쟁 투사들의 사기를 드높였을 뿐만 아니라 항쟁의식의 사명감을 드높여 자기희생적인 용기를 발휘할 수 있는 원천적인 원동력이 되었다는 사실은 누구도 부인하지 못할 것이다.

5) 민족민주운동의 지침으로 삼아야

이처럼 시민의 민족의식 각성으로 이루어진 자발적이고 자진적인 통일된 행동의 생활화를 확인하면서도, 이를 조직화하고 역량화하여 민족 장래와 연결되는 방향 제시를 하면서 전국 운동으로 확대시키는 통일되고 체계적인 조직의 뒷받침이 없었다는 사실이 한탄스러울 따름이었다. 당시 민주운동의 참모본부를 자칭하는 야당이 존재하고 있었으나 정치집단의 한계를 넘어서 일선 대중투쟁의 지도세력 역할은 할 수 없었다는 사실은 이 운동에 대한 야당의 훗날 자체평가가 말해주고 있다.

군사독재 세력은 항쟁 초기 광주시뿐만 아니라 일부 지방의 국민들이 민주항쟁 세력을 지지하는 것을 보면서 무력에 의한 말살 외에는 진압 방법이 없다고 보고, 비인간적인 무자비한 학살을 통해 국민에게 공포 분위기를 조성하는 것만이 정권 유지의 유일한 수단이라 판단하여 평화적인 민주운동을 총칼로 진압했다. 이와 같은 공포정치는 일시적인 효과를 거두었지만 갈수록 민주 국민을 적대하는 탄압은 국민의 민주의식 각성과 민족역량 강화를 촉진시키고 반독재세력을 강화시킴으로써 결국에는 독재 정권이 타도 말살되는 스스로의 묘혈을 파는 것과 같은 미련한 정책임을 그들은 알지 못했다.

군사독재 세력은 민중항쟁에 앞장섰던 전위세력을 물리적인 힘으로 진압하는 데 성공했으나 광주시민이 단결로 보여준 자주적인 민주의식을 말살하는 것은 불가능했다. 광주시민의 의식은 앞으로도 우리 민족의 전통으로 이어져 승리지향의 민중운동으로 더욱 확대 발전되어 나타날 것이라는 풍부한 내용의 여운을 남겨주었고, 우리 민족이 지닌 믿음직한 잠재적인 민주역량의 발전을 가져오는 계기가 되었다고 보아야 할 것이다.

그러므로 광주민주항쟁은 계엄군의 총칼과 무력에 맞서 싸워 고귀한 생명을 희생당한 민주투사들과 계엄군의 진압 과정에서 체포 투옥되어 폭도의 누명을 쓰고 형을 받은 피해자들, 그리고 기타 구타로 불구자가 되거나 직장에서 추방당한 모든 이들의 전위적인 투쟁은 물론, 항쟁 기간 내내 이들을 헌신적으로 지원하고 지지하였던 일반 시민들의 잠재적인 민족의식 민주의식 발현까지를 포함하여 앞으로 민족민주운동의 지침이자 장래지향적인 민족사적 교훈으로 남아있게 될 것이다.

1996년 12월 7일 고단했던 삶을 마치고 망월동 묘역에 영면하다

제16장 민족자주 민주운동의 방향과 사명

　오늘날 우리 사회의 민족세력이 모든 것에 우선하여 해결해야 할 기본 명제는 민족 자주 민주운동의 방향과 사명을 인식하고 자주적 민주적 민족국가를 건설하는 일이다. 3·1 독립운동이 남긴 민족사적인 경험과 교훈을 오늘의 자주 민주국가 건설의 기본 지침으로 받아들여 우리 민족 모순을 민족 본위로 해결하고 자주적 민족 국가 설립을 해야 한다는 것은 우리나라 여러 정당과 수도 헤아릴 수 없는 민주 단체가 주장하고 있는 공동된 명제다.

1. 반민족세력 극복을 위한 통일역량 구축

1) 반민족세력의 막강한 힘을 인식해야

　모든 모순에는 대립된 상대 세력이 있으므로 대립 세력을 객관적으로 정확하게 인식해야 한다. 한국사회의 기본 모순은 민족세력과 반민족세력 사이의 모순이다. 우리 모순을 민족 본위로 해결하려면 민족의 역량을 하나로 결속 단결하는 것만이 유일한 방법이다. 이를 위해 대립 세력, 즉 반민족세력의 총체적 역량을 능가할 수 있는 민족세력의 역량 형성이 필수적이다.

　민족의식은 민주주의의 원질인 인간의 평등의식에서 나온다. 그러므로 민족 내부의 다양하고 다원적인 개별 모순은 부차적인 모순으로 후퇴시키고, 민족공동체 운명의식인 민족의식을 최우선에 두고 모든 것을 여기에 종속시켜 통일 지향의 사상 통일이 선행되어야 한다. 그럴 때 비로소 내부 모순에서 형성된 다양한 정치 견해와 사상 및 주장을 민족통일의 용광로에 넣어 쇠도 녹일 수 있는 애국열로 용해시킬 수 있다. 하나의 민족의식과 투철한 애국정신으로 통일이 이루어져 어떤 형태의 구별도 차이도 없는, 마치 빈틈없는 한 덩이 바위와 같이 단결될 때 외부의 어떤 힘으로도 파괴되지 않는 공고한 민족역량이 필연적으로 창출된다.

　즉, 우리 민족의 기본 모순 해결을 지향하는 민족역량 형성을 위해서는 공고하고 강력한 자주 민주 통일전선의 형성이 선행되어야 한다는 말이다. 개별적으로 분열된 채 민족역량의 결속을 내세우는 여러 형태의 연맹이나 협의체가 파생시키는 차별과 분열을, 민족의식이라는 단일 역량에 종속시킴으로써 분열과 분파가 허용되지 않는 통일을 통해 창출되는 역량은 무한대에 가까운 역량이 된다. 이는 지구상의 모든 민족사가 입증해주고 있는 사실이다.

　그럼에도 우리 현실을 보면, 민주 자주를 강령으로 내세운 여러 민주정당과 더 한층 진보적인 전위세력임을 자칭하는 민주 자주 지향의 각종 사회단체가 상호 대칭 견제하면서 형식상으로만 연합 또는 연맹 형태의 협의체로 단결하는 양상을 드러내고 있다. 이것은 마치 깨진 바가지 조각조각을 실로 꿰매어 외형을 유지하는 것과 같아서 조그마한 반대 역량의 타격 앞에서도 깨지고 마는 허약한 것이 되고 만다. 이는 오늘날 세계 각국의 반독재 민주운동, 민족해방운동에서 수학방정식과 같이 보여주고 있는 실례다.

민주세력을 분파로 분령시키는 기본 요인은 소시민적, 인텔리적, 소영웅주의적 사회 성분의 의식을 바탕으로 한 분파다. 즉 자기 이익 중심, 자기 본위, 주도권 장악 또는 역량 과시를 위한 과격한 투쟁은 좌익소아병적인 극좌적 사상에서 오는 것으로 민주 시민의 지지를 받지 못한다. 이와 같은 사상들은 민주적 혁명역량 조성을 파괴하는 독극물과 같은 장애요인이다. 그리고 이와 같은 분파와 분열은 반민주세력이 바라고 원하는 바이므로 권력을 잡은 반민주세력은 어떠한 수단과 방법을 동원해서라도 지속적으로 분열을 도모하고 조성하게 된다.

외국의 예를 보면 분파의 이면에는 반드시 식민지세력이 직접 또는 교묘한 수단과 방법으로 연결되어 있고, 분파세력들은 그 손에 놀아나고 있음이 각국의 민주운동과 민족 자주운동의 실천 과정에서 예외 없이 증명되고 있다. 또한 분파의 연합만으로는 강력한 반대 세력에 대항하는 역량이 될 수 없음을 각국의 민주운동사가 분명히 증명해 주고 있다.

분파 분열세력은 대중과 필연적으로 유리되기 때문에 대중의 지지를 받지 못한다. 분파 분열 상태에 있는 민주 자주운동이 목소리를 높이는 것은 우리 민족의 기본 모순을 보지 못하는 단면적이고 근시안적인 행태임은 민족사를 좀 더 깊이 현실적으로 분석 검토한 사람이라면 누구나 도달할 수 있는 결론이다.

기본 모순을 보지 못한 채 여기에서 파생된 외형적이고 단편적인 모순을 기본 모순으로 판단하는 겉핥기식의 민주운동과 민족사의 전통과 맥락과 유리된 채 당면 문제만을 확대 고착시키는 자주 민주운동은 세계사와 불가분하게 연결된 국내 문제에 대해 앞을 내다보지 못하고 제자리를 맴도는 결과를 되풀이하게 된다. 즉, 창조적인 전망을 갖지 못한 채 민족의 발전과 유리되는 운동에 계속 머물러있게 된다는 말이다.

우리가 반드시 명심해야 할 점은 민주운동세력이 대상으로 싸우는 반민족세력은 천문학적인 힘을 가진 막강한 세력이라는 사실이다. 이 싸움에서 승리하기 위해서는 물리적으로도 반민족세력을 능가할 수 있는 세력을 조성해야 한다.

자주 민주세력의 역량의 원천은 의식적으로 조직화된 단결뿐이다. 이를 뒷받침하는 의식과 표현은 빈틈없는 한 덩이 바위처럼 통일된 것이어야 한다. 반자주, 반민주세력을 능가하는 총체적인 역량을 조성하기 위해서는 정치, 경제, 사회에 대한 견해와 의식이 모든 조직의 상부 하부 및 지지 대중 간에 하나로 통일되어야 한다. 즉, 한 사람이 생각한 것처럼 모두가 똑같은 생각을 가지고 같은 목소리를 낼 때 어떠한 힘에도 능가할 수 있는 막강한 역량이 조성된다. 이는 세계 각국의 민주 운동의 역사가 증명해 주고 있는 사실이다. 즉 사상 통일 없이는 조직의 통일은 불가능하다.

2) 분파 분열을 넘어 하나로

우리 민족사에서 주객이 전도된 민족모순은 합방 망국 이래 오늘에 이르기까지 이어지고 있다. 식민지 시대의 매국세력이 8·15 일제 패망과 함께 애국자로 둔갑하여 국가의 주권을 장악하였고 뒤이은 군사독재 정권은 같은 친일세력의 기반 위에서 6공화국에 이르기까지 국가 사회의 모든 분야에서 막강한 영향력을 행사했다. 이들은 문민정부 출현 후에도 수구세력이라는 명칭으로 탈을 바꿔 쓰고 국가와 사회의 각 구석구석에 이르기까지 강력한 음성적인 영향을 주고 있음은 누구도 부인할 수 없는 엄연한 현실이다. 다만 국내외 정세의 변화와 대중의 동태에 따라 외형적인 표현과 방법을 바꾸었을 뿐, 반민족적인 모순과 지배적인 영향력의 본질은 그대로 유지되고 있다. 이것이 우리 민족이 앞으로 민족·자주·민주 지향으로 해결해야 할 모든 문제에서 최우선적인 기본 모순이다.

이를 해결하기 위한 교훈과 지침은 우리의 지난 역사 속에서, 무엇보다도 합방 망국 이후 계속된 항일 독립운동과 8·15 이후 애국세력으로 둔갑한 반민족세력과의 투쟁 속에서 찾아야 한다. 즉 민족의 기본 모순을 민족 본위로 해결할 때까지는 통일된 민족의식으로 사상 무장을 하고 분파와 분열은 절대적으로 극복하여 동질적인 통일전선을 결성하는 것이 다른 어떤 것으로도 대체될 수 없는 유일하고 객관적인 지침이다.

그러므로 민주 자주운동은 과거의 민족 수난사와 8·15 이후 오늘에 이르기까지 반민족 군사독재가 주도하는 정세하에서 종속 형태의 투쟁으로 일관해온 과정 및 그 동안의 투쟁 내용과 외형적인 양상을 역사적 교훈에 비춰 투철하고 엄숙하게 비판적으로 반성해야 한다. 이러한 비판적인 성찰을 바탕으로 민족의 기본 모순 해결이라는 사명 완수를 위해 자기희생적인 자기 혁명으로 일대 전환을 하여 하나의 생각으로 단결하는 통일지향의 조직으로 혁명적인 재출발을 해야 할 것이다. 여기에서 말하는 통일 조직은 분파의 간판만을 외형적으로 하나로 묶는 것이 아님은 앞에서 되풀이 설명했다.

분파와 분열 대립을 넘어선 통일이 조성하는 역량과 대중에 대한 영향력은 반민족적인 독재세력의 역량을 물리적으로 능가할 수 있는 무한의 민족 민주역량을 창출하게 된다. 여기에서 내가 말해둘 것은, 지배하려면 먼저 반대세력을 분열시키고 해방 승리하려면 한 덩어리로 단결하라는 진리적인 원칙이다.

민주 조직은 하부 생활권 조직에 바탕을 둔 상향적인 민주적 조직으로 형성되어 통일적인 조직 체계를 갖춘 중앙집권적인 통제하에서 운영될 때 비로소 무제한의 역량을 창출하여 역사의 주도세력이 된다. 일선 생활권과 유리된 조직은 있으나마나 하는 문서상의 조직이 될 수밖에 없다. 구체적으로 말한다면 도시는 반 단위, 농촌은 자연부락 단위, 공장은 작업장 또는 작업반 단위, 학교는 과별, 학년별 단위의 조직이 되어 이것이 체계적으로 상향 통일될 때 비로소 무제한에 가까운 통일역량을 창출할 수 있다. 이는 인류사가 해방 발전 지향으로 이어져 내려온 각 역사 단계의 투쟁 하나하나에서 증명해주고 있을 뿐 아니라 오늘날 전 세계의 반독재 민주운동과 민족해방 민주운동에서 제기된 구체적인 하나하나의 사건과 투쟁 과정에서 나침반과 같은 정확한 지침임을 증명해 주고 있다.

2. 민중운동의 현실과 지도자의 과제

1) 대중과 유리된 민주단체

모든 민주정당과 단체의 조직은 대중을 기반으로 한다. 조직의 상부에서 하부에 이르기까지 전 구성원은 제일 먼저 자기 생활권부터 구체적으로 인식하고 조직하면서 이것을 바탕으로 한 체계적인 조직을 구성해야 한다. 생활권 대중과의 밀착된 조직 지향의 지도가 기본 임무 중 기본 임무이며 민주역량 창출의 원천적인 원질 문제이다. 진리적인 원칙은 객관적이고 구체적이라는 것이 역사 발전법칙이 증명해 준 진리다.

나의 40년간의 조직 생활 경험과 세계 각국 민주운동의 경험을 근거로 구체적인 사례는 앞에서 설명했으나 일선 대중과 지도자의 밀착이 오늘날 민주운동의 본질적인 기본 문제이므로 다시 한 번 강조하는 뜻에서 요점만 되풀이 기록한다.

국민 각자의 일선 생활권에는 반드시 그 나름의 모순과 해결해야 할 난제가 있기 마련이다. 진실한 대중 지도자라면 주민의 편에 서서 해결에 앞장서야 한다. 그리고 자기 생활권 주민의 사회성분과 모든 동향을 구체적으로 파악해야 한다. 생활권 대중의 정치사상적 동향과 생활에 대한 파악이 없는 민주 지도자는 입으로만 지도자라 하며 대중과 유리된 건달임을 나는 되풀이 강조했다. 진정한 지도자라면 개인에서 생활권 주민 전체에 이르기까지 문제 해결에 주민과 함께 앞장서서 노력해야 한다.

오늘날 세계 각국의 민주운동에 있어 정치적 총파업은 반독재 통일 민주조직이 형성된 조건하에 모든 민주정당과 사회단체의 대중 기반인 조직역량을 대외적으로 과시하는 행위다. 즉, 각 정당과 사회단체가 반민주 독재세력에 대항하기 위해 강력한 공동전선을 형성하여 정치적 목적 달성을 위해 결행하는 행동이 한시적인 총파업이다.

광범한 대중의 지지를 받는 민주 목적 달성의 총파업은 그 나라의 모든 것을 중지 마비시키고 암흑화시키는 무한대의 역량을 과시하여 적대적인 반민주 독재세력의 독주를 제약함과 동시에 대중 조직 기반의 저변을 확대시키는 가장 합리적인 운동이다. 이는 전 세계에서 독재정권과 맞서 싸우고 있는 민주운동이 발휘할 수 있는 최대 역량이자 재야 민주세력의 유일한 최고 정치수단임을 보여 주고 있다. 후진 사회인 중남미 각국과 아프리카의 50여 개국, 그리고 선진 각국의 민주정당과 사회단체는 예외 없이 정치 총파업을 몇 번씩 강행하여 조직역량을 과시하면서 조직을 확대 강화해 오고 있다.

오늘날 지구상에 민주정당과 사회단체가 있으면서 정치 목적의 총파업을 하지 못한 국가는 남한과 대만 그 외에 인도네시아 브루나이 등 10개국 미만에 불과하다. 대만은 국민당 1당 독재하에서 야당을 비롯한 민주단체의 설립과 활동을 반국가 행위로 규정하고 있다가 1990년도에야 비로소 야당이 허용되었고, 민주단체는 아직도 불허되고 있는 상태하에 있으므로 총파업은 불가능하다. 여기에 반해 한국은 세계 어느 나라보다도 많은 수의 민주단체가 있고, 그 단체의 민주 활동이 각종 제약 조건하에서도 비교적 광범위하게 허용되고 있다. 그리고 이 민주정당 사회단체들은 상당한 수준의 통일을 이루고 있다. 그 동안 정견 발표, 구호, 성명, 기자회견은 거의 매일같이 하고 있으나, 그 주장을 관철하기 위한 역량을 뒷받침하는 최대 형태의 표현인 정치적 총파업은 단 한 번도 하지 못했을 뿐만 아니라 앞으로도 실현불가능하다는 것이 남한 민주운동의 오늘의 현주소이다.

정부 통계에 의하면 우리나라에는 10명 이상의 사업장에 종사하는 직장 노동자가 1,100만 명, 그 중 100명 이상 사업장에 근무하는 직장 노동자가 730만 명이고, 거의가 노동조합이 결성되어 중앙 조직까지 구성되어 있다.

그러나 일선 노동자들은 단체 연합의 정치노선과 지시에는 무관심하고 제멋대로이다. 이는 노동조합 지도부와 말단 노동자가 그 동안 여러 차례의 총선에서 사회세력으로 중앙 체계적인 통일을 하지 못하고 따로따로였음이 증명해 주고 있다. 그러므로 정치적으로 각성된 노동자 조직 세력은 부재하다는 말이 된다. 농민도 마찬가지이다. 농민회가 중앙에서 도와 시, 군에 이르기까지 조직되어 있으나 조직역량의 척도인 각급 선거에서는 농민 각자가 자기 나름의 선택을 했다는 사실도 이를 입증해 주고 있다. 그러나 쌀값 인상과 추곡수매 및 고추값, 양파값 등 경제투쟁에는 전 농민이 조직과 관련 없이 총동원된다. 이것을 농민의 정치역량으로 평가한다면 장님과 같은 착각이다.

우리나라에는 여러 민주정당과 헤아릴 수 없이 많은 민주 사회단체 및 산업별 노동조합과 농민, 어민 조직이 보편화되어 있다. 그리고 이 조직들은 각자 통일된 단일 중앙지도체계로 연결되어 있다. 그럼에도 각 민주단체의 공통 목적 달성의 최고 수단인 정치적 총파업을 단 한 번도 하지 못했고 앞으로도 실현이 거의 무망하다는 것은 누구도 부인할 수 없는 엄연한 사실이다. 정치적 총파업을 하지 못했고 할 수도 없다는 것은 이 민주세력이 지도세력 중심의 간판일 뿐 일선 대중과 완전히 유리되어 있음을 객관적으로 분명하게 증명해주는 사실이다. 즉 일선 대중을 바탕으로 한 민족세력은 부재하다는 말이다. 독재 지배하에서 정치적 총파업 한번 하지 못한 나라는 앞에서 말한 바와 같이 한국을 포함해 10개국 미만에 불과하다.

이와 같은 실질적인 대중조직 부재 상태하에서의 민주운동은 구호, 주장, 선언적인 성명만 되풀이하면서 영향력 없는 목소리만으로 제자리를 맴돌아 앞으로 한 걸음도 더 나가지 못하고, 역사 발전 방향도 바로 보지 못한다. 민주단체 중에는 민중혁명만이 민주 사회 달성의 최고수단임을 주장하는 자칭 진보적인 단체도 가끔 나온다.

그러나 대중을 조직 기반으로 하는 정치적 총파업 한번 해보지도 못하고 할 수도 없는 정세와 조건하에서, 어떠한 역량도 없는 상태에서 민중혁명이 민주사회 달성의 최고 혁명 수단이라고 주장하는 것은 우리 현실에서 가능하지도 않고 앞으로도 이루어질 수 없다는 것이 오늘의 엄연한 객관적 현실이다.

현재 남한에는 민중혁명을 가능케 할 어떤 조직 역량도 찾아볼 수 없는 상태에서 빈 소리만의 외침이 있을 뿐이다. 지도자로 행세하는 민주인사들은 각계각층의 대중이 자신들에 비해 추호도 모자라지 않고 현명하다는 것을 분명히 알아야 한다. 대중을 상대로 한 민주운동은 구체적인 일상화된 실천운동이다.

2) 대중운동에서 지도자들의 자세

첫째, 진정한 민주운동의 지도자는 일선 생활권의 민주 대중의 편에 서서 자기희생적으로 부지런해야 한다. 실천은 부지런함과 같은 뜻이다. 민주운동의 모든 활동은 부지런함으로 나타나고 이것만이 대중을 설득하고 접근하는 유일한 수단이다. 부지런함이 결여된 민주운동은 개점휴업과 같은 휴식을 뜻한다. 생활권 내의 민주운동 지도자의 생활과 행동과 처세는 항상 대중적이어야 한다. 지도자연, 아는 체, 또는 권위적인 언행과 태도는 주민을 소외시키는 배타적인 거부임을 알아야 한다.

생활권 내에는 반드시 주민이 숭배하고 존경하는 민주 경향을 가진 인사가 있기 마련이다. 이 분들을 위에 받들고 상의하면서 주민에게 이 인사의 지도와 도움이 크다는 것을 알리며, 성과에 대해서는 그 사람과 주민의 협력에 돌려야 한다. 자기 공치사는 절대 금물이다. 이러할 때 비로소 주민을 본위로 한 민주운동의 효과적인 세력이 확대되고 비중이 커진다는 것은 실천 경험이 있는 사람이면 누구나 인정할 수 있는 객관적인 결과이다.

또 하나 중요하지만 소홀히 하는 것 한 가지를 말하겠다. 하부 생활권 내에는 민주운동을 탄압한 특무기관원과 반민주정당 단체 소속원이 몇 사람 있기 마련이다. 이 사람들과는 정치적으로 이념적으로는 대립하지만 생활권 주민의 차원에서는 전 주민과 동등한 이웃으로 사귀어야 한다. 애경사에서 하례와 위문, 조문은 물론이고, 개인적인 애로사항에 대해서는 일반 주민과 똑같이 걱정하며 도와야 한다. 이것이 생활권 내의 민주적 분위기 조성에 큰 도움이 됨을 알아야 한다. 감정을 앞세운 대립은 절대 금물이다. 생활권 내의 특무요원과 반민주 인사들도 그 생활권 내에 가까운 형제와 일가친척이 있고 정치외적, 경제외적인 인연으로 연결된 친밀관계가 형성되고 있다. 이 반민주 인사들과 필요 이상의 적대적 감정과 행동의 조성은 앞에서 말한 주민들과의 연결에 부정적인 결과를 가져온다는 것은 일선 생활권의 대중과 더불어 구체적으로 민주운동을 해 본 사람이라면 누구도 인식할 수 있는 사실이다.

생활권 내에서 대중 생활과 밀착된 실천을 통한 조직운동을 함에 있어 민주운동의 지도자들은 대중이 가장 믿을 수 있고 충실한 심부름꾼으로서 자기 일과 같은 노력과 수고를 아끼지 않을 때 어떠한 조직이론으로도 표현할 수 없는 융합된 일치감을 대중과 더불어 형성하여 무엇으로도 파괴될 수 없는 대중운동의 조직을 조성하게 된다. 실천을 통해 이를 경험하고 파악한 지도자들은 조직 논리 이전에 이것이 완전히 자기 생활의 일부를 형성하는 당위적인 것임을 투철하게 인식하게 된다. 생활화된 대중 접촉에서 이루어진 지도자의 언행과 처세와 생활태도는 필연적으로 전 주민들로부터 그 생활 공간에 꼭 있어야 할 필요한 인물 또는 믿을 수 있는 인물로 평가되어 비로소 민주지도자로서의 위치가 확립되고 조직 논리 이상의 영향력을 발휘할 수 있다는 점을 명심해야 한다.

반민주 독재세력의 안보의식에서 벗어나지 못하고 있는 인사들 중에는 일선 생활권 내에 있는 특정한 주민 조직에 대해 현 정권 반대를 위한 불법적인 지하조직으로 규정하는 사람도 있을 것이다. 이러한 이유로 소위 민주운동 지도자 중에서도 생활권 내의 대중 조직은 독재정권하의 보안기관의 눈에 반드시 불법 지하조직으로 보여질 것이기 때문에 보안기관의 감시와 탄압을 불러올 뿐 효과를 거두지 못할 것이라고 우려하기도 한다. 나는 그러한 반응을 여러 번 들은 경험이 있다.

그러나 현대의 모든 민주정당과 사회단체는 여야를 막론하고 대중의 지지를 받아야만 존재할 수 있고 역할 수행이 가능하다. 여야를 막론하고 합법화된 정당 및 사회단체는 일선 생활권에 조직의 뿌리를 박고 일선 대중의 지지를 받아야만 대중의 조직역량을 바탕으로 한 강력하고 체계적인 조직이 될 수 있다. 따라서 민주운동에 있어서도 이 점은 조직적 역량 강화 조성을 위한 기본 이론임을 말해 둔다.

일선 대중의 조직화에는 두 가지 형태가 있다. 그 하나는 체계적 조직 속에 들어가 있지 않은 대중을 조직화하는 경우다. 이런 대중은 자신이 지지하고 협력해야 할 민주정당이나 단체를 발견하지 못했거나 마음에 있어도 자신의 정치의식 및 견해에 위반된다 생각하여 현실의 조직화된 체계 속에 들어가 있지 않을 때가 많다. 진정한 자주 민주운동을 자신의 사명으로 하고 생활의 기준으로 삼아 가치 있는 삶을 계속해 나가려는 민족자주운동의 이념에 투철한 사람이라면 현재 존재하는 어떤 정당 사회단체와 연결되고 있지 않다고 해서 자신의 정치 이상에 합치되는 조직의 선이 연결될 때까지 가만히 앉아서 보고만 있지는 않는다. 이런 자세는 민족자주운동 지도자로서의 당연한 규범이다.

따라서 체계적인 조직과 단절된 조건하에서도 생활권 내의 대중을 조직 지향적으로 지도하는 것은 민족의 한 사람으로 민주운동을 생활화해야 한다는 의식 있는 사람이라면 반드시 해야 하는 당위적인 사명이며 과업이다. 필요할 때는 언제든지 조직화할 수 있는 태세를 일상생활을 통해 꾸준히 실천해야 한다는 말이다. 즉, 생활권의 전 주민을 성분에 따라 분류 파악하여 부단한 접촉을 계속하라는 말이다. 주민들로부터 마음에서 우러나는 존경과 숭배와 신뢰를 바탕으로 한 친밀관계가 조성되어 모든 문제를 마음 놓고 상의하는 대상이 될 때 비로소 대중이 따르는 확고한 지도자의 위치에 서게 된다. 이때 비로소 통일 지향적이고 중앙 지향적인 일선 민주역량의 잠재력이 형성된다.

또 하나는 대중의 지지를 받는 합법적인 중앙 지도적이고 체계적인 정당 및 사회단체 산하에서 일선 생활권 내 기초 조직의 형태를 갖고 있을 경우다. 어떤 정치, 사회단체도 이상에서 말한 방법을 통한 생활권 조직의 뒷받침이 없으면 지도자연 하는 그 사람들만의 조직이 되어 대중의 지지와 유리하게 됨은 오늘의 남한의 민주 운동이 웅변으로 증명해 주고 있다. 대중이 지지하는 민주정당과 사회단체에서 진정으로 일선 조직이 요구될 때에는 이 조직의 일선 하부 조직인 부락, 동, 통 단위의 위원회, 분회, 반 형태로 언제든지 조직화할 수 있어야 한다.

이상의 두 가지 경우에서 분명하게 나타나고 있는 바와 같이 생활권 내의 대중조직은 합법적인 중앙조직의 존재와 활동에 필수적인 기초조직이 될 뿐이지 이것을 불법적인 지하조직이 될까 우려하는 것은 정신병원에 입원한 환자의 비정상적인 논리로 보아야 할 것이다. 예비 조직이든 현실 조직이든 일선 생활권 내에 조성된 민주 주민의 조직이 반국가적인 불법 조직이라는 논리는 성립될 수 없다. 이것은 상식화된 대중운동의 논리다. 그럼에도 독재세력의 편에 서 있는 인사들은 말할 것도 없이 민주운동의 편에 서 있는 사람 일부까지도 일선 대중 조직을 위험시하며 자기 보호적인 방어의식에서 기피한다는 것은 검토와 비판의 가치조차 없는 웃기는 일이라고 해야 할 것이다.

3) 대중운동 지도자들이 명심할 점

오늘날 남한의 민주운동에 있어 대중운동의 진정한 지도자상은 어느 한 구석에도 찾아보기 어렵다. 지도자와 지도세력만이 중심이 되어 일선 대중조직과는 유리된 허공에 둥둥 떠 있는 조직 형태를 되풀이하고 있다. 뿐만 아니라 조직의 지도부에 있어서도 일선 대중의 민주 절차에 의한 선출 등의 합법적인 대표가 아니라, 자진해 나섰거나 상부에서 지정한 개인이 군이나 면의 대표로 행세하고 있다. 일선 생활권의 민주적인 대표는 눈을 씻고 찾아보려 해도 없다.

이러한 조직의 대표들은 비민주적인 불법 대표라는 것은 민주조직의 원칙과 절차에 비추어보면 누구라도 알 수 있다. 이들의 활동 역시 상부의 지시와 검토에 대해 관료적인 전달만을 일삼는 지방의 시도 단위 중간 간부의 역할을 하는 것이 고작이며, 군이나 면 또는 생활권 단위의 독자적이고 독창적인 길들을 모색하는 경우는 거의 찾아볼 수 없는 종속적인 위치에 머물고 있을 뿐이다.

세계 각국의 반독재 민주운동과 민족해방투쟁의 역사에서 볼 때 아래부터 형성된 대중의 체계적이고 통일된 조직 역량의 뒷받침이 없으면, 이 조직은 구호와 성명만을 되풀이함으로써 적대세력을 제약하거나 약화시켜 유리한 정세 조성을 하는 것이 불가능할 뿐만 아니라 대중에게 통일적 조직 지향적인 역량을 강화하지 못한다. 이는 각 나라 해방운동의 역사가 객관적으로 증명해주고 있는 진리다.

오늘날 남한의 민주 국민이 반드시 달성해야 할 과제는 민주 자주 조국 건설과 민주 사회를 건설하는 것이다. 이를 위해 여러 형태의 민족 자주운동과 조직을 공통된 목적 달성을 위한 통일 조직 형태로 총동원하여 최대의 민주역량을 발휘하고 독재세력을 제약 약화시켜야 한다. 그러나 민주운동에 유리한 정세를 조성할 수 있는 정치적 총파업이 지금까지 단 한 번도 없었고 앞으로도 그 가능성이 희박하다는 것은 자타가 공인하는 엄연한 현실이다.

정치적 대중의 조직역량과 지지세력을 총동원하여 하나로 집결시킬 수 있는 총파업 역량이 결여된 민주운동은 정치적, 경제적, 사회적, 문화적, 그리고 군사적으로 엄청난 물리적 역량을 갖고 있는 독재세력과의 투쟁에서 역부족이라는 사실을 알아야 할 것이다. 비록 맨주먹일지라도 대중의 조직역량을 뒷받침으로 하고 있는 통일된 조직역량은 어떠한 군사독재 세력도 능가할 수 있는 역량을 창조적으로 조성한다는 것은 형식논리적인 이론의 범주를 넘어서 군사독재를 타도하여 민주화를 이룬 나라들의 역사가 입증하고 있다.

내가 이 글에서 남한의 민주운동에 대해 비판적인 논리를 전개한 것은 민주운동을 꼬집기 위한 놀부철학적인 비판을 위한 비판을 하기 위함이 아니다. 우리 민족이 반드시 이루어야 할 민주 자주 국가와 민주 사회를 지향하고 있는 현재의 민주운동 지도자들이 오늘의 현실을 객관적으로 제3자적인 입장에서 냉철하게 바라보고 비판, 검토, 평가하기를 바라는 마음에서다. 다시 말해 통일된 강력한 민주 역량 건설을 하지 못하고 분파와 분열을 되풀이하여 군사독재 세력의 존속에 유리한 조건을 제공하고 있는 근본 원인이 무엇이며 방법상의 잘못은 어디에 있었는지를 자기비판적으로 반성하여, 현실과 밀착된 민주운동의 지도자로서 자기혁명적이고 비약적인 발전을 이루기를 두 손 모아 빌면서 바라는 의미에서 기록한 것이다.

이상에서 내가 논술한 내용의 핵심 요지들은 일제 식민지 시대 독립운동 지도자들의 운동과 6·25 이전까지 모든 형태의 민주투쟁에 있어서는 아주 구체적인 지시사항으로 제시된 것들로서 누구나 당연하게 받아들이는 것들이었다. 따라서 이에 관해 강력한 규율이나 강요된 지시는 애초에 필요하지 않았다. 독립운동과 반독재 민주운동의 지도자들이 대중과 함께 생활하는 과정에서 완전히 자기 생활화된 보편화된 상식논리였다. 다만 지도자와 조직원의 충실도를 평가하기 위한 자기비판과 상호비판에서 각자의 불충실과 부족 및 과오를 지적하여 두 번 다시 되풀이하지 않게 하려는 특별한 목적이 있을 때만 위에서 논술한 지도자상과 관련된 논리가 부분적으로 제시되었을 뿐이다.

지금 우리의 현실에서 민주운동의 조직 형태와 그 운영 및 지도자상에 대한 글을 쓰면서 내가 무엇을 위해 이런 글을 쓰게 되었는가를 생각해 보니 한탄이 나올 뿐이다. 위에서 언급한 각급 지도자가 자기 생활권의 대중과 밀착된 실천을 해야 한다는 논리는 교양이나 설명이나 지시가 추호도 필요 없는 일반화된 보편 논리이기 때문이다. 비근한 예로 비유하자면 사람이 살기 위해 에너지 보충을 하려면 밥을 먹어야 하는데 이때 쌀에 물을 부어 일정 시간 동안 열을 가하여 밥이 충분히 익은 다음에 다른 여러 부식과 함께 먹는 것이 영양을 보충하고 활동 역량과 생리 기능을 발휘할 수 있다는 것은 너무 당연한 논리다. 이러한 것은 일일이 영양학적, 식품공학적, 생리화학적인 설명이 없어도 유무식간에 산촌이나 어촌이나 농촌의 무식한 부녀도 고등교육을 받은 현대인도 그 내용에 있어 조금의 차이도 없이 똑같이 알고 일상 생활화하고 있는 보편적인 사례와 같은 것이다.

이상에서 내가 우리나라 대중운동의 지도자상과 지도논리에 대해 설명한 것은 마치 매일 밥을 먹는 사람에게 밥이 어떻게 지어져야 하고 이것이 어떻게 인체에 영양을 공급하고 에너지로 전환되어 생리 기능을 하게 되는가를 설명하는 것처럼 굳이 말하지 않아도 되는 바보 같은 이야기다. 너무도 상식화되고 당위적인 보편 진리를 오늘날 우리 민주운동의 구석구석을 찾아내어 설명한다는 것은 생각할수록 얘기할 필요도 없는 바보 같은 이야기라 생각되어 쓴웃음을 지었다.

이러한 이야기는 일제시대 민족해방운동의 각 조직과 6·25 이전까지 반독재 민주운동 조직에서는 보편적인 상식적인 논리로서 별도의 교양과 지식이 없어도 밥을 먹는 것처럼 각자에게 생활화된 당위적인 개념이었다. 6·25 동란 이후 그 이전의 민주지도자와 조직이 완전히 파괴된 이후에 이상의 설명처럼 대중과 유리된 소(小)부르주아 이데올로기와 인텔리겐차의 우월감과 소영웅주의적 좌익 소아병적인 현실이 너무도 돌발적으로 출현하였다. 내가 느끼는 바로는 마치 태양이 내려 쪼이는 정오의 밝은 광명이 갑자기 자정이 지난 칠야 삼경과 같은 암흑으로 돌연 바뀌는 것과 같은 당혹스러운 변화였다. 지도자들과 조직원들의 그러한 변화가 진행된 결과 민족 자주운동에 지각변동을 일으켜 대중 속에 내재하고 있던 조직 실천 지향적인 금싸라기와 같은 민주역량과 유리되어 버렸음을 목격하면서 인생의 종착역을 눈앞에 바라보고 있는 노옹인 나로서는 너무도 돌연적인 변화에 금석지감을 금할 길이 없다.

그럼에도 굳이 내가 이런 글을 쓰는 것은, 내가 알고 있는 세계 각국의 대중해방과 민족해방운동에서 보여준 경험과 나의 일생을 바친 객관적인 실천 경험을 토대로 이것을 정리하여, 앞으로 우리 국민 대중이 조건만 조성되면 언제든지 발휘할 수 있는 국민대중의 민주역량 개발과 조직 역량화에 조금이라도 도움을 주고 참고가 되지 않을까 하는 바람에서이다.

덧붙여 마지막으로 우려하는 것은 오늘날 우리 국민의 정치 동향과 입장이 이성과 합리에 기반을 둔 정치적인 것이 아니라 전근대적인 지역감정에 큰 비중을 둠으로써 민주조직 체계와 점점 유리되고 있다는 점이다. 지역적인 것을 정치이념화 한다면 민족 문제 전체를 바로 보지 못하는 망국적인 길을 자초하는 것이며, 지역감정을 조장하는 일은 반민족적인 분열이라는 결과를 가져온다는 점을 경고해 두고 싶다.

▍유족 후기

역사의 피가 마르지 않는 상처의 기록

아버님이 돌아가신 지 올해로 20년이 다 되어간다. 타계 후 아버님의 삶의 흔적을 조금이라도 남기려는 마음에서 광주학생독립운동에 대해 그동안 지방지에 발표했던 글들을 모아 이듬해인 1997년에 『광주학생운동은 전국학생독립운동이었다』를 발간했다. 당시 주변에 책을 돌리면서도 마음 한편에는 무거운 과제가 남아있었다. 왜냐하면 그 책에서 다루지 못한 많은 내용들, 아버님이 오랫동안 구술해 온 원고를 정리해서 출판할 일이 마치 유업처럼 주어졌기 때문이었다. 타계하기 마지막 10여 년은 외출도 거의 하지 못한 채 아버님은 오직 이 일에만 전념하셨기에 이를 출간하는 일이 커다란 짐으로 남아 있었다.

차일피일 미루다가 이렇게 20년 가까이 지나 뒤늦게 유고집을 발간하게 된 데는 누구보다도 불민한 유족의 잘못임을 자인한다. 세상이 온통 복고주의로 되돌아가는 그런 세월이 이어지면서 이 책을 어떻게 만들고, 또 누가 읽을 것인가에 의구심이 들어 원고를 그대로 방치해 놓았기 때문이기도 하다. 김대중, 노무현 정권 당시, 아버님의 항일독립운동 부분이 수용되길 기대했는데도 아무런 변화가 없었고 다만 완도, 고금도 주민들이 전남운동협의회 사건을 기리는 공덕비에 아버님의 이름을 새겨 넣는 정도였다. 그러다가 4,000여 매를 넘는 원고가 마침내 빛을 보게 되었는데, 이 과정에 대해서는 안종철 선생님의 〈이 책이 나오기까지〉에 자세히 나와 있다. 거의 불가능한 작업을 가능케 한 데는 많은 분들의 아낌없는 지원과 격려에 힘입은 것임은 두말할 나위가 없다.

아버님이 아무런 흔적을 남기지 못한 채 돌아가신 동지들을 일일이 찾아 공적서를 작성할 무렵, 판결문 등을 곁에서 읽어드린 막내딸 여고생은 세월이 아득히 흘러 이제 올해 8월이면 그간 몸담았던 대학 강단에서 정년퇴임하게 된다. 돌이켜보면 내 기억 속에 남아있는 아버님의 첫 모습은 서대문 형무소를 출감해서 광주역에 도착했을 때였다. 빡빡 깎인 머리와 비쩍 마른 모습은 어린 아이인 내가 곁에 가기에 저어되었고, 셋째 오빠를 보고는 작은 집 아무개냐고 물어보셔서 무척 서운했던 기억이 난다. 유고집에도 나와 있듯, 이어지는 구금과 투옥, 보호감찰, 연좌제 등으로 인해 가족 모두가 많은 시련을 겪어왔다.

작은 일례로, 국내 주요 인사들이 행사차 광주에 오게 되면 우리 집 근처에는 어김없이 형사들이 여럿 배치되었다. 이들은 종일 집 주변에서 감시하였다. 박정희 정권 시절에는 김대중 선생 탄압의 일환으로 중앙정보부에 끌려간 아버님이 심한 고문을 당하고 돌아온 적이 있었다. 아버님의 피 묻은 셔츠를 보고 가족들은 모두 경악했지만 누구에게도 말 한마디 하소연 할 수 없는 상황이었다. 이처럼 감시와 처벌이 이어지는 폭력적 환경 속에서 자라나는 자식들은 그 생채기를 자신들 내부에 은밀히 감추고 살아가야 하게 마련이다.

가장 아픈 기억은 1980년~81년에 걸쳐 있었다. 말기 암을 선고받고 투병 중이던 큰 오빠가 광주항쟁 다음 달인 6월에 세상을 뜬 데 이어, 다음 해 5월에는 가족 모두가 기대던 언덕이자 하늘이었던 어머님마저 세상을 떴다. 그 와중에 큰 오빠 병수발 하느라 고생했던 어린 올케가 중병에 걸려 거동조차 할 수 없게 되었다. 평생 강인하게 살아오셨던 아버님께도 남겨진 가족의 상황은 차마 견디기 힘든 모습이었겠지만, 가족들이 잇달아 무너지던 그 시절이 내게는 지금도 선홍색 아픔으로 깊게 각인되어 있다.

아버님은 생전에 아들 셋을 앞세운 불행한 분이시다. 아버님의 고보 후배이기도 한 세 아들들은 장년을 살지 못한 채 스스로 쓰러져 갔다. 아들들은 아버님처럼 당당하고 의연한 삶도 살지 못했고, 사상범을 아버님으로 둔 자신들의 삶을 원망도 못한 채, 스스로 상해 갔던 것 같다. 유독 아버님의 존재가 대한민국 사회에서 크게 금기시된 인물이라 자식들의 삶은 연좌제의 멍에에서 자유롭지 못한 채 좌절과 자학 속에서 한 발짝도 나아가지 못한 못난 삶이었다. 자식들의 신원조회는 '빨갛게' 나와 어디에도 취업을 할 수 없을 정도로 연좌제는 혹독했다. 지금도 세 오빠의 친구 분들을 보면 요절한 그 오빠들에 대한 연민으로 마음 한편이 아려온다. 나 역시 대학 졸업 후 지역개발연구소에서 번역사 직을 얻었지만 신원조회에서 부녀가 다같이 '빨갛게' 나와 2개월 만에 잘렸다. 물론 내 경우는 유신에 항거한 '함성'지 사건과 연계되어 그 죄과가 배가되었던 탓도 있다.

그러나 아버님에 관련된 기억의 다른 편은 따뜻하고 평화로운 모습이다. 12년 이상 옥고를 치르면서 형무소에서 배운 원예와 목공 기술 덕분에 아버님은 시간만 나면 화단을 가꾸셨다. 평생 셋집을 전전하면서도 그 집에 마당이 조금만 있어도 여기에 뭔가를 심고 퇴비도 열심히 만들어 이내 풍성한 화단으로 바꾸어 놓으셨다. 머지않아 다른 셋집으로 옮길지라도 개의치 않은 모습에 우리는 자존심 상해했다. 새벽이면 부지런히 남의 집 마당을 정성스레 가꾸셨던 모습이 지금도 눈에 선하다. 그런 부지런함은 우리의 등록금을 마련하느라 친구 분의 도움으로 신안군 비금면의 산판에서 고된 노동을 할 때도 즐겁게 일하시는 모습에서 엿볼 수 있었다. 또한 충장로에 어머님이 〈삼성당서점〉을 운영할 수 있었던 것도 당신의 유고 시 가족의 생계를 위한 대비였겠지만, 한편으로는 손에서 책을 놓지 않는 아버님의 남다른 독서열 때문이기도 했다. 내가 아버님으로부터 어린 시절 들었던 『장 크리스토프』, 『레미제라블』, 『고요한 돈강』 등의 얘기는 아마도 훗날 내가 문학을 전공하게 하는 데 있어 무의식적인 영향을 미쳤을 것이다.

아버님은 비 소식이 있거나 추운 겨울철이 되면 고문 후유증으로 인해 몹시 고통스러워하셨다. 어머님은 아버님의 어깻죽지를 두꺼운 타월로 감싸주었고, 어린 우리 형제들은 아버님의 허리와 다리를 주물러야 했다. 우리들은 주어진 일을 열심히 하고 아버님 건강을 걱정하면서도, 얼마나 악랄한 고문이었으면 그 후유증이 이리도 길게 갈까 하며 분개했던 기억이 엊그제 같다.

찢어지게 가난한 독립운동가 후손들이란 말이 있지 않은가. 서점을 운영할 때는 그런대로 나았지만 박정희 정권 이후는 어려움이 더욱 심해졌다. 그것은 박 정권이 군사쿠데타의 방패용이자 희생양으로 아버님을 포함해 진보계 인사들을 용공분자로 만들기 위해 혈안이 되어 잡아들였기 때문이다.

초등학교 6학년 때의 어느 날 교장실에 불려갔는데 중앙정보부 고위급 인사가 제게 부드럽게 말을 걸었다. 생각해보면 아버님의 행방을 알고자 아이들까지도 이용한 유도심문이었다. 이와는 대조적으로, 교장실에 들어가기 전 담임선생님은 아버님에 대해 물으면 일체 모른다 하라고 일러주셨다. 당시를 돌아보면 담임선생님의 제자에 대한 지혜로운 사랑에 절로 고개가 숙여진다. 그 뒤 아버님은 오랫동안 피해 다니시다 뒤늦게 체포되었고 아버님의 오랜 부재 중 그나마 가족들이 근근이 연명할 수 있었던 것도 동지 분들의 도움 덕분이었다.

아버님은 타계하기 수년 전부터 당신이 살아온 삶을 중심으로 우리의 근·현대사를 비롯한 여러 주제에 대해 기록을 남기기 시작했다. 시력은 거의 상실된 상태라 구술하는 식으로 진행된 이 기록물은 기록자가 구술자의 내용을 받아 적는 형식으로 진행되었다. 내가 곁에서 지켜볼 때 돌아가시기 직전까지 작업을 이어갔던 아버님은, 기억을 구술하는 것으로 하루하루를 연명해가던 『아라비안나이트』의 세헤라자데 같았다. 다시 읽고 고치고 그렇게 해서 노트에 기록된 내용 위에 다른 종이를 덧대고 또 다시 내용을 보완, 수정하였다. 아버님의 기억력은 주변이 다 인정할 정도로 비상하였다. 사상범 가족은 노상, 가택수색을 당하기 일쑤였고 그로 인해 집에 남아있는 것은 아무 것도 없어 기억에 전적으로 의존해야 했을 것이다.

아버님이 남긴 이 유고집을 보면 어떻게 그 많은 내용을 기억할 수 있었을까 하는 놀라움이 우선 들 것이다. 그러나 '기억하기'는 아버님의 몸에 배인 습성으로 당신의 평생이 '기억하기'로 버텨낸 삶이 아니었을까 싶다. 흥미로운 것은 아버님의 글에서 아버님의 지치지 않는 불굴의 정신을 일관되게 볼 수 있다는 점이다. 억압받고 침묵당하는 사람들과 달리 아버님의 '기억하기'를 구술하는 작업은 아무런 목소리를 갖지 못한 동지들을 대신하는 의식적이고 힘찬 이야기로 드러나기도 한다. 어쩌면 구술서사라는 장르가 거꾸로 아버님의 탄력적인 회복력과 지칠 줄 모르는 정의감을 반증한다고 볼 수 있다.

자식으로서 아버님의 글을 읽으면서 나는 성장영화에서나 볼 법한, 한 소년의 의식이 깨어나는 모습을 소름 돋게 떠올렸다. 우리 가족이 형성된 뒤 겪었던 시련의 장면을 읽을 때는 부모님의 혼백을 대면하는 듯 한 착각마저 들었다. 일제 강점기부터 당신의 삶이 끝날 때까지 당신이 직접 참여해서 겪었던 일들을 기록한 이 책의 중심에는 식민 지배와 그에 대한 민족주의의 저항, 그리고 식민사가 청산되지 않은 오늘의 대한민국 역사에 대해 준엄하게 비판하는 내용이 들어있다.

우연찮게도 나 역시 영문학을 가르치면서 대영제국과 미국의 패권주의로 인해 주변에 배치된 국가들, 이른바 영어권 탈식민문학을 전공으로 하게 되었다. 그러다보니 자연스레 우리 근·현대사의 맥락과 닿게 되어 식민사가 국민국가에 미치는 영향에 더욱 관심을 갖게 되었다. 주지하다시피 전 세계 85% 이상이 작든 크든 식민 경험을 안고 있고, 이것이 청산되지 않은 국민국가에서 식민사에 대항하는 탈식민서사와 문화에 대한 연구는 21세기 들어 점차 활성화되고 있다. 이들 주변부 서사들은 중심부 문학에서는 볼 수 없는 것으로, 기억 구술하기를 통한 노예들의 해방서사로부터 식민 경험이 있는 소수/주변부/이산민들이 수행하는, 식민문화를 탈각하는 의식의 혁명과 자신들의 문화적 정체성을 추구하는, 그야말로 전 지구적 서사들을 아우른다.

이 서사들은 중심부에서는 볼 수 없는 여러 감정을 자극하고 촉발하는데, 그것은 이들의 '기억하기'가 남다른 서사들을 생산하기 때문이다. 내가 관심 갖는 부분도 바로 자신들의 기억을 통해 부당한 역사에 도전하는 기억담론에 관한 것이다. 따지고 보면 역사학의 전면에 기억담론이 성행하게 된 것도 역사 자체가 일부 지배세력의 일방적이고 폐쇄적인 자기 정체성에 불과하고 그로 인해 주변화시킨 기억주체를 수용하지 못한다는 비판이 제기되면서부터이다.

이 유고집에서도 특히 제 1권은 아버님의 삶에 대한 글쓰기로, 일종의 자전적 글쓰기에 해당된다. 그러나 개인의 일생의 투쟁을 기록하여 우리 역사가 외면하고 금기시한 내용들을 다루고 있다는 점에서 유명인사의 삶을 대필해서 쓴 자서전과는 다른 것이다. 고향 고금도의 어린 시절부터 광주로 옮긴 이후 86세가 되기까지의 삶을 구술 기록하는 아버님의 글쓰기는, 내게는 '기억하기'를 통해 몸으로 재현하는 글쓰기로 여겨진다. 생각해보면 기억하고 구술하고 다시 정리하는 형식도, 그리고 온몸으로 투쟁해 온 일생 자체도 몸으로 쓰는 글이기 때문이다. 스피박(G, Spivak)이라는 탈식민비평가는 이러한 자전적 글쓰기란 "역사의 피가 마르지 않은 상처"라 했다. 지금껏 살아 온 내용을 글로 쓰는 것 자체가 한쪽으로만 치우친 우리 역사에 대한 대항서사이자 역사로의 진입을 꾀하고 있기 때문이다. 이는 지배역사가 외면하지만 지배역사의 내부에서 중단 없이 피가 흐르는 역사의 봉합되지 않은 상처의 글쓰기다.

일제 강점기부터 시작하는 아버님의 글은 이른 바 '객관적'인 역사에 부재하는 내용이 무엇인가를 밝히는 데 주력한다. 그것은 넓은 의미의 역사적 비애라기보다는 깊숙한 개인적 기억과 상처이지만, 그 상처는 다음 세대가 짊어지고 가야 할 역사적 유산이자 과제이기도 하다. 역사의 기능은 특정한 시각에서 선택과 배제를 통해 '역사적 사실' 자체를 구성한다는 점에서 기억의 작용과 다르지 않다. 특히 지배적인 역사서술이 오랜 세월 동안 기억에 대한 조직적 은폐와 강요된 망각을 수행해 옴에 따라 기억을 둘러싼 정치적 충돌은 현재도 계속되고 있다. 현 정부의 역사 국정화 사업도 '역사 바로 세우기'라는 미명하에 진정으로 기억하기보다는 망각하기를 조장하기 때문이다. 그러므로 아버님의 '기억하기'는 현재에도 여전히 해결되지 않고 진행 중인 식민 폭력과 국가 폭력의 공모의 역사를 겨냥한다. 그런 의미에서 역사를 다시 쓰는 글쓰기는 우리 자신을 기억의 일부로 성찰하는 비판적 역사학이라 할 수 있다.

이 책은 '기억되지 않고 설명되지 않은' 존재, '외면당하고 보이지 않은' 존재를 아버님의 기억을 통해 역사에 다시 각인시키려고 한다. 그동안 잘못 강요되어 온 대한민국의 역사를 반드시 수정해야 한다는 아버님의 의도는 몸소 역사의 현장을 함께 걸었던 수많은 동지들의 망각된 이야기를 당신의 경험으로 현재화하는 데서 잘 드러난다. 역사의 뒤안길로 사라진 분들의 혼을 불러내어 이들의 봉합되지 않은 상처를 대면해서 역사로 기록하려는 의도 말이다. 역사에 의해 배제된 그 분들은 물 위에 이름을 쓴 채 흔적 없이 사라졌다. 역사는 이들을 폐기처분한 지 오래지만 아버님은 이들을 망각 속에 묻혀두길 용납지 못하셨고 영원히 잊히지 않을 글쓰기로 통해 남겨두려 하셨던 것이다. 때문에 이 책을 읽어갈수록 사라진 그 분들은 우리에게 여전히 살아 있는 생생한 존재로 다가오는 것 같다.

그런 의미에서 이 책은 독자로 하여금 주류 역사 바깥에서 울려 나오는 '말로 할 수 없는' 타자의 호소에 응답해야 하는 윤리적 가치 문제도 제기한다. 특히 타자성을 가장 극명하게 드러내주는 '외면당한' 사람들에 대한 관심은 그동안 역사의 영역에 쉽게 편입될 수 없는, 그들이 겪은 고통의 심연에 대한 진지한 공감과 책임의 문제를 야기한다. 이처럼 생전에 함께 했던 여러 혼백들을 불러내어 그 분들의 치열한 삶과 지혜를 우리에게 전달하는 아버님의 기억서사는 이야기가 진행됨에 따라 개인적 기억에서 역사라는 집단적 기억으로 나아간다.

한국전쟁 다음해에 태어난 나는 어린 시절부터 돌아오지 않은 부모, 형제들 이야기를 무수히 들어왔다. 부당한 세상과 불화한 죄로 아직도 그 주검을 찾을 수 없는 분들의 삶에 대해 기억을 통해 이야기하는 것이야 말로 식민 청산 문제와 연관하여 지금까지의 역사쓰기가 비판적으로 성찰되어야 할 필요성을 제기한다. 그런 의미에서 이 책은 이러한 고통, 폭력, 상처가 우리 사회에서 여전히 진행 중임을 암시하는 글쓰기로 고통스런 과거에 대한 비가이자 증언이라고도 할 수 있다. 한민족과 대한민국의 공식 역사에서 제외된 이들의 존재를 그림자처럼 역사 바깥으로 사라지게 하려는 보이지 않는 강력한 원심력에 대항하여, 이들을 역사에 다시 각인하려는 이 책은 바로 오늘의 우리들에게 대화적 소통을 요구하며 윤리적 말걸기를 하고 있는 셈이다.

광주항쟁이 발발한지 10년 째 되던 해에 여성 민우회의 지원을 받아 광주전남여성회에서 나를 포함해 여성학자 세 사람이 『광주민중항쟁과 여성』을 발간했다. 영문판으로도 나온 이 책의 헌사는 "국가 폭력에 희생된 이름 없는 꽃들에게 바친다"라고 적혀있다. 아버님의 유고집도 마찬가지로 역사가 배제하고 삭제한 이름들에 대해 당당하게 이름을 요구하는 것, 그것이야말로 대한민국의 역사 바로 세우기라는 생각을 다지는 계기가 되었으면 한다. 그럼으로써 일제 강점기, 해방공간, 한국동란, 그리고 이후의 삶에서 국가폭력에 희생된 분들께 이 책이 작은 위로가 되었으면 한다.

무엇보다도 글은 독자에 의해 비로소 탄생된다. 하마터면 묻힐 뻔한 글쓰기는 여러 선생님들 덕분에 그 생명을 되찾아 독자에게 찾아가게 되었다. 유고집이 탄생할 수 있도록 그러한 전달 공간을 마련하는 데 있어 많은 도움을 베풀어주신 강정채 간행위원장님을 비롯해 간행위원 여러분 모두에게 깊은 감사를 올리고 싶다. 또한 이 책을 발간하는 데 견인차 역할과 많은 조언을 해 주신 이홍길, 전홍준 두 분 선생님께도 머리 숙여 감사드린다. 은사이신 이홍길 선생님은 1997년 『사회문화』에 아버님에 대한 평론과 이 책의 간행사를 써주셨다. 아버님 생존 시 물심양면으로 도움을 주셨던 전홍준 선생님은 투병 중인 제 가족을 헌신적으로 치료해주셨는데 그 깊은 배려심을 잊지 못할 것이다. 특히 안종철 선생님은 이 책의 기반이 된 구술작업 처음부터 책의 발간까지의 그 긴 시간 동안 그야말로 혼신의 힘을 다해 훌륭한 결과물을 만들어 낸 장본인으로, 안 선생님의 '역사바로세우기'의 열정이 없었다면 이런 작업들은 애초부터 불가능했을 것이다. 자식 복이 없었던 아버님에게 자식의 도리를 대신해준 선생님께 죄송한 마음과 함께 최고의 찬사를 드리고 싶다.

　그리고 그간 아버님께 저도 알지 못하는 도움을 주신 동지 분들과 여러 선생님들, 혈육보다 진한 당신들의 사랑을 잊지 않을 것이다. 끝으로, 긴 시간 힘든 작업 과정을 거쳐 이렇게 근사한 책을 만들어 준 선인출판사 여러분들, 그리고 미지의 독자 여러분들에게도 감사의 말씀을 전하고 싶다.

2016년 5월

유족대표 불민한 女息 이경순

▌ 저자 이기홍

1912년 전남 완도에서 출생하여 1929년 광주고보 2년 재학중 광주학생독
립운동에 참가했고, 이듬해에는 백지동맹을 주도하여 퇴학당했다. 낙향 후에는
농민운동에 투신, 1934년에 전남운동협의회 사건으로 2년 6개월 복역했고,
일제 말기인 1939년부터는 거주제한 조치를 당했다. 해방 직후 건국준비위원
회 광주시위원을 지냈으며 1949년에는 이승만 정권에 의해 동생, 매제가 살
해되는 아픔을 겪었다. 6·25 발발 후 보도연맹 사건으로 체포되어 처형 위
기에서 구사일생으로 살아났고, 인민군 진주 후에는 인민 정권에 의해 반당
분자로 몰려 체포되어 2개월여 구금되었다. 종전 후 1954년에는 구국동맹 사
건으로 3년여의 옥고를 치렀고, 1960년에는 광주 4·19 시위로 체포 구금되
었다. 5·16 군사쿠데타 이후에는 사회대중당 사건으로 6년형을 선고받았다.
이후 독재정권하에 지속적으로 민주화운동에 참여했다. 일제 강점기 이후 매
정권마다 15회 이상 검거, 12년 6개월 투옥생활을 거쳤고, 자녀들은 지긋지
긋한 연좌제에 시달렸다. 생애 말년 실명 상태에서 구술로 자신의 삶과 사상
에 대한 기록을 남겼다. 1996년 12월 7일 사망, 망월동 묘역에 안장되었다.

민족운동가 이기홍 선집 간행위원회

간행위원회 공동위원장

강정채, 전남대학교 전 총장
김시현, 전남대학교 민주동우회 회장
박석무, 다산연구소 이사장
안병욱, 가톨릭대학교 명예교수
이홍길, 전남대학교 명예교수
인재근, 국회의원
지 선, 백양사 방장 스님

간행위원회 집행위원장

안종철, 전 국가인권위원회 본부장

간행위원

강삼석, 광주학생독립운동기념사업회 이사장
고재득, 전 서울특별시 성동구청장
기세문, 전 6·15공동선언 광주전남 상임고문
김남표, 들불열사기념사업회 이사장
김대현, 전남대학교 교수
김동근, 전 공무원교육원 초빙교수
김병균, 목사
김병욱, 광주민주화운동동지회 고문
김상윤, 윤상원기념사업회 이사장
김상집, 필암서원 청년유도회장
김선흥, 외교통상부 전 대사
김 성, 정의화 국회의장 비서실장
김성종, 우리밀본부 이사장
김성철, 서영대학교 교수
김성환, 광주광역시 동구청장
김수복, 도서출판 함께사는세상 대표
김순흥, 민족문제연구소 광주지부장
김영집, (사)지역미래연구원 원장
김영태, CBS 보도국 선임기자

김완기, 전 청와대 인사수석비서관
김용대, 전 전남대학교 교수
김정길, (사)시민의소리 이사장
김정례, 전남대학교 교수
김종술, 전남대학교 명예교수
김풍호, 완도문화원 부원장
김홍길, 전남대학교 연구교수
김환호, 광주학생독립운동기념사업회 이사
나간채, 5 · 18민주화운동기록관 관장
나백희, 조선대학교 평생교육원 강사
나상기, 광주전남민주화운동 동지회 고문
남평오, 강릉영동대학교 기획조정실장
문찬기, 경희한의원 원장
박동기, 남녘현대사연구회 회장
박동환, 조국통일범민족연합 중앙위원
박민서, 전 전남도청 서기관
박석률, 6 · 15공동선언실천 남측위원회 전 공동대표
박영규, 세무사
박오복, 순천대학교 교수
박용수, 정치학 박사
박주선, 국회의원
박화강, 광주환경공단 이사장
박현옥, 상무중학교 교장
배종렬, 전 전국농민회 의장
서경원, 전 국회의원
서명원, 한국학호남진흥원 이사장
선현주, 광주학생독립운동기념사업회 상임이사
송문제, 무등산국립공원 도원명품마을 운영위원장
송선태, 전 5 · 18기념재단 상임이사
송인동, 호남신학대학교 교수
송정민, 전남대학교 명예교수
안성례, 알암인권도서관 관장
안 진, 전남대학교 교수
안평환, 광주YMCA 사무총장
양득승, 조국통일범민족연합 광주 고문
양철호, 동신대학교 교수
염민호, 전남대학교 교수
오수성, 전남대학교 명예교수
오재일, 전남대학교 교수
오종렬, 한국진보연대 총회의장
위인백, 전 광주여자대학교 교수

윤경원, 순천대학교 교수
윤장현, 광주광역시장
은우근, 광주대학교 교수
이 강, 광주전남민주화운동동지회 상임대표
이경순, 전남대학교 교수
이국언, 근로정신대 할머니와 함께하는 시민모임 대표
이명한, 6·15공동선언 광주전남 상임고문
이문교, 사월혁명회 이사장
이윤정, 고구려대학교 겸임교수
이은규, 주식회사 메인개발 회장
이재의, 경영학 박사
이종범, 조선대학교 교수
이철우, 전 광주YMCA 이사장
이학영, 국회의원
임낙평, 국제기후환경센터 대표
임추섭, 광주교육희망네트워크 상임대표
임현모, 전 광주교육대학교 총장
장휘국, 광주광역시 교육감
전용호, 작가
전홍준, 광주전남민주화운동 동지회 고문
정구선, 5·18민중항쟁행사위원회 위원장
정규철, 인문학연구소 학여울 대표
정동년, 전 광주광역시 남구청장
정상용, 전 국회의원
정용화,(사)광주민주화운동기념사업회 이사장
정찬용, 전 청와대 인사수석비서관
정해숙, 전 전국교직원노동조합 위원장
조순자, 전 성남 송현초등학교 교사
차명석, 5·18기념재단 이사장
천정배, 국회의원
최권행, 서울대학교 교수
최기혁, 들불기념사업회 이사
최연석, 목사
최영태, 전남대학교 교수
최정기, 전남대학교 교수
최 철, 광주학생독립운동기념사업회 부이사장
최 협, 전남대학교 명예교수
홍경표, 광주광역시 의사회 회장
홍기춘, (사)민생평화광장 상임대표
홍영기, 순천대학교 교수